23가지 현업 사례와 실습으로
배우는 업무 혁신 가이드

시민 개발자의 시대, 생성형 AI 업무 자동화

김우현(비현코) 저

YoungJin.com Y.
영진닷컴

시민 개발자의 시대, 생성형 AI 업무 자동화

ISBN 978-89-314-8003-0

독자님의 의견을 받습니다.

이 책을 구입한 독자님은 영진닷컴의 가장 중요한 비평가이자 조언가입니다. 저희 책의 장점과 문제점이 무엇인지, 어떤 책이 출판되기를 바라는지, 책을 더욱 알차게 꾸밀 수 있는 아이디어가 있으면 팩스나 이메일, 또는 우편으로 연락주시기 바랍니다. 의견을 주실 때에는 책 제목 및 독자님의 성함과 연락처(전화번호나 이메일)를 꼭 남겨 주시기 바랍니다. 독자님의 의견에 대해 바로 답변을 드리고, 또 독자님의 의견을 다음 책에 충분히 반영하도록 늘 노력하겠습니다.

주 소 : (우)08512 서울특별시 금천구 디지털로9길 32 갑을그레이트밸리 B동 10층 (주)영진닷컴
이메일 : support@youngjin.com
※ 파본이나 잘못된 도서는 구입처에서 교환 및 환불해드립니다.

STAFF

저자 김우현(비현코) | **총괄** 김태경 | **진행** 박소정 | **표지 디자인** 김소연 | **내지 디자인** 황유림 | **편집** 황유림
영업 박준용, 임용수, 김도현, 이윤철 | **마케팅** 이승희, 김근주, 조민영, 김민지, 김진희, 이현아
제작 황장협 | **인쇄** 예림

머리말

2022년 12월 초, 챗GPT의 등장은 저에게 커다란 전환점을 가져왔습니다. 당시 저는 파이썬 기반 RPA 강의와 기업의 자동화 컨설팅을 하던 중, 생성형 AI를 활용한 기업 강의 요청을 받았는데 이는 단순한 교육을 넘어 실무 현장에 생성형 AI를 접목하는 도전이었습니다. 2023년 3월 첫 강의를 시작으로 2년간 7,000명이 넘는 학습자와 직접 만났고, 저는 한 조직의 강사에서 시작해 프리랜서를 거쳐 하나의 교육 콘텐츠를 기획하고 운영하는 독립된 사업가로 성장했습니다.

다양한 기업과 조직에서 강의를 진행하며, 저는 파이썬 기반의 업무 자동화와 생성형 AI의 코드 생성에 집중했습니다. 그렇게 500건이 넘는 현업 프로젝트 제작과 코칭이 누적되었고, 그 안에서 실질적인 변화를 체감할 수 있었습니다.

지금까지 만난 학습자 중에는 사무 환경에서 퍼스널 컴퓨터의 도입을 직접 경험한 분들도 있었습니다. 손글씨로 만들던 표가 엑셀로, 전지에 그리던 발표자료가 파워포인트로 바뀌고 이메일과 인터넷이 일상으로 들어오던 격변의 순간을 생생히 말씀해주셨지요. 그런데 흥미롭게도 그분들도 당시의 변화보다 지금 생성형 AI 도입 전후의 변화가 더 큰 전환이라고 입을 모으셨습니다.

1990년대 퍼스널 컴퓨터의 등장은 누구나 문서를 작성하고, 데이터를 정리하며, 프레젠테이션을 만들 수 있는 환경을 만들었습니다. 이때의 변화는 '기술의 민주화'라고 할 수 있습니다. 한편 챗GPT의 등장은 누구나 자연어로 질문하고, 코드를 작성하며, 아이디어를 실현할 수 있는 시대를 열었습니다. '지능의 대중화'가 이루어진 것이죠. 기술을 잘 사용하는 것을 넘어, 기술과 협업할 수 있는 '생각'이 핵심이 되었습니다.

이제는 모든 것을 깊이 아는 스페셜리스트의 시대도, 적당히 아는 제너럴리스트의 시대도 아닙니다. 모르는 것을 두려워하지 않고, 질문을 통해 학습하고, 기술과 함께 일하며, 연결을 통해 문제를 해결하는 바로 '슈퍼 제너럴리스트(Super Generalist)'의 시대가 온 것입니다.

이 책은 그 격변 속에서 제가 경험한 모든 변화의 기록이며, 독자 여러분에게 새로운 변화의 시작이 되기를 바랍니다.

2025년, 슈퍼 제너럴리스트의 시대에 김우현 드림

책 소개

철저한 실무 경험을 중심으로 만든 업무 자동화 비급서

업무 효율화를 고민하고 이 책을 펼치셨다면 진심으로 환영합니다! 이 책은 저자의 현장 강의를 기반으로 만든 도서로, 다양한 직장인의 업무 문제 해결을 함께 고민하고 해결법을 찾으며 발견한 저자의 인사이트와 솔루션을 나눠드립니다. 코딩을 전혀 해본 적 없거나 잘 몰라도 괜찮습니다. 생성형 AI의 도움으로 여러분의 시간을 버는 것이 목적이기 때문입니다. 오늘의 일을 내일로 미루거나 업무 고민에 괴로워하지 마시고 이 책으로 똑똑한 업무 자동화를 시작해보세요.

책에서 다루는 내용

이 책은 업무 활용을 위한 생성형 AI의 이해부터 노코드/로우코드 방식의 업무 자동화, 파이썬을 활용한 업무 자동화에 관한 내용으로 구성되어 있습니다.

① **업무 활용을 위한 생성형 AI 이해 (PART 01)** 생성형 AI를 업무에 어떻게, 왜 사용하는지 사례를 통해 알아봅니다. 그리고 생성형 AI를 업무에 활용하는 방법과 비즈니스 관점에서 알아두면 좋은 챗GPT의 기반 기술들을 배웁니다.

② **노코드/로우코드 방식의 업무 자동화 (PART 02 – 03)** PART 02에서는 효과적인 AI 활용을 위한 질문법(프롬프트 엔지니어링)을 알아봅니다. 그리고 이 질문법을 적용하여 프롬프트 제작 효율을 높이는 방법을 현업 사례를 통해 익힙니다. PART 03에서는 생성형 AI에게 질문하여 코드를 생성하여 엑셀 함수, VBA, 구글 앱스 스크립트, 파워 쿼리를 효율적으로 다루는 방법을 실습을 통해 소개합니다.

③ **파이썬을 활용한 업무 자동화 (PART 04)** 다양한 업무 활용이 가능한 범용 프로그래밍 언어, 파이썬과 챗GPT를 결합하여 어떤 업무 혁신을 할 수 있는지 알아봅니다. 업무 유형별로 만들 수 있는 RPA 프로그램의 예, 오픈AI API를 활용한 채팅 자동응답 봇 구현, AI 기반 파이썬 데이터 분석, AI 프로그램(이미지 분류, 댓글 품질 판단, Image to Text, 지도 시각화) 구현을 진행합니다.

실습 환경

- 운영체제: Windows 11 또는 Windows 10
- 개발도구: 파이썬 3.12.5 버전, 주피터 노트북, 코랩
- 챗GPT Plus 버전 (데이터 분석, 오픈AI API를 사용하기 위해 유료 버전을 이용합니다)
- MS Office 365 (VBA 등 범용 기능을 중심으로 다루므로 버전이 달라도 괜찮습니다)

실습 파일 제공

실습에 필요한 엑셀, 파워포인트 파일, 파이썬 코드 등을 제공합니다. 학습에 참고하시되 학습 후에는 이 파일을 활용하여 여러분만의 것을 직접 만들어보시기를 권장합니다.

실습 파일은 구글 드라이브에서 다운로드할 수 있습니다.

구글 드라이브 bit.ly/book_CitizenDeveloper

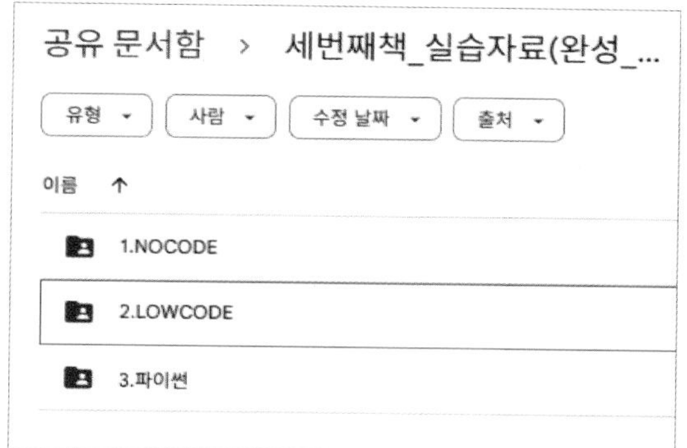

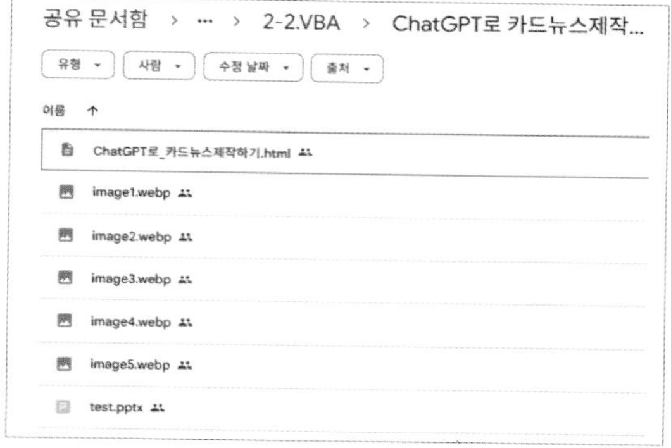

실습 코드 제공 화면 (구글 드라이브)

저자 유튜브 채널 소개

유튜브 채널 '비현코 – 시민개발자의 시대' 채널에 오시면 업무 자동화와 생성형 AI 활용에 도움이 되는 정보를 얻을 수 있습니다. 혹은 이 채널을 통해 학습 중 궁금한 내용, 영상으로 알려주었으면 하는 내용을 문의해주시면 답변을 드립니다.

유튜브 채널 링크 youtube.com/@BHYUNCO

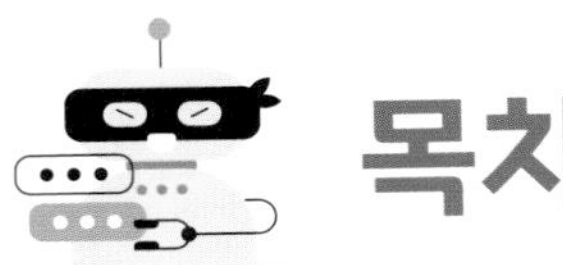

목차

PART 01 | INTRO

CHAPTER 01 챗GPT, 인간의 업무를 혁신하다 16

1.1 생성형 AI 시대, 우리는 어떻게 받아들이고 활용할 것인가 16

1.2 비개발자가 개발자보다 더 혁신적인 결과를 만들어내는 이유 17

1.3 AI의 개념을 모르는 생산라인 직원이 만들어낸 딥러닝 프로그램 22

1.4 지금 생성형 AI를 배워도 절대 늦지 않는 이유 24

1.5 챗GPT를 업무에 활용하는 방법 3가지 26

CHAPTER 02 비즈니스 관점에서 이해하는 챗GPT 28

2.1 워드클라우드는 어떻게 만들어지는 걸까? (feat. 자연어 처리) 31

2.2 컴퓨터는 인간의 언어를 어떻게 이해했을까? (feat. 임베딩) 33

2.3 엔비디아 주식이 왜 올랐을까? (feat. 딥러닝 구조와 매개변수) 34

2.4 챗GPT를 업무 혁신의 도구로 이끈 결정적인 기술 (feat. RLHF) 38

2.5 비즈니스 관점에서 본 챗GPT의 한계 (feat. 할루시네이션) 40

2.6 AI의 활용 범위를 확장시키기 위한 노력 (feat. 온디바이스 AI) 44

칼럼 LLM 모델의 경이로운 발전 속도 47

칼럼 엔비디아의 주가와 AI 모델의 매개변수의 연관성 50

PART 02 | ChatGPT X Nocode

CHAPTER 03 올바른 질문법 (feat. 프롬프트 엔지니어링) 52

3.1 프롬프트 엔지니어링의 본질에 대한 고찰 54

3.1.1 앤드류 응의 프롬프트 엔지니어링 54

3.1.2 오픈AI 공식문서에서 말하는 프롬프트 엔지니어링 55

3.1.3 다시, 앤드류 응 (간소화된 프롬프트 사용법) 59

3.2 프롬프트 마켓과 프롬프트 엔지니어링의 미래 61

3.3 프롬프트 제작 효율화 64

3.3.1 [현업 사례 1] 인사 다면평가시스템 활용 69

3.3.2 [현업 사례 2] 정기 보고서 작성 74

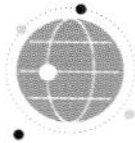

PART 03 | ChatGPT X Lowcode

CHAPTER 04 코딩의 시대에서 코드리딩의 시대로 78

4.1 생성형 AI, 누구나 코딩을 사용할 수 있는 시민 개발자의 시대를 열다 81

4.2 코드 독해력이 필요한 이유 85

CHAPTER 05 챗GPT X 엑셀 89

5.1 515개의 엑셀 문법을 모두 사용할 수 있다면? 90

5.2 사용자 서식, 검색의 시대는 끝났다 92

5.3 챗GPT로 엑셀 함수 제작하기 94

5.3.1 [실습 1] 날짜 데이터의 형식을 동일하게 변경하기 94

5.3.2 [실습 2] 다중 조건문 만들기 96

5.3.3 [실습 3] 이중 데이터 매칭하기 – INDEX & MATCH 함수를 활용한 다중 조건 검색 구현 98

CHAPTER 06 챗GPT X VBA 101

6.1 챗GPT가 VBA를 만나면? 101

6.1.1 [실습 맛보기] 기업별 보고서 100개 만들기 102

6.2 챗GPT 생성 코딩을 통한 VBA 다뤄보기 107

6.2.1 [실습 1] 엑셀 시트 10개 자동 생성하기 109

6.2.2 [실습 2] PPT로 10개의 슬라이드 자동 만들기 112

6.2.3 VBA 사용법 117

6.2.4 VBA 기본 기능 이해하기 121

6.3 VBA 코드 이해를 위한 최소한의 문법 학습 122

6.3.1 프로시저 122

6.3.2 변수 124

6.3.3 자료형 125

6.3.4 연산자 127

6.3.5 제어문 130
6.3.6 배열 131
6.3.7 내장 함수 132
6.3.8 오류 처리 134
6.3.9 객체/속성/메서드 135

6.4 VBA로 현업 문제 해결하기 139
6.4.1 [실습 1] 100개의 고객사별 결과 보고서 PDF로 제작하기 140
6.4.2 [실습 2] 파워포인트 자간 전체 컨트롤 하기 147
6.4.3 [실습 3] 자사 홍보용 카드뉴스 제작하기 150
6.4.4 [실습 4] 여러 엑셀 파일을 하나로 합치기 155

CHAPTER 07 챗GPT X 구글 앱스 스크립트 157

7.1 구글 앱스 스크립트 알아보기 157
7.2 구글 앱스 스크립트 기본 사용법 159
7.3 챗GPT의 도움으로 앱스 스크립트 사용하기 161
칼럼 생성한 코드에 오류가 있을 때 해결하는 방법 181

CHAPTER 08 챗GPT X 파워 쿼리 M코드 183

8.1 파워 쿼리 알아보기 183
8.1.1 파워 쿼리 사용해보기 186
8.1.2 파워 쿼리도 어려운데 코딩을 결합한다고? 192

8.2 파워 쿼리 M코드를 활용한 업무 혁신 193

8.2.1 쿼리 추가해보기 195

8.2.2 챗GPT와 M코드를 활용해 열 값의 평균 계산하기 197

칼럼 챗GPT X 세상의 모든 코드 202

PART 04 | ChatGPT X Python

CHAPTER 09 업무 활용의 끝판왕! 챗GPT X 파이썬 204

9.1 파이썬 학습이 필요한 이유 204

9.2 챗GPT가 몰고 온 파이썬 업무 활용의 변화 206

9.3 파이썬 학습 전 준비 210

9.3.1 파이썬 설치하기 210

9.3.2 주피터 노트북 설치하기 212

9.3.3 폐쇄망 환경에서 파이썬 및 주피터 노트북 설치하기 214

9.3.4 주피터 노트북 기본 사용법 218

9.4 파이썬 코드 이해를 위한 최소한의 문법 학습 222

9.4.1 기본 연산: 프로그래밍의 기초 223

9.4.2 변수와 자료형: 데이터를 담는 그릇 224

9.4.3 인덱스와 슬라이싱 226

9.4.4 데이터 구조 227

9.4.5 제어문 1 - 조건문 231

9.4.6 제어문 2 - 반복문 233

9.4.7 기타 기능 234

9.4.8 문제 해결해보기 239

칼럼 사용자의 환경에 따라 골라서 쓰는 코드 에디터 245

CHAPTER 10 챗GPT를 활용한 파이썬 업무 자동화 (RPA) 250

10.1 반복 업무를 끝장내는 무기, 생성 코딩과 RPA 252

10.2 비개발자가 자주 활용하는 RPA 프로그램의 6가지 유형 254

10.2.1 [유형 1] 인터넷 자동화 254

10.2.2 [유형 2] 데이터 처리 자동화 255

10.2.3 [유형 3] 개인화된 자료 자동화 256

10.2.4 [유형 4] 커뮤니케이션 자동화 257

10.2.5 [유형 5] 물리 자동화 (윈도우 자동화) 258

10.2.6 [유형 6] 협업 자동화 259

10.3 생성 코딩을 통한 파이썬 업무 자동화 260

10.3.1 [실습 1] 개인화된 자료 만들기 260

10.3.2 [실습 2] 파일 이름 일괄 변경하기 268

10.3.3 [실습 3] 폴더 정리 자동화 271

10.3.4 [실습 4] 데이터 처리 자동화 277

CHAPTER 11 오픈AI API를 통한 지능형 RPA (IPA) 280

⑪.1 지능형 업무 자동화(IPA) 혁신의 시대 280

⑪.2 IPA 실습을 위한 기본 준비: 오픈AI API 사용해보기 283

11.2.1 오픈AI API 설정하기 283

11.2.2 오픈AI API 첫 사용 286

11.2.3 API로 경험하는 AI 기술 289

⑪.3 IPA로 채팅 자동응답 봇 만들기 295

11.3.1 [1단계] 실습용 사이트에 접속해 개발자 도구 창 열기 295

11.3.2 [2단계] Article 1의 웹 구조 파악하기 296

11.3.3 [3단계] 파악한 웹 구조를 기반으로 기본 크롤러 만들기 298

11.3.4 [4단계] 오픈AI API를 활용한 답변봇으로 함수 만들기 301

11.3.5 [5단계] 크롤러에 오픈AI API 결합하기 302

CHAPTER 12 챗GPT를 활용한 파이썬 데이터 분석 307

⑫.1 AI 기반 데이터 분석을 위한 기초 학습 308

12.1.1 AI 기반 데이터 분석을 위한 기본 소양 309

12.1.2 [실습 맛보기] 원달러 환율 미래수치 예측하기 312

⑫.2 AI 모델 제작을 위한 기본 지식–통계적 회귀 모델과 머신러닝 회귀 모델 317

12.2.1 90% 데이터 전처리, 10% 분석?
NO! 10% 데이터 전처리, 90% 분석! 317

12.2.2 미래수치예측에 사용되는
통계적 회귀 모델은 어떻게 작동할까? 318

12.2.3 통계적 회귀 모델과
머신러닝 회귀 모델의 차이는 무엇일까? 324

12.2.4 머신러닝 회귀 모델을 질문으로
구현하기 위해 알아야 할 지식 325

12.3 생성 코딩을 통한 미래 환율 수치 예측하기 332

CHAPTER 13 챗GPT를 활용한 파이썬 AI 프로그램 제작 335

13.1 이론 학습만으로 구현 가능한 다양한 AI 프로그램 336

13.2 이미지 기반 양품/불량품 처리 프로그램 337

13.2.1 [1단계] 이미지 분류 모델의 개발 흐름 구성하기 338

13.2.2 [2단계] 검증된 데이터 기반으로 코드 생성 요청하기 339

13.2.3 [3단계] 이미지 분류 모델을 사용하여
생성 코드의 실용성 확인하기 342

13.3 유튜브 댓글 품질 판단 프로그램 344

13.3.1 [1단계] 유튜브 댓글 크롤링 코드 만들기 345

13.3.2 [2단계] 댓글의 품질을 평가하는 코드 만들기 348

13.3.3 [3단계] 댓글 크롤링 코드와
댓글 품질 평가 코드를 하나로 합치기 350

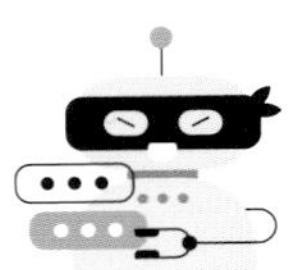

13.3.4 [4단계] 댓글 품질 평가 결과를 엑셀로 저장하도록 코드 발전시키기 351

13.4 영수증에서 원하는 텍스트만 추출하기 353

13.4.1 [1단계] 사진 파일 가져오기 356

13.4.2 [2단계] 이미지를 Base64로 인코딩된 파일로 제작하기 357

13.4.3 [3단계] 도출 결과를 원하는 데이터 형태 설정 359

13.4.4 [4단계] 해당 스키마를 response_format 파라미터로 오픈AI API 모델에 제공 365

13.4.5 [5단계] 모든 파일에 적용하여 데이터 모은 후 엑셀로 만들기 369

13.5 미래 기술, 어디까지 왔을까? – 멀티모달 기반 지도 시각화 프로그램 373

13.5.1 [1단계] 시위 정보 수집 375

13.5.2 [2단계] OCR 기반 데이터 추출 377

13.5.3 [3단계] 데이터 전처리 384

13.5.4 [4단계] 지도 시각화 390

칼럼 생성형 AI의 핵심 강점, 정보 구조화 기술은 어떻게 탄생했을까? 394

PART 01

INTRO

PART 01에서는 비개발자 직장인 시점에서 생성형 AI를 탐구해봅니다. 생성형 AI를 어떻게 활용하면 좋을지 경험담을 통해 방법과 인사이트를 제공하고, 비즈니스 관점에서 이해하면 좋을 생성형 AI의 기반 기술들을 소개해드릴 것입니다. 생성형 AI를 활용하여 만들어낸 결과물은 그 자체로도 의미가 있습니다. 새롭고 낯선 기술에 대한 두려움보다는 이 기술이 여러분의 삶과 업무에 조금씩 변화를 가져올 것이라는 기대를 담고 이 책을 시작할 수 있기를 바랍니다.

CHAPTER 01

챗GPT, 인간의 업무를 혁신하다

1.1 생성형 AI 시대, 우리는 어떻게 받아들이고 활용할 것인가

이 책을 통해 여러분께 소개할 이야기는 단순한 기술의 변화 그 이상입니다.

2022년 11월, 챗GPT가 세상에 등장했을 때 저는 삼성 계열의 교육회사인 멀티캠퍼스에서 컨설턴트이자 강사로 근무하고 있었습니다. 당시 회사에서는 빠르게 생성형 AI 교육을 도입해야 했고, 저는 운 좋게도 그 첫 번째 오프라인 강의를 맡게 되었습니다. 이 강의를 시작으로 지금까지 7천 명이 넘는 학습자들을 만났습니다.

학습자들은 모두 저마다의 목표를 가지고 있었고, 저는 그들에게 AI에 대한 인사이트 그리고 실무에서 활용 가능한 고도화된 기술을 전하는 데 집중했습니다. 그 과정에서 저는 학습자들의 실제 문제를 해결하고, 이를 기반으로 영상이나 PPT 등의 실질적인 결과물을 제작하는 경험을 쌓을 수 있었습니다.

이 책은 단순한 기술 설명서가 아닙니다. 제가 만난 7천 명의 학습자들이 어떤 도전을 마주했는지, 어떻게 AI를 통해 새로운 결과를 창출했는지를 함께 풀어나갈 것입니다. 특히 비전공자, IT 기술에 익숙하지 않은 분들이 생성형 AI를 활용하여 만들어낸 혁신적인 결과물은 그 자체로도 충분히 놀라울 만큼 강력한 사례입니다. 이러한 이야기들은 아마도 여러분의 삶과 업무에도 큰 변화를 가져올 것입니다.

기억에 남는 한 순간을 공유하고 싶습니다. 어느 날 강의 중에 1980년대에 회사에 입사한 한 임원분과 대화를 나누게 되었죠. 그분께 "1990년대 퍼스널 컴퓨터가 회사에 처음 도입된 순간과 지금 제가 보여드린 생성형 AI 중 어느 것이 더 놀라운 변화로 다가오십니까?"라고 여쭤봤습니다. 그분은 주저 없이, 생성형 AI의 변화가 훨씬 더 놀랍다고 말씀하셨습니다.

생각해보면 1990년대 초에 퍼스널 컴퓨터가 비즈니스 환경에 등장하면서 엄청난 변화가 일어났습니다. 요즘 우리가 컴퓨터 없이 업무를 처리하는 것은 상상할 수도 없죠. 그때의 컴퓨터 혁명은 인류 역사에 한 획을 그은 사건이었으며 엑셀, 파워포인트, 인터넷 등 혁신적인 도구들이 함께 등장했습니다. 하지만 그럼에도 당시의 기술은 제한된 사람들만 사용할 수 있었습니다.

그리고 지금 우리는 'AI 혁명'이라는 새로운 변혁기에 서 있습니다. 이 거대한 흐름은 컴퓨터 혁명을 연상케 하지만, 핵심 기술인 생성형 AI가 '누구나 사용할 수 있다'는 점에서 명백한 차이를 보입니다. 2025년 중반에 접어들며 생성형 AI는 우리의 비즈니스와 일상에 빠르게 스며들고 있습니다. 우리가 쉽게 느낄 수 있는 변화로는 LLM의 활용 사례가 있습니다. LLM(대형언어모델)은 인공지능을 이용한 언어 기술로, 인간의 언어를 이해하고 생성하도록 훈련된 인공지능 모델을 의미합니다. LLM이 처음 등장할 당시(2018년)에는 특정 분야에서만 사용되었지만, 2022년 11월 30일 챗GPT의 등장으로 LLM은 누구나 접근할 수 있는 대중화의 길을 걷기 시작했습니다. 오픈AI의 챗GPT, 구글의 제미나이(Gemini), 강력한 번역 서비스인 딥엘(DeepL), 이외에 다양한 챗봇 서비스들이 대표적인 예입니다.

이제 중요한 것은 '우리가 이 변화를 어떻게 받아들이고 활용하느냐'입니다. 퍼스널 컴퓨터가 그랬듯이 생성형 AI 역시 일상의 일부가 될 것이며, 그것이 우리의 삶을 어떻게 변화시킬지 상상하는 것은 매우 흥미롭습니다.

이 책을 통해 저는 여러분께 생성형 AI를 실무에 어떻게 적용하고, 이를 통해 어떠한 성과를 이끌어낼 수 있는지 알려드리고자 합니다. 더 나아가, 이 변화가 여러분의 일상과 업무에 어떻게 혁신을 가져올 수 있을지 함께 탐구할 것입니다. AI 시대에 도달한 우리는 같은 출발선에 섰습니다. 그러나 어떻게 나아가느냐에 따라 종착지는 저마다 달라질 것입니다. 이 책이 여러분의 여정을 함께하는 길잡이가 되길 바랍니다.

1.2 비개발자가 개발자보다 더 혁신적인 결과를 만들어내는 이유

이 책에서는 다양한 기술을 소개하려 합니다. 그리고 이 기술을 활용해 오롯이 비개발자의 시선에 기반하여 원하는 결과물을 만드는 것을 목표로 합니다. 이 책을 학습하다 보면, 과거에는 개발자의 도움을 받아야만 만들어낼 수 있던 결과물을 직접 구현해내는 놀라운 경험을 하게 될 것입니다.

생성형 AI가 일으킨 코딩 센세이션

'코딩'을 접해보지 않은 분들의 입장에서 보면 앞서 언급한 것이 그림의 떡처럼 느껴질 수 있습니다. 물론 코딩을 직접 해야 했던 과거라면 그렇게 체감하고 좌절하는 경험으로 끝났을지도 모릅니다. 그러나 생성형 AI의 등장으로 코딩 생태계는 변화하였고 비전공자도 복잡한 코딩을 할 수 있게 되었습니다. 이것이 비전공자에게 얼마나 큰 변화를 만들어 내는지, 잠시 이야기해 보겠습니다.

우선 생성형 AI가 등장하기 전의 상황이라 가정하고 이야기하겠습니다. 코딩은 처음 배우기 쉽지 않고, 배운다 해도 현업에서 실질적으로 적용하기 위해서는 많은 시간과 경험이 필요합니다. 이에 대한 사례를 들어보겠습니다.

[사례] 현업과 개발 사이의 간극이 불러온 프로그램 개발의 현실적 딜레마

회사에서 새로운 프로그램이 필요할 때, 현업 전문가들은 아이디어와 비즈니스 지식이 충분히 있지만 그것을 프로그램으로 구현하는 것은 또 다른 문제였습니다. 보통 이런 경우에는 IT 개발 부서에 개발 요청을 하지만, IT 부서는 이미 많은 요청을 처리하는 중이라 현업의 작은 프로젝트는 후순위로 밀리기 마련입니다. 설령 개발이 시작된다고 해도 다른 문제가 있습니다. 개발자는 기술적 전문성은 뛰어나지만 현업의 복잡한 로직을 이해하는 데 시간이 걸립니다. 개발자와의 커뮤니케이션 과정을 거치다 보면 프로젝트가 완성되기까지 수개월이 소요됩니다. 그리고 완성 이후에는 지속적인 유지보수와 개선이 필요합니다.

그런데 여기서 간과하기 쉬운 큰 문제는 따로 있습니다. 그 프로그램을 제대로 테스트하고 개선할 수 있는 사람은 아이디어를 낸 사람뿐이라는 것입니다. 만약 그 사람이 갑작스럽게 부서를 옮기거나 퇴사하게 되면, 수개월간의 노력과 개발이 쉽게 사장될 수 있습니다. 이것은 제가 직접 겪었던 현실적인 문제이기도 합니다.

이제 생성형 AI가 등장한 이후의 상황으로 반전해보겠습니다. 생성형 AI의 도움을 받아 누구나 복잡한 코딩을 할 수 있게 되었고, 기술을 잘 모르는 사람들도 혁신적인 아이디어를 실현할 수 있는 환경이 조성되었습니다. 이로써 현업 전문가들이 자신이 구상한 프로그램을 AI의 도움을 받아서 직접 만들어낼 수 있게 되었습니다.

NOTE 생성형 AI의 등장으로 누구나 코딩을 할 수 있게 되면서 '시민 개발자(Citizen Developer)'라는 단어가 주목을 받기 시작했습니다. 시민 개발자가 누구인지 궁금하다면 '더 알아보기'를 참고해보세요.

더 알아보기

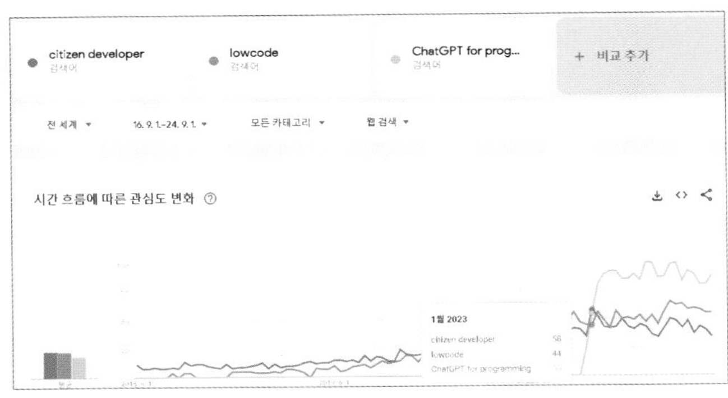

구글 트렌드: Citizen Developer 관련 키워드 검색량 추이

[→ 2023년 초, 챗GPT에 대한 관심도가 높아지면서 관련 키워드의 검색 수도 함께 증가하고 있다]

2023년 1월, 챗GPT가 전 세계적으로 이슈가 되면서 누구나 코딩을 할 수 있는 환경이 구성되었습니다. 이와 동시에 '시민 개발자'라는 개념이 더 큰 관심을 받게 되었습니다. 이 용어는 과거의 '시민 데이터 과학자'와 비슷한 맥락으로, 기술이나

이터 분석 같은 복잡한 작업을 더 이상 전문가들만의 전유물이 아니라, 누구나 배워서 활용할 수 있다는 의미를 담고 있습니다. 하지만 그동안 실제로 이러한 기술을 습득하는 것은 결코 쉬운 일이 아니었습니다.

그러나 이제는 시대가 바뀌었습니다. 생성형 AI의 발전 덕분에 누구나 복잡한 코드를 생성하고, 이를 통해 다양한 결과물을 만들어낼 수 있는 기회를 갖게 된 것입니다. 간단한 방식으로도 혁신적인 아이디어를 실현할 수 있는 이 놀라운 변화는, 기술에 대한 접근성을 획기적으로 개선했습니다.

이 책에서는 생성형 AI를 통해 구현된 여러 사례들을 소개하고, 구체적인 예시를 통해 비전문가가 어떻게 기술을 활용하여 실질적인 결과물을 만들어내는지를 알려드립니다. 이를 통해 여러분도 기술적 한계를 넘어, 아이디어를 현실로 바꿀 수 있는 방법을 발견하게 될 것입니다.

필자는 생성형 AI의 도움으로 코드를 만들어내는 것을 '생성 코딩'이라고 부릅니다. 생성 코딩으로 무엇을 만들어낼 수 있는지 궁금하다면 다음의 활용사례를 참고해보세요.

생성 코딩을 활용한 사례 1 – 공유 폴더 파일 정리

한 학습자가 생성형 AI를 활용해 만든 프로그램 사례를 소개합니다. 사회초년생 A 씨가 처음 맡은 업무 중 하나가 사업부 100명이 함께 사용하는 공유 폴더의 파일을 정리하는 일이었습니다. 폴더에는 수많은 파일이 무질서하게 저장되어서 매일 1시간씩 정리하는 작업을 반복해야 했죠. 단순 반복 작업이었지만 매우 중요한 일이었습니다.

어느 날 A 씨는 생성형 AI의 도움을 받아 프로그램을 개발했고, 그 결과 하루 1시간이 걸리던 작업이 단 1분만에 완료되는 혁신적인 변화를 경험하게 되었습니다. 파일의 이름을 자동으로 정리하고, 필요 없는 중복 파일을 삭제하거나 특정 기준에 따라 파일을 분류하는 과정을 프로그램이 자동으로 처리해준 덕분이었습니다.

이 사례는 기술에 대한 깊은 지식이 없어도, AI를 활용해 단순 업무를 자동화하고 생산성을 극대화할 수 있음을 보여줍니다. 이 사례의 핵심을 정리하면 다음과 같습니다.

NOTE 이 결과물을 만들기 위해 필요한 질의 응답은 생략하겠습니다. CHAPTER 10의 10.3.3에서 이 사례와 관련한 실습을 소개하며 제작 과정을 자세히 다뤄볼 것입니다.

결과 화면

예시 코드

```
# 폴더 정리
import os
import shutil

# 폴더 생성 및 파일 정리
def organize_files():
    # 파일들을 검색하고 분류할 폴더 생성
    folders = {
        '.xlsx': {
        '엑셀_제안서': lambda filename: '제안서' in filename,
        '엑셀_견적서': lambda filename: '견적서' in filename,
        '엑셀_기타': lambda filename: '제안서' not in filename and '견적서' not in filename
        },
        '.docx': {
        '워드_양식': lambda filename: '양식' in filename,
        '워드_기타': lambda filename: '양식' not in filename
        },
        '.pptx': {
        'PPT_양식': lambda filename: '양식' in filename,
        'PPT_보고서': lambda filename: '보고서' in filename,
        'PPT_기타': lambda filename: '양식' not in filename and '보고서' not in filename
        },
```

```
        '.pdf': {
            'PDF_견적서': lambda filename: '견적서' in filename,
            'PDF_기타': lambda filename: '견적서' not in filename
        }
    }

    for extension, folder_info in folders.items():
        for folder_name, condition in folder_info.items():
            os.makedirs(folder_name, exist_ok=True)

            # 현재 폴더의 파일들을 확인하고 분류된 폴더로 이동
            for filename in os.listdir('.'):
                if os.path.isfile(filename) and filename.endswith(extension):
                    if condition(filename):
                        new_path = os.path.join(folder_name, filename)
                        shutil.move(filename, new_path)

# 폴더 생성 및 파일 정리 함수 호출
organize_files()
```

생성 코딩을 활용한 사례 2 – 유튜브 댓글 긍정/부정 분석 자동화

마케터 B 씨는 회사의 공식 홍보 채널인 유튜브를 관리하며, 댓글을 분석해 대외 홍보 전략을 세우는 일을 담당했습니다. B 씨의 원래 업무는 수백 개 때로는 수천 개의 유튜브 댓글을 하나씩 읽고 분석해서 채널에서 발생할 수 있는 문제를 해결하는 것이었습니다. 하지만 많은 시간을 댓글을 읽는 데 쓰다 보니, 정작 중요한 대책을 세우고 홍보 전략을 마련하는 데 필요한 시간이 부족했습니다.

B 씨는 생성형 AI를 활용해 이러한 문제를 해결할 수 있는 프로그램을 개발했습니다. 이 프로그램은 유튜브에서 댓글을 자동으로 수집한 뒤, AI가 댓글 내용이 긍정적인지 아닌지를 빠르게 분류해줍니다. 이로써 B 씨는 댓글을 일일이 읽지 않고도 댓글의 전반적인 감정 흐름을 빠르게 파악할 수 있게 되었고, 부정적인 피드백에 대해서는 더 신속하게 대응할 수 있었습니다.

이 프로그램 덕분에, B 씨는 단순한 댓글 분석에 시간을 낭비하지 않고 더 중요한 전략 수립에 집중할 수 있었습니다. 이 사례는 생성형 AI가 단순 반복 업무를 자동화하는 것을 넘어, 중요한 의사결정 과정에 집중할 수 있는 환경을 제공한다는 것을 잘 보여줍니다.

NOTE 이 결과물은 단순히 질문 몇 개만으로 제작할 수 없기에 질의 응답과 결과 코드는 생략하겠습니다. CHAPTER 13의 13.3에서 이 사례를 변형한 실습을 소개하며 제작 과정을 자세히 다뤄볼 것입니다.

결과 화면

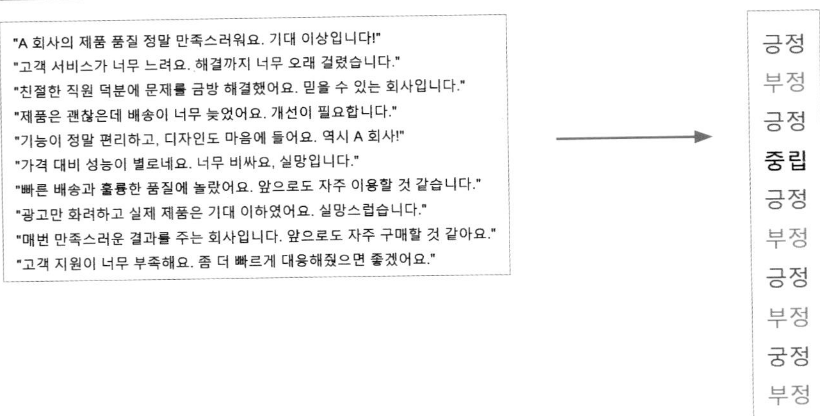

앞서 소개한 두 사례처럼, 이 책에서는 과거에는 반드시 개발자의 손길이 필요했던 다양한 업무를 생성형 AI를 통해 어떻게 쉽게 해결할 수 있는지 보여드릴 것입니다. 보통 현업 전문가들이 교육을 통해 생성형 AI를 배우면, 같은 시간 안에 개발자보다 더 실효성 있는 결과물을 만들어내는 경우가 많습니다. 그 이유는 바로 현업에 대한 깊은 이해를 바탕으로 자신이 진정으로 필요로 하는 프로그램을 직접 쉽게 설계할 수 있기 때문입니다. 그리고 이런 과정에서 챗GPT와 같은 생성형 AI가 큰 도움을 줍니다. 그렇기 때문에 여러분이 가진 전문성에 생성형 AI라는 강력한 도구를 결합해, 더욱 효율적이고 창의적인 결과물을 만들어내는 방법을 다룰 것입니다. 여러분의 전문 지식에 AI가 더해지면, 이제까지 생각하지 못했던 새로운 가능성이 열릴 것이며 그 가능성은 곧 여러분의 경쟁력이 될 것입니다.

1.3 AI의 개념을 모르는 생산라인 직원이 만들어낸 딥러닝 프로그램

생성형 AI로 만들 수 있는 것은 단순한 반복 업무를 처리하는 프로그램뿐이 아닙니다. 머신러닝과 딥러닝 같은 복잡한 알고리즘을 활용한 비즈니스 솔루션도 만들어낼 수 있습니다. 이를 이용해 비개발자들이 어떤 결과물을 만들어낼 수 있는지 알아봅시다.

머신러닝과 딥러닝이 비즈니스 현장에서 사용되는 이유는 간단합니다. 사람이 직접 수행하기 힘든 예측과 판단을 도와주기 때문입니다. 예를 들어 미래의 재고량을 예측하거나, 고객이 대출을 잘 상환할 수 있을지를 판단하고, 제조업에서는 양품과 불량품을 분류하는 작업에 활용됩니다.

과거에는 이러한 솔루션을 구현하기 위해 많은 학습이 필요했습니다. 파이썬, 판다스, 통계 분석, 시각화, 선형대수, 머신러닝 지도학습, 회귀와 분류 모델 개념, 그리고 딥러닝까지 다양한 기술을 습득해야 했습니다. 그동안 이론뿐만 아니라 이를 실제로 구현할 수 있는 코딩 기술이 필수적이었죠. 하지만 이제는 기술적 구현을 생성형 AI에 맡기고, 우리는 이론만으로도 충분히 복잡한 모델을 구축할 수 있는 시대가 되었습니다.

물론 이런 복잡한 시스템을 구축하기 위해서는 기본적인 이론 학습이 필요합니다. 예를 들어 회귀 모델이 무엇인지, 어떤 모델을 사용해야 하는지, 모델의 성능을 어떻게 평가하고 개선하는지 이해하는 것은 여전히 중요합니다. 그러나 이 이론적 기반만 있으면, 기술적인 구현은 생성형 AI가 맡아주기 때문에 누구나 쉽게 복잡한 프로그램을 만들고 실행할 수 있습니다. 그리고 이로 인해 매우 혁신적인 변화가 일어납니다.

예를 들어 반도체 공정의 한 엔지니어를 생각해보겠습니다. 이 엔지니어는 양품과 불량품을 구분하는 방법을 알고 있지만, 그 미세한 차이를 다른 사람에게 설명하기는 어렵다고 가정해봅시다. 이 엔지니어가 불량품의 특징을 '불량품', 불량이 나올 가능성이 높은 제품을 '약 불량품', 그리고 양품을 '양품'으로 분류하는 딥러닝 모델을 구현할 수 있다면, 매우 다양한 상황에서 이 기술을 활용할 수 있을 것입니다.

과거에는 개별 공정마다 다르게 적용해야 했고, 이를 구현하려면 AI 전문가의 깊은 기술적 지식이 필요했습니다. 그러나 이제는 상황이 달라졌습니다. 생성형 AI 덕분에 현업의 공정 엔지니어가 조금만 학습하면 딥러닝 기반의 이미지 분석 프로그램을 직접 설계하고 운영할 수 있는 시대가 된 것입니다(물론 지금은 이 딥러닝 프로그램이 반도체 공정에서 사용되고 있습니다).

이 책에서는 이러한 가능성을 탐구하며, 생성형 AI가 어떻게 전문가들의 역량을 극대화하고, 더 나아가 기존에 불가능했던 고도화된 솔루션을 만들어내는 구체적인 방법을 제시할 것입니다.

NOTE 이 결과물 역시 단순히 질문 몇 개만으로 제작할 수 없기에 질의 응답과 결과 코드는 생략하겠습니다. CHAPTER 13의 13.2에서 이 사례의 기본이 되는 실습을 소개하며 제작 과정을 자세히 다뤄볼 것입니다.

결과 화면

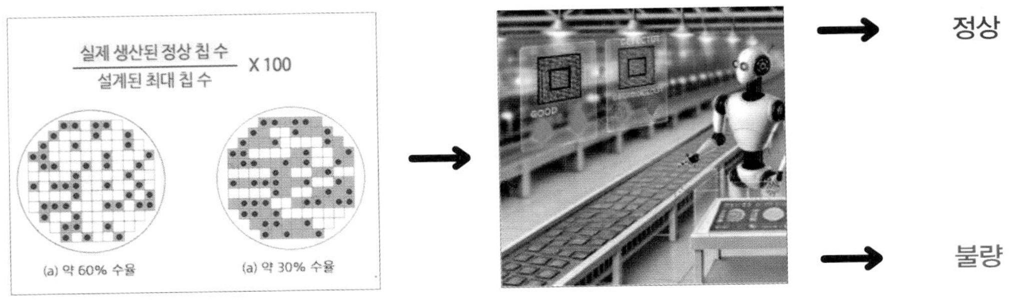

저자의 한마디

새로운 기술을 배우기 위해 필요한 것은 용기와 도전 정신

방금 보신 예처럼, 생성형 AI의 도움으로 단순 반복 작업뿐 아니라 머신러닝 기술도 누구나 접근할 수 있게 되었습니다. 하지만 제가 실제로 많은 학습자들을 만나보면 여전히 "어려워요", "저는 코딩을 못 해요"라고 하시는 분들이 많습니다. 이러한 반응은 새로운 기술에 대한 두려움에서 비롯된 고정관념입니다. 이제는 그러한 고정관념을 버리고, 변화와 도전을 받아들이는 마인드셋이 필요합니다. 새로운 기술을 배워보겠다는 열린 마음을 가지는 것이 무엇보다 중요합니다.

과거를 생각해봅시다. "나는 1,000줄에 달하는 데이터를 가지고 그래프를 그릴 수 없어요"라는 말은 1990년대 초 퍼스널 컴퓨터가 없던 시절에는 그럴 법한 이야기였습니다. 그러나 퍼스널 컴퓨터가 도입된 이후에는 엑셀로 누구나 쉽게 데이터를 다룰 수 있게 되었죠. 이제 이 말은 마치 컴퓨터나 엑셀을 전혀 다루지 못하는 사람의 이야기처럼 들릴 뿐입니다.

마찬가지로 "나는 코딩을 활용해 머신러닝 프로그램을 만들어 미래를 예측할 수 없어요"라는 말도 지금 당장은 그럴듯하게 들릴 수 있습니다. 하지만 우리가 깨달아야 할 중요한 사실은, 이제는 이 기술도 조금만 학습하면 누구나 구현할 수 있다는 것입니다.

새로운 시대의 기술을 배우는 데 필요한 것은 용기와 도전 정신입니다. 어려울 것이라는 고정관념을 버리고, 기술을 습득해 보겠다는 마음만 있다면 누구나 머신러닝과 같은 고차원 기술을 다룰 수 있습니다. 이 책을 통해 새로운 도전의 시작을 함께 하시길 바랍니다.

1.4 지금 생성형 AI를 배워도 절대 늦지 않는 이유

이 책을 읽으며 이런 생각들이 드실 수도 있습니다. '내가 지금 AI 기술을 사용할 수 있다 해도 AI를 꾸준히 공부해온 전문가들이 나보다 훨씬 더 잘할 텐데, 과연 내가 설 자리가 있을까?' 혹은 '나는 이제 그런 기술을 배우기에는 너무 늦었어'라고 말이죠. 하지만 그 생각은 옳지 않습니다. 왜 그런지 제 경험담을 통해 알려드리겠습니다.

제가 2012년에 회사에 입사했을 때, B2B 철근 영업을 담당한 적이 있습니다. 당시 10년 넘게 철근 영업을 한 선배와 함께 철근 유통사를 방문한 일이 있었습니다. 미팅을 마치고 나오는 길에 그 선배가 말했습니다. "우현아, 이 회사가 걱정되는데 미수금과 거래 상황을 잘 정리해둬." 신입 사원이었던 저는 그 말에 따라 바로 일을 처리했습니다. 그때는 왜 그런 지시를 받았는지 몰랐지만, 선배의 말대로 몇 달 후 그 회사는 자금 사정이 나빠져 문을 닫게 되었습니다.

저는 선배에게 어떻게 알았냐고 물어봤습니다. 그러자 그는 이렇게 대답했습니다. "거기 화장실이 6개월 넘게 더러워져 있었어. 철근 유통사들이 부도 날 때 화장실이 제대로 관리되지 않는 경우가 많더라고. 정확한 이유는 모르겠지만, 화장실 청소에 돈을 쓰지 못할 만큼 여유가 없는 걸 보면 회사 사정이 좋지 않다는 걸 알 수 있지." 이 말은 선배가 현장에서 수년간 쌓아온 경험에서 나온 직감이었습니다. 다양한 현업 경험들이 데이터처럼 쌓여 그의 머릿속에서 결론을 이끌어낸 것이죠.

여러분도 자신의 영역에서 쌓아온 경험이 있을 것입니다. 그 경험은 AI가 학습하기 어려운 고유한 데이터입니다. AI는 주로 인터넷에서 얻은 데이터를 바탕으로 학습하기 때문에, 여러분의 구체적이고 현장감 있는 경험을 쉽게 대체하지 못합니다. AI는 강력한 도구지만, 여러분의 풍부한 현장 경험이 없다면 그 도구가 가진 힘을 제대로 발휘하기 어렵습니다. 이 때문에 여러분의 경험은 더욱 빛을 발할 수 있습니다.

새로운 기술을 배우는 것이 늦지 않은 이유는 바로 여기에 있습니다. 우리가 살아온 환경, 경험한 상황은 모두 다르며, 그 속에서 얻은 지식은 여러분의 고유자산입니다. 여기에 IT 기술을 더해보세요. 세상에 없던 새로운 결과를 만들어낼 수 있을 것입니다.

저 또한 13년간 직장 생활을 했으며 IT와 코딩에 문외한이었지만, 기술을 배우고 나서 제 삶은 크게 변화했습니다. 이 변화는 여러분에게도 일어날 수 있습니다. 여러분의 전문성과 경험에 기술을 더하면, 지금껏 상상하지 못했던 혁신적인 결과가 나올 것입니다. 그러니 두려움을 버리고 자신감을 가지고 저와 함께 새로운 도전에 첫발을 내딛어 봅시다.

인간과 AI의 융합 (챗GPT로 생성함)

1.5 챗GPT를 업무에 활용하는 방법 3가지

이 장의 처음에 언급했듯이 저는 생성형 AI 교육을 진행하며 다양한 학습자들을 만났습니다. 대기업, 관공서, 공기업, 스타트업 등 다양한 규모의 종사자와 대면하면서, 그들이 현업에서 필요로 하는 것이 무엇인지 함께 고민하고 해결책을 모색했습니다.

그 과정에서 저는 다양한 비즈니스 환경에서 생성형 AI를 활용하는 방법을 찾고자 많은 시도를 했고, 실무에서 즉시 적용할 수 있는 여러 가지 방법을 정립할 수 있었습니다. 이를 크게 세 가지로 나누어보면 노코드(Nocode), 로우코드(Lowcode), 그리고 생성형 AI 활용의 고도화입니다.

노코드 방식: 일회성 업무를 빠르고 효율적으로 처리

노코드(Nocode) 방식은 비즈니스 환경에서 일회성 업무를 빠르고 효율적으로 처리하는 데 유용합니다. 이 방법은 코딩 기술을 필요로 하지 않으며, 프롬프트 엔지니어링을 기반으로 한 올바른 질문과 요청만으로 원하는 결과를 빠르게 얻을 수 있습니다(프롬프트 엔지니어링이 무엇인지는 3장에서 알려드리겠습니다). 예를 들어 간단한 이메일 작성, 기안서 작성, 문자 전송과 같은 일상적인 업무를 자동화할 수 있습니다. 또한 다양한 생성형 AI 서비스를 활용하여 논문을 요약하거나 계약서를 검토하고, 법률 관련 문서를 분석하는 등 고도화된 기술도 손쉽게 사용할 수 있습니다.

이와 같은 노코드 방식은 비즈니스 실무에서 필요한 다양한 자료의 생성과 검토를 빠르고 정확하게 처리할 수 있는 효율적인 방법입니다. 비즈니스 문서를 요약하거나 시장 조사를 신속히 마무리하는 것처럼, 반복적이지만 중요한 작업들을 생성형 AI가 훌륭하게 지원할 수 있습니다.

다면평가시스템 팀원 평가서 한번에 만들기	협력사에 보내는 루틴한 이메일 템플릿 만들기	교육 커리큘럼을 기반으로 교육 내용/대상/목적 정리하기
업무에 필요한 문서 오탈자 및 논리 검증	기술면접 질문 및 답변 리스트 만들기	계약문서 검토를 통한 우리 회사에 불리한 문구 찾기
기안 상황에 따라 보고서 만들기	IR 자료용 회사 제품 이미지 업스케일링	정중하지만 확실한 의사를 담은 비즈니스 메시지 작성

노코드 방식으로 할 수 있는 일

로우코드: 코딩의 간소화와 접근성 향상

로우코드(Lowcode) 방식은 코딩에 대한 깊은 이해가 없어도 누구나 쉽게 다룰 수 있는 방법을 제공합니다. 파이썬, VBA, 구글 앱스 스크립트(Google Apps Script)와 같은 언어를 간단한 수준에서 활용하는 것만으로도 비즈니스 업무를 자동화하고, 개발자들이 처리하던 복잡한 작업을 비개발자들이 스스로 해결할 수 있게 됩니다. 이는 '시민 개발자(Citizen Developer)'라는 개념과도 맞닿아 있습니다. 시민 개발자는 프로그래밍을 전문적으로 배우지 않아도, 실무에 필요한 애플리케이션을 스스로 개발해 비즈니스 문제를 해결하는 사람들을 의미합니다.

로우코드 방식은 과거에는 개발자에게 맡기던 복잡한 문제를 이제 비전문가들도 처리할 수 있게 해주었습니다. 예를 들어 데이터를 수집하고 자동화된 분석을 진행하거나, 반복적인 업무 프로세스를 간소화하는 시스템을 구축할 수 있습니다. 이러한 기술은 단순한 코딩 학습을 넘어, 더 많은 사람들이 IT 기술을 활용해 창의적으로 문제를 해결할 수 있는 기회를 제공합니다.

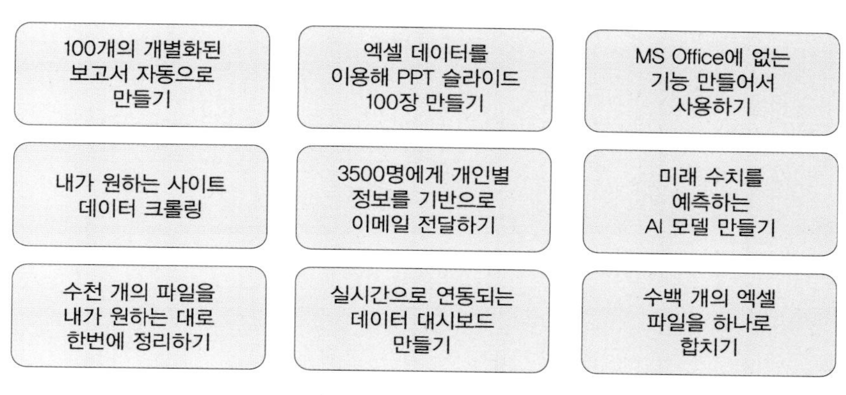

로우코드 방식으로 할 수 있는 일

생성형 AI 활용의 고도화

생성형 AI 활용의 고도화는 단순히 코딩을 흉내 내는 것을 넘어서, 코드에 대한 깊은 이해를 바탕으로 원하는 기능을 고도화하는 방법입니다. 개발자의 도움이 필요했던 복잡한 업무들을 이제는 누구나 스스로 개발할 수 있는 시대가 열렸습니다. AI 기술이 발전하면서 우리가 직접 활용할 수 있는 영역이 점점 넓어졌기 때문입니다.

예를 들어 유튜브 댓글을 분석해서 그에 따른 대응을 해야 한다고 가정해봅시다. 과거에는 댓글 분석을 수동으로 하거나 개발자에게 댓글 데이터 처리 프로그램의 개발을 의뢰해야 했습니다. 하지만 이제는 생성형 AI를 활용해 댓글 데이터를 자동으로 수집하고, 긍정/부정 감정을 분석하여 전략적 대응을 할 수 있습니다. 이 과정에서 오픈AI API와 같은 도구를 활용하여 데이터 크롤링을 하고, 필요한 분석 결과를 자동으로 얻어낼 수 있습니다.

또한 영수증 데이터를 자동으로 정리해 엑셀 파일로 만들거나, 회의 녹취록을 요약해 효율적인 회의 자료를 만들어내는 일도 AI와 함께하면 빠르고 쉽게 해결할 수 있습니다. 이처럼 고도화된 기술은 실무자가 직접 개발하고, 실시간으로 응용할 수 있어 강력한 도구로 자리 잡고 있습니다.

생성형 AI 활용의 고도화(LLM+Coding)로 할 수 있는 일

지금까지 비즈니스에서 AI를 활용하는 방법 3가지를 소개하였습니다. 어떻게 AI를 사용하면 좋을지 이제 감이 조금씩 잡히시나요?

다음 장(CHAPTER 02)에서는 비즈니스 관점에서 알아두면 좋을 챗GPT의 주요 배경기술과 특징, 그리고 앞으로의 변화를 다뤄볼 것입니다. 그 다음, PART 02 ~ PART 04에서는 각 방법을 자세하게 알아보며 3가지 방법이 어떤 업무 혁신을 가져올지 함께 탐구해볼 것입니다. 새로운 기술로 도약할 준비가 되었다면 다음으로 넘어가봅시다!

비즈니스 관점에서 이해하는 챗GPT

챗GPT는 오픈AI가 개발한 대형언어모델로 만든 대화형 인공지능입니다. 인간의 언어를 이해하고, 질문에 답변하거나 대화하는 능력을 갖추었습니다.

챗GPT는 GPT라는 기술로 자연스러운 대화 능력을 갖추었습니다. GPT는 Generative Pre-trained Transformer의 약자로, 이를 해석하면 '생성을 위해 미리 학습된 트랜스포머'입니다. 이 기술은 '트랜스포머'라는 딥러닝 모델을 기반으로 하며, 특징은 방대한 텍스트 데이터를 학습하여 다양한 언어 패턴을 인식하고 예측하는 것입니다.

Generative	새로운 텍스트를 '생성'하는 모델 지금은 텍스트를 기반으로 다양한 유형의 데이터(멀티모달)를 만드는 형태로 발전하고 있음
Pre-trained	사전에 학습된 대형언어모델(LLM)을 기반으로 미세 조정(Fine-tuning)된
Transformer	딥러닝 방식 중 하나

NOTE 대형언어모델(LLM: Large Language Model)은 방대한 양의 말뭉치를 미리 학습한 딥러닝 모델로, 언어를 이해하고 생성하는 데 특화된 AI 기술입니다. 또한 텍스트, 이미지, 오디오, 비디오 등 다양한 유형의 데이터를 통합적으로 처리할 수 있는 기술을 멀티모달(Multimodal)이라고 합니다.

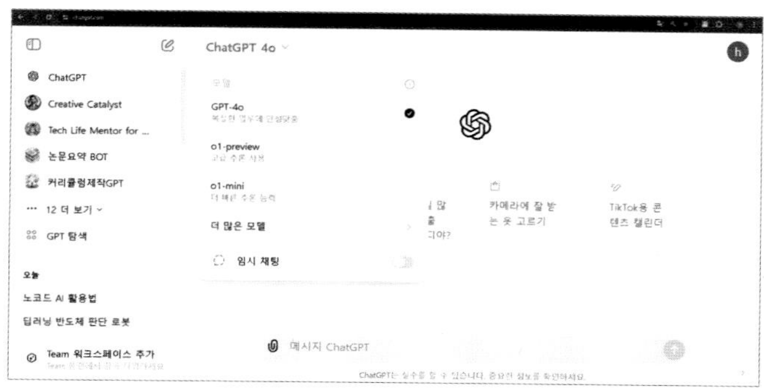

LLM 서비스의 대표 주자, 챗GPT

챗GPT의 작동 원리

챗GPT의 작동 원리를 이해하려면, 앞서 언급한 트랜스포머(Transformer)라는 딥러닝 모델의 특징을 알아야 합니다. 기본적으로 딥러닝 모델은 여러 층(Layer)의 인공 신경망으로 구성되며 구조에 따라 다양한 유형으로 나눌 수 있습니다. 트랜스포머 모델은 그중 하나입니다.

챗GPT는 텍스트 데이터를 처리하기 위해 트랜스포머 모델의 구조를 사용합니다. 트랜스포머 모델은 입력된 텍스트를 처리하면서 그 맥락을 이해하고, 다음에 올 단어를 예측하는 방식으로 작동합니다. 이를 통해 문장 구조와 언어의 의미를 파악하여 답변을 생성할 수 있습니다.

GPT 모델은 기본적으로 두 단계로 훈련됩니다. 첫 번째는 '사전 훈련(Pre-training)'으로, 인터넷에서 수집한 대량의 텍스트 데이터를 바탕으로 언어의 구조와 패턴을 학습합니다. 두 번째는 '미세 조정(Fine-tuning)'으로, 특정 작업에 맞게 모델의 성능을 조정합니다. 챗GPT는 이 두 단계를 거쳐 대화형 AI로서의 기능을 최적화합니다.

챗GPT의 활용

챗GPT는 고객 지원, 교육, 콘텐츠 생성 등 다양한 분야에서 사용됩니다. 그중에서도 가장 주목받는 활용 분야는 인간과의 자연스러운 대화입니다. 예를 들어 고객 지원 시스템에서 챗GPT는 빠르고 정확한 답변을 제공할 수 있으며, 개인화된 추천 시스템에서도 뛰어난 성능을 발휘합니다. 또한 챗GPT는 언어 번역, 문서 요약, 창의적인 글쓰기 등에서도 활용됩니다.

챗GPT의 한계

그러나 챗GPT에도 한계는 존재합니다. 대표적인 예는 '할루시네이션(Hallucination, 환각)' 현상입니다. 이 현상은 2.5절에서 좀 더 설명하겠지만 간단히 정리하자면 이렇습니다. 챗GPT는 학습된 데이터에 기반해 답변을 생성하기 때문에, 때로는 잘못된 정보나 사실이 아닌 내용을 만들어내기도 합니다.

챗GPT를 신뢰성 있는 정보 제공 도구로 사용할 때는 주의가 필요합니다. 또한 챗GPT는 감정이나 도덕적 판단을 이해하지 못하며, 단순히 학습된 데이터 패턴에 따라 반응하는 기계적 성질을 가집니다. 다음의 할루시네이션 예시를 보시면 바로 이해가 되실 것입니다.

PROMPT

방정식 장군의 행주산성 외교에 대해서 알려줘

ANSWER

방정식 장군은 조선 시대 임진왜란 당시 중요한 전투인 행주대첩을 이끈 인물입니다. 여기서 "행주 산성 외교"라는 표현은 그가 임진왜란 중 행주산성에서 일본군을 물리치기 위한 군사적 전략과 함께, 국내외적으로 어떻게 전황을 유리하게 이끌기 위해 다양한 외교적 요소를 사용했는지를 의미하 는 것으로 해석할 수 있습니다.

방정식 장군은 권율 장군과 함께 임진왜란에서 활약한 인물로, 행주대첩은 1593년 2월 12일(음력) 권율 장군이 행주산성에서 일본군을 상대로 대승을 거둔 사건입니다. 권율은 약 2,300명의 병력으로 30,000여 명에 달하는 일본군을 상대하며 전투에서 승리했습니다. 이 승리는 임진왜란의 전세를 뒤 바꾸는 중요한 사건 중 하나로 평가됩니다.

생성형 AI를 이해하기 위한 시작으로, 생성형 AI의 대표주자인 챗GPT를 간단히 알아보았습니다. 당장은 지금까지 알려드린 것만으로도 챗GPT를 사용하는 데 큰 어려움은 없겠으나, 생성형 AI를 좀 더 깊게 공부하고자 한다면 배경기술을 이해하고 관련 동향을 잘 알아두는 것이 좋습니다. 기술의 기본 원리를 이해하는 것은 기술을 더 잘 활용할 수 있는 기초를 다져주기 때문입니다. 따라서 이 장에서는 비즈니스의 관점에서 알아두면 좋을 챗GPT의 주요 배경기술과 특징, 앞으로의 기술적 흐름을 정리해보겠습니다.

2.1 워드클라우드는 어떻게 만들어지는 걸까? (feat. 자연어 처리)

우리는 매일 많은 글을 접합니다. 뉴스, 블로그, SNS 게시글, 이메일 등을 확인하고 이 정보를 기반하여 사고하고 기획하고 보고합니다. 하지만 사람이 하나하나 다 읽고 분석하기엔 너무 많아서 컴퓨터가 대신 분석해주는 기술이 필요합니다. 그렇게 데이터 분석 기술이 비즈니스에 활용되기 시작했고 분석한 결과를 한눈에 알아보도록 시각화하는 도구 또한 등장했습니다. 아래에 보여드릴 그림은 텍스트 마이닝(Text Mining)의 꽃인 워드클라우드입니다.

NOTE 텍스트 마이닝(Text Mining)은 글(텍스트)에서 유용한 정보를 찾아내는 기술입니다. 쉽게 말하자면 컴퓨터가 많은 글을 읽고 중요한 내용이나 패턴을 뽑아내는 것이라고 보시면 됩니다.

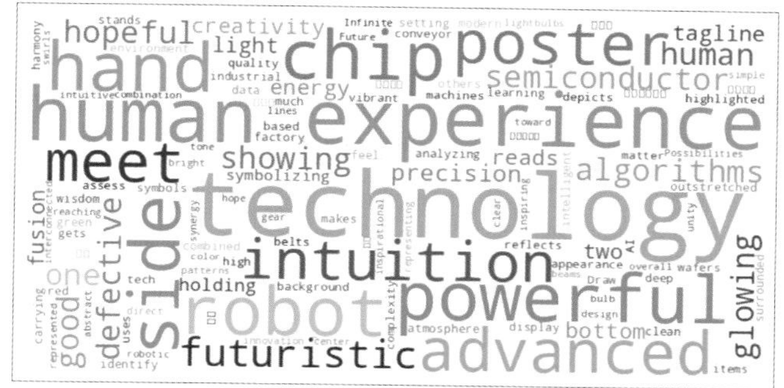

워드클라우드 예시

워드클라우드(Word Cloud)는 텍스트 분석을 한 결과를 시각화하는 방법의 일종으로, 어떤 문서에서 중요한 단어나 자주 등장하는 단어일수록 큰 글씨로 표현합니다. 우리는 워드클라우드에서 큰 글씨로 표현된 단어를 토대로 해당 문서의 논지를 어느 정도 파악할 수 있습니다.

그런데 워드클라우드는 엄밀히 말하자면 데이터를 시각화하는 방법의 일종이지, 데이터 분석 기술이 아닙니다. 워드클라우드를 만들려면 컴퓨터가 텍스트를 분석하는 과정이 필요하다는 것입니다.

결국 컴퓨터가 어떤 형태(글, 그림, 소리 등)로든 우리의 언어(자연어)를 출력하려면 우리의 언어를 이해하고 분석하는 기술이 기반이 되어야 가능한 것입니다. 챗GPT가 우리의 질문에 답변할 수 있는 것도 이 기술이 바탕이 되었기 때문입니다. 그 기술을 우리는 자연어 처리(NLP, Natural Language Precessing)라고 부릅니다.

NOTE 한국어, 영어 등 인간이 사용하는 언어를 자연어라고 합니다. 그리고 자연어를 컴퓨터가 이해하고 분석할 수 있도록 돕는 기술을 자연어 처리라고 합니다.

워드클라우드의 예로 이해하는 자연어 처리

자연어 처리에는 다양한 분석 기법이 있는데, 모든 것을 설명하기엔 알아야 할 내용이 복잡하고 어렵습니다. 단순 텍스트 분석에 사용하는 NLP(자연어 처리) 기법을 간단히 알아보고 자연어 처리의 본질을 이해해봅시다.

예를 들어 앞서 보여드린 워드클라우드를 만들려면 텍스트 데이터를 전처리하는 과정이 필요합니다. 텍스트 데이터를 컴퓨터가 이해할 수 있도록 정리하는 작업이죠. 이 과정에서 주로 사용되는 NLP 기법은 다음과 같습니다.

- **토큰화(Tokenization)** : 텍스트를 개별 단어 또는 어절로 나누는 과정입니다. 예를 들어 '안녕하세요, 오늘은 날씨가 좋네요'라는 문장은 ['안녕하세요', '오늘', '날씨', '좋네요']와 같이 단어별로 분리됩니다.
- **불용어 제거(Stop Words Removal)** : 텍스트에서 의미가 적은 단어들, 예를 들어 '그리고', '는', '이', '가' 등과 같은 단어들은 분석에 큰 의미가 없기 때문에 제거됩니다.
- **어근 추출(Stem Extraction)** : 단어의 실질적 의미를 가지는 부분인 어근(stem)을 찾아내는 작업입니다. 예를 들어 '운동', '운동하다', '운동하는' 등은 모두 '운동'이라는 의미를 가지므로 이를 하나로 통합하는 과정입니다.
- **빈도 계산** : 텍스트에서 각 단어가 몇 번 등장했는지 빈도를 계산합니다. 이 빈도에 따라 워드클라우드에서의 단어 크기가 결정됩니다. 빈도가 높을수록 큰 글씨로 표시됩니다.

위 과정을 통해 만든 워드클라우드는 보통 텍스트 데이터 분석의 첫 단계에서 유용하게 쓰입니다. 방대한 텍스트 데이터를 직관적으로 파악함으로써 키워드를 빠르게 찾아낼 수 있습니다. 예를 들어 소셜 미디어에서 특정 제품에 대한 사용자 의견을 분석할 때, 제품과 관련된 주요 단어들을 워드클라우드로 시각화하면 트렌드를 쉽게 파악할 수 있습니다.

워드클라우드는 글 속에서 중요한 단어들을 시각적으로 강조하여 글의 주제나 핵심 내용을 한눈에 파악할 수 있게 도와줍니다. 이처럼 컴퓨터가 인간의 언어를 읽고 그 안에 담긴 의미나 맥락을 이해할 수 있도록 하는 기술을 자연어 처리라고 합니다. 어렵고 복잡한 기술이라 느낄 수 있으나, 자연어 처리는 '자연어를 의미로 바꾼다'는 아주 간단한 원리를 가지고 있습니다.

물론 단어의 사용 빈도를 분석하는 기법만으로는 텍스트의 깊은 의미에 접근하기가 어렵습니다. 특히 챗GPT처럼 글의 맥락을 이해하면서 답변을 만들려면 추가적인 기술이 필요합니다.

그래서 다음 절에는 컴퓨터가 언어의 의미를 좀 더 섬세하게 이해하고 처리하도록 돕는 기술인 임베딩을 알아보겠습니다.

2.2 컴퓨터는 인간의 언어를 어떻게 이해했을까? (feat. 임베딩)

우리가 외국어를 이해하기 위해 한국어로 번역하는 것처럼, 컴퓨터도 인간의 언어를 이해하기 위해 기계어(컴퓨터의 언어)로 변환하는 과정이 필요합니다. 이때 사용되는 대표적인 기술이 '임베딩(Embedding)'입니다.

임베딩의 기본 원리

임베딩은 숫자를 언어로 사용하는 컴퓨터가 인간의 언어를 분석하고 이해할 수 있도록, 단어 간 의미적 관계를 수치화하여 벡터 공간에 표현하는 기법입니다. 예를 들어 '고양이'와 '강아지'라는 단어는 의미적으로 가까우므로 벡터 공간에서도 서로 가까운 위치에 배치됩니다. 반면에 '고양이'와 '자동차'는 서로 관련이 적으므로 벡터 공간에서 멀리 떨어져 배치됩니다.

다음 그림은 세 가지 문장을 임베딩한 결과입니다.

결과 화면

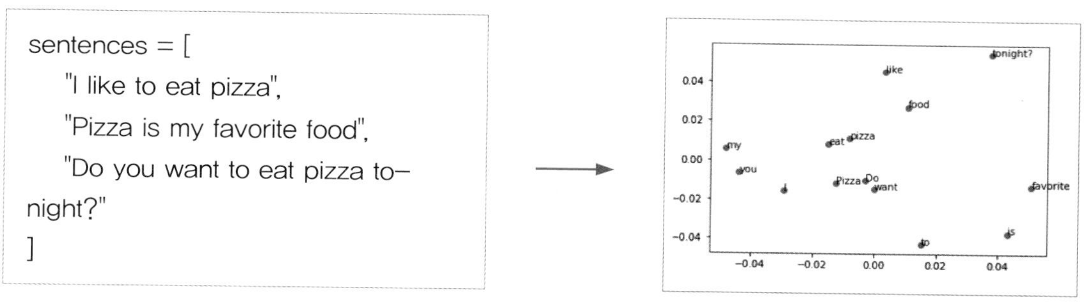

[파이썬으로 3가지 문장을 제작 후, 2차원 벡터로 수치화한 시각화한 예]

단 세 문장을 임베딩한 결과라서 단순해보이지만, 만약 세 문장이 아니라 전 세계 인터넷에 있는 모든 문장을 임베딩한다면 결과는 어떻게 될까요? 이루 말할 수 없을 정도로 결과는 복잡해지고 인간의 언어를 정교하게 이해하는 수준에 이를 것입니다.

임베딩의 활용 예

임베딩은 자연어 처리의 다양한 작업에서 사용됩니다. 예를 들어 텍스트 분류, 감성 분석, 번역, 질문 답변 시스템 등이 있습니다. 특히 챗GPT와 같은 대형언어모델(LLM)은 방대한 임베딩 벡터를 학습하여 언어의 복잡한 패턴과 의미를 이해합니다.

정리

임베딩은 컴퓨터가 언어를 처리하는 데 핵심적인 역할을 합니다. 단순히 단어의 빈도를 파악하는 것이 아니라, 단어 사이의 의미적 관계를 수치적으로 표현함으로써 컴퓨터가 더 정확하게 언어를 분석하고 이해할 수 있도록 합니다.

챗GPT와 같은 LLM(대형언어모델)은 임베딩 기법을 통해 수많은 언어 데이터를 학습하면서 언어의 패턴을 분석하고 의미를 이해하여 인간과 유사한 수준의 언어 능력을 갖추게 된 것입니다. 임베딩은 생성형 AI 시장의 근간이 되는 기술로써 추후 응용에서도 매우 중요한 역할을 하게 될 것입니다.

> **NOTE** 이 절의 내용과 관련해 다양한 LLM의 발전과 기술동향을 정리한 칼럼이 있습니다. 자세한 내용은 2장의 마지막에 있는 칼럼 'LLM 모델의 경이로운 발전 속도'를 참고해보세요.

2.3 엔비디아 주식이 왜 올랐을까? (feat. 딥러닝 구조와 매개변수)

엔비디아(NVIDIA)는 원래 3D 게임 그래픽카드로 유명한 기업이지만, 그래픽카드(GPU)가 가진 병렬 계산 능력이 딥러닝과 같은 AI 연산에 유용하다는 사실이 밝혀지면서 AI 시장에서 큰 주목을 받게 되었습니다.

엔비디아의 주식이 급격히 상승하는 이유 중 하나는 AI 모델에서 사용되는 방대한 '매개변수'에 있습니다. 매개변수가 무엇인지는 나중에 자세히 알려드리겠지만, 간단히 설명하자면 AI 모델의 성능을 결정하는 요소입니다. 매개변수가 수백억 개에 달하는 대형언어모델을 학습시키려면 엄청난 양의 연산이 필요합니다. 이 학습 과정을 순차적 계산으로만 수행한다면 수개월에서 수년이 걸립니다. 그래서 이를 효율적으로 처리할 수 있는 GPU의 병렬 계산 능력이 주목을 받게 되었고 GPU의 수요가 급증하게 된 것입니다.

> **NOTE** 병렬 계산 능력은 동시에 수많은 연산을 병렬로 처리하는 능력을 의미합니다. 단순하고 복잡한 연산을 '순차적'으로 처리하는 CPU(중앙처리장치)보다 병렬 계산 능력을 가진 GPU의 연산 처리 속도가 월등히 빠릅니다.

> **NOTE** AI 기술의 발전이 엔비디아의 주가에 얼마나 영향을 준 건지 궁금하신 분은 2장의 칼럼 '엔비디아 주가와 AI 모델의 매개변수의 연관성'을 참고해보세요.

매개변수의 개념

앞절(2.2)에서 임베딩 기법으로 AI 모델이 언어를 분석하고 이해하는 능력을 갖추게 되었다고 했습니다. 그렇다면 AI 모델 자체의 성능을 끌어올리는 데 기여하는 것은 무엇일까요? 바로 매개변수입니다.

매개변수는 AI 모델의 성능을 결정하는 데 중요한 역할을 하며, AI를 커스터마이징하고 최적화하는 데 필수적인 요소입니다. 그런데 매개변수를 이해하려면 딥러닝의 구조를 먼저 이해해야 합니다. 두 개념 모두 생소해서 복잡하고 어려운 개념이라 느끼실 것 같지만, 그 뿌리를 이해하면 그리 복잡한 것만은 아닙니다. 그럼 딥러닝의 구조부터 하나씩 알아봅시다.

딥러닝과 퍼셉트론의 이해

딥러닝이라는 단어를 처음 들으면 매우 복잡하고 어려운 개념이라 느껴질 수 있습니다. 하지만 그 뿌리를 이해하면 그리 복잡한 것만은 아닙니다.

딥러닝(Deep Learning)의 기본 개념은 1950년대에 등장한 '퍼셉트론'이라는 아이디어에서 시작되었습니다. 퍼셉트론(Perceptron)은 인간의 뉴런을 모방한 개념으로, 인간의 뇌가 정보를 처리하는 방식을 컴퓨터가 따라할 수 있도록 설계된 모델입니다.

퍼셉트론의 기본 구조는 다음과 같습니다.

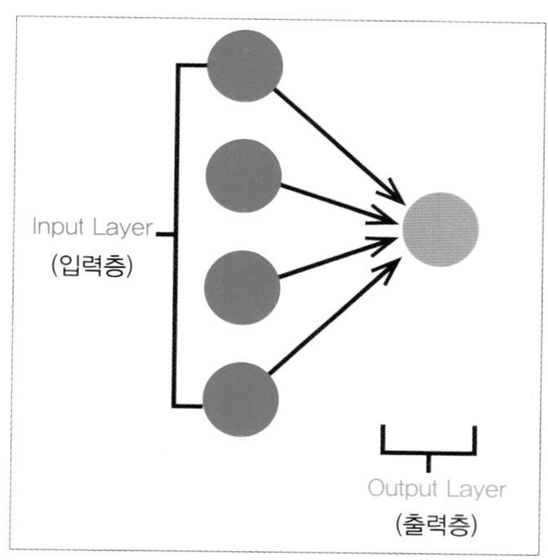

다양한 입력값에 가중치를 곱한 값을 모두 더하여 하나의 결과로 출력합니다. 이 구조를 우리가 감각을 느끼는 과정에 빗대어 설명하자면 이렇습니다. 예를 들어 상대방이 손으로 나를 누른다면 그 압력을 느낄 수 있습니다. 하지만 내가 두꺼운 겨울 패딩을 입고 있다면 상대방이 똑같은 압력으로 나를 누르더라도 압력을 느끼기 어렵겠죠. 이 상황을 토대로 상대방이 가한 압력을 내가 느낄 확률을 수식으로 나타낸다면 다음과 같을 것입니다.

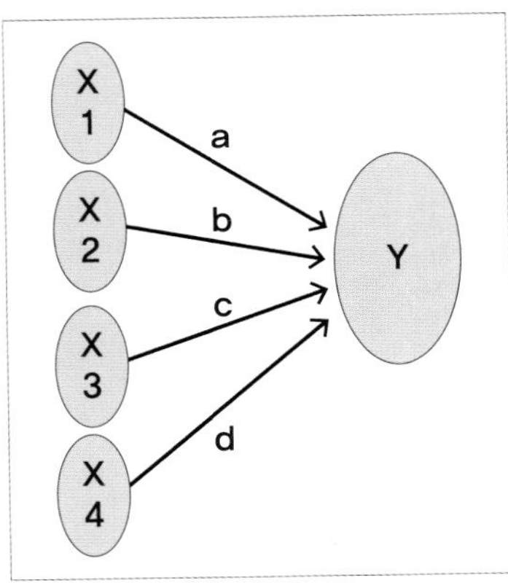

$y = a*x_1 + b*x_2 + c*x_3 + d*x_4$

- x_1 : 상대방이 나를 누르는 압력
- x_2 : 겨울 패딩 착용 여부
- x_3 : 현재 온도
- x_4 : 상대방이 나를 누른 순간을 목격했는지 여부

위 수식에서 a, b, c, d는 각각 $x_1 \sim x_4$에 대한 가중치(weight)입니다. 이 가중치는 어떤 입력 값이 더 중요한지에 따라 다르게 설정됩니다. 만약 내가 압력을 느끼는 데 가장 중요한 요소가 x_1이라면, a의 값은 크게 설정되고, 덜 중요한 요소는 가중치가 작게 설정됩니다. 이러한 방식으로 입력 데이터를 처리하는 것이 바로 퍼셉트론의 기본 개념입니다. 여기서 a, b, c, d와 같은 가중치들을 '매개변수'라고 부릅니다.

NOTE 퍼셉트론의 구조 이해의 중요성

퍼셉트론의 구조는 정말 간단하지만 딥러닝과 같은 고급 인공 신경망의 기본이 되기에 중요합니다. 고급 인공 신경망은 하나의 퍼셉트론에 또 다른 퍼셉트론을 이어 붙이는 방식으로 여러 개의 퍼셉트론을 결합하여 만들어집니다. 따라서 퍼셉트론을 이해하는 것은 고급 인공 신경망의 구조를 이해하는 바탕이 됩니다.

딥러닝의 다층 퍼셉트론

이제 퍼셉트론이 여러 층으로 쌓인 구조를 생각해봅시다. 여러 개의 퍼셉트론이 서로 중첩되는 구조를 '다층 퍼셉트론(MLP, Multi-Layer Perceptron)'이라고 합니다. MLP 구조는 딥러닝의 기본으로, 퍼셉트론이 단일 층일 때는 단순한 신경망을 구성하지만 여러 층을 가진다면 더 복잡하고 강력한 딥러닝 모델이 됩니다.

예를 들어 GPT-3와 같은 모델은 매개변수가 1,750억 개나 됩니다. 이처럼 거대한 딥러닝 모델은 상상을 초월할 정도로 많은 뉴런과 매개변수가 결합된 구조를 가집니다. 챗GPT와 같은 모델은 매우 복잡한 딥러닝 구조를 이루며, 그중 '매개변수'는 중요한 역할을 합니다.

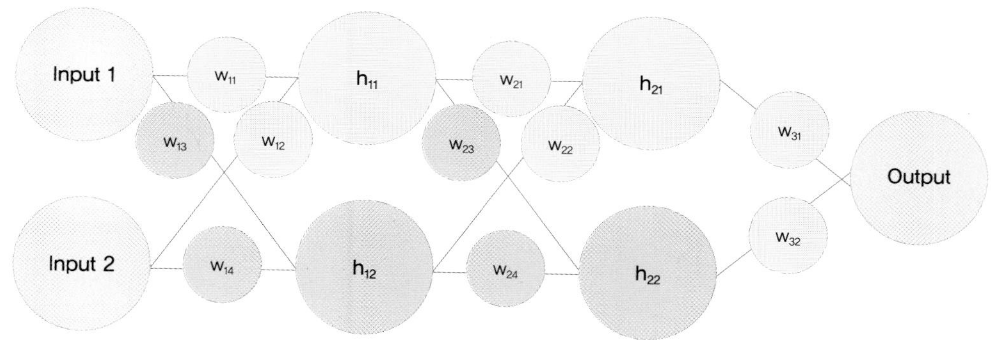

[MLP(다층 퍼셉트론)의 예. MLP는 딥러닝의 기본 구조이다]

매개변수의 역할

매개변수는 딥러닝 모델에서 핵심적인 역할을 합니다. 모델은 학습 과정에서 매개변수를 조정하며, 주어진 입력 데이터와 출력 간의 관계를 최적화합니다. 또한 매개변수를 많이 가질수록 복잡한 패턴을 학습할 수 있지만, 그만큼 훈련 시간과 컴퓨팅 자원이 많이 필요합니다.

특히 GPT와 같은 대형언어모델에서 매개변수는 모델의 성능과 직결됩니다. 모델이 텍스트 데이터를 처리할 때, 각 단어와 문장의 의미를 파악하고 예측하는 데 수많은 매개변수가 사용됩니다. 이 매개변수들은 학습된 데이터의 특징을 기반으로 가장 적합한 출력을 생성하기 위해 조정됩니다.

매개변수의 중요성

매개변수는 대형언어모델을 커스터마이징하거나 특정 환경에서 활용할 때 중요한 역할을 합니다. 예를 들어 기업이 자체 폐쇄망 환경에서 AI 모델을 활용할 경우, 해당 환경에 맞게 매개변수를 최적화해야 더 나은 성능을 발휘할 수 있습니다. 또한 특정 산업 분야나 비즈니스 요구에 맞춘 모델을 만들 때도 매개변수 조정은 필수적인 작업입니다.

지금은 매개변수의 개념을 간단히 이해하고 넘어가지만, 이후에 LLM(대형언어모델)을 맞춤화하거나 특정 프로젝트에 AI를 적용할 쯤에는 이 개념의 중요성을 알게 될 것입니다.

정리

딥러닝과 매개변수의 개념은 복잡해보이지만, 기본 원리를 이해하면 의외로 단순합니다. 퍼셉트론에서 출발한 아이디어는 딥러닝이라는 거대한 구조로 발전했으며, 챗GPT와 같은 거대언어모델도 이 개념을 바탕으로 만들어졌습니다. 그리고 매개변수는 AI 모델의 성능을 결정하는 데 중요한 역할을 하며, AI를 커스터마이징하고 최적화하는 데 필수적인 요소입니다.

2.4 챗GPT를 업무 혁신의 도구로 이끈 결정적인 기술 (feat. RLHF)

다음 그림은 챗GPT를 개발한 오픈AI의 GPT 모델의 발전 과정을 요약한 자료입니다. 이 자료를 보면 조금 의아한 점이 있습니다. GPT-1에서 GPT-2, GPT-2에서 GPT-3으로의 진화 과정에서는 매개변수 수가 급증했는데 GPT-3에서 GPT-3.5로의 진화 과정에서는 매개변수 수의 차이가 없습니다. 그렇다면 2년 반이라는 시간 동안 두 모델 사이에 어떤 변화가 있었던 걸까요?

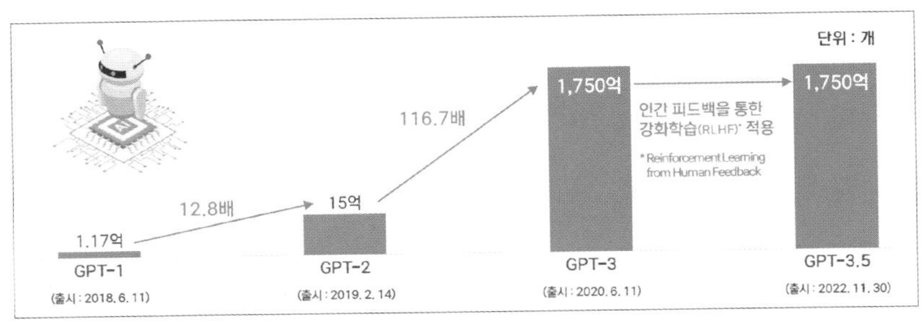

GPT별 매개변수 수 비교 (출처: 한국지능정보사회진흥원(NIA))

GPT-3.0과 GPT-3.5 두 버전 사이에는 중요한 기술적 차이와 발전이 있습니다. 특히 GPT-3.5에서는 '강화 학습을 통한 인간 피드백(Reinforcement Learning with Human Feedback, RLHF)'이 도입되면서, 모델의 성능과 사용자 경험이 크게 개선되었습니다. 이것에 대한 힌트는 오픈AI의 공식 페이지(https://openai.com/)에 소개된 다음의 논문에 있습니다.

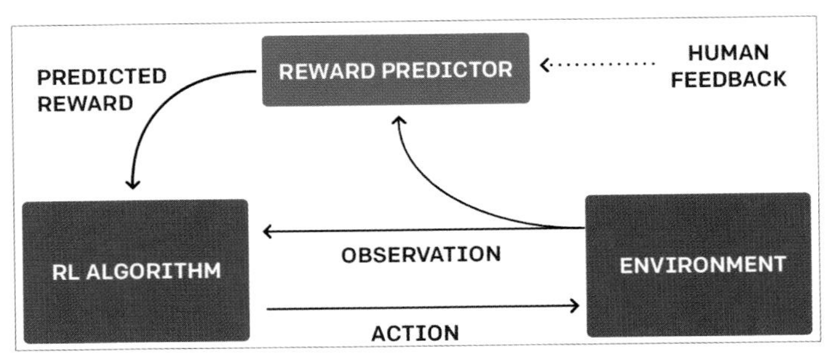

RLHF를 도입한 AI 모델 훈련 과정
(출처: 오픈AI, Learning from human perferences (June 13, 2017))

GPT-3.0의 특징

GPT-3.0은 2020년에 공개된 대형언어모델로, 1750억 개의 매개변수를 가지고 있습니다. 이 모델은 대량의 텍스트 데이터를 학습하여 다양한 자연어 처리 작업을 수행할 수 있는 능력을 가집니다. GPT-3.0은 대화형 AI, 텍스트 생성, 번역, 요약 등 다양한 작업에서 뛰어난 성능을 발휘했지만, 몇 가지 한계도 있었습니다. 특히 '할루시네이션(Hallucination)' 현상이 자주 발생해 가끔씩 사실이 아닌 정보를 생성하거나 문맥에서 벗어난 답변을 제공하는 문제가 있었습니다.

GPT-3.5의 발전: RLHF의 도입

GPT-3.5는 2022년에 공개되었으며, 가장 큰 변화는 RLHF의 도입입니다. RLHF는 인간의 피드백을 통해 모델이 더 나은 답변을 생성하도록 학습시키는 방법입니다. 이 기법은 강화 학습(Reinforcement Learning)을 기반으로 하며, 인간이 직접 모델의 출력에 피드백을 제공함으로써 모델이 더 자연스럽고 유용한 답변을 생성할 수 있도록 도와줍니다.

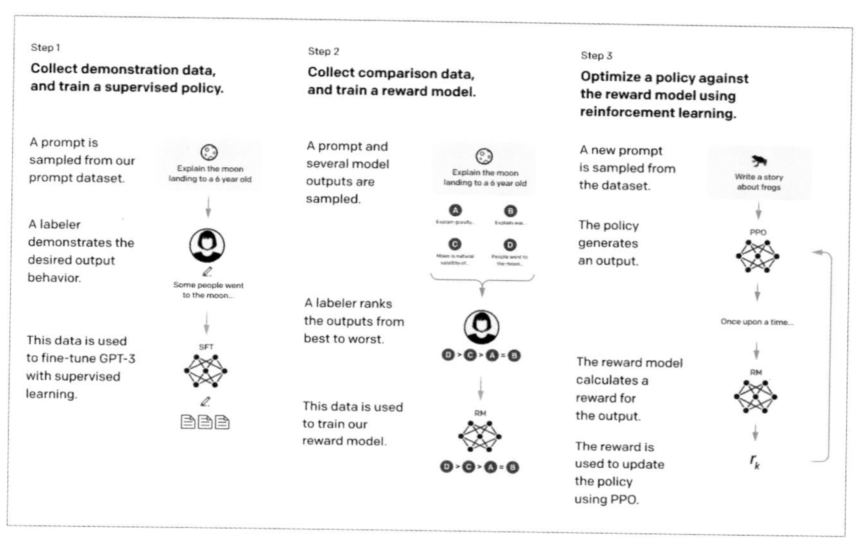

RLHF의 3단계
(출처: 오픈AI, Aligning language models to follow instructions (January 27, 2022))

RLHF의 효과

GPT-3.5에 RLHF를 적용한 결과, 모델의 정확성과 신뢰성이 크게 향상되었습니다. 할루시네이션 문제를 줄이고, 사용자의 질문에 더 적절하고 일관된 답변을 제공할 수 있게 된 것이죠. 또한 GPT-3.5는 사용자와의 상호작용에서 더 자연스러운 대화를 할 수 있도록 최적화되었습니다.

최근 딥시크(DeepSeek) 관련 논문에서, 수학 및 코딩 영역의 AI 학습은 RLHF 대신 순수한 RL(강화학습)으로도 가능하다는 내용이 나왔지만 RLHF가 여전히 중요한 학습방식이라는 것은 부정할 수 없습니다.

RLHF 기술의 발전 덕분에 GPT-3.5는 GPT-3.0에 비해 대화형 AI로서의 성능이 크게 향상되었으며, 실제 비즈니스 및 연구 환경에서 더 폭넓게 활용될 수 있는 기반을 마련되었다는 평가가 많이 있습니다. 실제로 성능도 그렇게 나오게 되었습니다.

이렇게 개발된 GPT-3.5가 2022년 11월 30일 세상에 나왔을 때, 사람들의 반응은 아주 뜨거웠습니다. 하지만 이를 비즈니스 도구로 바로 사용할 수는 없었습니다. 그 이유는 무엇이었을까요? 다음 절에서 알아보겠습니다.

2.5 비즈니스 관점에서 본 챗GPT의 한계 (feat. 할루시네이션)

챗GPT는 비즈니스 도구로써 다양한 분야에 활용될 잠재력을 가졌지만, 몇 가지 한계점 때문에 실제로 적용하기까지 시간이 걸렸습니다. 대표적인 문제가 '할루시네이션(Hallucination)'인데, 이는 챗GPT가 사실이 아닌 정보를 생성하거나 문맥과 맞지 않는 답변을 제공하는 현상을 의미합니다.

> **NOTE** 2장을 시작할 때 챗GPT의 한계로 보여드린 할루시네이션 예시를 참고해보세요.

할루시네이션의 원인

할루시네이션은 챗GPT가 학습한 데이터의 특성에서 비롯됩니다. 챗GPT는 인터넷에서 수집된 방대한 양의 텍스트 데이터를 학습하여 언어 패턴을 이해하고 예측하는데, 그 과정에서 잘못된 정보나 불완전한 데이터도 함께 학습하게 됩니다. 이 때문에 챗GPT는 가끔씩 정확하지 않은 답변을 생성하거나 질문의 맥락과 상관없는 정보를 제공하기도 합니다.

또한 GPT 모델은 '확률적'으로 작동합니다. 그래서 동일한 질문을 여러 번 해도 답변은 제각각입니다. 이는 모델이 답변을 생성할 때 특정 패턴을 따르기보다는 가장 가능성 있는 답변을 예측하기 때문입니다. 하지만 이 과정에서 가끔씩 엉뚱한 답변이 생성될 수 있죠.

비즈니스에서의 문제

비즈니스 환경에서는 신뢰성과 정확성이 매우 중요합니다. 잘못된 정보는 고객에게 혼란을 주고, 비즈니스 의사결정에 영향을 미칠 수 있습니다. 예를 들어 챗GPT를 이용해 고객 지원을 운영할 경우, 할루시네이션으로 인한 부정확한 답변이 제공되면 고객의 신뢰를 잃을 수 있습니다. 또한 법률이나 의료와 같은 고도로 전문적인 분야에서는 잘못된 정보가 심각한 결과를 초래할 수 있습니다.

생성형 AI의 부정확한 정보 전달을 해결하기 위해, 많은 연구를 하고 있지만 아직은 완벽하게 잡을 수는 없다는 것이 업계의 주된 의견입니다. 그래서 현업에서 생성형AI를 활용하기가 현실적으로 어려운 것이 사실이었습니다.

하지만 할루시네이션이 상대적으로 매우 낮은 영역도 있습니다. 바로 '코딩' 영역입니다.

백문이 불여일견이지요? 챗GPT에게 직접 요청해보겠습니다.

01 챗GPT(chatgpt.com)에 접속해서 다음과 같이 질문합니다.

PROMPT

삼성전자의 주식데이터를 오늘부터 20년 전까지 모두 가져와서 엑셀로 저장해주는 코드를 만들어줘(yfinance)

02 다음을 따라 챗GPT가 생성한 코드를 복사합니다.

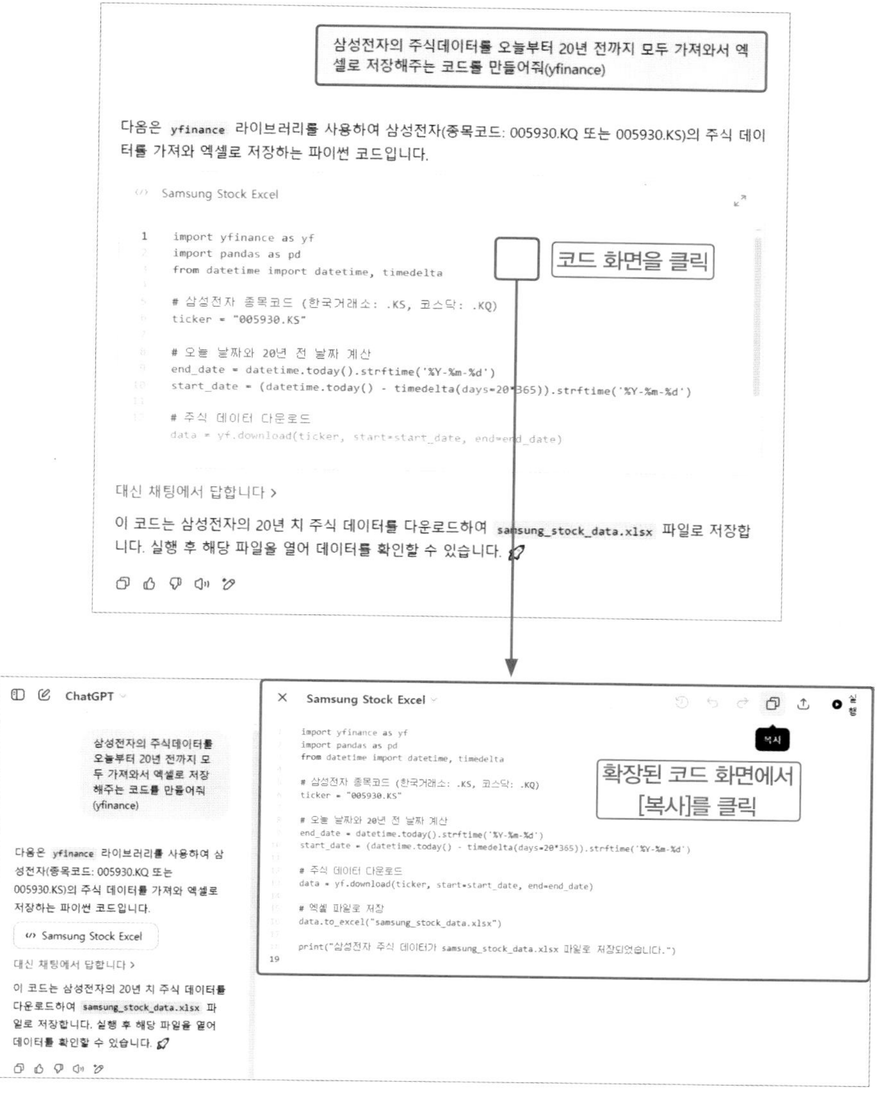


```
import yfinance as yf
import pandas as pd
from datetime import datetime, timedelta

# 삼성전자 종목코드 (한국거래소: .KS, 코스닥: .KQ)
ticker = "005930.KS"

# 오늘 날짜와 20년 전 날짜 계산
end_date = datetime.today().strftime('%Y-%m-%d')
start_date = (datetime.today() - timedelta(days=20*365)).strftime('%Y-%m-%d')

# 주식 데이터 다운로드
data = yf.download(ticker, start=start_date, end=end_date)

# 엑셀 파일로 저장
data.to_excel("samsung_stock_data.xlsx")

print("삼성전자 주식 데이터가 samsung_stock_data.xlsx 파일로 저장되었습니다.")
```

03 이제 챗GPT에서 복사한 코드를 실행해봅시다. 다양한 실행 방법이 있는데 가장 쉬운 방법은 구글 코랩(Colab)을 이용하는 것입니다.

04 구글 로그인을 한 상태로 구글 코랩(colab.research.google.com)에 접속합니다. 그 다음 [+새 노트]를 클릭하면 파이썬 코드를 실행할 수 있는 화면이 나옵니다.

> **NOTE** 구글 코랩(Colab)은 구글에서 제공하는 무료 웹 에디터로, 파이썬을 클라우드 환경에서 작성하고 실행할 수 있습니다. 나중에 실습에서 코랩을 사용할 경우가 종종 있으니, 이 기회에 코랩을 가볍게 경험해보시길 권장합니다.

구글 트렌드: Citizen Developer 관련 키워드 검색량 추이

05 다음과 같은 화면이 나오면 폴더 아이콘을 클릭합니다.

> **NOTE** 이 메뉴 창을 연 이유는 잠시 후 코드 실행 결과로 생성되는 파일을 확인하기 위해서입니다.

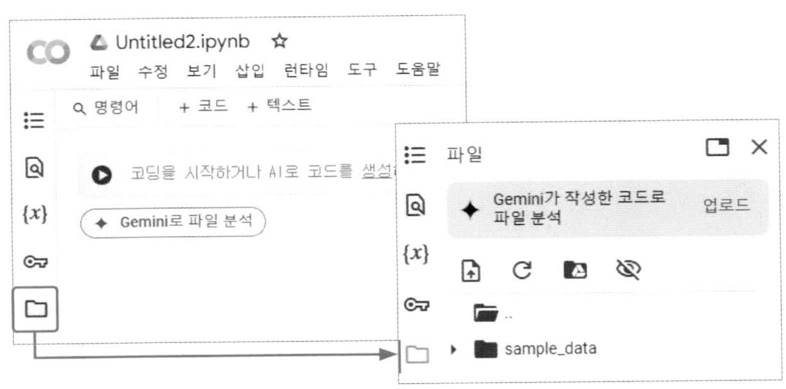

06 코드 입력 창에 앞서 복사한 코드를 붙여 넣습니다. 그리고 [셀 실행]을 클릭하면 코드가 실행됩니다.

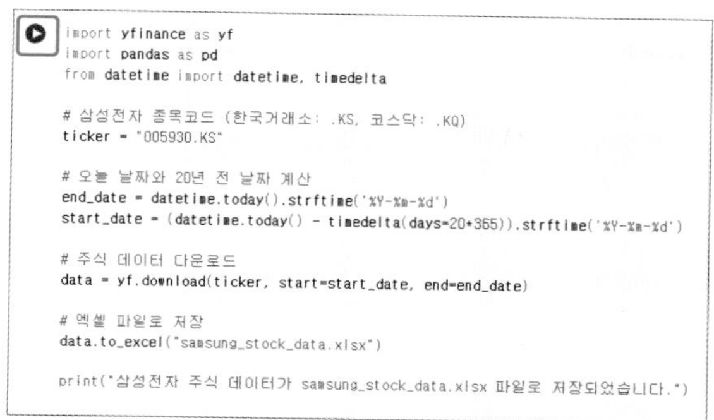

```
import yfinance as yf
import pandas as pd
from datetime import datetime, timedelta

# 삼성전자 종목코드 (한국거래소: .KS, 코스닥: .KQ)
ticker = "005930.KS"

# 오늘 날짜와 20년 전 날짜 계산
end_date = datetime.today().strftime('%Y-%m-%d')
start_date = (datetime.today() - timedelta(days=20*365)).strftime('%Y-%m-%d')

# 주식 데이터 다운로드
data = yf.download(ticker, start=start_date, end=end_date)

# 엑셀 파일로 저장
data.to_excel("samsung_stock_data.xlsx")

print("삼성전자 주식 데이터가 samsung_stock_data.xlsx 파일로 저장되었습니다.")
```

07 코드를 실행하면 잠시 후 왼쪽 메뉴 창에 엑셀 파일 아이콘이 생깁니다. 코드를 실행한 결과로 엑셀 파일이 하나 생성된 것입니다. 이 아이콘을 더블 클릭하면 엑셀 파일이 다운로드됩니다.

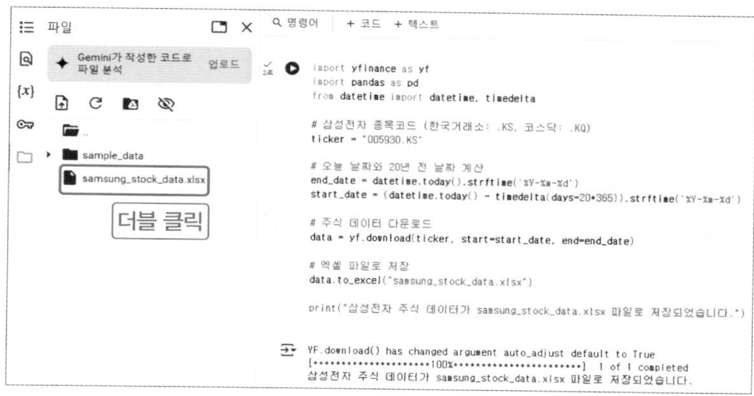

08 다운로드한 엑셀 파일을 열어보면 삼성전자의 20년치 주식 데이터가 담긴 것을 확인할 수 있습니다.

	A	B	C	D	E	F	G
1	Price	Close	High	Low	Open	Volume	
2	Ticker	005930.KS	005930.KS	005930.KS	005930.KS	005930.KS	
3	Date						
4	2005-03-16 00:00:00	7204.01416	7218.336256	7096.598442	7146.725777	18545000	
5	2005-03-17 00:00:00	7103.757813	7139.563043	7046.469443	7060.791535	20875000	
6	2005-03-18 00:00:00	7089.438477	7132.40477	7060.794281	7060.794281	12750000	
7	2005-03-21 00:00:00	7046.469727	7146.724377	7017.825541	7039.30868	16770000	
8	2005-03-22 00:00:00	7103.757813	7175.368274	7010.664212	7060.791535	15795000	
9	2005-03-23 00:00:00	7139.566406	7153.888505	7039.311712	7060.794861	15920000	
10	2005-03-24 00:00:00	7204.01416	7246.980447	7125.242634	7175.369969	20100000	
11	2005-03-25 00:00:00	7232.658203	7246.980299	7161.047726	7232.658203	10875000	
12	2005-03-28 00:00:00	7304.268555	7318.59065	7261.302269	7304.268555	8980000	
13	2005-03-29 00:00:00	7189.692871	7318.591747	7161.048676	7304.26965	16855000	
14	2005-03-30 00:00:00	7132.404297	7153.887442	7075.115909	7075.115909	18145000	
15	2005-03-31 00:00:00	7189.692871	7261.303358	7175.370774	7246.981261	17335000	
16	2005-04-01 00:00:00	7332.914063	7390.202454	7161.048889	7189.693085	22655000	
17	2005-04-04 00:00:00	7404.521973	7404.521973	7304.267323	7332.911509	17215000	

텍스트 생성 시에는 자주 발생하는 할루시네이션이 코딩 생성 시에는 발생 빈도가 현저히 낮다는 것은 비즈니스 활용면에서 고무적인 일입니다. 이는 생성형 AI가 복잡한 코드를 비교적 정확하게 생성할 수 있음을 의미하며, 코딩에 익숙하지 않은 비개발자들도 이 도구를 활용해 유용한 코드를 작성할 수 있는 환경이 열리게 된 것입니다. 덕분에 비전문가들도 코드를 생성해 실무에 적용하려는 다양한 시도가 점점 더 많아지고 있죠.

비록 할루시네이션이 완전히 사라지지는 않았음에도 생성형 AI를 이용한 코딩 생성이 활발하게 이루어지는 이유는 바로 이 기술이 실질적으로 유용하기 때문입니다. 이 책에서는 할루시네이션을 어떻게 극복하는지, AI가 생성한 코드를 어떻게 실무에 활용하는지 꼼꼼하게 설명하며 여러분이 직접 코딩을 생성하고 문제를 해결할 수 있도록 구체적인 가이드를 제공할 것입니다.

2.6 AI의 활용 범위를 확장시키기 위한 노력 (feat. 온디바이스 AI)

2.5절까지는 챗GPT가 세상에 등장한 시점(2022년 11월 30일)까지의 기술적 흐름에 집중했습니다. 이 다음은 챗GPT를 비롯한 생성형 AI의 미래에 대한 이야기를 해보려 합니다. 다만 하루가 멀게 진화하는 생성형 AI의 발전 속도를 맞춰 책에 담아내기엔 한계가 있습니다. 그래서 이 절에서는 우리가 주목해야 할 부분인 '매개변수를 줄이려는 노력과 이를 통해 만들어진 결과물'에 집중하여 이야기하고자 합니다.

인터넷 연결 없이 언제든 사용하는 AI 기술, 온디바이스 AI

삼성 스마트폰 Galaxy S24부터는 AI 번역 기능이 탑재되어 있습니다. AI 번역은 실시간으로 이루어져야 하므로 보통은 방대한 매개변수를 처리할 수 있는 서버에서 연산이 이루어집니다. 그러나 이 기기의 실시간 번역 기능은 와이파이나 모바일 데이터 없이도 작동합니다. 이는 온디바이스 AI의 힘을 보여주는 사례입니다.

AI 스마트폰에 탑재된 AI 번역 기능 (출처: Samsung 공식 유튜브)

온디바이스 AI(On-device AI)는 디바이스 자체에서 연산을 처리하는 기술로, 디바이스에 AI 모델을 탑재하여 생성형 AI 서비스를 구현합니다. (이 기술에 사용되는 AI 모델은 매개변수가 많은 대형언어모델(LLM)이 아닌 경량화된 AI 모델입니다.) 기존의 AI는 강력한 서버에서만 작동하기 때문에, 실시간 번역 같은 복잡한 작업을 하려면 고성능 컴퓨팅 자원이 필요했습니다. 하지만 이제는 작은 기기에서도 복잡한 연산을 수행하는 기술이 개발되고 있습니다.

매개변수를 줄이면 어떤 변화가 올까?

만약 LLM과 같은 복잡한 모델도 매개변수를 줄여 온디바이스 AI로 구현할 수 있다면, 어떤 변화가 일어날까요? 달 탐사나 구조 현장 등 인터넷 연결이 어려운 환경에서도 스스로 판단하고 행동할 수 있는 자율 로봇이 등장할 수 있을 것입니다. 이는 새로운 차원의 혁신을 가져오며 AI의 활용 범위를 크게 확장시킬 수 있습니다.

기업 환경에서의 AI 활용 어려움과 보안 문제

사실 많은 기업들이 생성형 AI를 현업에서 활용하고자 하지만 여전히 큰 장벽이 있습니다. 그중 가장 큰 문제는 보안입니다. 예를 들어 기밀 문서처럼 중요도 높은 문서 데이터가 웹으로 통해 외부 서버에 업로드되면 보안 위험이 커집니다. 기밀 정보가 유출될 수 있는 위험 때문에 AI를 전면적으로 도입하기가 쉽지 않은 것이죠.

하지만 매개변수가 줄어들어 온디바이스 AI가 충분히 고성능을 발휘하게 된다면 어떨까요? 회사 자체 서버에서 생성형 AI를 활용할 수 있게 될 것입니다. 이러한 변화가 이루어진다면 오픈소스 기반의 모델(메타의 라마(LLaMA) 등)을 사용해 기업들이 자사 데이터를 보호하면서도 AI를 효율적으로 활용할 수 있게 될 것입니다. 이는 기업의 보안 우려를 해소하는 동시에 AI 기술을 더 널리 적용할 수 있는 환경을 마련해줄 것입니다.

AI를 활용한 데이터 보호 (챗GPT로 생성함)

매개변수를 줄이는 기술의 발전

최근 몇 년간 AI 연구의 중요한 방향 중 하나는 바로 매개변수를 줄이면서도 성능을 유지하는 방법입니다. 라마(LLaMA) 모델은 이러한 흐름에서 중요한 역할을 하고 있습니다. 특히 라마 2, 3, 3.1 버전을 비교해보면 동일한 매개변수를 가진 모델에서도 성능이 크게 개선된 것을 확인할 수 있습니다. 이는 'MMLU'(LLM의 성능을 정성적으로 평가하는 지표)에서 큰 성장을 보였다는 것을 의미합니다.

모델명	MMLU (Massive Multitask Language Understanding)
LLaMA-1-65B	63.4
LLaMA-3.1-70B	86
LLaMA-1-7B	35.1
LLaMA-3.1-8B	73

라마 모델별 MMLU **비교 (출처:** https://paperswithcode.com/sota/multi-task-language-understanding-on-mmlu)

보여드린 표는 집필 시점에 나온 라마 모델을 비교한 것으로, 이후에도 계속해서 더 나은 모델이 나오게 될 것입니다. (최근에는 딥시크(Deepseek)발 AI 시장 지각변동이 일어나고 있는데 이 논란의 중심에도 매개변수가 있습니다.)

결국 매개변수를 줄이는 노력은 AI 기술의 대중화를 촉진할 뿐만 아니라, AI를 더 안전하고 효율적 활용할 수 있도록 합니다. 앞으로 이 기술이 더욱 발전함에 따라, AI는 우리의 삶과 비즈니스에서 더욱 중요한 도구가 될 것입니다.

LLM 모델의 경이로운 발전 속도

LLM 기술의 발전 속도는 하루하루가 다를 정도로 빠르게 변화하고 있습니다. 그래서 이 책에 모든 최신 정보를 담기는 어렵지만, LLM 모델의 발전 속도를 잘 보여주는 예를 소개하겠습니다. AI 분야에서 경쟁이 치열한 상황에 몇몇 선도적인 회사들이 주도적으로 시장을 이끌어가고 있습니다. 현재의 AI 시장에서는 오픈AI, 구글, 앤트로픽(Anthropic), 메타, X(구 Twitter) 정도가 상위권을 차지하며 격전을 벌이고 있는 상황입니다.

모델명	출시	개발사	매개변수	학습된 언어량
GPT-1	2018년	오픈AI	1.17억	-
BERT	2018년	구글	3.4억	33억 단어
GPT-2	2019년	오픈AI	15억	40GB(~100억 tokens)
GPT-3	2020년	오픈AI	1,750억	4990억 tokens
LaMDA	2022년 1월	구글	1,370억	1680억 tokens
AlexaTM	2022년 11월	아마존	200억	1조 3천억 (maybe tokens)
LLaMA	2023년 2월	메타	650억	1조 4천억 (maybe tokens)
GPT-4	2023년 3월	오픈AI	Unknown	Unknown
PaLM2	2023년 5월	구글	3,400억	3조 6천억 tokens
LLaMa 2	2023년 7월	메타	700억	2조 tokens
Claude 2	2023년 7월	앤트로픽	Unknown	Unknown
Grok-1	2023년 11월	X AI	3,140억	Unknown
Gemini 1.0	2023년 12월	구글	Unknown	Unkown
Phi-2	2023년 12월	MS	27억	1.4조 token
QWEN2	2024년 6월	알리바바 클라우드	720억	3조 token
Nemotron-4	2024년 6월	엔비디아	3,400억	9조 Token
LLaMA 3.1	2024년 7월	메타	4,050억	15.6조 Token

LLM 모델 비교 (출처: WIKIPEDIA - Large Language Model 일부 발췌)

Rank* (UB)	Rank (StyleCtrl)	Model	Arena Score	95% CI	Votes	Organization	License
1	1	Gemini-2.5-Pro-Exp-03-25	1439	+7/-5	9013	Google	Proprietary
2	2	ChatGPT-4o-latest (2025-03-26)	1407	+6/-6	8261	OpenAI	Proprietary
2	4	Grok-3-Preview-02-24	1402	+5/-3	14849	xAI	Proprietary
2	2	GPT-4.5-Preview	1398	+5/-6	14520	OpenAI	Proprietary
2	4	Gemini-2.5-Flash-Preview-04-17	1392	+10/-13	3325	Google	Proprietary
5	9	Gemini-2.0-Flash-Thinking-Exp-01-21	1380	+4/-3	26309	Google	Proprietary
5	5	Gemini-2.0-Pro-Exp-02-05	1380	+5/-4	20127	Google	Proprietary
5	4	DeepSeek-V3-0324	1372	+9/-6	5888	DeepSeek	MIT
9	6	DeepSeek-R1	1358	+4/-5	16077	DeepSeek	MIT
9	14	Gemini-2.0-Flash-001	1354	+3/-4	22201	Google	Proprietary

LLM 및 AI 챗봇 성능 평가 순위표 (출처: https://lmarena.ai/)

그중에서도 오픈AI는 최근 독보적인 성과를 거두며 시장에서 우위를 점하고 있습니다. GPT-3와 GPT-4의 출시를 통해 언어 모델의 성능과 활용 가능성을 획기적으로 확장시켰으며, 챗GPT를 통해 대중에게 직접 AI 기술을 체험할 기회를 제공하면서 엄청난 인지도를 쌓았습니다. 오픈AI의 기술은 다양한 산업에서 응용되며, 실제 비즈니스 및 연구 환경에 깊숙이 자리 잡고 있습니다.

구글 역시 AI 기술 분야에서 중요한 역할을 하고 있습니다. 구글의 대표적인 AI 프로젝트인 딥마인드(DeepMind)는 AI의 가능성을 여러 방면에서 탐구하고 있으며, 특히 의료, 게임, 언어 모델에서 혁신을 보여주고 있습니다. 구글은 또한 자체적인 언어 모델인 팜(PaLM) 이후에 제미나이(Gemini)를 발표하며 AI 기술 경쟁에 참여하고 있으며, 클라우드 AI 솔루션 등으로 비즈니스 시장에서도 중요한 위치를 차지하고 있습니다.

앤트로픽(Anthropic)은 상대적으로 신생 기업이지만, 오픈AI의 전직원들이 창립한 회사로 주목 받고 있습니다. 이 회사는 AI 안전성을 강조하며, 'AI가 인류에게 해를 끼치지 않도록' 신뢰할 수 있는 인공지능 기술을 개발하는 데 주력하고 있습니다. 특히 대형언어모델의 안전성과 윤리적 문제에 대한 연구에 집중하고 있습니다. 특히 클로드(Claude)라는 AI 모델은 개발자들 사이에서 코딩을 잘하기로 유명하기도 합니다.

메타(Meta)는 AI 연구소인 FAIR(Facebook AI Research)를 통해 딥러닝과 언어 모델에 대한 연구를 지속하고 있으며, AI 기술을 소셜 미디어와 결합하여 새로운 경험을 제공하는 데 힘쓰고 있습니다. 특히 메타는 유일하게 오픈소스 모델을 시장에 공개하며 다른 AI회사들과는 다른 길을 걷고 있습니다. 한 때, 라마(Llama) 모델의 성능이 매우 높게 나오면서 오픈소스 활용의 가능성을 계속 보여주고 있습니다.

X(구 Twitter)는 일론 머스크가 인수 후 그록(Grok)이라는 모델로 최근 AI 시장에 새롭게 진입한 플레이어로, 언어 모델과 소셜 미디어 데이터의 결합을 통해 새로운 AI 응용 가능성을 모색하고 있습니다. 특히 소셜 미디어 상의 대규모 데이터셋을 기반으로 한 언어 모델의 개발이 주목 받고 있습니다.

한편 중국의 AI 스타트업인 딥시크(DeepSeek)는 최근 AI 시장에서 큰 주목을 받고 있습니다. 2023년에 설립된 이 회사는 비용 효율적인 AI 모델 개발로 두각을 나타내고 있으며, 최신 모델인 R1은 복잡한 문제 해결 능력에서 오픈AI의 GPT-4와 견줄만한 성능을 보입니다. 특히 R1 모델은 고성능 NVIDIA 칩이 아닌 저비용 칩을 사용하여 개발되었음에도 불구하고 우수한 성능을 발휘하여 업계의 주목을 받았습니다. 이러한 혁신적인 접근은 AI 하드웨어 시장의 패러다임 변화를 예고하고 있습니다.

딥시크는 또한 오픈소스 생태계와의 호환성을 강조하며, 다양한 파인튜닝(Fine-tuning) 옵션을 제공하여 연구자와 개발자들에게 유용한 도구를 제공합니다. 이러한 노력은 AI 기술의 민주화와 접근성 향상에 기여하고 있습니다.

이처럼 다양한 기업들이 AI 기술의 발전과 응용에 기여하고 있으며, 각자의 독특한 접근 방식과 혁신을 통해 AI 생태계를 풍부하게 만들고 있습니다.

엔비디아의 주가와 AI 모델의 매개변수의 연관성

앞서 2.3절 초반에도 언급했지만 매개변수를 수백억 개 가진 대형언어모델을 효과적으로 학습시키려면 엄청난 양의 연산이 필요합니다. 이 연산을 순차적 계산으로 처리하려고 하면 수개월에서 수년이 걸리지만 병렬 계산으로 처리하면 학습 속도가 월등히 빨라집니다.

AI의 급속한 발전과 함께, AI 학습 및 추론에서 GPU의 수요는 계속해서 증가하고 있습니다. 이러한 이유로 엔비디아의 주식도 급등하고 있습니다. 이는 AI 기술의 발전이 엔비디아와 같은 GPU 제조사에게도 긍정적인 영향을 미치고 있는 것을 의미합니다.

엔비디아 주가를 검색한 결과 (출처: 구글 파이낸스)

나중에 뒤에서 더욱 자세히 다루겠지만, 이 현상의 핵심은 AI의 복잡성과 대규모 연산에 대한 요구가 커질수록, 이를 지원할 수 있는 고성능 GPU의 중요성도 더욱 커진다는 점입니다. 엔비디아는 이러한 기술적 요구를 충족하는 데 있어서 상당히 중요한 역할을 하기 때문에, AI와 함께 엔비디아의 기술적 가치가 부각되고 있습니다.

PART 02

ChatGPT X Nocode

이번 파트에서는 생성형 AI를 활용한 노코드 방식의 실무 적용 방법을 학습합니다. 전통적인 코딩 없이도 다양한 작업을 효율적으로 해결할 수 있으며, 이메일 작성 같은 반복 업무를 자동화할 수 있습니다. 노코드 방식의 핵심 중 하나는 '프롬프트 엔지니어링'입니다. AI를 효과적으로 활용하기 위해 올바른 질문법과 명확한 요청 방식을 익히고, 이를 활용하여 업무 효율성을 극대화하는 방법을 배울 것입니다.

CHAPTER 03 올바른 질문법 (feat. 프롬프트 엔지니어링)

프롬프트 엔지니어링이라는 개념이 본격적으로 주목 받기 시작한 시기는 2023년 상반기였습니다. 이 시기에는 생성형 AI의 발전과 함께 이 기술이 다양한 산업에 미칠 영향에 대한 기대감이 커지면서 프롬프트 엔지니어링도 큰 화제가 되었죠. 당시 발표된 여러 기사와 연구는 프롬프트 엔지니어링이 AI와의 상호작용을 최적화할 수 있는 중요한 기술로 떠오른다는 내용을 다루며 사람들의 관심을 끌었습니다.

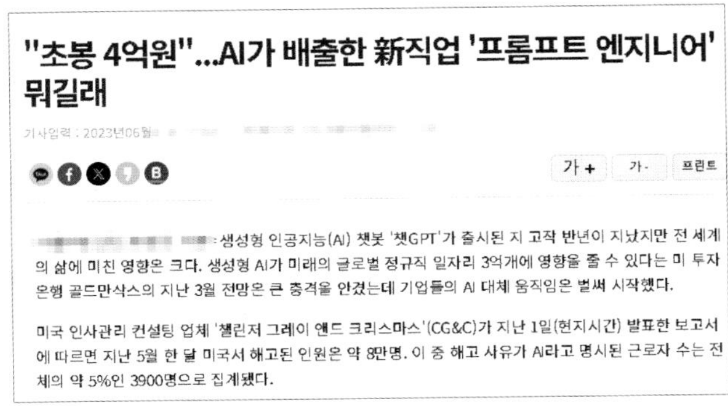

"초봉 4억원"...AI가 배출한 新직업 '프롬프트 엔지니어' 뭐길래

기사입력 : 2023년06월

가+ 가- 프린트

생성형 인공지능(AI) 챗봇 '챗GPT'가 출시된 지 고작 반년이 지났지만 전 세계의 삶에 미친 영향은 크다. 생성형 AI가 미래의 글로벌 정규직 일자리 3억개에 영향을 줄 수 있다는 미 투자 은행 골드만삭스의 지난 3월 전망은 큰 충격을 안겼는데 기업들의 AI 대체 움직임은 벌써 시작했다.

미국 인사관리 컨설팅 업체 '챌린저 그레이 앤드 크리스마스'(CG&C)가 지난 1일(현지시간) 발표한 보고서에 따르면 지난 5월 한 달 미국서 해고된 인원은 약 8만명. 이 중 해고 사유가 AI라고 명시된 근로자 수는 전체의 약 5%인 3900명으로 집계됐다.

(출처: "초봉 4억원"...AI가 배출한 신직업 '프롬프트 엔지니어' 뭐길래, 뉴스핌, 2023.06.07)

그때만 해도 프롬프트 엔지니어링에 대한 대중의 반응은, 마치 전에 없던 고도화된 신기술을 처음 마주한 느낌이었습니다. 많은 사람들은 이 기술을 모든 문제를 해결해줄 수 있는 만능 도구처럼 생각했죠. 실제로 많은 기업이 이 기술을 접목해 AI를 비즈니스에 빠르게 적용하려 했고, 전문가들 사이에서도 이에 대한 논의가 활발하게 이루어졌습니다. 그리고 시간이 지나면서 이 과대포장된 기술의 본질을 사람들이 보기 시작합니다. 2023~2024년에 올라온 프롬프트 엔지니어링에 관련된 논문 수만 봐도 이런 현상을 쉽게 알 수 있습니다.

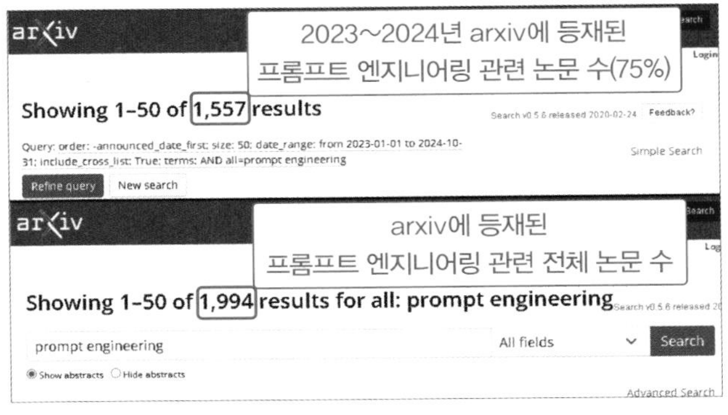

2023–2024년에 급증한 프롬프트 엔지니어링 관련 논문 수 (출처: arxiv.org)

시간이 지나서도 프롬프트 엔지니어링은 여전히 강력한 도구로 자리 잡고 있으며, 중요한 변화가 일어나고 있습니다. 초기에는 '프롬프트를 어떻게 설계하느냐'에 따라 AI의 성능이 크게 좌우되었고, 이로 인해 프롬프트 엔지니어링이 주목을 받았습니다. 하지만 지금은 '사용자의 전문성을 기반으로 프롬프트를 어떻게 응용하느냐'가 더 중요합니다. AI 기술을 단순히 활용하는 데 그치지 않고, 자신의 전문 지식과 경험을 결합해 실질적인 성과를 내는 것이 핵심이 된 것입니다.

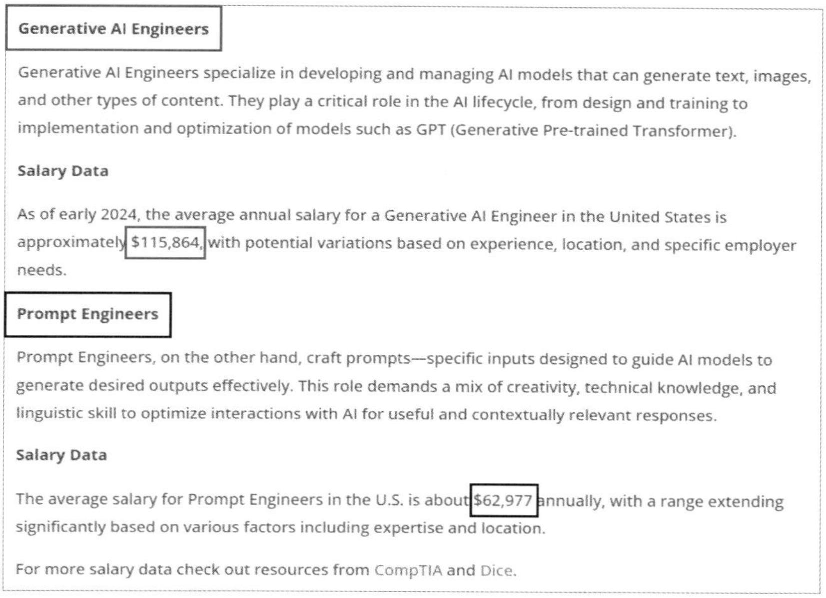

Generative AI Engineers

Generative AI Engineers specialize in developing and managing AI models that can generate text, images, and other types of content. They play a critical role in the AI lifecycle, from design and training to implementation and optimization of models such as GPT (Generative Pre-trained Transformer).

Salary Data

As of early 2024, the average annual salary for a Generative AI Engineer in the United States is approximately $115,864, with potential variations based on experience, location, and specific employer needs.

Prompt Engineers

Prompt Engineers, on the other hand, craft prompts—specific inputs designed to guide AI models to generate desired outputs effectively. This role demands a mix of creativity, technical knowledge, and linguistic skill to optimize interactions with AI for useful and contextually relevant responses.

Salary Data

The average salary for Prompt Engineers in the U.S. is about $62,977 annually, with a range extending significantly based on various factors including expertise and location.

For more salary data check out resources from CompTIA and Dice.

연봉으로 간접적으로 알 수 있는 생성형 AI 전문가의 가치
(출처: https://www.profocustechnology.com/general/rise-of-generative-ai-and-prompt-engineers-2024/)

2024년에 미국의 프롬프트 엔지니어의 평균 연봉을 보면 8,000만 원~1억 4,000만 원 정도 됩니다. 이런 변화는 기술의 과대평가에 대한 경각심을 불러일으키기도 합니다. 예를 들어 미국의 생성형 AI 관련 직종에서 평균 연봉이 높은 것은 사실이지만, 이는 단순히 기술 자체에 대한 평가라기보다는 AI를 활용해 실질적인 문제 해결 능력을 갖춘 전문가들의 가치를 반영한 것입니다. 초기의 과도한 기술 기대감에서 벗어나, 이제는 AI의 본질에 대한 탐구와 그것이 실제로 어떤 가치를 창출할 수 있는지가 더 중요한 방향성이 되고 있습니다.

저자의 한마디

나의 전문성과 AI의 결합으로 만드는 새로운 가능성을 열어보세요

생성형 AI는 그 자체로 혁신적이지만, 이를 얼마나 효과적으로 응용하고 자신만의 전문성을 더해 어떤 결과물을 만들어내느냐에 따라 그 가치가 달라집니다. 따라서 기술 그 자체보다는 AI를 활용하는 사람의 창의성과 전문성이 더욱 주목 받는 시대가 열리고 있습니다. 변화의 속도가 빠르다 보니 AI 기술의 흐름이 세간에 어떤 변화를 불러올지 확실하게 말하기는 어렵습니다. 제 생각을 조심스럽게 담자면, 이 변화 속에서 우리는 단순히 AI의 기능에 의존할 것이 아니라 자신의 분야에서 AI를 어떻게 혁신적으로 사용할 수 있을지 탐구하는 자세가 필요합니다. 한끗 차이라 여길 수 있으나, 이 자세는 앞으로의 AI 시대에서 자신의 가치를 빛내는 중요한 역량이 될 것입니다.

3.1 프롬프트 엔지니어링의 본질에 대한 고찰

다양한 기업의 재직자들을 대상으로 생성형 AI 강의를 진행하며 저는 프롬프트 엔지니어링의 본질을 고찰했습니다. 많은 논문과 정보, 때로는 유튜브에서 트렌디한 내용의 프롬프트 엔지니어링을 학습하며 연구한 결과, 제가 얻은 결론은 이렇습니다.

'프롬프트 엔지니어링의 본질은 그리 어려운 것이 아니며
앞으로는 프롬프트 엔지니어링의 연구보다는 자신이 가진 지식의 확장이 더 중요하다'

제가 이렇게 생각하게 된 첫 번째 이유는 논문의 낮은 정확성입니다. 많은 논문 중에는 세심하게 기술의 본질을 탐구한 논문도 있지만, 졸업 논문이나 짜깁기된 논문도 적지 않습니다. 따라서 이 모든 것을 제가 다 읽거나 학습자에게 소개하는 것은 올바르지 않다고 판단했습니다. 그래서 논문을 기반으로 설명드리지는 않을 것입니다.

두 번째는 유튜브입니다. 프롬프트 엔지니어링 관련 콘텐츠가 쏟아져 나오지만, 본질을 다루기보다는 좀 더 자극적이고 클릭을 유도하는 형태의 영상이 훨씬 더 많습니다. 그것까지는 괜찮습니다. 하지만 우려스러운 점은 많은 사람들의 신뢰를 받는 대형 유튜버들조차도, 구독자가 많은 해외 유튜버의 미검증된 이야기를 가져와서 법칙인 것처럼 그대로 사용하고 있다는 것입니다.

이는 큰 문제입니다. 사람들이 대형 유튜버의 이야기를 공신력 있다고 생각하고 쉽게 받아들이는 경향이 있기 때문입니다.

그래서 저는 여러분이 누구나 인정할 수밖에 없는 3가지 참고정보(3.1.1 ~ 3.1.3)를 기반으로 하여, 프롬프트 엔지니어링의 본질은 점점 간소화되었고, 결국 여러분의 현업지식을 중심으로 활용하는 것이 중요함을 강조하고자 합니다.

3.1.1 앤드류 응의 프롬프트 엔지니어링

세계적인 AI 석학인 앤드류 응(Andrew Ng)은 스탠퍼드 대학교 컴퓨터 과학부의 겸임 교수로 재직 중이며, 딥러닝 입문을 해본 분이라면 한번쯤 그의 무료 강의를 들어본 적이 있을 정도로 유명한 인물입니다. 앤드류 응 교수는 2023년 상반기에 DeepLearning.AI라는 사이트에 몇 가지 강의를 올렸는데, 그중 한 영상에서 다양한 방향으로 프롬프트 엔지니어링을 이야기합니다.

앤드류 응의 무료 강좌 'ChatGPT Prompt Engineering for Developers' (출처: DeepLearning.AI)

이 강의를 들어보면 앤드류 응 교수가 프롬프트 엔지니어링에 대해 몇 가지 대표적인 개념을 정리하여 소개합니다. 그 내용을 정리하면 아래와 같습니다.

- **명확한 지시** : 인공지능에게 명확하고 구체적인 지시를 제공하여 원하는 결과를 얻는 것
- Zero-Shot : 예시 없이도 새로운 작업이나 질문에 대해 모델이 답변하도록 하는 것
- Role 부여하기 : 모델에게 특정 역할이나 인물을 지정하여 그에 맞는 답변을 생성하게 하는 것
- Few-Shot : 몇 가지 예시를 제공하여 모델이 새로운 작업을 학습하고 수행하도록 하는 것
- Fine-Tuning : 모델을 특정 데이터로 재학습시켜 성능이나 정확도를 향상시키는 것
- CoT(Chain-of-Thought) : 문제 해결 과정을 단계별로 설명하도록 모델을 유도하는 기법

저명한 인사가 진행한 강의에서 다룬 내용이라면 그만큼 중요하겠지요?

이 내용을 잠시 기억하고 다음으로 넘어가겠습니다.

3.1.2 오픈AI 공식문서에서 말하는 프롬프트 엔지니어링

명실상부 전 세계에서 LLM을 가장 잘 만드는 회사, 오픈AI가 프롬프트 엔지니어링에 대하여 정리한 내용이 있습니다. 이 내용은 오픈AI의 개발자센터 사이트(platform.openai.com)에 들어가면 확인할 수 있습니다. 그들이 무엇을 이야기하는지 확인해보겠습니다.

저자의 한마디

공식문서의 업데이트 여부로 기술의 변화 체감하기

오픈AI의 문서 내용을 확인하기 전에 여러분이 하나 기억하실 점이 있습니다. 개발사가 운영하는 개발자센터의 문서의 업데이트 속도는 기술의 발전에 따라 다릅니다. 특히 주목 받는 기술이 있고, 그에 관련한 내부 문서의 문제가 있거나 변경할 내용이 있을 경우 지속적인 업데이트를 아주 빠르게 합니다.
오픈AI의 개발자센터로는 오픈AI 플랫폼(OpenAI Platform)이 있습니다. 여러 공식문서가 담겨있는데 그중에는 2023년 하반기부터 계속 변화하지 않는 항목이 있습니다. 바로 'Prompt Engeineering'입니다.

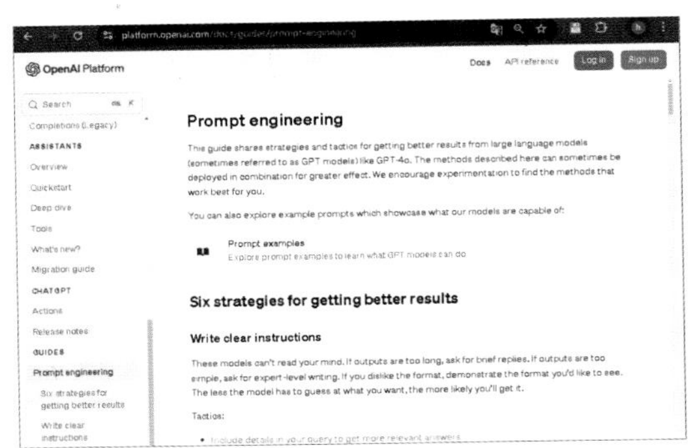

오픈AI 플랫폼의 '프롬프트 엔지니어링' 문서
(출처: https://platform.openai.com/docs/guides/prompt-engineering)

오픈AI이 정리한 프롬프트 엔지니어링 문서를 보면 오픈AI가 제시한 프롬프트 엔지니어링에 대한 내용이 잘 정리되어 있는 것을 확인할 수 있습니다. 총 6가지의 전략을 언급하는데, 이를 정리하면 다음과 같습니다.

[오픈AI가 말하는 프롬프트 엔지니어링]

- 명확한 지시사항
- 복잡한 작업분해
- 외부도구 활용
- 참조 텍스트 제공
- 생각할 시간을 제공
- 체계적인 테스트

위 6가지 내용을 보면 앤드류 응 교수이 말한 프롬프트 엔지니어링과 일맥상통하는 면이 있습니다. 각각의 프롬프트 엔지니어링 방식을 살펴보면, '외부도구 활용'을 제외하고는 모두 프롬프트 엔지니어링에서 핵심적인 역할을 합니다. 그럼 하나씩 비교해볼까요?

NOTE 이 내용을 좀 더 깊이 이해하고 싶다면, 단순히 비교하는 것보단 챗GPT 창을 2개 띄워두고 하나씩 테스트해보시기를 추천합니다.

1. 명확한 지시사항

프롬프트 엔지니어링의 핵심을 명확성입니다. 모델은 자세한 지시사항에 더욱 잘 작동하며, 추측의 필요성을 줄이고 출력의 정확도를 높입니다.

As is	To be
Excel에서 숫자를 어떻게 더하나요?	Excel에서 A열 값을 어떻게 합하나요? 'A10'이라는 셀에 자동으로 모든 합계가 나타나도록 하고 싶습니다.

2. 참조 텍스트 제공

복잡하거나 특수한 주제에 대해, 참조 자료를 제공하는 것은 모델이 보다 정보에 기반한 정확한 응답을 생성하는 데 크게 도움이 됩니다.

As is	To be
파이썬 업무자동화 테스트용 문제를 만들어줘	파이썬 업무자동화 테스트용 문제를 만들어줘 ex) 인터넷자동화에 사용되는 라이브러리는? ①pandas ②smpt ③selenium ④numpy

3. 복잡한 작업분해

복잡한 요청을 더 단순하고 관리 가능한 작업으로 나누는 것은 오류를 줄이고 모델의 강점을 보다 효과적으로 활용하는 데 도움이 됩니다.

As is	To be
아래의 영문논문을 요약해줘	아래의 영어 논문을 요약해줘 1단계. 영문의 논문을 5구역으로 나눠서 구분해줘 2단계. 각 구역의 내용을 요약하고 나에게 잘했는지 물어봐줘 3단계. 5구역 모두 반복해줘 4단계. 5구역을 모두 결합하여 한글로 번역해줘

4. 생각할 시간을 제공

오픈AI의 챗GPT를 비롯한 대부분의 생성형 AI 서비스는 제한시간 내 답변을 할 수 있도록 설계되어 있습니다. 정해진 연산력 안에서 할 수 있는 양이 적으면 적을수록 더 올바른 결과를 낼 수 있습니다.

As is

[한 번의 질문]
[1]아래의 영어 논문을 요약해줘
1단계. 영문의 논문을 5구역으로 나눠서 구분해줘
2단계. 각 구역의 내용을 요약하고 나에게 잘했는지 물어봐줘
3단계. 5구역 모두 반복해줘
4단계. 5구역을 모두 결합하여 한글로 번역해줘

To be

[5번의 질문]
[1]아래의 영어 논문을 기억해줘
[2]1단계. 영문의 논문을 5구역으로 나눠서 구분해줘
[3]2단계. 각 구역의 내용을 요약하고 나에게 잘했는지 물어봐줘
[4]3단계. 5구역 모두 반복해줘
[5]4단계. 5구역을 모두 결합하여 한글로 번역해줘

5. 외부도구 활용

최신 정보나 전문 지식이 필요한 작업의 경우, 모델의 출력을 외부 도구와 통합하면 정확도와 관련성을 향상시킬 수 있습니다.

As is

생성형AI가 고용사회에 미치는 영향을 알려줘

To be

생성형AI가 고용사회에 미치는 영향을 알려줘
https://arxiv.org/abs/2303.10130
의 논문을 참조해줘

6. 체계적인 테스트

체계적인 테스트를 통해 변경 사항이나 새로운 전략이 모델의 성능 향상에 도움을 주는지 평가할 수 있습니다.

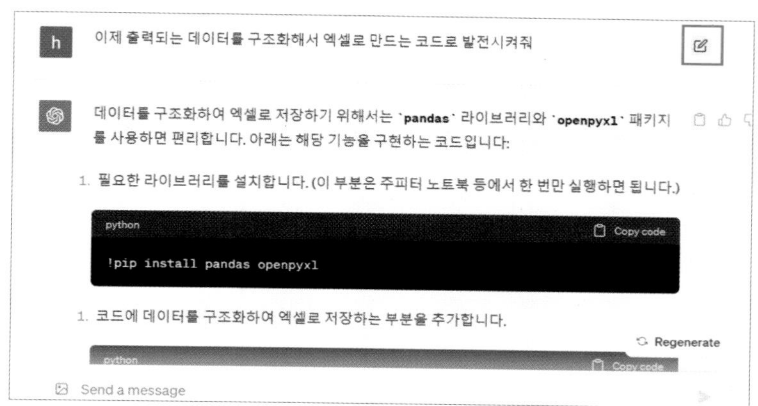

왜 오픈AI는 이 6가지 방식을 공식 블로그에 올려두었을까요? 2,000여 개의 논문에서 다루는 다양한 프롬프트 엔지니어링 방식은 왜 포함되지 않았을까요? 이 질문에 답하기 위해서는 그 문서를 작성하고 업로드하는 사람이 되어볼 필요가 있습니다. 만약 여러분이 그 업로드를 담당하는 사람이라면 어떤 정보를 올리시겠습니까? 이해를 돕기 위해 예시를 들어보겠습니다.

교육청에서 수능 수학 문제에 대한 정책 게시물을 작성하는 담당자라고 가정해봅시다. 수학의 원리만 포함하시겠습니까, 아니면 수천, 수만 개의 응용된 수학 문제를 모두 포함하시겠습니까?

아마도 답은 전자일 것입니다. 세상에는 다양한 응용법이 많지만 그 응용의 기초 단계는 본질을 기반으로 합니다. 응용은 논문이 되고, 유튜브 지식이 되며, 많은 사람들이 시도하는 다양한 프롬프트 응용법이 됩니다. 결국 본질은 앞서 정리한 6가지에서 파생된다고 볼 수 있기 때문에, 그 이상을 적지 않았을 수도 있습니다. 오픈AI의 공식 입장을 알 수는 없지만, 상식적으로 생각해보면 이는 합리적인 추론입니다. 그리고 이 합리적 추론을 마무리할 수 있는 또 다른 참고정보를 소개하겠습니다.

3.1.3 다시, 앤드류 응 (간소화된 프롬프트 사용법)

앤드류 응 교수는 2024년 4월경('ChatGPT Prompt Engineering for Developers' 강의 출시한 지 약 1년 지난 시점) 생성형 AI 강의인 'Generative AI for Everyone'을 출시했습니다.

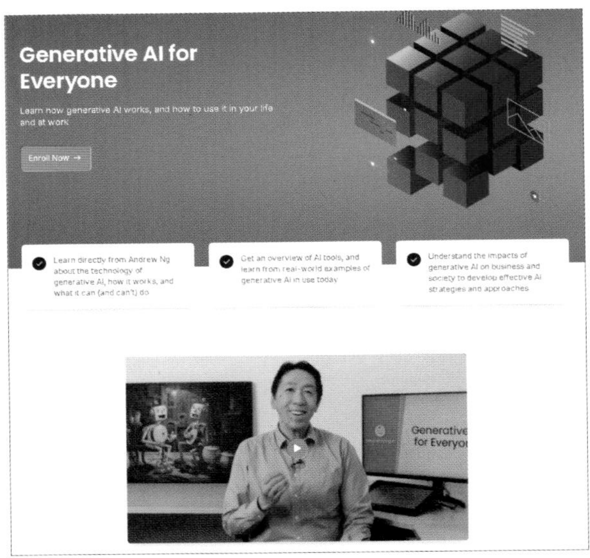

앤드류 응의 무료 강좌 'Generative AI for Everyone' (출처: DeepLearining.AI)

이 강의에는 그간 앤드류 응 교수의 많은 시도와 실험을 통해 알아낸 해결책이나 지식이 담겨 있습니다. 그런데 좀 놀라운 것은 그 여러 커리큘럼 중에 'Tips for prompting'이라는 내용을 보면 3가지를 강조하는데 3.1.1에서 보여드린 내용에 비하면 상당히 간소화되었습니다.

[Tips for prompting]

- Be detailed and specific (명확하게 질문하라)
- Guide the model to think through its answer (AI가 스스로 생각하게 질문하라)
- Experiment and iterate (실험하고 반복하라)

(출처: DeepLearning.AI)

그리고 마지막 부분에서는 자신의 생각을 프롬프트로 만들고 LLM의 대답을 확인한 후, 다시 프롬프트를 개선하며 이러한 작업을 계속해서 반복하라고 합니다. 뭔가 대단한 내용을 알려주는 것이 아니라 아주 일반적인 방법을 공유하고 있다는 것을 알 수 있습니다. 이는 프롬프트 엔지니어링의 왕도가 없다는 것을 반증합니다. 결국 인간이 고민하고, 기존에 알고 있는 지식을 응용하여 질문을 잘 만들어내고 그것을 반복하고 테스트해서 가장 좋은 결과를 만들라는 것입니다.

프롬프트 엔지니어링을 깊게 공부하면 할수록 정보의 홍수 속에서 길을 잃을 수 있습니다. 저 또한 그랬습니다. 그러니 너무 오래 고민하지 말고 이 책에서 다루는 몇 가지 전략만 확인하고 이해한 후, 여러분만의 프롬프트를 만들어나가시길 바랍니다.

그리고 이 프롬프트 엔지니어링 방법은 노코드, 로우코드, 위드코드(With-Code) 환경 모두에 강력하게 적용될 수 있을 것입니다.

3.2 프롬프트 마켓과 프롬프트 엔지니어링의 미래

프롬프트를 사고파는 플랫폼을 프롬프트 마켓이라 하는데, 대표적인 사이트로는 프롬프트 베이스가 있습니다. 이 사이트의 Trending Prompts 항목을 보면 가장 인기있는 프롬프트가 순위별로 나열되어 있습니다.

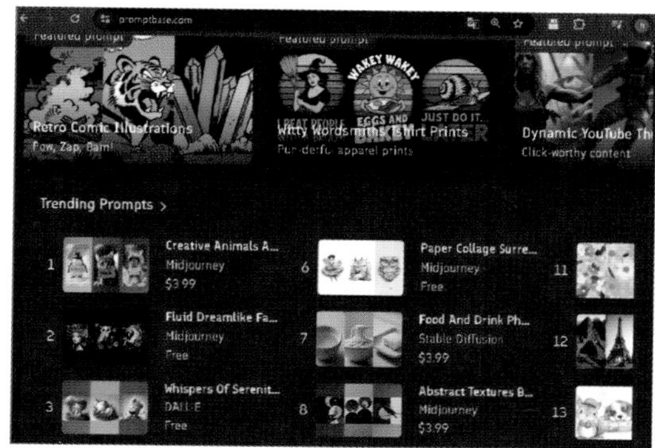

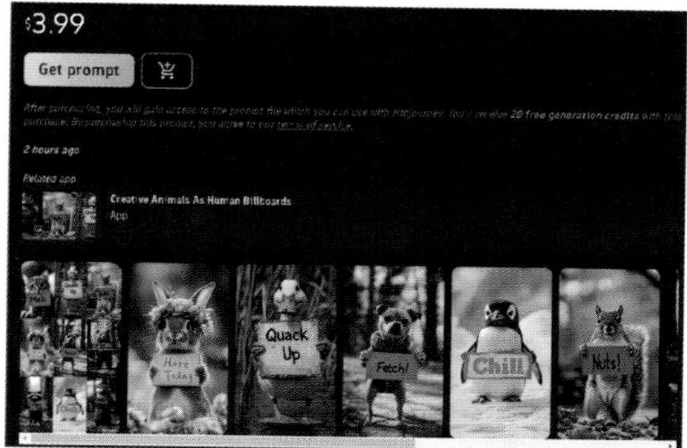

프롬프트 마켓 예시

만약 여러분이라면 $3.99를 지불하고 이 그림을 생성하는 프롬프트를 구매하시겠습니까?

아마 대부분은 '아니오'라고 대답하실 것입니다. 그 이유는 그 그림이 여러분에게 필요하지 않기 때문일 것입니다. 그러나 세상에는 다양한 사람들이 있습니다. 제가 마케팅과 디자인을 공부하는 학습자들을 대상으로 강의를 할 때, 동일한 질문을 던졌더니 손을 드는 분들이 있었습니다. 이유가 무엇일까요?

그 학습자에게 물어보니 이렇게 대답했습니다. "제가 필요한 그림은 펭귄이 'chill'이라고 들고 있는 것이 아니라, 북극곰이 'help'를 들고 있는 일러스트레이션입니다. 몇 시간씩 AI와 씨름하며 원하는 그림을 만들어내는 것보다 그 프롬프트를 구매해서 펭귄을 북극곰으로, 'chill'을 'help'로 바꿔 시간을 절약하는 것이 더 편리할 것 같습니다."

이처럼 사람마다 필요와 상황이 다르기 때문에, 어떤 이에게는 프롬프트를 구매하는 것이 더 효율적일 수 있습니다. 시간과 노력을 절약하여 더 중요한 작업에 집중할 수 있으니까요. 결국 중요한 것은 우리가 가진 자원(시간, 노력, 비용)을 어떻게 효율적으로 활용하느냐입니다. 작은 투자가 큰 효율을 가져올 수 있다면, 그것은 충분히 가치 있는 선택이 될 수 있습니다.

결국 이 사이트가 존재하는 이유는 바로 '시간을 사고판다'는 목적에 있습니다. 즉, 우리의 시간을 효율적으로 관리하고 활용하고자 하는 니즈를 돈으로 사고팔 수 있도록 해주는 것이 플랫폼이 만들어진 이유죠.

챗GPT 업무 활용 예시

앞서 우리는 프롬프트 엔지니어링에 대해 배웠습니다. 이 방법을 활용하면 업무에서 매우 다양한 방식으로 응용할 수 있습니다. 예를 들어, 매일 작성하던 이메일을 더욱 정교하고 전문적으로 작성할 수 있으며, 보고서에서 매번 사용하던 루틴도 효율적으로 개선할 수 있습니다. 또한 참고하고 싶은 다양한 문서도 이러한 방식으로 비즈니스 상황에 맞게 재구성할 수 있을 것입니다.

이러한 접근법을 통해 우리는 업무 효율성을 높이고 생산성을 극대화할 수 있습니다. 프롬프트 엔지니어링은 단순한 기술이 아니라, 우리의 업무 방식을 혁신적으로 변화시킬 수 있는 강력한 도구입니다.

예를 들어볼까요? 챗GPT에게 다음과 같이 질문해보겠습니다.

PROMPT

기업의 활기찬 문화에 앞장 선 신입사원에게 수여할 재미있는 상장 이름 10개와 각 상장에 들어갈 100자 내외 상장 내용을 만들어주세요. 상장에 들어가는 내용은 '본 임직원은 비현코 자동화연구소에서'로 시작하고, '이에 감사의 마음을 담아 상장을 드립니다.'로 끝나도록 작성합니다. 수상자는 무작위 한국인 이름을 작성합니다. Please Generate in Table format with 3 columns. Column 1: '상장 이름', Column 2: '상장 내용', Column 3: '수상자'

ANSWER

재미있는 상장 이름과 내용, 무작위의 한국인 이름의 수상자를 작성한 표를 정리하였습니다.

상장 이름	상장 내용	수상자
야근왕 상	본 임직원은 비현코 자동화연구소에서 밤낮을 가리지 않고 야근을 통해 업무에 임하며, 항상 끝까지 책임을 다한 모습을 보여주었습니다. 이에 감사의 마음을 담아 상장을 드립니다.	김지훈
미소천사 상	본 임직원은 비현코 자동화연구소에서 언제나 밝은 미소와 긍정적인 에너지를 전달하여 팀 분위기를 한층 더 활기차게 만들어주었습니다. 이에 감사의 마음을 담아 상장을 드립니다.	이수민

챗GPT가 질문에 대한 답변을 표 형태로 제시해주었습니다. 이와 같은 결과가 나온 이유는 Please Generate in Table format with 3 columns. Column 1: '상장 이름', Column 2: '상장

내용', Column 3: '수상자'라는 프롬프트가 들어갔기 때문이죠. 또 다른 예시를 보겠습니다.

PROMPT

반도체 회사 직원을 대상으로 하는 반도체 공정 전문지식 관련 퀴즈를 5개 만들어줘. 보기의 개수는 5개로 하고 정답도 함께 알려줘. 결과물은 한국어로 해줘. 결과물은 표 형태로 만들어줘 열값은 문제, 정답, 보기(보기에는 1, 2, … , 5 형태로 해줘)순으로 정리해줘.

ANSWER

다음은 반도체 회사 직원을 대상으로 하는 반도체 공장 전문지식 관련 퀴즈 5개입니다. 각 문제는 보기와 함께 정답이 표시되어 있습니다.

문제	정답	보기
1. 반도체 공정 중에서 실리콘 웨이퍼의 표면에 얇은 절연막을 형성하는 단계는 무엇인가요?	산화	1. 포토리소그래피, 2. 에칭, 3. 산화, 4. 도핑, 5. 금속 증착
2. 포토리소그레피 공정에서 사용되는 빛의 파장은 대략 어느 정도인가요?	193㎚	1. 10㎚, 2. 193㎚, 3. 300㎚, 4. 1㎛, 5. 50㎚
3. 반도체의 트랜지스터 소자에서 소스와 드레인을 연결하는 부분은 무엇인가요?	게이트	1. 소스, 2. 드레인, 3. 게이트, 4. 웨이퍼, 5. 메탈
4. 반도체 공정에서 불순물을 실리콘 기판에 주입하여 전기적 특성을 변화시키는 공정은 무엇인가요?	도핑	1. 에칭, 2. 도핑, 3. 증착, 4. 포토리소그래피, 5. 산화
5. 반도체 공정에서 화학적으로 웨이퍼의 표면을 제거하는 공정은 무엇인가요?	에칭	1. 포토리소그래피, 2. 도핑, 3. 산화, 4. 에칭, 5. 증착

이렇게 하면 면접 질문도 쉽게 만들어낼 수 있습니다. 그런데 여기서 간과하기 쉬운 점이 있습니다. 언뜻 보면 프롬프트 엔지니어링은 무한한 응용이 가능할 것 같지만 현실은 그리 간단하지 않습니다. 왜냐하면 아무리 훌륭한 프롬프트, 즉 내가 원하는 완벽한 프롬프트를 찾아냈다 하더라도 그것을 매번 머릿속에 기억하고 적절하게 활용하는 것은 쉽지 않기 때문입니다.

예를 들어 다양한 상황에 맞는 프롬프트를 체계적으로 관리하지 않으면 원하는 결과를 얻기 위해 불필요한 시간이 소요될 수 있습니다. 또한 복잡한 문제를 해결하기 위해서는 단순한 프롬프트로는 한계가 있을 수 있습니다.

따라서 우리는 더욱 고도화된 프롬프트 사용 기술과 효율적인 관리 방법이 필요합니다. 이를 통해 업무 생산성을 향상시키고 원하는 결과를 더욱 빠르고 정확하게 얻을 수 있습니다.

다음 절(3.3)에서는 이러한 프롬프트 제작과 활용의 효율화를 위한 전략을 자세히 알아보겠습니다.

3.3 프롬프트 제작 효율화

CONCATENATE라는 엑셀 문법을 아시나요? 이 문법은 여러 텍스트를 하나로 뭉쳐줍니다.

다음 예를 보겠습니다.

	A	B	C
1	비현코	생성형AI	실용적
2			
3	비현코생성형AI실용적		
4	=CONCATENATE(A1, B1, C1)		
5			
6	비현코 대표가 진행하는 강의의 주제는 생성형AI를 기반으로 하고 핵심 목적은 실용적 업무활용이다.		
7	=CONCATENATE(A1, " 대표가 진행하는 강의의 주제는 ", B1, "를 기반으로 하고 핵심 목적은 ",C1, " 업무 활용이다."		

A1에는 '비현코', B1에는 '생성형AI', C1에는 '실용적'이라는 데이터가 있고, 이를 하나로 합치는 역할을 하는 게 CONCATENATE 문법입니다. 이렇게 텍스트를 합치는 엑셀 문법을 활용하면 우리가 원하는 프롬프트를 미리미리 저장하고 활용할 수 있습니다.

이해를 돕기 위해 실무에 활용하는 예를 소개하겠습니다. 제가 실제로 활용하고 있고 고객에게 보내는 제안서입니다.

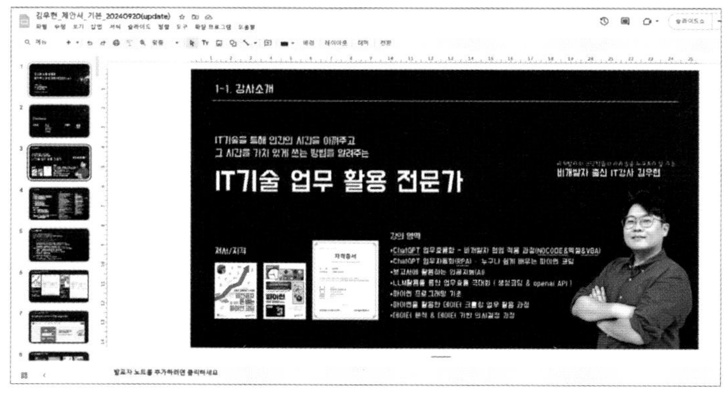

제안서 예시

약 90페이지에 달하는 이 제안서에는 제가 운영하는 다양한 기술 교육의 커리큘럼이 담겨 있습니다. 1일 단기 교육부터 1개월 이상 자기주도 학습까지 다양한 형태의 교육 과정을 제공할 수 있기에, 고객이 제안서를 요청하면 이에 맞는 커리큘럼을 작성해 제공하면 됩니다. 하지만 현실은 그렇게 간단하지 않습니다.

저는 12년간 비개발 직군에서 일을 해왔고, 지난 5년은 기업 교육팀에서 근무했습니다. 그 경험 덕분에 제안서를 검토하는 일이 익숙하고, 어떤 부분이 중요한지도 누구보다 잘 알고 있습니다. 특히, 여러 업체로부터 받은 50페이지 가까운 제안서를 모두 검토하는 데는 많은 시간이 걸리기 때문에, 대부분의 고객은 요약된 첫 페이지를 집중적으로 확인하는 경우가 많습니다.

이 사실을 바탕으로 저는 제안서를 작성할 때 항상 두 가지를 함께 준비합니다. 첫 번째는 구체적인 커리큘럼, 그리고 두 번째는 아주 잘 정리된 1페이지 개요서입니다.

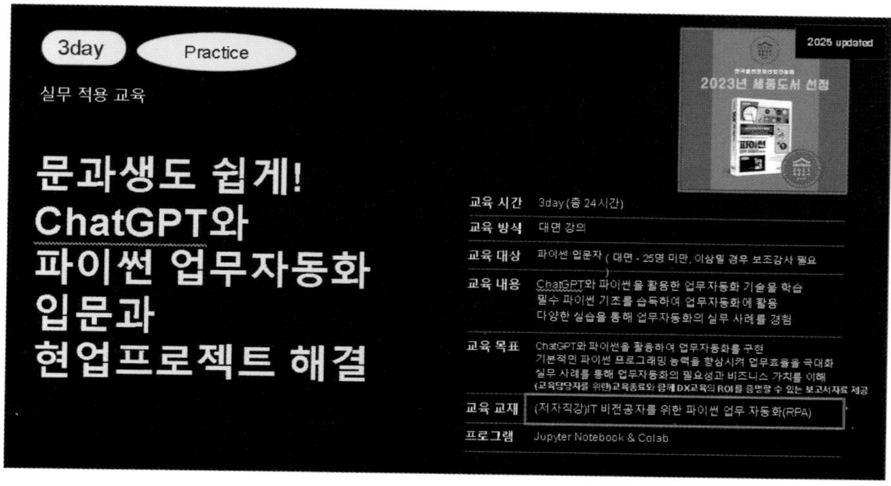

제안서 예시 1_ 1page 요약서

Practice-1-1. 커리큘럼

(문과생도 쉽게! ChatGPT와 파이썬 업무자동화 입문과 현업프로젝트 해결-3day)

ChatGPT 업무자동화 개요	업무에 활용할 수 있는 ChatGPT의 다양한 기능 Chatgpt 가 가져온 비개발자의 개발자화 (부제:더 이상 문송하지 않습니다) 파이썬 업무자동화(RPA)란? ChatGPT와 파이썬 결합으로 만들 수 있는 실무 사례 -엑셀 매크로/보고서 데이터 크롤러/미래예측 인공지능 모델등 업무자동화에서 다룰 수 있는 기술 (파이썬 & VBA & 기타 노코드 등)		
ChatGPT 업무자동화에 꼭 필요한 파이썬 기초	업무자동화에 필요한 필수 파이썬 :기본연산/변수와자료형/자료구조/제어문/반복문/함수/지합문자열 등 파이썬 실습: BMI 수치 구하기		
ChatGPT를 활용한 업무자동화 실습 – 물리자동화	물리 자동화(마우스/키보드/스크린샷 등)의 비즈니스 필요성과 업무 사례 Pyautogui & win32com 기본 문법 회사엑셀파일을 pandas 데이터프레임으로 열기		
ChatGPT를 활용한업무자동화 실습 – 인터넷자동화	인터넷자동화(브라우저 제어 & 정보획득) 비즈니스 필요성과 실제 사례 Selenium & bs4 등 기본 문법 Chatgpt를 활용한 뉴스기사 크롤러 제작		

제안서 예시 2_ 상세 커리큘럼

솔직히 말해 커리큘럼을 구성하는 일은 저에게 큰 어려움이 없습니다. 2시간 교육부터 1개월간의 교육까지, 고객의 요구에 맞게 제 지식과 경험을 바탕으로 조합하면 되기 때문입니다. 문제는 바로 1페이지 소개서입니다. 긴 교육 과정을 교육 내용 3줄, 교육 목표 3줄, 교육 대상 3줄로 요약해야 하는 일은 정말 어려운 과제입니다. HRD 업무를 할 때도 이 페이지의 요약이 얼마나 중요한지 절실히 느꼈기 때문에 이 작업에 많은 시간과 공을 들이게 됩니다.

커리큘럼을 작성하는 데 1시간이 걸린다면, 1페이지 요약서를 만드는 데는 1시간 반 정도 걸립니다. 그만큼 요약 작업은 간단하지 않죠. 하지만 이제는 이 과정에서 오랜 시간을 들이지 않습니다. 엑셀의 CONCATENATE 문법을 활용한 나만의 프롬프트를 완성했기 때문입니다. 다음과 같은 방법으로 말이죠.

[1단계] 엑셀의 CONCATENATE 문법으로 프롬프트 템플릿 작성

실습 파일 1.NOCODE 〉 시민개발자_NOCODE.xlsx 〉 '질문정리' 시트 참조

커리큘럼 작성을 자동화하기 위해 엑셀로 만든 프롬프트 템플릿입니다. 셀 구분을 편하기 하기 위해 색상을 지정했는데, 각각 어떤 내용을 담았는지 간단히 설명하겠습니다.

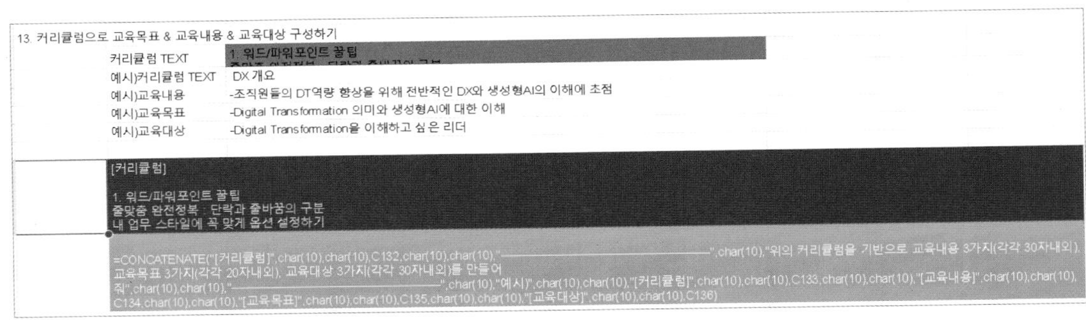

제안서에 들어갈 커리큘럼 작성 자동화 예시

초록색 셀에는 제가 기획한 신규 커리큘럼이 들어가고, 파란색 셀에는 CONCATEANATE 문법을 활용한 결과를 확인할 수 있습니다. 이 결과가 생성될 수 있도록 한 것이 주황색 셀입니다.

더 구체적으로 설명하자면, 초록색 셀에는 제가 만든 신규 강의의 상세한 커리큘럼을 포함하고, 그 아래에는 제가 가장 성과를 낸 다양한 결과물을 '커리큘럼 → 교육 내용 → 교육 목표' 형식으로 정리했습니다. 챗GPT가 이 정보를 참고하여 답변할 수 있도록 구조를 잡았습니다.

[2단계] 작성한 프롬프트 템플릿을 복사하여 챗GPT에 질문

프롬프트 템플릿에서 파란색 셀 내용을 복사해 챗GPT에게 질문을 합니다. 여러분이 이 과정에서 살펴볼 포인트는 '챗GPT는 어떻게 사용자가 준 정보를 활용해 최적의 결과를 도출하는가'입니다.

PROMPT

[커리큘럼]
1. 워드/파워포인트 꿀팁
줄맞춤 완전정복: 단락과 줄바꿈의 구분
내 업무 스타일에 꼭 맞게 옵션 설정하기
여러 개의 워드 파일을 하나로 만들기
페이지 표시, 가로 세로, 머리/꼬리말 자유자재로 설정하기
공동 작업할 때 유용한 문서 수정 내역 표시 기능
수정본과 원본 비교/조합해서 새 문서 만들기
음악/동영상 삽입하고 편집까지 한번에 하기
유튜브 삽입하기
서식 복사 빠르게 하는 방법
(...생략...)

[교육내용]
– 조직원들의 DT 역량 향상을 위해 전반적인 DX와 생성형 AI의 이해에 초점
– 다양한 업무활용 사례 및 리더의 업무에 사용 가능한 생성형 AI 기술에 대한 소개&이해

[교육목표]
– Digital Transformation 의미와 생성형 AI에 대한 이해
– 생성형 AI의 비즈니스 활용의 다양한 영역 이해
– 조직원들이 생성형 AI를 잘 사용할 수 있도록 하는 방법 습득
– 데이터 기반 의사결정에 ChatGPT를 활용하는 방법 습득

[교육대상]
– Digital Transformation을 이해하고 싶은 리더
– 생성형 AI를 통한 업무혁신에 대해서 이해하고 싶은 리더
– 생성형 AI를 잘 활용할 수 있는 조직원을 성장시켜야 하는 리더

이렇게 질문을 하면 다음과 같은 구조로 답변이 생성됩니다.

[커리큘럼]

~~~~~~

[지시]

~~~~~~

[예시]

~~~~~~

[3단계] 챗GPT의 답변 내용 확인

질문이 완료되면 길고 긴 커리큘럼 내용을 축약하여 작성한 교육내용, 교육목표, 교육대상이 아주 쉽게 나옵니다. 그리고 이 결과물을 보면 할루시네이션도 거의 없습니다. 그 이유는 챗GPT에게 충분히 많은 텍스트를 제시해주었기 때문입니다.

ANSWER

[교육내용]

- 문서 작성 및 편집을 효율적으로 관리하는 MS Office 팁 제공
- 엑셀에서 데이터를 정리하고 분석하는 실무 중심 함수 및 기능 활용
- 협업과 효율성을 높이는 MS Office 간 연동 및 실전 문제 해결

[교육목표]

- MS Office의 실무 활용 능력 향상
- 데이터 관리 및 협업 효율성 강화
- MS Office의 다양한 연동 및 활용 방법 습득

[교육대상]

- 문서 작성 및 편집 업무를 효율화하려는 실무자
- 엑셀로 데이터 분석 및 관리 역량을 강화하고 싶은 직원
- MS Office 연동을 통해 협업 및 업무 생산성을 높이려는 팀

저자의 한마디

질문을 구조화하는 것이 중요합니다

앞서 보여드린 예는 번호를 붙이거나 하이픈(–)으로 각 항목을 구분하는 등 질문을 구조화하였습니다. 그런데 같은 내용이더라도 질문을 구조화하지 않은 경우에는 AI가 어떻게 인식할까요? 아마 다음 예를 보면 그 차이를 직관적으로 느끼실 수 있을 것입니다.
~~~~~~

[교육내용]문서 작성 및 편집을 효율적으로 관리하는 MS Office 팁 제공엑셀에서 데이터를 정리하고 분석하는 실무 중심 함수 및 기능 활용 협업과 효율성을 높이는 MS Office 간 연동 및 실전 문제 해결[교육목표]MS Office의 실무 활용 능력 향상데이터 관리 및 협업 효율성 강화MS Office의 다양한 연동 및 활용 방법 습득[교육대상]문서 작성 및 편집 업무를 효율화하려는 실무자엑셀로 데이터 분석 및 관리 역량을 강화하고 싶은 직원MS Office 연동을 통해 협업 및 업무 생산성을 높이려는 팀

우리가 구조화된 문서를 보고 어떤 내용인지 한눈에 파악하는 듯이, AI도 구조화된 질문을 받았을 때 정보를 더 잘 이해하고 분석할 수 있습니다. 즉, 답변의 품질에 영향을 줍니다.

물론 질문에 줄바꾸기(Shift+Enter로 입력하는 기호)를 중간중간 넣어주는 것도 좋습니다. 하지만 그렇게 하더라도 우리가 봤을 때 가독성이 나쁘면 AI도 질문을 이해하기가 어렵습니다.

이렇게 프롬프트 엔지니어링의 개념과 프롬프트 제작 활용 예를 살펴보았습니다. 다음은 효율적으로 제작한 프롬프트를 바탕으로 현업 문제를 해결하는 사례를 두 가지 소개해보겠습니다.

3.3.1 [현업 사례 1] 인사 다면평가시스템 활용

실습 파일 1.NOCODE > 시민개발자_NOCODE.xlsx '질문정리' 시트

최근 많은 조직이 인사 평가 시스템을 단순한 Top → Down 방식이 아닌 다방향적 평가로 전환하고 있습니다. 이러한 시스템은 상호 피드백을 통해 조직 문화가 더욱 원활하게 운영되도록 돕는 중요한 역할을 합니다. 그러나 이러한 시스템에는 많은 사람의 노력이 필수적으로 요구되며, 그 안에서 발생하는 고민도 만만치 않습니다.

어느 팀장의 이야기를 예로 들어보겠습니다. 초기에는 5명의 팀원을 관리했습니다. 팀원 평가서 제출 시즌이 돌아와도 각 팀원에게 충분한 피드백을 제공하는 것이 그다지 어렵지 않았습니다. 그들에게 집중적으로 조언하고 성장 방향을 제시하는 일이 가능했기 때문입니다.

올해도 다면평가 문서를
작성해야겠군!
팀원들의 피드백을 꼼꼼하게
잘 해줘야겠어!

영업지원팀 좌상해 팀장
팀원 5명

다면평가 문서

부하 직원에 대한평가서 제작

비현코 대리님, 이번 분기 동안의 업무 성과를 종합적으로 평가하고 피드백을 드리고자 합니다.

첫 번째로 SKT 대상 교육 설계 및 강의 기획에 대한 부분입니다. 처음으로 맡은 업무임에도 불구하고, 계획과 실행에서 부족함 없이 잘 해내셨습니다. 다만, 일부 세부 사항에서 조금 더 빠르게 진행해주시면 더 큰 효과를 볼 수 있을 것입니다. 1주일 정도 속도를 높이는 것을 목표로 하여 다음 과제를 진행하시면 좋겠습니다. 첫 시도임을 고려하면 충분히 잘하고 계십니다. 앞으로 더 좋은 성과를 기대합니다.

(…생략…)

비대리님은 다양한 업무를 잘 소화하고 계시며, 앞으로도 성장 가능성이 큽니다. 앞으로의 업무에서 더욱 발전된 모습을 기대하며 응원하겠습니다. 감사합니다.

하지만 팀원이 20명으로 늘어난 후부터 상황은 급격히 달라졌습니다. 팀원 20명에 대한 평가서를 작성하고 세심한 피드백을 주는 것은 쉽지 않은 일이라서, 평가 업무가 팀장님에게 큰 부담이 되었습니다. 그렇다면 좌 팀장은 이 문제를 어떻게 해결했을까요?

좌 팀장! 올해 수고 많았어.
영업지원팀 실적이 좋아서
내가 보고했어. 이제 이사대우로
승진하고 영업관리팀까지 해서
총 20명을 이끌어봐!

영업본부장 인정해 상무

(헉… 20명 팀원 피드백을
해야 한다고??????)

영업지원팀 좌상해 팀장
팀원 20명

밤새면 되지…
프롬프트 제작
효율화를 통한
20명의
업무평가서
자동제작

영업지원팀 좌상해 팀장
팀원 20명

야근을 강행하는 결말로 이어지네요. 여러분이 느끼기에도 이 상황이 남의 일 같지 않으실 겁니다. 많은 분들이 겪고 있는 현실이니까요. 우리는 생각보다 반복적이면서도 창의적인 루틴 업무에 꽤 많은 시간을 쏟고 있습니다. 이 같은 업무들은 그동안 컴퓨터에 맡기기 어려운 부분이 많았죠. 판단이 필요한 세부적인 업무는 그저 자동화 시스템으로 처리할 수 없다고 생각해왔습니다.

좌상해 팀장도 같은 고민을 했을 겁니다. 예를 들어 팀의 비현코라는 직원을 평가한다고 해봅시다. 비현코 대리가 담당하는 업무는 [업무 1], [업무 2], [업무 3]이 있고, 팀장은 이에 대한 [평가 1], [평가 2], [평가 3]을 기반으로 피드백을 주고 싶을 것입니다. 하지만 여기서 팩트만 나열하고 '업무 결과'만 던져주면 비현코 대리는 어떻게 느낄까요? 마음 상하는 일이 생길 수도 있죠. 그런 상황을 좌상해 팀장도 잘 알고 있습니다. 그래서 팀원들이 자신의 평가를 잘 받아들일 수 있도록 신경을 써서, 진심 어린 피드백을 문서로 작성하는 데 최선을 다하게 됩니다. 하지만 이 과정에서 결국 시간이 많이 소요되니, 어쩔 수 없이 야근으로 이어지는 것입니다.

그렇다면 생성형 AI를 활용한다면 어떨까요? 예시를 보겠습니다.

8. 팀원 피드백을 위한 초안 제작

	A	B	C
1	팀원 피드백을 위한 초안 제작		
2		대상자	비현코
3		업무내용1	SKT 대상 교육설계 강의기획
4		업무내용1 평가	조금 아쉬우나 잘해냈음. 처음이기 때문에 어려울 수 있지만 잘 해낼 것. 1주일 정도 속도를 빠르게 하면 좋을듯
5		업무내용2	구매 수치 데이터 분석
6		업무내용2 평가	지금까지 시도해보지 않았던 내용을 잘 정리해서 보고 올렸음 잘해냈음. 앞으로 꾸준히 해내길
7		업무내용3	홍보비 집행
8		업무내용3 평가	팀의 예산 처리를 자꾸 빠트려서 진행한 상황이 자꾸 보여서 아쉬움. 개선해줬으면 좋겠음
9			
10			비현코라는 직원의 업무를 평가하고 독려하기 위한 피드백 문서를 만들려고 합니다. 해당 직원의 업무와 평가를 나눠본다면 첫번째:SKT 대상 교육설계 강의기획조금 아쉬우나, 잘해냈음 처음이기 때문에 어려울 수 있지만 잘 해낼 것. 1주일정도 속도를 빠르게 하면 좋을듯두번째:구매 수치 데이터 분석지금까지 시도해보지 않았던 내용을 잘 정리해서 보고 올렸음 잘해냈음. 앞으로 꾸준히 해내길세번째:홍보비 집행팀의 예산 처리를 자꾸 빠트려서 진행한 상황이 자꾸 보여서 아쉬움. 개선해줬으면 좋겠음입니다. 이 내용을 기반으로 1000자 미만으로 직원에게 피드백 할 내용을 너의 창의성을 추가하여 조금 구체적으로 문서로 정리해줘
11			=CONCATENATE(C24,"라는 직원의 업무를 평가하고 독려하기 위한 피드백 문서를 만들려고 합니다. 해당 직원의 업무와 평가를 나눠본다면 첫번째:",C25,C26,"두번째:",C27,C28,"세번째:",C29,C30, "입니다. 이 내용을 기반으로 1000자 미만으로 직원에게 피드백 할 내용을 너의 창의성을 추가하여 조금 구체적으로 문서로 정리해줘")

이런 식으로 미리 구성을 해두고 파란색 셀을 복사해서 질문을 하면 다음과 같은 결과가 만들어집니다.

[챗GPT로 작성한 직원 평가서 예시 1]

비현코 님,

먼저 지난 기간 동안 여러 프로젝트를 성공적으로 수행하신 점, 특히 처음 맡은 업무임에도 불구 하고 성실하게 해내신 것에 대해 칭찬 드리고 싶습니다. 앞으로 더 발전할 수 있도록 몇 가지 피드백을 드리고자 합니다.

1. SKT 교육 설계 및 강의 기획

처음 맡은 업무임에도 잘해내셨습니다. 기획 과정에서 다소 부족한 부분이 있었지만, 이를 극 복하고 교육 설계를 완성한 점은 높이 평가할 만합니다. 다만, 앞으로는 진행 속도를 조금 더 높일 수 있도록 노력해주시면 좋겠습니다. 한 주 정도 빠르게 목표를 달성하는 것을 목표로 한 다면 업무 효율성이 크게 향상될 것입니다.

(…생략…)

이렇게 직원평가서 하나를 완성했습니다. 이어서 두 번째 직원의 평가서를 만들어볼까요?

대상자	김우현
업무내용1	KT 대상 교육설계 강의기획
업무내용1 평가	매우 아쉬웠음, KT의 보안환경에 대한 인식이 좀 필요함
업무내용2	판매 수치 데이터 분석
업무내용2 평가	판매수치 데이터 분석은 지금까지 아무도 하지 않았는데 매우 잘해냈음 특히 외부 API를 가져오는 것이 탁월함
업무내용3	신규고객 유치
업무내용3 평가	팀의 매출을 위해서 신규 고객인 KT를 유치해낸 것은 정말 대단하였음

김우현라는 직원의 업무를 평가하고 독려하기 위한 피드백 문서를 만들려고 합니다. 해당 직원의 업무와 평가를 나눠본다면 첫번째:KT 대상 교육설계 강의기획매우 아쉬웠음, KT의 보안환경에 대한 인식이 좀 필요함두번째:판매 수치 데이터 분석판매수치 데이터 분석은 지금까지 아무도 하지 않았는데 매우 잘해냈음 특히 외부 API가져오는 것이 탁월함세번째:신규고객유치팀의 매출을 위해서 신규 고객인 KT를 유치해낸 것은 정말 대단하였음입니다. 이 내용을 기반으로 1000자 미만으로 직원에게 피드백 할 내용을 너의 창의성을 추가하여 조금 구체적으로 문서로 정리해줘

```
=CONCATENATE(C24,"라는 직원의 업무를 평가하고 독려하기 위한 피드백 문서를 만들려고 합니다. 해당 직원의 업무와 평가를 나눠본다면 첫번째:",C25,C26,"두번째:",C27,C28,"세번째:",C29,C30, "입니다. 이 내용을 기반으로 1000자 미만으로 직원에게 피드백 할 내용을 너의 창의성을 추가하여 조금 구체적으로 문서로 정리해줘")
```

앞과 같은 방법으로 파란색 셀을 복사해 챗GPT에게 질문을 합니다. 그러면 다음과 같이 두 번째 직원평가서가 만들어집니다.

[챗GPT로 작성한 직원 평가서 예시 2]

김우현 님,

지난 기간 동안 여러 중요한 업무를 수행하신 점에 대해 감사드리며, 이를 바탕으로 몇 가지 피드백을 드리고자 합니다. 이번 피드백이 향후 업무에 도움이 되길 바랍니다.

1. KT 대상 교육 설계 및 강의 기획

KT 교육 설계에서 다소 아쉬운 부분이 있었습니다. 특히, KT의 보안 환경에 대한 충분한 인식이 부족한 점이 아쉬웠습니다. KT의 특수한 환경을 고려한 맞춤형 기획이 필요하며, 향후 관련 자료를 더 면밀히 조사하고 보안 요구사항을 반영하는 데 초점을 맞추면 좋을 것 같습니다. 이러한 부분을 개선하면 교육의 질과 신뢰도가 크게 향상될 것입니다.

(…생략…)

3.3.2 [현업 사례 2] 정기 보고서 작성

실습 파일 1.NOCODE 〉 시민개발자_NOCODE.xlsx '질문정리' 시트

매주 건설 현장에서 일어나는 다양한 납품 이슈를 정리해 보고서를 작성하는 비 대리는 일상적으로 반복되는 보고서 작업이 너무 많은 시간을 소모하는 것이 아쉽습니다. 예를 들어 겨울철이 되면 철근 파단과 같은 문제가 자주 발생합니다. 이는 현장에서 철근 가공 시 온도 조절에 조금만 신경을 썼다면 충분히 예방할 수 있는 문제입니다. 하지만 이러한 일은 재료공학 전공자인 비 대리에게는 매우 당연하게 느껴지지만, 비전공자인 팀장은 이를 쉽게 이해하지 못합니다.

이러한 상황에서 비 대리는 마음속으로 "팀장님, 이런 문제는 보고서를 작성할 필요가 없습니다. 재료공학에 대해 조금만 공부하시면 충분히 아실 수 있는 일입니다."라고 말하고 싶지만, 조직생활의 현실을 잘 알고 있는 그는 그렇게 말할 수 없었습니다.

그렇다면 비 대리는 이 문제를 어떻게 해결해야 할까요? 다음 결과를 보겠습니다.

작성자	철강회사 공정엔지니어
작성주제	내진용철근의 불량품이 많은 이유에 대한 보고서
피보고자	제강공정 팀장
글 특징	추운 날씨로 인한 제품 온도 조절 실패에 대한 원인분석을 수치에 근거하여
글의 최대 길이	1500

철강회사 공정엔지니어가 되어서 보고서를1500자 이내로 작성해줘. 보고서의 주제는'내진용철근의 불량품이 많은 이유에 대한 보고서'의 주제로 만들어주고, 보고서의 근거는'추운 날씨로 인한 제품 온도 조절 실패에 대한 원인분석을 수치에 근거하여'을 기반으로 적어줘.제강공정 팀장에게 보고하는 형태로 적어줘.)

```
=CONCATENATE(C24,"라는 직원의 업무를 평가하고 독려하기 위한 피드백 문서를 만들려고 합니다. 해당 직원의 업무와 평가를 나눠본다면 첫번째:",C25,C26,"두번째:",C27,C28,"세번째:",C29,C30, "입니다. 이 내용을 기반으로 1500자 미만으로 직원에게 피드백 할 내용을 너의 창의성을 추가하여 조금 구체적으로 문서로 정리해줘")
```

다음은 프롬프트 템플릿으로 만든 내용으로 챗GPT에게 질문한 결과입니다.

PROMPT

철강회사 공정 엔지니어가 되어서 보고서를 1500자 이내로 작성해줘. 보고서의 주제는 '내진용 철근의 불량품이 많은 이유에 대한 보고서'의 주제로 만들어주고, 보고서의 근거는 '추운 날씨로 인한 제품 온도 조절 실패에 대한 원인분석을 수치에 근거하여'을 기반으로 적어줘. 제강공정 팀장에게 보고하는 형태로 적어줘.

ANSWER

내진용 철근 불량 원인 분석 보고서
수신: 제강공정 팀장님
작성자: 공정엔지니어 [이름]
일자: [작성일]

주제 : 내진용 철근 불량 원인 분석: 추운 날씨로 인한 온도 조절 실패

---

1. 서론

최근 공장에서 생산된 내진용 철근의 불량률이 평소보다 높은 것으로 확인되었습니다. 특히, 불량 제품은 강도 저하와 표면 균열 등의 문제가 주로 나타났습니다. 이에 대한 원인으로는 공정 중 제 품의 온도 조절 실패가 주된 요인으로 분석되었습니다. 특히, 외부 기온이 급격히 낮아지는 겨울 철에 이러한 문제가 심화된 것으로 보입니다.

---

2. 문제 원인 분석

2.1. 추운 날씨와 공정 환경

철근 생산은 제강로에서 강재가 고온 상태로 형성된 후 점진적으로 냉각되는 과정에서 강도와 탄 성을 최적화해야 합니다. 그러나 최근 몇 주 동안 외부 기온이 영하 10도 이하로 떨어지면서 공정 내에서 적정 온도를 유지하는 것이 어려워졌습니다.
(...생략…)

3. 개선 방안 제안

1. **공정 라인 단열 강화 :** 공장 내부의 온도 유지 및 균일한 냉각을 위해 단열재 보강이 필요합니다. 특히 냉각 공정에서 외부 기온의 영향을 최소화하기 위한 방안을 검토해야 합니다.

(...생략…)

이와 같은 방식으로 기초안을 세워두면, 초기 결과물을 쉽게 만들어낼 수 있습니다. 특히 해당 분야에 대한 전문 지식을 갖춘 사람이라면, 할루시네이션(허위 정보 생성)을 크게 걱정할 필요가 없습니다. 이는 자신의 전문 분야에서 기본적인 기술적 판단을 내림으로써 더 고차원적인 보고서나 자료를 효율적으로 작성할 수 있기 때문입니다.

다만 주의할 점이 있습니다. 자신이 모르는 영역에서 생성형 AI가 완벽하고 오류 없는 텍스트를 자동으로 만들어낼 것이라고 기대해서는 안 됩니다. 프롬프트 제작의 효율성을 높이고 싶다면, 자신의 이해 수준에 따라 AI를 활용하고, 특히 수치나 사실적인 정보는 반드시 직접 확인하는 것이 좋습니다. 이를 통해 생성형 AI를 더 효과적으로 활용할 수 있을 것입니다.

프롬프트 제작 효율화에서 중요한 점은, 이것이 단순히 하나의 노코드 활용법에 그치지 않는다는 것입니다. 이 책에서는 이후에 더 깊이 있는 활용법을 다룰 것인데, 그때 이번에 배운 노코드 기반의 프롬프트 제작 효율화가 중요한 역할을 할 것입니다. 따라서 이 책을 읽는 것으로 끝내지 말고, 실제 업무에서 반복적으로 사용해보시길 권장합니다.

2024년 상반기에 열린 코엑스 AI 컨퍼런스에서, 100여 곳의 기업이 생성형 AI를 활용한 다양한 서비스를 소개했습니다. 그중 절반 이상의 기업이 다룬 내용이 '현업에서 즉시 활용 가능한 생성형 AI 소프트웨어 서비스였습니다.

가까운 미래에 여러분의 조직에도 생성형 AI 도입이 활발해질 것입니다. 그때 중요한 것은 AI를 사용하는 첫 번째 단계인 '질문'입니다. 단순한 질문을 던지면, 아무리 똑똑한 AI라도 문제를 정확히 해결하기 어렵습니다. 우리가 아무리 능력이 뛰어나도 불성실한 질문에 답하기 어려운 것과 같은 이치입니다. 그렇기 때문에 생성형 AI 서비스가 점점 강력해지고 다양해질수록 프롬프트 제작 효율화는 더 큰 힘을 발휘할 것입니다.

여러분은 기본적인 뼈대를 만드십시오. 그 뼈대에 나뭇잎을 붙이고 풍성한 열매를 맺게 하는 것은 생성형 AI가 담당할 것입니다.

PART 03

ChatGPT X Lowcode

생성형 AI의 혁신과 동시에 비즈니스에서 가장 빠르게 사용할 수 있는 기술은 바로 '생성 코딩', 즉 질문을 통해서 구현하기 어려운 코드를 구성하는 것이었습니다. 이제는 코딩을 잘 모르더라도 질문만으로 어느 수준까지는 많은 결과를 만들어낼 수 있습니다. 비개발자가 지금까지 할 수 없었던 개발의 영역을 해결하는 방법을 알아보겠습니다.

CHAPTER

04 코딩의 시대에서 코드리딩의 시대로

여러분은 코딩을 할 줄 아시나요? 어쩌면 이 질문에 'AI가 어차피 코드를 만들어줄 텐데 코딩 학습이 필요할까'라고 생각하는 분도 계실 것 같습니다. 그래서 이 장의 시작으로 'AI 시대에서의 코딩 학습의 필요성'에 대한 저자의 경험과 생각을 담아보고자 합니다.

2024년 2월, 두바이에서 열린 세계정부정상회의(World Government Summit)에서 엔비디아의 젠슨 황은 "더 이상 아이들에게 코딩을 가르칠 필요가 없다"고 말했습니다. 그리고 그 말에 강한 반발도 함께 올라왔습니다. HP, AMD 등 임원을 맡았던 패트릭 무어 헤드 무어인사이트앤스트래티지 CEO는 자신의 엑스를 통해 "나는 30년 이상에 걸쳐 'XYX가 코딩을 죽인다'라는 말을 들어왔지만, 우리는 여전히 프로그래머가 부족하다"고 꼬집었습니다. 비즈니스 전략 면에서 생각해보면, 엔비디아 입장에서는 코딩을 배우지 말고 AI 기술에 의존하는 것이 중요하다고 이야기하기 위해 꺼낸 말이라고 볼 수도 있습니다. 다만 전략적으로만 판단하기에는 생각보다 많은 내용을 함의하는 말이기도 합니다. 우리는 이것에 대한 고민을 해볼 필요가 있습니다.

(챗GPT로 생성함)

이 이야기를 하기 위해서 저의 이야기를 좀 해보겠습니다. 저는 비개발자 출신 IT 교육 강사입니다. 직장인 대상으로 AI와 RPA 위주로 현업에서 활용하는 방법을 안내하고 있죠 제가 이 길을 걷기까지는 많은 고민과 고뇌가 있었습니다.

한때 저는 어느 기업의 HRD(기업교육) 팀에 소속했습니다. 2019년, 기업에서 DT(디지털 전환) 교육을 전사로 확장하는 미션을 받았습니다. 당시 제가 맡은 교육은 10가지(승진교육/임원교육/신입사원교육/이러닝/어학교육/주재원교육/직무교육/조직활성화교육/법정교육 등) 정도였기에, DT 교육도 그냥 여느 다른 교육처럼 기획&운영만 하면 된다고 생각했습니다. 하지만 코딩에 대한 이해 없이 교육을 기획하는 것은 현실적으로 어려움이 있었습니다.

그래서 2020년에 코딩 학습을 시작했습니다. 처음엔 코드 몇 줄을 작성하는 것도 고비였지만, 코딩에 적응할수록 점차 그 매력에 빠져들었습니다. 문제를 해결하는 과정에서 나만이 알고 있는 현업의 문제를 해결할 수 있는 창의적인 접근방식을 고민하고, 현실의 반복적인 업무 문제들이 코드로 깔끔하게 정리되는 그 순간의 짜릿함. 특히 제가 맡은 기업교육업무에는 개인별 대응이 많이 필요했는데 코딩으로 문제를 해결할 때마다 엄청난 결과가 만들어졌습니다.

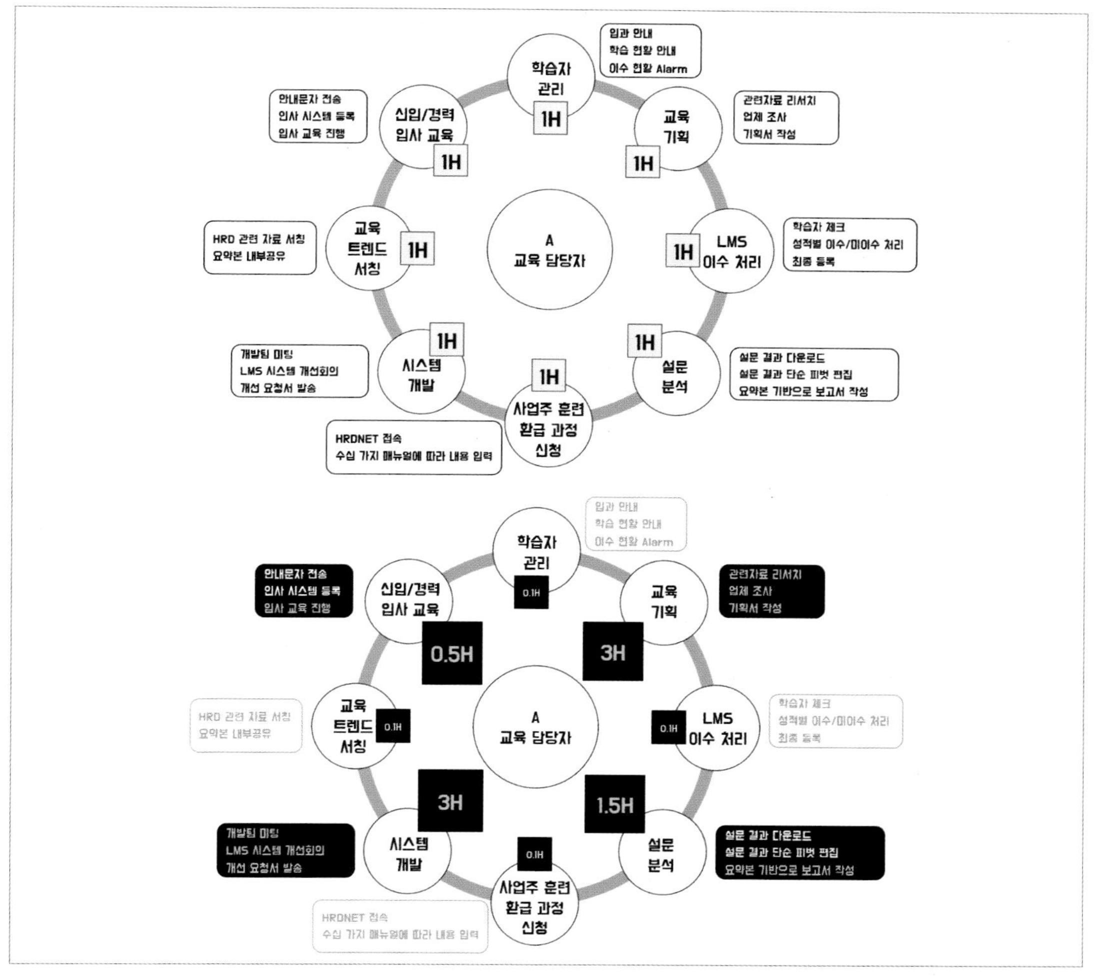

[코딩을 사용해서 실무에 사용하는 시간을 재구성한 필자의 사례]

코딩을 한 번도 접해보지 않았던 제가, 어느 순간부터 코딩에 매료되었습니다. 문제 해결을 위해 다양한 방식으로 코딩을 적용하기 시작하면서 저는 새로운 세상을 보게 되었죠. 그 과정에서 한 가지 확신을 갖게 되었습니다. '이 기술을 한 번이라도 경험하면 다시는 과거로 돌아갈 수 없다'

이 느낌은 마치 삐삐에서 휴대폰으로 넘어간 것과 같았습니다. 삐삐로 돌아갈 수 없었던 것처럼, 코딩이라는 도구를 경험한 후에는 그 이전의 비효율적인 방식으로 다시 일할 수 없다는 확신이 들었습니다. 코딩은 더 이상 개발자만의 전유물이 아닌, 누구나 사용해야 하는 필수 기술이 되리라는 믿음이 생겼습니다. 그리고 언젠가 모든 사람들이 코딩을 활용하는 시대가 올 것이라고 확신했죠.

이 믿음 하나로 저는 과감한 결정을 내렸습니다. 2022년, 안정적인 대기업 정규직을 과감히 떠나 IT 교육 강사로서 새로운 길을 걷기로 한 것입니다. 현실적으로는 모험이었지만 미래의 가능성에 베팅한 선택이었습니다. '내가 열심히 하면 분명히 길이 열릴 것이다' 그렇게 생각했습니다. 하지만 현실은 예상과는 달랐습니다.

계획의 첫 번째 걸림돌, 그리고 깨달음

기업교육 현장에서 다양한 직장인을 만나며, 제가 상상했던 것과는 다른 현실을 직면하게 되었습니다. 대부분의 직장인이 코딩의 필요성을 느끼지 못하고 있었죠. 엑셀이나 기존 도구에 익숙하고 여전히 잘 쓰기 때문에 굳이 코딩을 배울 이유가 없다는 겁니다. 그 순간 저는 깨달았습니다. '코딩이 누구나 쓰는 시대가 오기까지는 아직 멀었구나'

비개발자들이 코딩을 사용한다는 것이 당연해지기까지는 시간이 필요했습니다. 더 많은 사람들에게 이 기술의 필요성과 편리함을 느끼게 하려면 더 직관적이고 쉽게 접근할 수 있는 도구가 필요하다는 생각을 하게 되었습니다.

코딩의 문턱을 낮춘 챗GPT의 등장

그러던 중, 세상을 놀라게 한 새로운 도구가 등장했습니다. 바로 챗GPT였습니다. 물론 이전에도 AI를 활용해 코드를 생성하는 기술은 있었습니다. 하지만 챗GPT는 달랐습니다. 누구나 쉽게 접근할 수 있으며 코딩을 모르는 비개발자도 챗GPT를 활용하면 코드를 생성하고 문제를 해결할 수 있게 되었죠. 즉, '코딩을 배우는' 시대에서 '코딩을 활용하는' 시대로의 전환이 일어난 것입니다.

IT 비개발자의 새로운 가능성

코딩은 여전히 강력한 도구입니다. 그리고 코딩을 사용하는 방식은 더욱 진화하고 있습니다. 예를 들어 엔비디아의 CEO 젠슨 황이 말한 것처럼, 기술의 시작점이 '코딩'이 아닌 다른 전문 지식에서 시작될 수 있는 시대가 열리고 있습니다. 비개발자들이 자신의 업무에 필요한 지식을 가지고 AI를 활용해 기술을 확장하는 방식이 점점 더 중요해지고 있습니다.

이제는 AI와 생성형 도구를 통해 비개발자들도 혁신을 일으킬 수 있습니다. 코딩을 몰랐던 사람들이 AI의 도움을 받아 더 빠르고 효율적으로 문제를 해결하는 환경이 만들어지고 있으며, 이러한 흐름은 IT 비개발자들에게 새로운 가능성을 열어줍니다.

앞으로의 혁신: 코딩의 활용이 가져올 미래

생성형 AI의 등장으로 코딩의 문턱은 점점 낮아지고, 누구든 코딩을 활용해 혁신적인 결과를 만들 수 있게 되었습니다. 앞장에서 배운 노코드 도구로도 할 수 있는 일은 많지만, 여기에 약간의 코딩을 더하면 그 효과는 배가됩니다. 마치 무한한 가능성의 문이 열린 듯한 느낌이죠.

이번 장에서는 비개발자가 코딩을 활용했을 때 얻을 수 있는 놀라운 가능성을 더 깊이 탐구하고, 코딩과 AI의 결합이 얼마나 큰 혁신을 가져올 수 있는지 살펴보겠습니다. 여러분이 지금 생각하는 것보다 더 많은 가능성이 기다리고 있습니다.

4.1 생성형 AI, 누구나 코딩을 사용할 수 있는 시민 개발자의 시대를 열다

시대의 변화를 이끄는 도구, 챗GPT

저는 챗GPT가 등장하기 전부터 코딩 기반 교육, 특히 파이썬을 활용한 업무 자동화(RPA) 교육을 진행해 왔습니다. 학습자들은 파이썬을 통해 다양한 기술을 배우고, 실제 업무에 적용할 수 있는 프로젝트를 만들었습니다. 하지만 챗GPT가 나오고 나서 수업 방식에 큰 변화가 일어났습니다. 가장 큰 변화는 학습에 필요한 시간의 단축이었죠. 이를 구체적인 예시로 설명해보겠습니다.

파이썬 학습 시간의 변화

챗GPT가 등장하기 전, 코딩을 전혀 접해보지 않은 학습자가 다음의 문제를 풀려면 약 7시간의 파이썬 수업과 1시간의 실습 시간이 필요했습니다. 그중 50%의 학습자만이 문제를 성공적으로 해결할 수 있었죠. 어려운 문제였기 때문에 많은 시간과 노력이 요구되었습니다.

ChatGPT 활용 프로젝트 – 문제 풀이(ChatGPT 사용해서 풀이)

기본 : 풀어낸다면 당신은 코딩영재

파이썬으로 몸무게와 키를 입력 받아 BMI 수치를 구하라
(BMI 공식 = 몸무게(KG)/(키(m)*키(m))　[단위 : 몸무게(Kg) 키(m)]

고급 : ChatGPT 없이 풀어낸다면 당신은 코딩 천재

BMI 수치가 30 초과이면 "비만입니다! 살빼세요!"라는 경고문구가 출력되는 프로그램을 제작하라

심화 : ChatGPT 없이 수업만 듣고 해결하기 쉽지 않은 문제.
풀어낸다면 당신은 God Of Coding

무한반복문(while)을 통해 계속 키와 몸무게를 입력받고 BMI수치를 출력하게 만들어라
단. BMI수치가 30초과이면 경고문구와 함께 프로그램이 종료되게 만들어라
(성공하였다면? while문을 10번 반복하는 for문으로 변경해보아라)

그런데 챗GPT를 활용하면 파이썬 코딩을 배워도 풀기 어려운 문제가 질문 한 번만으로 해결됩니다.

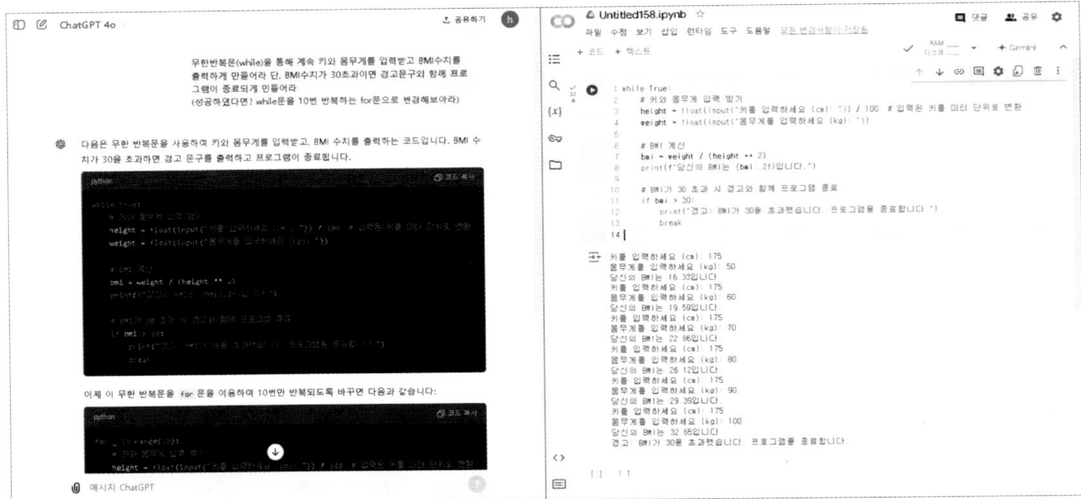

[질문 한 번만으로 문제를 풀어냄]

질문만 잘 해도 문제가 해결되니 놀라운 일이죠? 지금은 챗GPT를 활용하여 앞서 소개한 수업을 진행하는데, 40분의 학습 시간과 10분의 풀이 시간으로 대부분의 학습자가 문제를 해결합니다. 물리적으로 1/8의 시간만에 동일한 성과를 내는 것이죠.

챗GPT의 등장으로 코딩 학습에 필요한 시간이 상당히 단축되었고, 덕분에 학습자들의 코딩 학습에 대한 심리적 부담도 많이 줄었습니다. 이렇게 챗GPT는 코딩 학습을 지원하는 강력한 도구가 되었고, 학습자들 역시 그 매력에 깊이 빠져들고 있습니다.

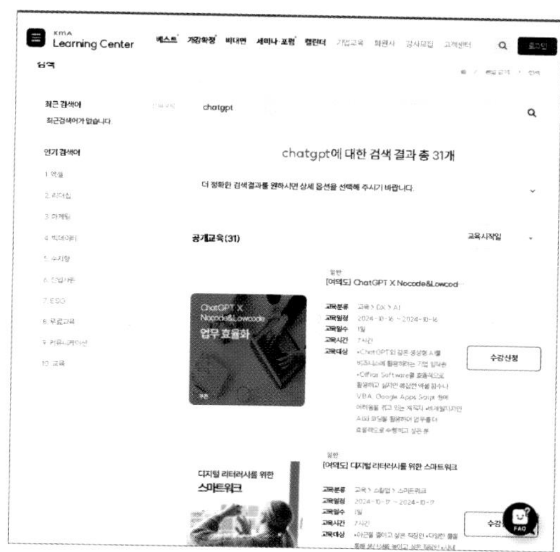

[KMA 공개교육센터에서 챗GPT를 검색한 결과. 생성형AI 관련 과정이 매우 늘었다]

IT 비개발자를 위한 새로운 기회

AI 시대에 접어들며 새로운 기회의 문앞에 선 두 직장인이 있습니다. 같은 기회를 두고 서로 대조적인 반응을 보였는데, 어떤 이야기인지 잠시 들려드리겠습니다.

어느 50대 직장인은 코딩을 처음 접했는데, AI의 도움을 받아보니 코딩이 생각보다 쉽다고 느껴 새로운 시도를 해보겠다는 열정을 보였습니다. 반면에 다른 직장인은 5일간 코딩 단기 교육을 들은 경험이 있는데, 코딩이 너무 어렵다고 느껴서 배우기는 포기했다며 코딩 학습의 재도전에 두려움을 드러냈습니다. 코딩을 직접 짜야 했던 과거라면, 코딩을 포기했다는 직장인처럼 코딩이 마치 높은 벽처럼 느껴졌을지도 모릅니다. 하지만 지금은 그때와 다릅니다.

지금은 코딩의 시대라기보다는 현업에서 문제를 해결할 수 있는 능력이 필요한 시대입니다. 코딩은 그저 기술일 뿐, 본질은 현업 전문가가 문제를 해결하고 개선하는 능력에 있습니다. 무엇보다 그 일을 해낼 수 있는 사람은 바로 여러분입니다.

현실에서 마주한 IT 시스템 개발의 한계

혹시 개발자와 함께 현업의 문제를 해결한 경험이 있으신가요? 그 과정에서 겪었던 어려움은 대개 비슷합니다. IT 개발자는 바쁘고 개발의 우선순위는 늘 밀립니다. 어렵게 개발 단계에 진입하더라도 3개월 이상의 소통 과정을 거쳐야 합니다. 개발자가 업무 프로세스를 이해하는 데만 몇 개월이 걸리고, 그렇게 반년이 지나서야 프로그램이 완성되죠. 그런데 그 시스템을 지속적으로 개선하고 발전시켜야 하는 책임을 맡은 제가 다른 팀으로 전배를 가게 된다면 어떻게 될까요? 많은 시스템이 사장될 가능성이 큽니다. 이것은 제 이야기일 뿐만 아니라 많은 직장인들이 겪는 현실입니다.

생성형 AI를 활용한 자율적인 문제 해결

하지만 이제는 다릅니다. 생성형 AI를 활용하면 개발 결과물이 나오길 기다릴 필요가 없습니다. 자신의 현업 경험과 지식을 무기로 삼아, 비즈니스 상황을 누구보다 잘 아는 여러분이 문제의 원인을 파악하고, 자동화 및 개선을 위해 스스로 시스템을 개발할 수 있기 때문입니다.

이 장에서 다룰 내용은 문제 해결을 위한 아이디어를 도출하고 이를 구현해내는 것, 즉 생각의 현실화입니다. 여러분은 이 책을 통해 자신만의 시스템을 개발하고, 현업에서 없던 결과물을 창출할 수 있습니다. 물론 여러분이 하는 업무와 이 책에서 제시하는 예시가 정확히 일치하지 않을 수 있습니다. 2000만 명의 직장인이 있으면 2000만 개의 업무가 있는 법이니까요. 그러나 중요한 것은 여러분만의 결과물을 만들어 보겠다는 생각입니다.

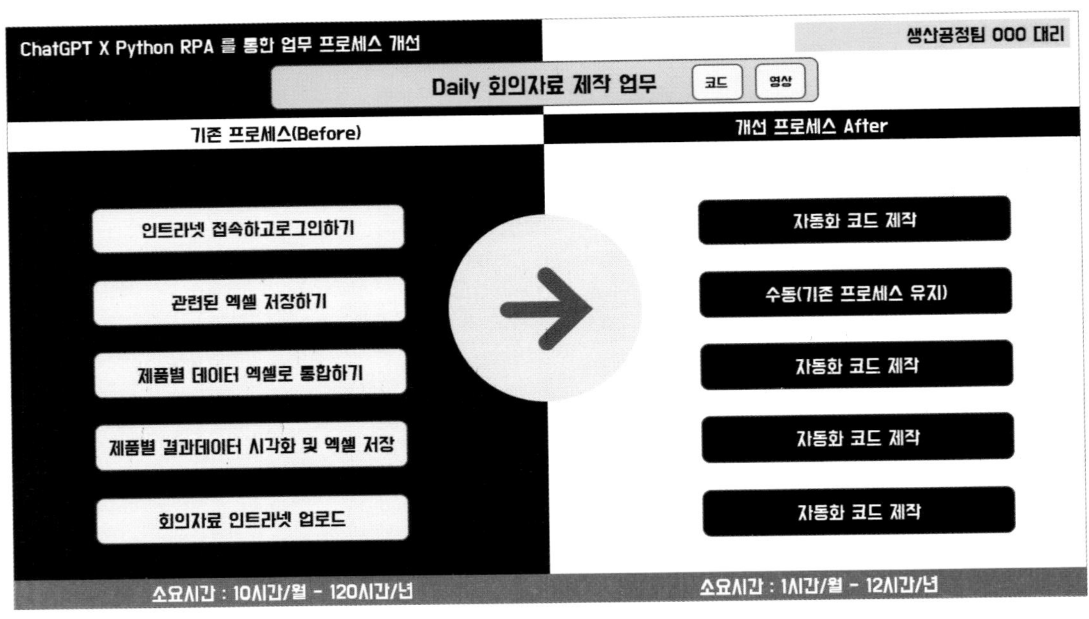

[한 비개발자 직원이 3일만에 만든 업무 자동화 결과물을 요약한 자료. 108시간의 업무시간 절감을 가져왔다]

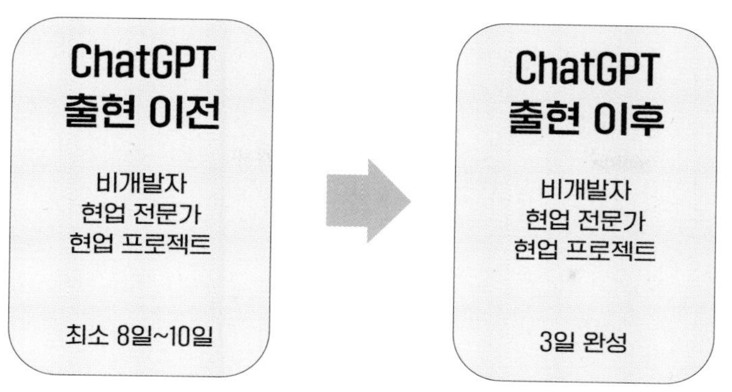

[생성형 AI로 학습 효율이 높아진 비개발자 코딩 교육]

누구나 코딩을 활용할 수 있는 시대

이제 우리는 누구나 코딩을 활용할 수 있는 시대를 살고 있습니다. 기술의 진보는 단순히 코딩을 배우는 것을 넘어, 스스로 문제를 해결하고 혁신을 일으키는 능력을 강조하고 있습니다. 챗GPT와 같은 도구들은 그 문턱을 낮추고, 더 많은 사람들이 코딩과 기술을 활용해 혁신적인 변화를 이끌어 낼 수 있는 기회를 제공합니다.

이 장에서 여러분은 코딩과 AI의 결합이 어떻게 여러분의 업무를 혁신할 수 있는지 경험하게 될 것입니다. 새로운 변화를 기대하며 이 여정을 함께해보세요. 여러분이 가진 현업의 경험과 지식은 무엇보다도 강력한 도구가 될 것입니다.

4.2 코드 독해력이 필요한 이유

생성형 AI의 등장은 코딩의 문턱을 획기적으로 낮추었고, 데이터를 분석하는 방식에도 큰 변화를 가져왔습니다. 예를 들어 다음은 생성형 AI가 작성한 코드로 데이터를 쉽게 분석하고, 그 결과를 빠르게 시각화한 결과입니다. (Julius라는 생성형 AI 기반 데이터 분석 서비스를 이용했습니다.)

PROMPT

삼성전자의 주식 데이터를 20년치 가져와서 미래수치를 예측하는 AI 모델을 만들고 시각화해줘

ANSWER

안녕하세요. 삼성전자의 주식 데이터를 가져와서 미래 수치를 예측하는 AI 모델을 만들고 시각화하는 작업을 진행해 보겠습니다. 이를 위해 몇 가지 단계를 거치겠습니다.

먼저, 필요한 라이브러리들을 설치하고 데이터를 가져오겠습니다. 그 다음 데이터를 전처리하고, AI 모델을 만들어 학습시킨 후, 미래 수치를 예측하고 결과를 시각화하겠습니다.

시작하겠습니다:

1. 필요한 라이브러리 설치 및 임포트
(…생략…)

이 그래프는 삼성전자 주식의 종가 변동을 보여줍니다.
(…생략…)

이처럼 이제는 질문 하나로도 복잡한 문제를 해결할 수 있습니다. 그런데 만약 이 결과물을 약간 변형하고 싶다면 어떻게 해야 할까요? 또는 다른 데이터를 적용하되 동일한 양식을 유지하고 싶다면 어떻게 해야 할까요?

그 방법의 해답은 AI가 만들어준 코드를 가져와서 실행하고 그것을 커스터마이징하는 것입니다. 물론 생성형 AI는 코드를 만들어주지만 그 결과를 내 입맛에 맞게 커스터마이징하려면 코딩을 어느 정도 이해할 수 있어야 합니다. 코딩을 전혀 모른다면, AI에게 계속 질문을 던지며 피드백을 받아야만 원하는 결과를 얻을 수 있겠지요.

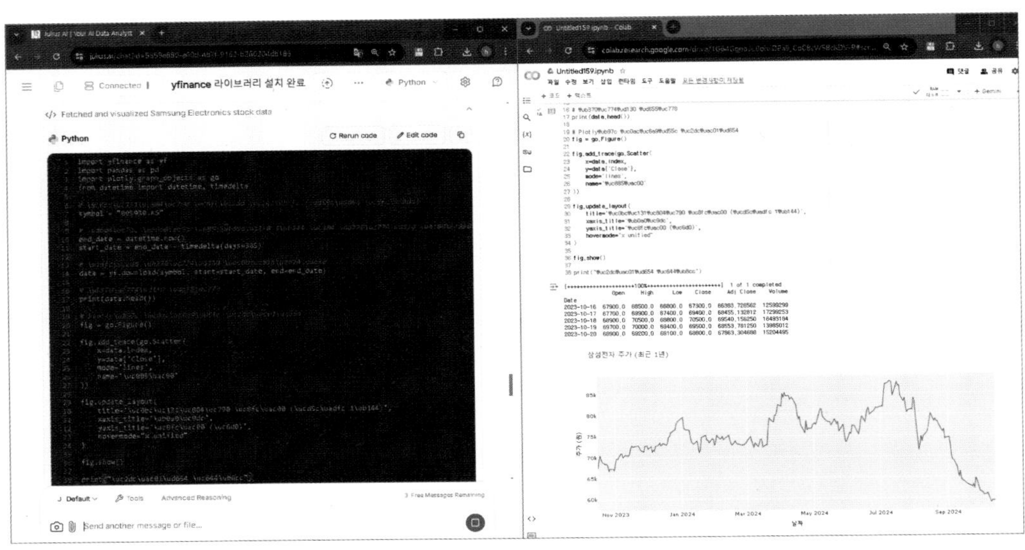

[AI가 만든 코드를 복사해서 코랩(Colab)에서 실행하고, 코드 수정을 통해 다른 결과를 도출할 수 있다]

조금 어렵게 느껴지신다면, 우리에게 익숙한 상황을 예로 들어보겠습니다.

영어를 잘하는 사람이 번역기를 쓸 때와 영어를 잘 모르는 사람이 번역기를 쓸 때, 어느 쪽이 더 나은 번역 결과를 얻을까요? 당연히 영어에 능숙한 사람이 번역기를 사용할 때 더 나은 결과를 얻습니다.

이 예를 통해 말씀드리고 싶은 것은, 코드 생성을 목적으로 AI 도구를 잘 활용하려면 코드 독해력이 필요하다는 것입니다. 언어에 대한 기본적인 이해가 있는 사람이 번역기를 잘 활용할 수 있듯이, 코딩에 대한 기본적인 이해가 있어야 AI가 만든 코드를 온전히 내 것으로 활용할 수 있습니다.

그렇다면 과거처럼 모든 코딩 언어를 하나하나 다 배워야 할까요? 아닙니다. 이제는 그럴 필요가 없습니다. 엑셀을 예로 들어볼까요?

0	SUM	50	ZTEST	100	BIN2HEX	150	ACCRINTM	200	XNPV	250	COLUMNS	300	COT	350	SUBTOTAL	400	FORECAST.ETS.STAT	450	SKEW.P	500	TEXTAFTER
1	IF	51	CUBEKPIMEMBER	101	BIN2OCT	151	AMORDEGRC	201	YIELD	251	DROP	301	COTH	351	SUM	401	FORECAST.LINEAR	451	SLOPE	501	TEXTBEFORE
2	LOOKUP	52	CUBEMEMBER	102	BITAND	152	AMORLINC	202	YIELDDISC	252	EXPAND	302	CSC	352	SUMIF	402	FREQUENCY	452	SMALL	502	TEXTJOIN
3	VLOOKUP	53	CUBEMEMBERPROPERTY	103	BITLSHIFT	153	COUPDAYBS	203	YIELDMAT	253	FILTER	303	CSCH	353	SUMIFS	403	GAMMA	453	STANDARDIZE	503	TEXTSPLIT
4	MATCH	54	CUBERANKEDMEMBER	104	BITOR	154	COUPDAYS	204	CELL	254	FORMULATEXT	304	DECIMAL	354	SUMPRODUCT	404	GAMMA.DIST	454	STDEV.P	504	TRIM
5	CHOOSE	55	CUBESET	105	BITRSHIFT	155	COUPDAYSNC	205	ERROR.TYPE	255	GETPIVOTDATA	305	DEGREES	355	SUMSQ	405	GAMMA.INV	455	STDEV.S	505	UNICHAR
6	DATE	56	CUBESETCOUNT	106	BITXOR	156	COUPNCD	206	INFO	256	HLOOKUP	306	EVEN	356	SUMX2MY2	406	GAMMALN	456	STDEVA	506	UNICODE
7	DAYS	57	CUBEVALUE	107	COMPLEX	157	COUPNUM	207	ISBLANK	257	HSTACK	307	EXP	357	SUMX2PY2	407	GAMMALN.PRECISE	457	STDEVPA	507	UPPER
8	FIND, FINDB	58	DAVERAGE	108	CONVERT	158	COUPPCD	208	ISERR	258	HYPERLINK	308	FACT	358	SUMXMY2	408	GAUSS	458	STEYX	508	VALUE
9	INDEX	59	DCOUNT	109	DEC2BIN	159	CUMIPMT	209	ISERROR	259	INDEX	309	FACTDOUBLE	359	TAN	409	GEOMEAN	459	T.DIST	509	VALUETOTEXT
10	BETADIST	60	DCOUNTA	110	DEC2HEX	160	CUMPRINC	210	ISEVEN	260	INDIRECT	310	FLOOR	360	TANH	410	GROWTH	460	T.DIST.2T	510	CALL
11	BETAINV	61	DGET	111	DEC2OCT	161	DB	211	ISFORMULA	261	LOOKUP	311	FLOOR.MATH	361	TRUNC	411	HARMEAN	461	T.DIST.RT	511	EUROCONVERT
12	BINOMDIST	62	DMAX	112	DELTA	162	DDB	212	ISLOGICAL	262	MATCH	312	FLOOR.PRECISE	362	AVEDEV	412	HYPGEOM.DIST	462	T.INV	512	REGISTER.ID
13	CHIDIST	63	DMIN	113	ERF	163	DISC	213	ISNA	263	OFFSET	313	GCD	363	AVERAGE	413	INTERCEPT	463	T.INV.2T	513	ENCODEURL
14	CHIINV	64	DPRODUCT	114	ERF.PRECISE	164	DOLLARDE	214	ISNONTEXT	264	ROW	314	INT	364	AVERAGEA	414	KURT	464	T.TEST	514	FILTERXML
15	CHITEST	65	DSTDEV	115	ERFC	165	DOLLARFR	215	ISNUMBER	265	ROWS	315	ISO.CEILING	365	AVERAGEIF	415	LARGE	465	TREND	515	WEBSERVICE
16	CONCATENATE	66	DSTDEVP	116	ERFC.PRECISE	166	DURATION	216	ISODD	266	RTD	316	LCM	366	AVERAGEIFS	416	LINEST	466	TRIMMEAN		
17	CONFIDENCE	67	DSUM	117	GESTEP	167	EFFECT	217	ISOMITTED	267	SORT	317	LET	367	BETA.DIST	417	LOGEST	467	VAR.P		
18	COVAR	68	DVAR	118	HEX2BIN	168	FV	218	ISREF	268	SORTBY	318	LN	368	BETA.INV	418	LOGNORM.DIST	468	VAR.S		
19	CRITBINOM	69	DVARP	119	HEX2DEC	169	FVSCHEDULE	219	ISTEXT	269	TAKE	319	LOG	369	BINOM.DIST	419	LOGNORM.INV	469	VARA		
20	EXPONDIST	70	DATE	120	HEX2OCT	170	INTRATE	220	N	270	TOCOL	320	LOG10	370	BINOM.DIST.RANGE	420	MAX	470	VARPA		
21	FDIST	71	DATEDIF	121	IMABS	171	IPMT	221	NA	271	TOROW	321	MDETERM	371	BINOM.INV	421	MAXA	471	WEIBULL.DIST		
22	FINV	72	DATEVALUE	122	IMAGINARY	172	IRR	222	SHEET	272	TRANSPOSE	322	MINVERSE	372	CHISQ.DIST	422	MAXIFS	472	Z.TEST		
23	FLOOR	73	DAY	123	IMARGUMENT	173	ISPMT	223	SHEETS	273	UNIQUE	323	MMULT	373	CHISQ.DIST.RT	423	MEDIAN	473	ASC		
24	FORECAST	74	DAYS	124	IMCONJUGATE	174	MDURATION	224	TYPE	274	VLOOKUP	324	MOD	374	CHISQ.INV	424	MIN	474	ARRAYTOTEXT		
25	FTEST	75	DAYS360	125	IMCOS	175	MIRR	225	AND	275	VSTACK	325	MROUND	375	CHISQ.INV.RT	425	MINA	475	BAHTTEXT		
26	GAMMADIST	76	EDATE	126	IMCOSH	176	NOMINAL	226	BYCOL	276	WRAPCOLS	326	MULTINOMIAL	376	CHISQ.TEST	426	MINIFS	476	CHAR		
27	GAMMAINV	77	EOMONTH	127	IMCOT	177	NPER	227	BYROW	277	WRAPROWS	327	MUNIT	377	CONFIDENCE.NORM	427	MODE.MULT	477	CLEAN		
28	HYPGEOMDIST	78	HOUR	128	IMCSC	178	NPV	228	FALSE	278	XLOOKUP	328	ODD	378	CONFIDENCE.T	428	MODE.SNGL	478	CODE		
29	LOGINV	79	ISOWEEKNUM	129	IMCSCH	179	ODDFPRICE	229	IF	279	XMATCH	329	PI	379	CORREL	429	NEGBINOM.DIST	479	CONCAT		
30	LOGNORMDIST	80	MINUTE	130	IMDIV	180	ODDFYIELD	230	IFERROR	280	ABS	330	POWER	380	COUNT	430	NORM.DIST	480	CONCATENATE		
31	MODE	81	MONTH	131	IMEXP	181	ODDLPRICE	231	IFNA	281	ACOS	331	PRODUCT	381	COUNTA	431	NORM.INV	481	DBCS		
32	NEGBINOMDIST	82	NETWORKDAYS	132	IMLN	182	ODDLYIELD	232	IFS	282	ACOSH	332	QUOTIENT	382	COUNTBLANK	432	NORM.S.DIST	482	WON		
33	NORMDIST	83	NETWORKDAYS.INTL	133	IMLOG10	183	PDURATION	233	LAMBDA	283	ACOT	333	RADIANS	383	COUNTIF	433	NORM.S.INV	483	EXACT		
34	NORMINV	84	NOW	134	IMLOG2	184	PMT	234	LET	284	ACOTH	334	RAND	384	COUNTIFS	434	PEARSON	484	FIND, FINDB		
35	NORMSDIST	85	SECOND	135	IMPOWER	185	PPMT	235	MAKEARRAY	285	AGGREGATE	335	RANDARRAY	385	COVARIANCE.P	435	PERCENTILE.EXC	485	FIXED		
36	NORMSINV	86	TIME	136	IMPRODUCT	186	PRICE	236	MAP	286	ARABIC	336	RANDBETWEEN	386	COVARIANCE.S	436	PERCENTILE.INC	486	LEFT, LEFTB		
37	PERCENTILE	87	TIMEVALUE	137	IMREAL	187	PRICEDISC	237	NOT	287	ASIN 문자	337	ROMAN	387	DEVSQ	437	PERCENTRANK.EXC	487	LEN, LENB		
38	PERCENTRANK	88	TODAY	138	IMSEC	188	PRICEMAT	238	OR	288	ASINH	338	ROUND	388	EXPON.DIST	438	PERCENTRANK.INC	488	LOWER		
39	POISSON	89	WEEKDAY	139	IMSECH	189	PV	239	REDUCE	289	ATAN	339	ROUNDDOWN	389	F.DIST	439	PERMUT	489	MID, MIDB		
40	QUARTILE	90	WEEKNUM	140	IMSIN	190	RATE	240	SCAN	290	ATAN2	340	ROUNDUP	390	F.DIST.RT	440	PERMUTATIONA	490	NUMBERVALUE		
41	RANK	91	WORKDAY	141	IMSINH	191	RECEIVED	241	SWITCH	291	ATANH	341	SEC	391	F.INV	441	PHI	491	PHONETIC		
42	STDEV	92	WORKDAY.INTL	142	IMSQRT	192	RRI	242	TRUE	292	BASE	342	SECH	392	F.INV.RT	442	POISSON.DIST	492	PROPER		
43	STDEVP	93	YEAR	143	IMSUB	193	SLN	243	XOR	293	CEILING	343	SERIESSUM	393	F.TEST	443	PROB	493	REPLACE, REPLACEB		
44	TDIST	94	YEARFRAC	144	IMSUM	194	SYD	244	ADDRESS	294	CEILING.MATH	344	SEQUENCE	394	FISHER	444	QUARTILE.EXC	494	REPT		
45	TINV	95	BESSELI	145	IMTAN	195	TBILLEQ	245	AREAS	295	CEILING.PRECISE	345	SIGN	395	FISHERINV	445	QUARTILE.INC	495	RIGHT, RIGHTB		
46	TTEST	96	BESSELJ	146	OCT2BIN	196	TBILLPRICE	246	CHOOSE	296	COMBIN	346	SIN	396	FORECAST	446	RANK.AVG	496	SEARCH, SEARCHB		
47	VAR	97	BESSELK	147	OCT2DEC	197	TBILLYIELD	247	CHOOSECOLS	297	COMBINA	347	SINH	397	FORECAST.ETS	447	RANK.EQ	497	SUBSTITUTE		
48	VARP	98	BESSELY	148	OCT2HEX	198	VDB	248	CHOOSEROWS	298	COS	348	SQRT	398	FORECAST.ETS.CONFINT	448	RSQ	498	T		
49	WEIBULL	99	BIN2DEC	149	ACCRINT	199	XIRR	249	COLUMN	299	COSH	349	SQRTPI	399	FORECAST.ETS.SEASONALITY	449	SKEW	499	TEXT		

[MS Office 사이트에 공지된 엑셀 함수 요약표]

엑셀에는 500개가 넘는 함수와 문법이 있습니다. 여러분은 이 모든 문법을 완벽하게 이해하고 엑셀을 사용하고 있나요? 아마도 대부분의 사람들은 그렇지 않을 것입니다. 엑셀 문법 5~10개만 알아도 우리는 충분히 업무에서 엑셀을 잘 활용하고 있습니다. 이것이 중요한 점입니다. 전문가가 아니라도 필요한 것만 알면 된다는 것이죠.

코드 역시 마찬가지입니다. 예를 들어 파이썬에는 4800여 개의 문법이 있지만, 이를 모두 배우고 사용하는 사람은 거의 없습니다.

이름	관련메서드	이름	관련메서드	이름	관련메서드	이름	관련메서드	이름	관련메서드	이름	관련메서드	이름	관련메서드
_thread	3	contextlib	9	hashlib	6	multiprocessing	80	sched	5	telnetlib	19	xdrlib	27
abc	2	contextvars	9	hmac	4	netrc	2	select	21	test	90	xml	149
aifc	27	csv	6	html	15	nntplib	26	selectors	10	textwrap	2	xmlrpc	22
argparse	17	ctypes	6	http	75	numbers	1	shelve	2	threading	27	zipfile	24
array	18	curses	166	imaplib	49	optparse	13	shlex	7	timeit	4	zipimport	12
ast	2	datetime	64	imp	1	os	7	smtpd	1	tkinter	89	zlib	6
asynchat	8	dbm	8	importlib	66	ossaudiodev	26	smtplib	14	trace	6	zoneinfo	3
asyncore	18	decimal	119	inspect	6	pathlib	49	socket	37	traceback	6		
bdb	43	dialog	18	io	41	pdb	1	socketserver	17	tracemalloc	6		
bz2	4	difflib	14	ipaddress	18	pickle	14	sqlite3	28	turtle	1		
calendar	19	dis	3	itertools	1	pipes	7	ssl	32	types	6		
cgi	2	doctest	12	json	5	poplib	18	statistics	8	unittest	93		
chunk	8	exceptions	7	logging	98	pprint	5	stdtypes	2175	urllib	122		
cmd	9	filecmp	3	lzma	4	profile	17	string	10	venv	8		
code	9	fractions	7	mailbox	83	pyexpat	29	struct	5	wave	24		
codecs	17	ftplib	30	mimetypes	6	queue	15	subprocess	7	weakref	5		
collections	27	gettext	19	mmap	15	re	15	sunau	24	webbrowser	3		
concurrent	13	graphlib	6	modulefinder	2	reprlib	3	symtable	31	winreg	3		
configparser	24	gzip	1	msilib	38	rlcompleter	1	tarfile	25	wsgiref	18		

[파이썬 3.10.7 버전 기준 파이썬 메서드 요약표]

우리는 코딩 언어의 모든 문법을 알 필요가 없습니다. 필요할 때마다 검색하고 그때그때 필요한 부분만 해결하면 됩니다. 모든 것을 알아야 할 필요는 없다는 것이죠.

코딩의 시대는 가고, 코드 리딩의 시대가 왔다

결론적으로 생성형 AI가 만들어준 코드를 해석하고 커스터마이징할 수 있으면 됩니다. 저는 이러한 흐름을 '코딩의 시대는 가고, 코드 리딩의 시대가 왔다'고 정의합니다. 이제는 직접 코딩을 배우는 것보다 AI가 생성한 코드를 이해하고 원하는 대로 수정하는 능력이 더 중요해졌습니다.

앞으로 우리는 현업에서 사용하는 다양한 프로그래밍 언어를 다루게 될 것입니다. 때로는 익숙한 언어를, 때로는 새로운 언어를 만나게 될 것입니다. 그러나 걱정하지 마십시오. 과거보다 훨씬 더 적은 시간으로도 업무에 활용할 수 있는 환경이 조성되어 있습니다.

다음 장부터는 우리에게 가장 익숙한 언어인 엑셀 함수부터 시작해보겠습니다. 엑셀은 모든 직장인에게 익숙한 도구이자 간단한 데이터 분석과 자동화 업무에 강력한 기능을 제공합니다. 엑셀에서 사용하는 함수들은 프로그래밍 언어의 사용법과 유사한 점이 많습니다. 그래서 엑셀 함수에 익숙해지다 보면 자연스럽게 코딩과 프로그래밍의 기본 개념을 이해할 수 있을 것입니다.

CHAPTER 05 챗GPT X 엑셀

생성 코딩의 첫걸음, 우리가 제일 먼저 배우게 될 것은 바로 엑셀 함수입니다.

'엑셀이 코딩인가요?'라고 의아해하실 분도 있을 것 같습니다. 코딩을 경험해본 적 없는 비개발자 입장에서는 엑셀을 업무에서 많이 사용하지만 엑셀 함수도 코딩이라는 발상이 낯설게 느껴질 수 있습니다.

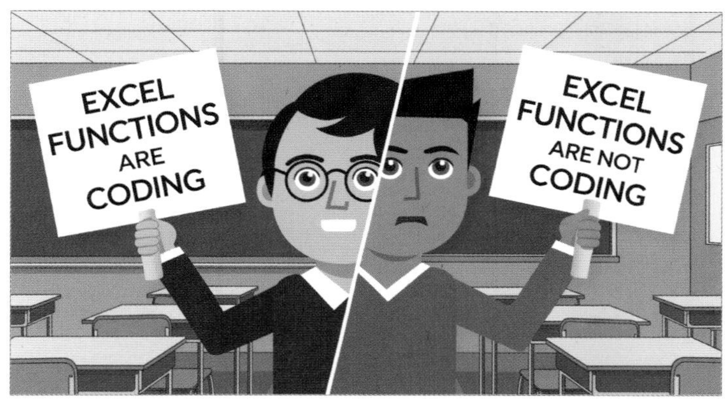

[엑셀 함수도 코딩이다? 아니다?] (Ideogram으로 생성함)

한편 개발자들은 엑셀 함수도 분명한 코딩의 한 형태라고 이야기합니다. 왜 그렇게 이야기하는지 아직은 잘 모를 수 있습니다. 하지만 코딩을 배우고 함수라는 개념에 익숙해지면 비개발자들도 어느 순간 '아, 엑셀 함수도 코딩이었구나!' 하고 깨닫게 됩니다.

엑셀은 단순한 숫자와 데이터를 다루는 도구가 아닙니다. 엑셀 함수는 데이터를 다루고 처리하는 논리적 알고리즘을 수행합니다. 즉, 우리가 엑셀 함수를 사용할 때 사실상 코드를 작성하고 있는 셈이죠. 함수란 결국 입력값을 받아 특정 작업을 수행한 후 결과를 반환하는 일련의 과정이고, 이는 전형적인 프로그래밍의 기초적 형태입니다.

여기서부터 이야기가 더욱 재미있어집니다. 비개발자 직장인들이 배우는 첫 번째 '코딩 언어'가 엑셀 함수라는 점입니다. 그럼 이제 본격적으로 엑셀 함수를 통해 코딩의 문을 열어보겠습니다. 코딩이라고 하면 어렵게 느껴질 수 있지만, 사실 우리가 이미 익숙하게 사용하고 있는 도구들이 코딩의 일부일 수 있다는 새로운 관점에서 시작해볼까요?

다음 절(5.1)에서 우리는 엑셀 함수의 기본을 넘어서, 그 가능성을 확장하는 여정을 떠나볼 것입니다. 단순한 계산에서부터 복잡한 데이터 분석, 자동화 작업까지 엑셀 함수로 해낼 수 있는 것들이 무궁무진하죠. 직관적이고 쉬워 보이지만, 그 안에는 코딩의 핵심 개념이 숨어 있습니다. 당신도 모르게 엑셀을 통해 이미 코딩을 하고 있었을지도 모릅니다. 이제 이를 더 확장하여 진정한 생성 코딩의 세계로 한 걸음 더 나아가 보도록 하겠습니다.

5.1 515개의 엑셀 문법을 모두 사용할 수 있다면?

엑셀을 사용하다 보면 자주 쓰는 함수 중 하나가 바로 VLOOKUP입니다. VLOOKUP은 단순히 하나의 셀에서 다른 셀을 참조하는 것처럼 보이지만, 그 뒤에는 훨씬 복잡한 로직이 숨어 있습니다. 이러한 로직을 직접 구현하기는 어려운 사람들에게 VLOOKUP 같은 함수는 효율적이고 강력한 도구입니다.

우리가 흔히 사용하는 엑셀 함수는 그 자체로 효과적인 결과물을 제공할 수 있습니다. 예를 들어 단순한 IF 함수는 조건에 따라 'YES' 또는 'NO'라는 결과만 도출할 수 있습니다. 그런데 최근에는 IFS라는 확장된 함수가 등장하면서 여러 조건을 동시에 처리할 수 있게 되었습니다.

	A	B
75	33	35
76	IF문(단일 조건문)	IFS문(다중 조건문)
77	작다	작다
78	=IF(A75>B75,"크다","작다")	=IFS(A75>B75,"크다",A75<B75,"작다",A75=B75,"같다")

이처럼 엑셀은 사용자의 수요에 따라 서로 다른 용도와 상황에 맞춘 함수들이 계속해서 생겨나고 있습니다. 하지만 그렇다고 우리가 500개가 넘는 엑셀 함수의 문법을 모두 배우고 활용하는 것은 어려운 일입니다. 이런 복잡한 문제 앞에서 우리는 종종 답답함을 느낄 수 있습니다. 바로 이때 챗GPT가 진정한 변화를 만들어낼 수 있습니다.

챗GPT와 엑셀의 만남: 복잡한 문제를 더 간단하게

프롬프트 엔지니어링을 통해 챗GPT는 엑셀 작업을 훨씬 더 쉽게 만들어줍니다. 복잡한 수식을 외우지 않아도 챗GPT에 간단한 질문만으로도 해결책을 얻을 수 있습니다. 예를 들어 INDEX와 MATCH 함수를 결합한 복잡한 수식을 활용해 본 적이 있나요?

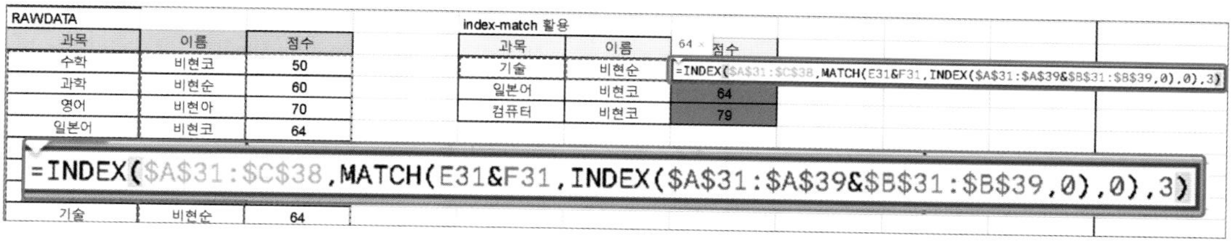

RAWDATA

과목	이름	점수
수학	비현코	50
과학	비현순	60
영어	비현아	70
일본어	비현코	64
기술	비현순	64

index-match 활용

과목	이름	점수
기술	비현순	=INDEX($A$31:$C$38,MATCH(E31&F31,INDEX($A$31:$A$39&$B$31:$B$39,0),0),3)
일본어	비현코	64
컴퓨터	비현코	79

```
=INDEX($A$31:$C$38,MATCH(E31&F31,INDEX($A$31:$A$39&$B$31:$B$39,0),0),3)
```

엑셀에서 단일 조건일 때는 VLOOKUP으로 쉽게 데이터를 참조할 수 있지만, 조건이 두 개 이상으로 복잡해지면 이 함수만으로는 한계가 있습니다. 이때 문제를 해결하는 방법이 INDEX와 MATCH를 결합한 함수입니다. 하지만 이 두 함수를 완벽하게 활용하려면 INDEX는 무엇이고 MATCH는 어떻게 동작하는지 알아야 하며 배열의 개념을 이해해야 합니다. 이는 말처럼 쉬운 일은 아닙니다.

NOTE 참고로 5.3.3에서 INDEX와 MATCH 함수를 활용하여 현업 문제를 해결하는 실습을 해볼 것입니다.

그렇다면 어떻게 복잡한 엑셀 문제를 더 쉽게 해결할 수 있을까요? 이럴 때 챗GPT를 활용하면 됩니다.

질문을 통한 다중조건 검색문(index–match) 만들기

PROMPT

INDEX와 MATCH를 활용해서 해당 값을 찾는 함수를 만들어줘. 참조할 영역은 고정 참조로 A31부터 C38이고, 비교할 두 값은 E31 와 F31이며, 비교할 대상 영역은 A31:A38과 B31:B38의 조합이야

ANSWER

아래와 같이 INDEX 와 MATCH 를 활용한 함수를 만들 수 있습니다. 이 함수는 E31과 F31의 값을 A31과 B31의 조합에서 비교하고, 이에 해당하는 값을 C31에서 찾는 방식입니다.

excel

```
=INDEX($C$31:$C$38, MATCH(1, (E31=$A$31:$A$38) (F31=$B$31:$B$38), 0))
```

(…생략…)

질문으로 문제를 해결하는 방법을 배웠으니 실습을 통해 직접 경험해보시길 바랍니다. 챗GPT와 함께 엑셀 문제를 해결하면서 여러분은 단순히 결과를 얻는 것뿐만 아니라, 그 과정을 통해 엑셀 문법에 대한 이해도도 높일 수 있습니다. 챗GPT가 제시한 코드를 따라가면서 각 함수가 어떻게 동작하는지 직접 확인해보세요.

결국, 챗GPT는 우리가 엑셀에서 겪는 복잡한 문제들을 단순화하며, 빠르고 효율적으로 해결해 주는 강력한 도구입니다. 이를 통해 사용자는 반복적인 문제 해결에서 벗어나, 더 창의적이고 전략적인 업무에 집중할 수 있게 됩니다.

이제 챗GPT와 함께하는 엑셀 실습을 시작해봅시다!

5.2 사용자 서식, 검색의 시대는 끝났다

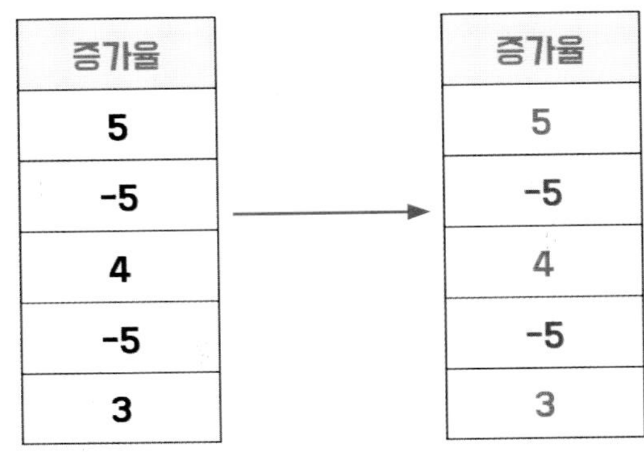

엑셀을 사용하다 보면 데이터의 시각적 표현이 필요할 때가 많습니다. 양수는 빨간색, 음수는 파란색으로 구분하는 등의 방법으로 특정 값들의 패턴을 한눈에 파악할 수 있게 합니다. 이러한 방법은 숫자 데이터가 많을 때 유용하며, 이를 통해 데이터를 빠르고 효율적으로 분석할 수 있습니다. 과거에는 이 작업을 수작업으로 일일이 설정했을지도 모르나 지금은 엑셀의 '조건부 서식'을 이용해 손쉽게 해결할 수 있습니다.

하지만 문제는 검색입니다. 기능을 알면 쉽지만 모르는 사람 입장에서는 검색하느라 많은 시간을 보내게 됩니다. 이 방식으로는 내가 원하는 명확한 포스팅이나 해답을 찾을 때까지 무한정으로 시간을 들여서 찾을 수밖에 없습니다.

이럴 때는 챗GPT와 같은 생성형 AI를 활용하면 문제를 금방 해결할 수 있습니다. 엑셀 사용법에 관한 질문을 할 때도 마찬가지입니다. 가령 다음과 같이 질문하면 더욱 효과적인 답변을 얻을 수 있습니다. 필요한 정보를 직접 검색해서 얻는 경우와 비교하면, 챗GPT에 한 번 질문하는 것만으로도 원하는 정보가 정리되어 나타나며 짧은 시간에 똑같은 결과를 냅니다.

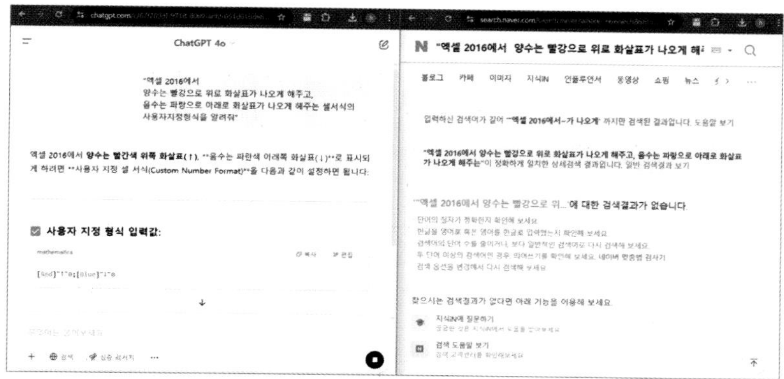

[네이버와 챗GPT에 "엑셀에서 양수는 빨간색, 음수는 파란색으로 조건부 서식을 설정하는 방법을 알려줘"라고 검색한 결과]

위와 같은 질문은 단순하지만 매우 구체적입니다. 무엇을 하고 싶은지, 어떤 기능을 사용하고 싶은지 명확하게 나타나기 때문입니다. 챗GPT는 이러한 질문에 대해 상세하고 정확한 단계를 제공해줍니다. 예를 들어 엑셀의 조건부 서식을 설정하는 과정을 설명하면서, 각 단계를 어떻게 수행해야 하는지 안내합니다. 여러분이 사용하는 엑셀 버전이 무엇이든 그에 맞는 방법을 구체적으로 알려주죠.

이처럼 소프트웨어를 활용하는 방식은 이제 단순히 검색을 통해 정보를 얻는 것을 넘어, AI와 같은 새로운 도구를 활용해 더욱 효율적이고 정확한 방법을 찾아가는 시대로 변하고 있습니다. 과거에는 엑셀의 복잡한 기능을 배우기 위해서 많은 시간을 할애해야 했습니다. 그러나 이제는 필요한 기능을 바로 물어보고, 명확한 지시를 따라 즉각적으로 해결할 수 있게 되었습니다.

또한 여기서 중요한 것은 '질문하는 방법'입니다. 소프트웨어의 기본 사용법부터 고급 기능까지 다양한 문제를 해결하는 데 있어서 질문이 얼마나 구체적이고 명확한지에 따라 해결의 속도와 정확성이 결정됩니다. 예를 들어 '엑셀에서 어떻게 서식을 설정하나요?'라는 질문보다는 '엑셀에서 특정 값에 따라 셀 색상을 자동으로 변경하는 방법을 알려주세요'와 같이 구체적인 기능과 상황을 설명하는 질문이 훨씬 빠르고 효과적인 답을 이끌어냅니다.

결국, 소프트웨어 활용의 핵심은 정확하고 명확한 질문입니다. 우리는 더 이상 무작정 웹을 뒤지는 대신, 인공지능에게 바로 물어보고 빠르게 해결할 수 있는 시대에 살고 있습니다. 중요한 것은 우리가 무엇을 원하는지 정확히 표현하는 것입니다.

저자의 한마디

질문과 꾸준한 학습으로 여러분의 오늘과 내일을 조금씩 바꿔보세요

종종 수업을 진행하다 보면 컴퓨터를 다루는 데 익숙하지 않은 사람들을 만나게 됩니다. 그들은 기본적인 단축키, 예를 들어 'Ctrl+C'나 'Ctrl+V' 같은 기능조차도 잘 알지 못합니다.

과거에는 기술적인 장벽이 높아서 이런 작은 지식의 차이가 작업의 효율성을 크게 좌우하곤 했습니다. 컴퓨터 사용이 낯설거나 익숙하지 않으면, 그만큼 결과를 내는 데 더 많은 시간이 걸렸고, 그것이 자연스러운 흐름이었습니다.

하지만 지금은 그 시대가 아닙니다. 기술은 놀라울 정도로 발전했으며, 이를 활용하는 방법 역시 변화했습니다. 이제는 모르는 것을 부끄러워할 이유가 없습니다. 우리가 진정으로 익혀야 할 것은 완벽한 사용법이 아니라 올바른 질문법입니다. 중요한 것은 내가 무엇을 모르는지 인식하고, 그 문제를 해결하기 위한 질문을 던지는 능력입니다. 이 질문을 통해 우리는 필요한 답을 얻고, 그 답을 반복적으로 적용하다 보면 자연스럽게 기술적 한계를 넘어설 수 있습니다.

저 또한 윈도우 환경에서만 일하다 맥OS를 처음 접했을 때는 작은 작업 하나도 버벅이며 헤맸습니다. 파일 관리부터 시스템 설정, 새로운 단축키까지 모든 것이 달라 보여서 당황스러웠습니다. 그렇다고 매번 누군가에게 도움을 요청할 수도 없는 상황이라 스스로 빠르게 해결해야만 했죠.

이럴 때 필요한 것이 내가 모르는 것을 정확하게 질문하는 방법입니다. 이것을 알면 우리는 생성형 AI에게 질문을 통해 해결책을 빠르게 찾을 수 있고, 이 경험이 쌓이면 문제 해결에 자신감이 생기고 익숙해집니다. 그러다 보면 이전처럼 사소한 문제의 해결에 오랜 시간을 들이지 않게 됩니다.

이러한 문제를 해결하는 과정에서 가장 중요한 것은 지속적인 학습 태도입니다. 기술은 계속해서 변하고 발전합니다. 오늘 해결한 문제가 내일 또다시 마주칠 수 있으며, 그때마다 새로운 방법을 찾아가야 합니다. 그리고 그 과정은 우리가 생각하는 것만큼 두렵거나 힘들지 않습니다. 오히려 우리는 이런 반복적인 문제 해결을 통해서 새로운 기술을 더 자연스럽게 받아들이게 됩니다. 그러니 모른다고 해서 포기하거나 주저할 필요는 없습니다.

5.3 챗GPT로 엑셀 함수 만들기

이번 절에서는 챗GPT 엑셀 함수를 생성하여 어떻게 실무 문제를 해결하는지 함께 배워보겠습니다. 이 과정에서 여러분은 엑셀을 효율적으로 활용하는 방법을 체험하며, 생성형 AI와의 협업으로 어떻게 문제가 되는지 알게 될 것입니다. 실무에서 자주 접하는 세 가지 상황을 예로 들어 실습을 통해 문제 해결 능력을 키워보겠습니다.

5.3.1 [실습 1] 날짜 데이터의 형식을 동일하게 변경하기

실습 파일 2.LOWCODE 〉 2-1.엑셀 〉 엑셀실습.xlsx 〉 '4. 날짜변환 함수만들기'

엑셀에서 종종 다양한 형식으로 입력된 날짜 데이터를 표준화해야 하는 경우가 발생합니다. 예를 들어 다음의 데이터를 한 가지 방식으로 통일해야 한다면 어떻게 해야 할까요?

날짜 데이터
2020.01.01
2020/01/02
2020/01.03
2020.01/04

➜ **2020.1.1과 같은 형식으로 변환**

엑셀을 잘 다루는 사람이라면 쉽게 해결할 수 있지만, 그렇지 않은 사람이라면 이 문제가 상당히 난해하다고 느낄 수 있습니다. 이럴 때는 생성형 AI의 도움을 얻어 해결 방법을 생각해볼 수 있겠죠. AI에게 질문할 때는 구체적으로 입력하는 것이 중요하며, 정확한 입력값과 원하는 결과를 명확하게 설명해야 합니다. 다음의 질문 예를 보겠습니다.

PROMPT

아래처럼 엑셀에서 중구난방하게 날짜 데이터가 있어. 이 데이터를 날짜형식의 데이터로 바꿔주는 엑셀함수를 만들어줘
대상 데이터는 A67이야

(데이터 예시)
2020.1.1 —〉 2020. 1. 1
2020-01-01 —〉 2020. 1. 1
2020/01/01 —〉 2020. 1. 1
2020/1/1 —〉 2020. 1. 1

위 질문은 내가 원하는 데이터가 있는 위치를 정확히 설정했습니다(명확하게 질문하기). 그리고 데이터 예시를 더해 어떤 데이터를 어떻게 바꿔야 하는지를 알 수 있습니다(Few-shot).

위 질문에 대한 챗GPT의 답변은 다음과 같습니다.

ANSWER

엑셀에서 중구난방하게 입력된 날짜 데이터를 통일된 형식(예: 2020. 1. 1)으로 반환하기 위해서는 TEXT 함수와 DATE 함수를 조합하여 사용할 수 있습니다. 다음은 날짜 형식을 반환하는 엑셀 함수를 만드는 방법입니다.

1. 먼저, 다양한 구분자를 표준 구분자인 마침표(".")로 변경해야 합니다.
2. 그런 다음 날짜의 형식을 원하는 형태로 조정합니다.

아래는 셀 A67에 있는 날짜를 2020. 1. 1과 같은 형식으로 변환하기 위한 함수를 보여줍니다.

excel

```
=TEXT(DATEVALUE(SUBSTITUTE(SUBSTITUTE(SUBSTITUTE(SUBSTITUTE(A67,".","/"),"-","/"),"/","/")," ","/")),"yyyy. m. d")
```

챗GPT가 만든 엑셀 함수를 복사해서 엑셀에 넣어보겠습니다.

날짜 데이터	변경 데이터
2020.01.01	2020. 1. 1
2020/01/02	2020. 1. 2
2020/01.03	2020. 1. 3
2020.01/04	2020. 1. 4

이토록 쉬운 방법으로 결과가 나왔습니다.

그런데 만약 위와 같은 결과가 나오지 않는다면 어떻게 해야 할까요? 이러한 경우에 우리가 시도할 수 있는 방법은 2가지입니다.

① 엑셀의 기본 지식에 대한 이해를 깊이 높이기

생성형 AI는 '0에서 1'을 만들어내는 데는 한계가 있지만, '1에서 10'까지 확장하는 데 강점이 있습니다. 이를 염두에 두고 사용자는 기존에 쌓아온 지식에 AI가 제공하는 정보를 더해 더 나은 결과를 도출할 수 있습니다. 즉, 엑셀에 대한 기초 지식을 잘 이해하고 있다면 AI의 도움을 받아 복잡한 문제도 쉽게 풀어나갈 수 있습니다.

② 무한 반복으로 결과를 얻기

프롬프트 엔지니어링의 중요한 요소 중 하나는 실험과 반복(Experiment & Iteration)입니다. 원하는 결과가 나오지 않을 때도, AI에게 지속적으로 질문을 던지고 문제를 여러 각도에서 시도해볼 수 있습니다. 이를 통해 빠르게 원하는 답에 도달할 수 있으며, 과거보다 훨씬 적은 노력으로 높은 효율을 달성할 수 있는 환경이 조성되었습니다.

5.3.2 [실습 2] 다중 조건문 만들기

실습 파일 2.LOWCODE 〉 2-1.엑셀 〉 엑셀실습.xlsx 〉 '1. 중복 조건문'

점수	등급
95	
80	
40	
70	
65	

→

점수	등급
95	수
80	우
40	미
70	양
65	가

엑셀에서 자주 사용되는 대표적인 함수 중 하나가 IF입니다. IF 함수는 조건에 따라 특정 값을 반환하는 기본 함수로, 다양한 상황에서 유용하게 사용할 수 있습니다. 특히 커스터마이징이 용이해 실무에서 매우 빈번하게 활용되죠. 그러나 기본 IF 함수는 단일 조건에서 Yes 또는 No에 해당하는 값을 출력하는 데 그칩니다. 그래서 복잡한 다중 조건을 처리할 때는 불편한 점이 이만저만이 아닙니다. 괄호가 많아질수록 작은 실수 하나만으로도 전체 수식이 정상적으로 동작하지 않는 문제도 생깁니다.

이처럼 조건이 복잡하고 실수를 하기 쉬운 상황이야말로 생성형 AI의 도움을 받기 좋은 타이밍입니다. 다음의 예를 보겠습니다.

PROMPT

A5의 값이 5가지 조건에 따라 결과값을 달리하는 엑셀 함수를 만들어줘
첫 번째 조건: 90점 이상일때 수
두 번째 조건: 80점 이상일때 우
세 번째 조건: 70점 이상일때 미
네 번째 조건: 60점 이상일때 양
다섯 번째 조건: 50점 이상일때 가

ANSWER

A5 셀의 값이 특정 점수 구간에 따라 결과를 출력하는 엑셀 함수를 만들기 위해 IF 함수와 AND 조건을 사용할 수 있습니다. 아래는 주어진 조건에 따라 결과를 출력하는 엑셀 함수입니다.

excel

```
=IF(A5>=90, "수", IF(A5>=80, "우", IF(A5>=70, "미", IF(A5>=60, "양", IF(A5>=50, "가", "가 이하")))))
```

설명 :

- A5의 값이 90점 이상이면 "수"를 반환,
- 80점 이상이면 "우"를 반환,
- 70점 이상이면 "미"를 반환,
- 60점 이상이면 "양"을 반환,
- 50점 이상이면 "가"를 반환,
- 50점 미만일 경우 "가 이하"를 반환하도록 설정했습니다.

이 수식은 A5 셀의 값을 기준으로 90점 이상일 경우 '수', 80점 이상이면 '우', 그 이하로는 '미', '양', '가'를 반환하는 다중 조건 수식입니다. 사람의 손으로 수식을 일일이 작성하는 경우 괄호나 숫자 입력 실수로 인해 오류가 발생할 수 있지만, AI는 이러한 복잡한 다중 조건문도 신속하고 정확하게 생성해냅니다.

[실습 2]는 엑셀 초보자나 반복적인 업무에서 실수를 줄이고 효율을 극대화하고자 하는 이들에게 특히 도움이 될 것입니다. 현업에서 복잡한 데이터 처리나 다중 조건에 대한 수식을 작성해야 하는 상황은 빈번하게 발생합니다. 그렇기 때문에 AI를 도구로 활용해 정확한 수식을 신속하게 도출하는 것은 업무 효율을 획기적으로 높이는 방법이 될 수 있습니다.

5.3.3 [실습 3] 이중 데이터 매칭하기 - INDEX & MATCH 함수를 활용한 다중 조건 검색 구현

실습 파일 2.LOWCODE 〉 2-1.엑셀 〉 엑셀실습.xlsx 〉 '2-2. INDEX MATCH'

과목	이름	점수
수학	비현코	50
과학	비현순	60
영어	비현아	70
일본어	비현코	64
체육	비현순	56
미술	비현아	55
컴퓨터	비현코	79
기술	비현순	64

→

과목	이름	점수
과학	비현순	60
수학	비현코	50
일본어	비현코	64

우리가 데이터 작업을 할 때 자주 사용하는 엑셀 함수 중 하나가 VLOOKUP입니다. 이는 단일 조건으로 데이터를 참조하는 데에는 유용하지만, 현실의 데이터는 항상 단순하진 않습니다. 복잡한 조건이나 동적으로 변화하는 조건에 대응해야 하는 상황에서는 VLOOKUP만으로는 한계가 있습니다. 이러한 경우에는 보다 유연한 도구가 필요한데, 그 역할을 훌륭히 해내는 것이 바로 INDEX와 MATCH 함수의 조합입니다.

두 함수의 역할을 간단히 정리한 후 질문 예를 보겠습니다. INDEX 함수는 지정된 범위에서 행과 열의 오프셋을 기준으로 특정 셀의 값을 반환합니다. 이를 통해 원하는 데이터 범위에서 특정 위치의 값을 쉽게 찾을 수 있습니다. 반면에 MATCH 함수는 우리가 찾고자 하는 값이 특정 범위에서 몇 번째에 위치하는지를 알려줍니다.

두 함수를 결합하면 MATCH로 원하는 데이터의 위치를 찾고, 그 위치를 기반으로 INDEX가 해당 값을 반환하는 효율적인 데이터 검색을 할 수 있게 됩니다. 특히 다중 조건이나 동적 조건을 처리하는 데 탁월한 성능을 발휘하죠.

INDEX와 MATCH 함수를 잘 이해하고 사용할 줄 안다면 가장 좋겠지만 마냥 쉬운 일은 아닙니다. 코딩적인 사고와 수리적 직관이 어느 정도 요구되기 때문입니다. 또 다시 생성형 AI가 유용한 도구로 나설 상황이 되었군요. 다음의 질문 예를 보겠습니다.

PROMPT

INDEX와 MATCH를 활용해서 해당 값을 찾는 함수를 만들어줘.
참조할 영역은 고정 참조로 A31부터 C38이고,
비교할 두 값은 E31와 F31이며, 비교할 대상 영역은 A31:A38과 B31:B38의 조합이야

ANSWER

INDEX와 MATCH 함수를 활용하여 두 개의 비교 값을 기반으로 값을 찾는 함수를 아래와 같이 작성할 수 있습니다. 이 함수는 고정 참조로 A31부터 C38까지의 범위를 참조하며, 비교할 값은 E31 과 F31에 위치해 있고 비교 대상은 A31과 B31 범위입니다.

excel

```
=INDEX($C$31:$C$38, MATCH(1, (E31=$A$31:$A$38) (F31=$B$31:$B$38), 0))
```

설명 :

1. **$C$31:$C$38** : 이 범위에서 찾고자 하는 값을 반환합니다.
2. **MATCH(1, ...)** : 조건에 일치하는 첫 번째 값을 찾습니다.
3. **(E31=$A$31:$A$38) * (F31=$B$31:$B$38)** : 두 조건을 모두 충족하는지를 확인하는 배열을 만듭니다. E31의 값과 A31 범위 내의 값이 일치하고, F31의 값과 B31 범위 내의 값이 일치하는 경우에만 1을 반환합니다.
4. **0** : 일치하는 값이 없을 때 오류를 반환합니다.

실제로는 위와 같은 답변을 얻기까지 여러 번 시도했습니다.

아래는 챗GPT가 만든 수식을 엑셀에 넣어 다중 조건 검색을 구현한 결과입니다.

RAWDATA

과목	이름	점수
수학	비현코	50
과학	비현순	60
영어	비현아	70
일본어	비현코	64
체육	비현순	56
미술	비현아	55
컴퓨터	비현코	79
기술	비현순	64

index-match 활용

과목	이름	점수
기술	비현순	=INDEX($A$31:$C$38, MATCH(E31&F31,INDEX($A$31:$A$39&$B$31:$B$39,0),0),3)
일본어	비현코	64
컴퓨터	비현코	79

이러한 명확한 질문을 통해, 우리는 AI로부터 즉각적으로 원하는 답변을 받을 수 있습니다. 물론 이러한 질문을 할 때도 기본적인 함수의 개념을 알고 있어야 더 적절한 질문을 할 수 있습니다. 하지만 이처럼 기초지식과 질문법을 잘 결합한다면, AI가 제공하는 답변의 질이 훨씬 높아지게 됩니다.

저자의 한마디

질문의 중요성: 지식의 폭이 결과를 좌우한다

복잡한 문제를 해결하기 위해, 적절한 질문을 하려면 넓은 시야가 필요합니다. 즉, 우리가 다양한 함수와 도구의 존재를 알고 있을 때, 이를 적절히 활용하여 문제를 해결할 수 있는 질문을 던질 수 있습니다. 예를 들어 INDEX와 MATCH 같은 고급 문법의 존재를 모른다면, 이러한 다중 조건 검색 문제를 AI에게 해결해 달라고 요청하는 것 자체가 어려울 수 있겠죠.
결론적으로 생성형 AI는 우리가 얼마나 폭넓은 기초 지식을 가지고 있느냐에 따라 그 효용이 극대화됩니다. AI를 잘 활용하기 위해서는 단순히 AI에게 문제를 던지는 것만이 아니라, 스스로도 적절한 도구와 문법을 알고 있어야 합니다.

이번 장에서는 엑셀 함수가 코딩의 첫걸음이라는 새로운 관점에서 엑셀을 다뤄보았습니다. 어떠셨나요? 엑셀이 단순히 데이터 입력 도구가 아니라, 함수와 로직을 통해 실제로 코딩과 유사한 작업을 수행한다는 점을 강조했습니다. 엑셀의 다양한 문법과 함수 중 VLOOKUP, IF문, INDEX와 MATCH 등 실무에서 자주 사용하는 함수들을 소개하고, 복잡한 문제 해결에 AI와 챗GPT가 큰 도움을 줄 수 있다는 점도 확인했습니다.

생성형 AI는 함수 활용의 복잡성을 줄이고, 더 효율적인 방법으로 문제를 해결할 수 있도록 도와줍니다. 결국 중요한 것은 '질문하는 방법'과 '기초 지식의 결합'이며, 이를 통해 엑셀과 AI의 협업을 극대화할 수 있습니다.

이 방법만 알아도 엑셀을 할 때 많은 시간을 효율적으로 사용할 수 있을 것입니다.

다음 장에서는 좀 더 본격적인 코딩 학습을 하러 가보겠습니다.

CHAPTER 06 챗GPT X VBA

이번 장에서는 MS 오피스 환경에서 유용하게 사용할 수 있는 언어인 VBA(Visual Basic for Applications)를 활용합니다. 챗GPT로 VBA 코드를 만들어 자동화 작업을 하는 방법을 소개할 것입니다.

6.1 챗GPT가 VBA와 만나면?

VBA는 마이크로소프트에서 제공하는 비주얼 베이직(Visual Basic)이라는 코딩 언어를 기반으로 만들어졌으며, 주로 오피스 애플리케이션(엑셀, 워드, 파워포인트 등)에서 자동화 작업을 수행하는 데 사용됩니다. 이 언어는 주로 금융 기업, 공기업, 방산업체, 관공서 등 보안이 중요한 기관에서 강력하게 활용될 수 있습니다. 그 이유는 별도의 개발 환경을 설치하지 않고도 오피스 내에서 모든 업무 자동화를 가능하게 하는 강력함 때문이죠. 하지만 동시에 VBA는 기술 진입장벽이 높고, 최신 언어에 비해 업데이트 속도가 느리다는 단점도 있었습니다.

이러한 한계로 인해 VBA의 사용은 조금씩 감소하는 추세였습니다. 새로운 프로그래밍 언어와 자동화 도구들이 등장하면서 VBA는 구식이라는 인식이 퍼졌고, 이에 따라 이를 배우려는 사람들도 줄어들었습니다. 그럼에도 불구하고 VBA는 오피스 애플리케이션에서 강력한 도구로 여전히 기능하고 있었습니다. 그러다 챗GPT의 등장으로 변화가 찾아왔습니다.

챗GPT가 등장하면서, 프로그래밍에 대한 접근성은 혁신적으로 변화했습니다. 과거에는 VBA와 같은 언어를 배우고 활용하는 데 시간이 많이 들었지만, 이제는 누구나 챗GPT를 통해 자연어로 프로그래밍 코드를 생성하고, 그 코드를 수정하거나 개선할 수 있습니다. 복잡한 코드를 이해할 필요 없이, 단순한 질문이나 명령만으로도 자동화 코드를 생성할 수 있게 된 것이죠. 그 결과, VBA 같은 기술도 다시 주목 받기 시작했습니다. 생성형 AI는 복잡한 프로그래밍 언어를 모르는 사람도 코드를 활용할 수 있는 길을 열어준 셈입니다.

예를 들어 지금까지는 몇 주를 공부해야 겨우 짤 수 있었던 VBA 코드를 챗GPT에 명령 한 줄만으로 생성할 수 있습니다. 단순한 엑셀 작업의 자동화뿐만 아니라, 복잡한 데이터 분석과 리포트 작성도 가능해진 것입니다.

글로만 보아서는 VBA로 어떤 무엇을 할 수 있는지 알기 어려울 것입니다. 그래서 이 절에서는 맛보기용 실습을 준비해봤습니다. 다음 내용을 보겠습니다.

6.1.1 [실습 맛보기] 기업별 보고서 100개 만들기

실습 파일 2.LOWCODE 〉 2-2.VBA 〉 chatgptXVBA응용 〉 vba_excel 〉 보고서제작샘플파일_VBA포함.xlsm

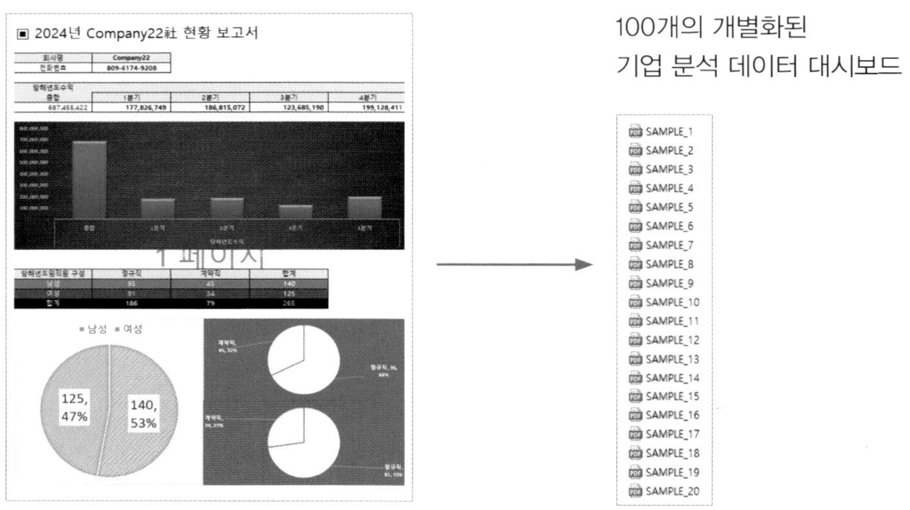

현업에서 우리는 종종 대량의 개인별 또는 고객별 자료를 제작해야 하는 상황에 직면하곤 합니다. 물론 고객 수가 많지 않거나 담당자가 있을 때는 큰 문제가 되지 않지만, 인원이 많아지거나 고객사가 증가하면 상황이 달라집니다. 반복적이고 루틴한 업무에 소요되는 시간이 점점 더 길어지고, 이는 결국 생산성에 직접적인 영향을 미치게 됩니다.

대다수의 직장인은 반복적인 업무를 자동화하기 위해 IT 개발팀에 도움을 요청하고 싶어 합니다. 하지만 현실은 그렇지 않습니다. IT 개발팀이 회사 전체의 다양한 요구사항을 처리해야 하기 때문에, 개인이나 특정 부서의 세세한 요구사항을 빠르게 해결해주는 경우는 드뭅니다. 종종 개발 요청서가 개발팀에 전달되더라도, 일정이 밀리거나 요청 내용이 명확하지 않아서 개발이 늦어지기 마련입니다. 이런 과정에서 업무가 지연되면 우리는 답답함을 느끼고, 결국 다시 야근을 하게 되는 악순환이 반복됩니다.

그렇다면 어떻게 이 문제를 스스로 해결할 수 있을까요? 바로 '자동화'입니다. 우리는 반복적인 업무를 줄이기 위해 기술을 활용할 수 있으며, 그 첫걸음은 작은 실습에서 시작될 수 있습니다.

다음의 실습은 특별한 IT 지식이 없어도 따라 할 수 있도록 준비했습니다. VBA 코드를 어떻게 생성하며 VBA 코드를 이해하기 위해 알아둘 내용은 다음 절(6.2)부터 학습할 것입니다. 실습을 처음 진행할 때는 모든 것을 이해하겠다는 생각보다는 일단 실행해본다는 마음으로 차근차근 따라와주시면 됩니다. 실습을 진행하면서 평소 여러분이 처리하던 루틴한 업무들이 얼마나 간편해질 수 있는지 직접 느껴보시기 바랍니다.

01 실습 파일을 열기 전에, 엑셀에서 VBA 코드를 사용할 수 있도록 해당 설정을 확인합니다.

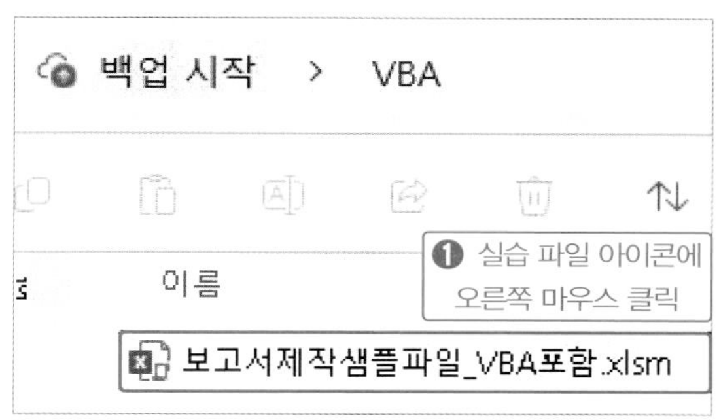

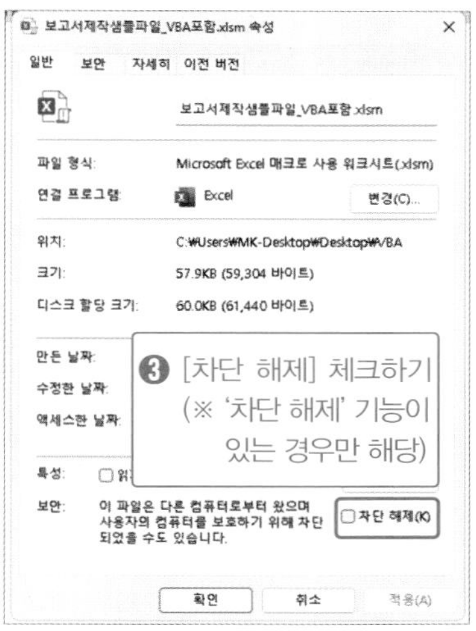

02 방금 한 설정으로 매크로를 사용할 준비를 마쳤습니다. 이제 파일을 열고 [콘텐츠 사용] 혹은 [매크로 포함]을 클릭합니다.

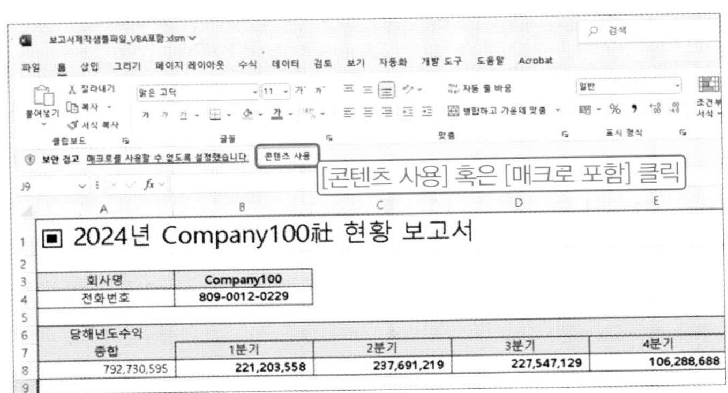

03 키보드로 Alt+F11을 누르면 VBA 창이 열립니다. 엑셀 창과 VBA 창을 나란히 맞춰놓고 다음으로 넘어갑니다.

NOTE 엑셀 혹은 VBA 창을 클릭한 후 ⊞+←/→를 누르면 지정한 방향키에 따라 창이 왼쪽 혹은 오른쪽으로 자동 정렬됩니다.

NOTE 엑셀 상단 메뉴바에 '개발 도구' 메뉴가 보이지 않는다면 아래 도움말을 참고해주세요.

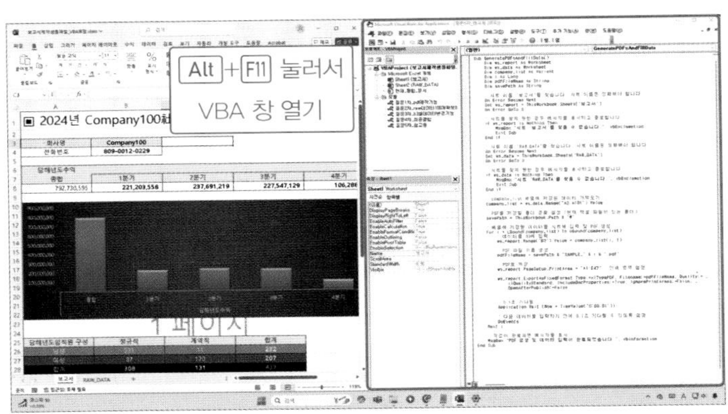

엑셀 상단에 '개발 도구' 메뉴가 보이지 않는다면?

VBA 창을 열려면 [개발 도구] 메뉴가 활성화되어야 합니다. 개발 도구 메뉴가 보이지 않는다면 다음을 따라해보세요.
엑셀 화면 상단에서 [파일 → 옵션]을 클릭합니다. 옵션 창이 열리면 '리본 사용자 지정' 메뉴에서 [개발 도구] 항목을 체크한 다음 [확인]을 클릭합니다.

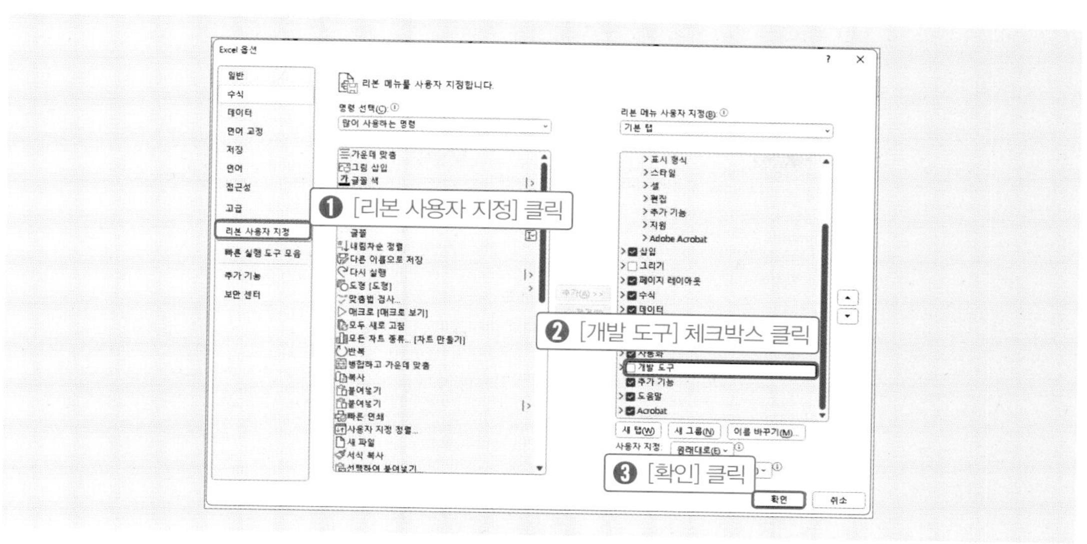

04 VBA 창이 열리면 '질문5차_참고용'을 더블 클릭한 후 [매크로 실행] (단축키: F5)을 클릭합니다. 그러면 매크로가 실행되어 PDF 100개가 자동으로 만들어집니다.

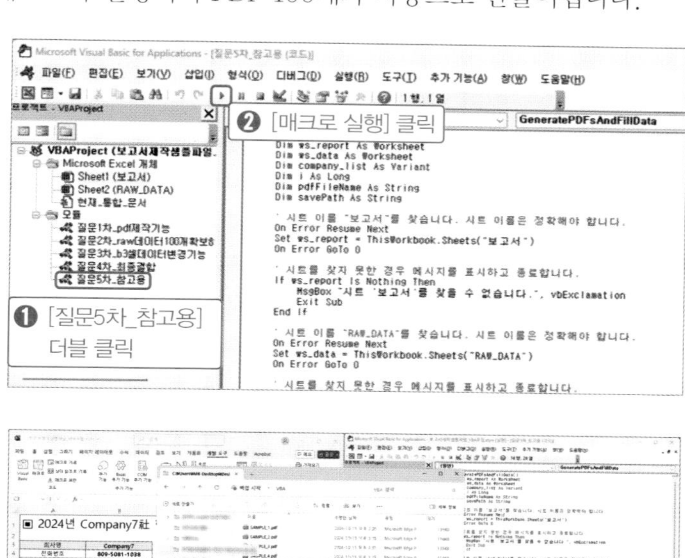

05 만들어진 PDF를 열어보면 각각 다른 기업별 현황 보고서를 확인할 수 있습니다.

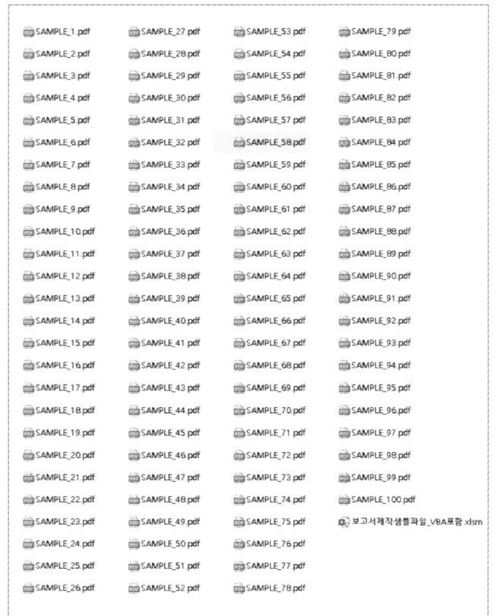

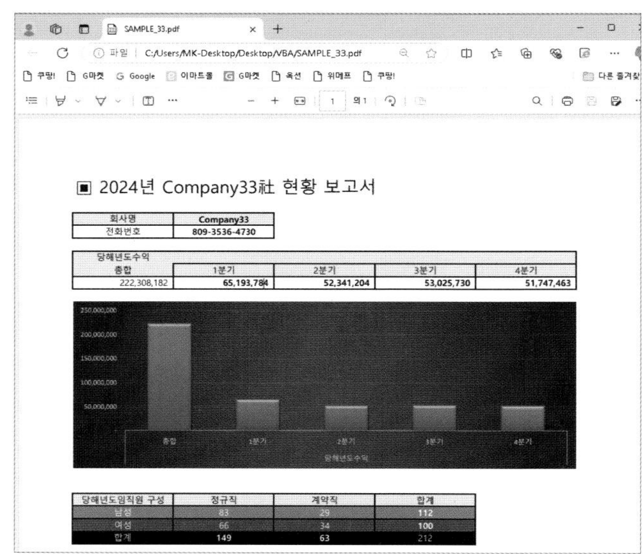

VBA를 활용한 업무 자동화를 체험해보니 어떠신가요? 방금 경험하신 놀라운 결과는 코드를 직접 작성한 것이 아니라 챗GPT에게 질문하여 나온 것입니다. 많은 학습시간을 투자해서 복잡한 코드를 짜는 대신, 자연스럽게 대화를 나누듯이 명령을 내렸을 뿐인데 이렇게도 강력한 결과를 얻어낼 수 있었습니다.

VBA는 오랫동안 오피스 업무 자동화의 강력한 도구로 자리 잡아왔습니다. 하지만 AI와 결합할 때 그 진가가 더욱 빛납니다. 단언컨대 오늘날 우리가 사용할 수 있는 기술 중에서 학습 효율성 측면에서 가장 효과적인 방법 중 하나입니다. 실제로 수많은 학습자들을 만나본 결과, 그들이 가장 쉽게 적응하고 잘 활용하는 도구가 바로 VBA입니다. 물론 다른 프로그래밍 언어들도 매우 유용하지만 깊이 있는 지식이나 복잡한 설정이 필요한 경우가 많습니다. 반면에 VBA와 생성형 AI의 결합은 보다 직관적이고 즉각적인 결과를 제공하며, 이를 통해 실무에서의 혁신적인 결과를 불러일으킵니다.

예를 들어보죠. 만약 엑셀에서 매월 반복되는 데이터를 처리하는 작업이 있다고 상상해봅시다. 기존의 방식이라면, 수동으로 데이터를 일일이 처리하거나, 이를 위한 복잡한 매크로 코드를 직접 작성해야 했을 것입니다. 하지만 이제는 간단히 챗GPT에 질문을 던짐으로써 그 과정을 자동화할 수 있습니다. '매달의 데이터를 요약해서 보고서를 작성해줘'라고 요청하는 것만으로도, 우리는 시간과 노력을 절감할 수 있습니다. 그리고 그 작업은 우리가 VBA의 기본적인 문법만 이해하고 있어도 훨씬 더 강력하게 수행할 수 있습니다.

이제 우리는 코딩을 직접 작성하는 대신, 코드를 '이해하고 관리'하는 시대에 접어들었습니다. 생성형 AI가 직접적으로 코드를 작성해주는 도우미 역할을 하면서, 우리는 기존의 VBA를 더 효율적으로 활용할 수 있습니다. 이는 우리에게 더 많은 창의적인 여유를 제공하고 단순 반복 작업에서 벗어나 보다 가치 있는 업무에 집중할 수 있도록 해줍니다.

다음 절(6.2)부터는 VBA의 기본 활용법과 이를 생성형 AI와 결합해 사용하는 방법을 깊이 있게 알아보겠습니다. 이를 통해 실무에서 여러분이 어떻게 혁신적인 성과를 낼 수 있을지, 단계별로 자세히 설명드리겠습니다.

6.2 챗GPT 생성 코딩을 통한 VBA 다뤄보기

이제부터 다룰 내용은 VBA(Visual Basic for Applications)를 설정하고, 실제 업무에 활용하는 방법입니다. VBA는 MS Office 제품군에 기본으로 포함되며, 2007년 이상의 버전이기만 하면 어느 버전에서든 사용할 수 있습니다. 대부분의 비즈니스 환경에서 다양한 버전의 Office가 사용되는데, VBA는 그 차이에 구애되지 않고 공통적으로 적용됩니다. 이 점과 더불어 VBA가 가진 강점이 또 있습니다. 회사의 내부망과 외부망이 구분된 환경에서도 추가적인 설치 없이 VBA를 사용할 수 있다는 것입니다. 복잡한 소프트웨어 설치 과정이나 보안 문제를 고민할 필요 없이, 누구나 쉽게 VBA로 업무 자동화를 시작할 수 있습니다. 많은 기업이 VBA를 선택하는 이유 중 하나는 배우는 즉시 현업에 바로 적용할 수 있기 때문입니다. 기술의 복잡성을 낮추고 그만큼 빠르게 생산성을 향상시킬 수 있죠.

이 책은 Office 365 버전을 기반으로 작성되었는데 버전이 다르다고 걱정하지 않으셔도 됩니다. 대부분의 Office 버전에서 활용 가능한 범용 기술을 중심으로 설명할 것입니다. 이를 통해 여러분은 최신 버전뿐만 아니라 다양한 버전의 MS Office 환경에서도 VBA의 강력한 기능을 활용할 수 있을 것입니다.

VBA 세팅: 첫 발 내딛기

VBA 설정부터 시작해보겠습니다. 설정 과정은 간단하며, 앞서 맛보기 실습에서 본 것과 방법은 동일합니다. 이번 과정을 통해서는 VBA 설정 방법을 확실하게 체득할 수 있길 바랍니다.

다음 그림을 따라 [개발 도구] 메뉴를 활성화해 봅시다.

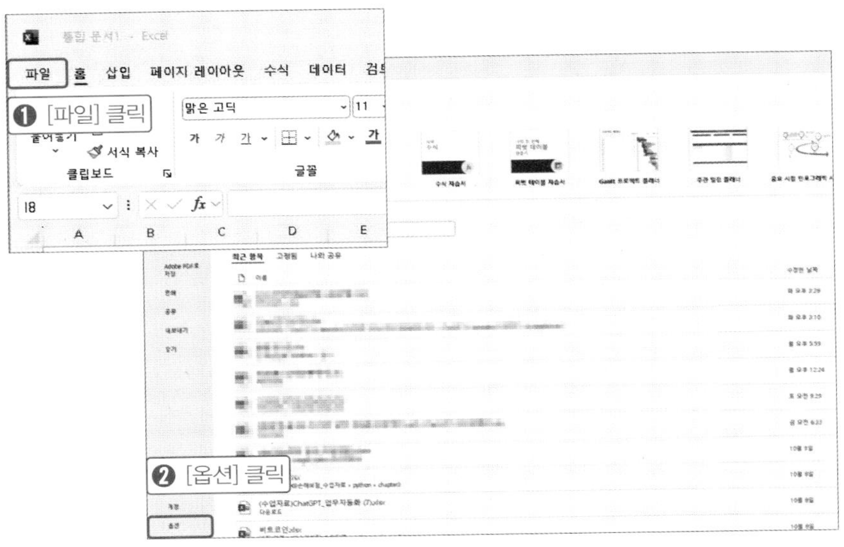

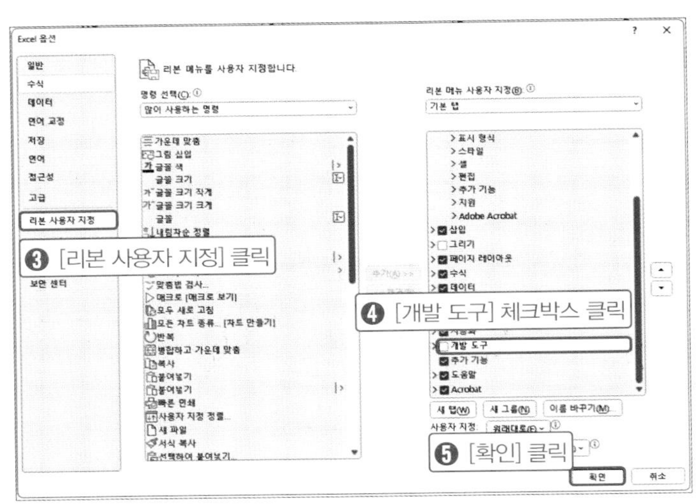

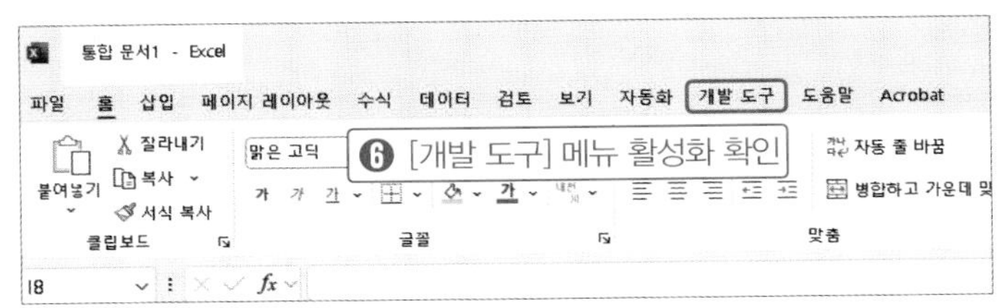

이렇게 활성화된 [개발 도구] 메뉴를 클릭하면 VBA 사용을 위한 기본 준비가 끝났습니다. 이제 생성형 AI에게 질문하여 간단한 VBA 코드를 생성해보겠습니다.

6.2.1 [실습 1] 엑셀 시트 10개 자동 생성하기

01 챗GPT에 접속해서 다음과 같이 질문을 합니다.

PROMPT

현재 열려있는 엑셀에서 Sheet_01~Sheet_10까지 총 10개의 시트를 제작하는 VBA 코드를 만들어줘

02 챗GPT가 질문에 따라 코드를 생성했으면 [코드 복사]를 누릅니다. 복사한 코드를 엑셀 VBA에 사용할 것입니다.

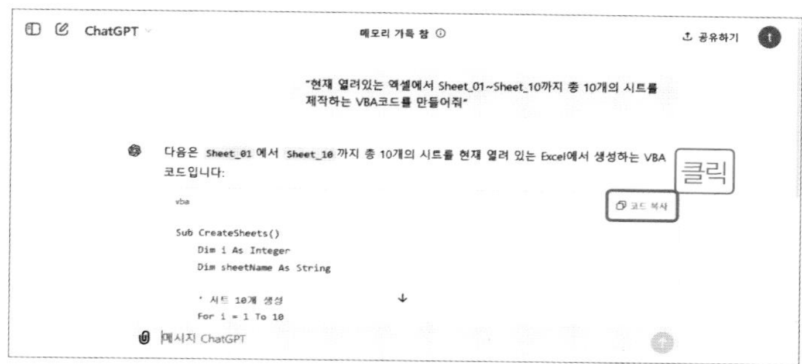

03 엑셀을 실행해서 VBA 창을 엽니다.

> **NOTE** 이번 실습은 실습 파일이 따로 없습니다. 엑셀을 실행한 후 다음 과정을 따라와주세요.

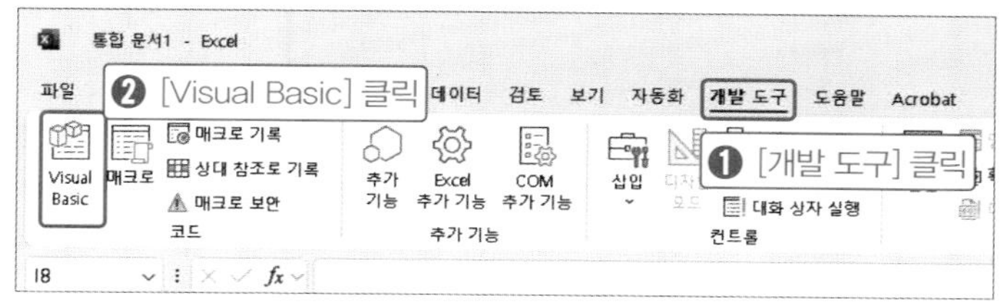

04 다음을 따라 VBA 코드를 실행할 환경을 만듭니다.

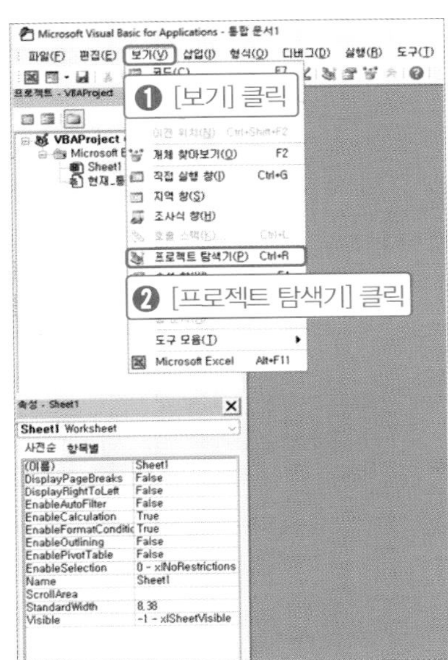

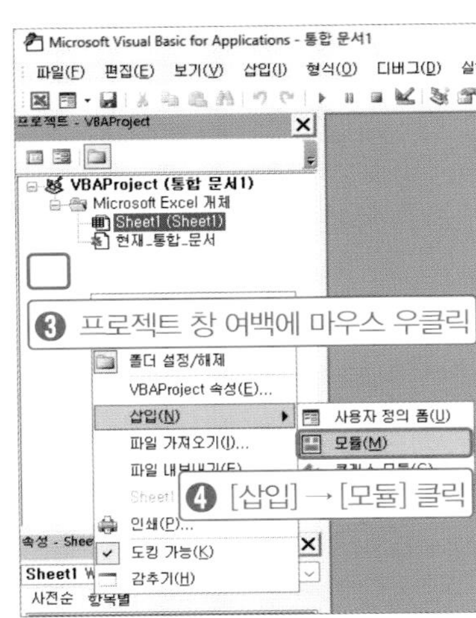

05 이제 챗GPT가 만든 VBA 코드를 붙여넣고 F8을 누르며 한 줄씩 코드를 실행합니다. 그러면 놀랍게도 10개의 시트가 빠르게 만들어지는 모습을 볼 수 있습니다.

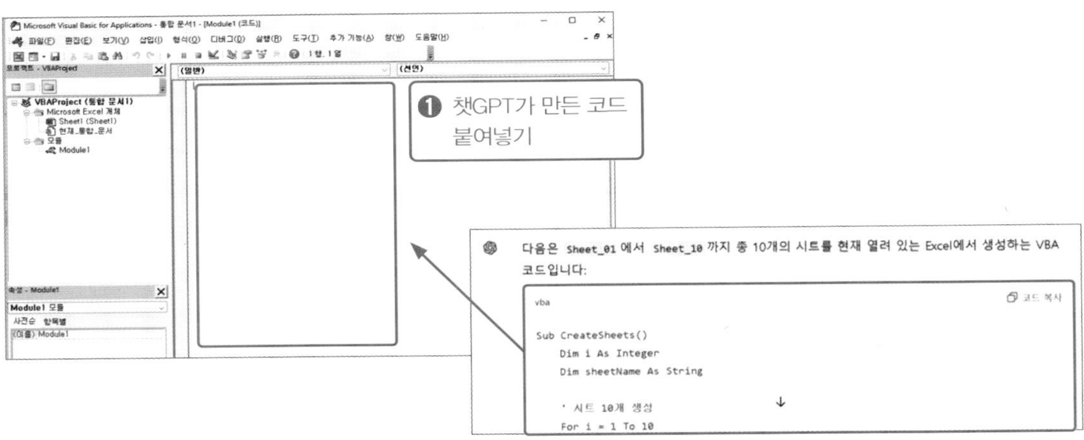

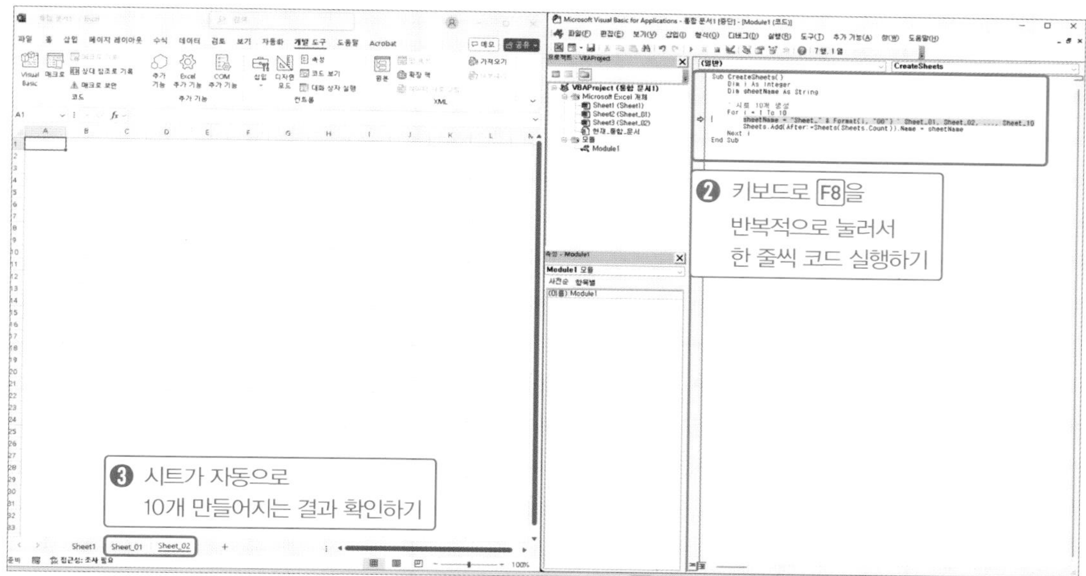

더 알아보기

디버깅 모드로 한 줄씩 코드 실행하기

방금 우리가 사용한 F8은 '디버깅 모드'입니다. 일반적으로 디버깅 모드는 개발을 할 때 코드의 버그를 찾기 위해서 한 단계씩 코드를 실행해서 오류를 찾는 역할을 합니다.

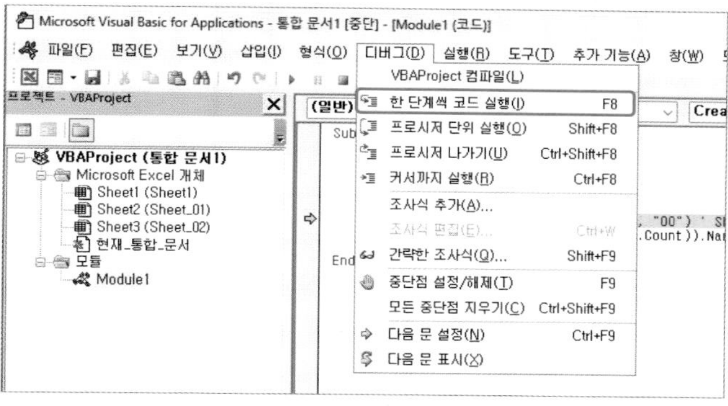

이렇게 엑셀에서 VBA 코드 첫 실습을 마쳤습니다. 그런데 VBA는 엑셀에서만 쓸 수 있을까요? 그렇지 않겠죠. PPT에서도 VBA를 사용해보겠습니다.

6.2.2 [실습 2] PPT로 10개의 슬라이드 자동 만들기

참고 파일 2-2.VBA 〉 chatgptXVBA응용 〉 vba_pptx 〉 PPT_슬라이드 10개 자동 제작 VBA코드.txt

이번에는 VBA를 활용해서 10개의 슬라이드를 자동으로 만들어보겠습니다. (별도의 실습파일은 없는 대신 실습에 사용된 VBA 코드를 제공하니 참고하시길 바랍니다.)

01 챗GPT에게 두 가지 질문을 해보겠습니다.

> **NOTE** 두 번에 걸쳐 챗GPT에게 질문하는 이유는, 질문을 한꺼번에 하는 것이 CoT 방식의 원리에서 봤을 때 좋은 방법은 아니기 때문입니다. 3장에서 다뤘던 CoT(Chain-of-Thought) 프롬프트 방식을 다시 설명드리면 한번에 다양한 결과물을 제작하기 위해서 한번에 질문을 하는 것이 아닌, 프로세스를 효율적으로 구조화해서 결과를 만들어낼 수 있는 기법입니다.

[첫 번째 질문]

PROMPT

생성형 AI의 업무혁신 방법에 대해서 제목&상세 로 각각 20자&50자 내외로 10가지를 만들어줘

ANSWER

1. 반복 업무 자동화로 효율 극대화

단순 반복 작업을 AI로 자동화하여 업무 속도와 정확성을 높입니다.

2. 데이터 분석 시간 단축과 정확성 향상

AI 기반 분석으로 데이터 처리 시간을 줄이고, 더 정확한 인사이트를 제공합니다.

3. 개인화된 고객 서비스 개선

고객 데이터를 학습한 AI가 맞춤형 응대를 제공하여 고객 만족도를 높입니다.

4. 문서 작성 및 검토 자동화

보고서 작성과 문서 검토를 AI로 자동화하여 업무 시간을 절감합니다.

(…생략…)

[두 번째 질문]

PROMPT

위에서 만들어진 10가지 항목을 기반으로 PPT슬라이드 10개를 만드는 VBA 코드를 만들어줘

ANSWER

VBA를 사용해 Microsoft PowerPoint에서 10개의 슬라이드를 자동으로 생성하는 코드를 제공합니다. 각 슬라이드는 앞서 만든 10가지 제목과 내용을 기반으로 하며, 슬라이드 디자인과 레이아웃을 기본 형태로 작성합니다.

다음은 VBA 코드입니다. 이 코드를 PowerPoint의 VBA 편집기에 붙여넣고 실행하면 10개의 슬라이드를 자동으로 생성할 수 있습니다.

VBA

```
Sub CreateAutomationSlides ()
  Dim pptApp As Object
  Dim pptpres As Object
  Dim slide As Object
  Dim i As Integer

  'PowerPoint 애플리케이션 열기

  (...생략...)
```

생성된 코드

```
Sub CreateAutomationSlides()
  Dim pptApp As Object
  Dim pptPres As Object
  Dim slide As Object
  Dim i As Integer

  ' PowerPoint 애플리케이션 열기
  On Error Resume Next
  Set pptApp = GetObject(Class:= "PowerPoint.Application")
  If pptApp Is Nothing Then Set pptApp = CreateObject(Class:= "PowerPoint.Application")
  pptApp.Visible = True
  On Error GoTo 0

  ' 새 프레젠테이션 생성
  Set pptPres = pptApp.Presentations.Add

  ' 제목과 상세 텍스트 배열
  Dim titles(1 To 10) As String
  Dim details(1 To 10) As String
```

```
' 제목 및 내용 입력
titles(1) = "반복 업무 자동화로 효율 극대화"
details(1) = "단순 반복 작업을 AI로 자동화하여 업무 속도와 정확성을 높입니다."

titles(2) = "데이터 분석 시간 단축과 정확성 향상"
details(2) = "AI 기반 분석으로 데이터 처리 시간을 줄이고, 더 정확한 인사이트를 제공합니다."

(...생략...)

titles(10) = "마케팅 콘텐츠의 신속한 생성"
details(10) = "AI를 활용해 트렌드에 맞춘 마케팅 자료를 빠르게 제작하고 배포할 수 있습니다."

' 슬라이드 생성
For i = 1 To 10

    Set slide = pptPres.Slides.Add(i, 1) ' 1 = ppLayoutText
    slide.Shapes.Title.TextFrame.TextRange.Text = titles(i)
    slide.Shapes.Placeholders(2).TextFrame.TextRange.Text = details(i)
Next i

' 마무리
MsgBox "슬라이드 생성이 완료되었습니다." , vbInformation
End Sub
```

02 파워포인트를 열고 엑셀에서 했던 방식과 동일하게 VBA를 설정합니다.

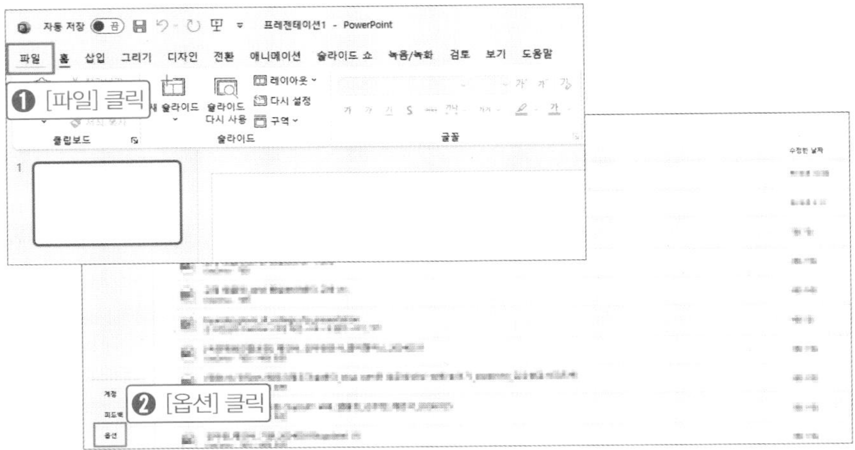

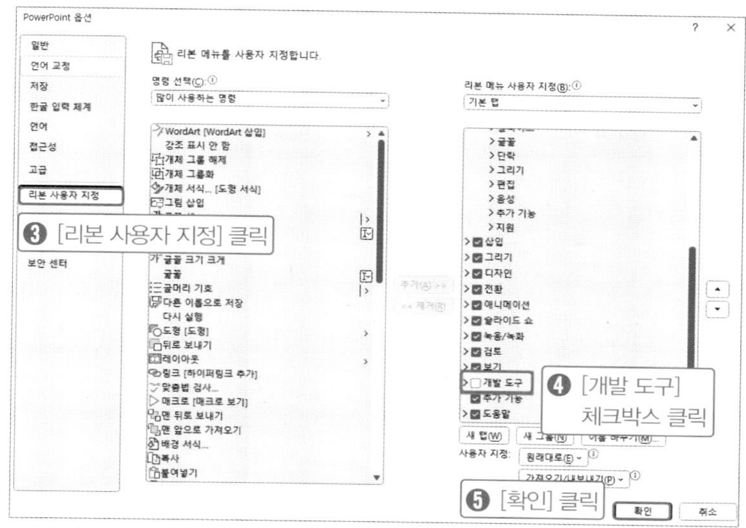

03 VBA 설정을 마쳤으면 VBA 창을 열고 VBA 코드를 실행할 환경을 만듭니다.

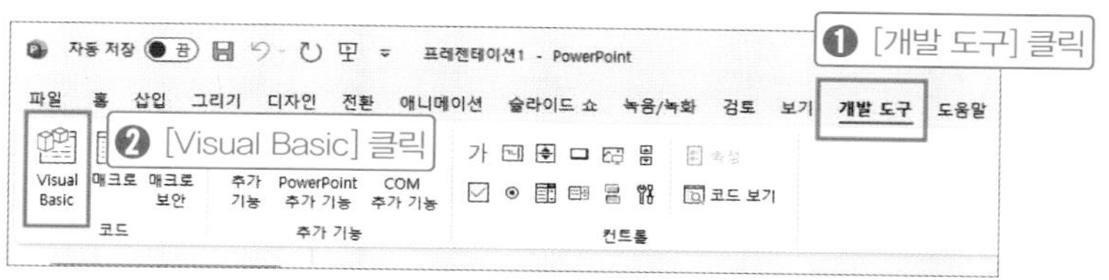

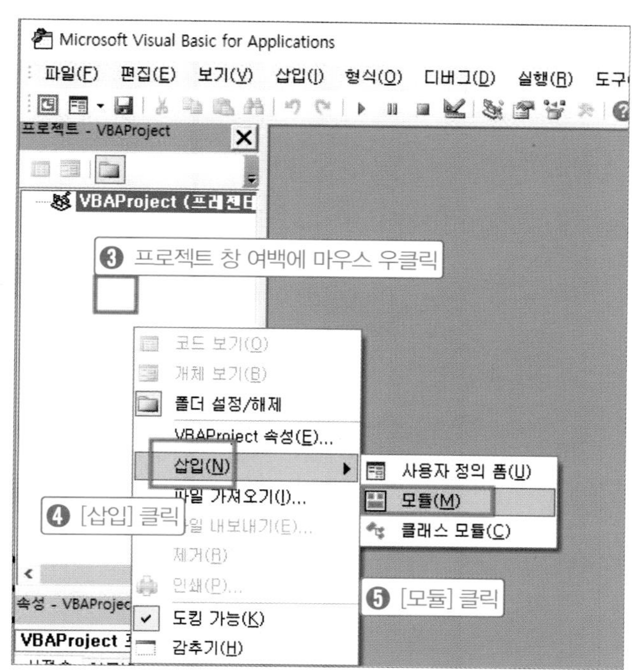

04 이제 챗GPT가 만든 VBA 코드를 붙여넣고 [매크로 실행] (단축키: F5)을 클릭합니다. 그러면 매크로가 실행되어 10개의 PPT 슬라이드가 자동으로 만들어집니다.

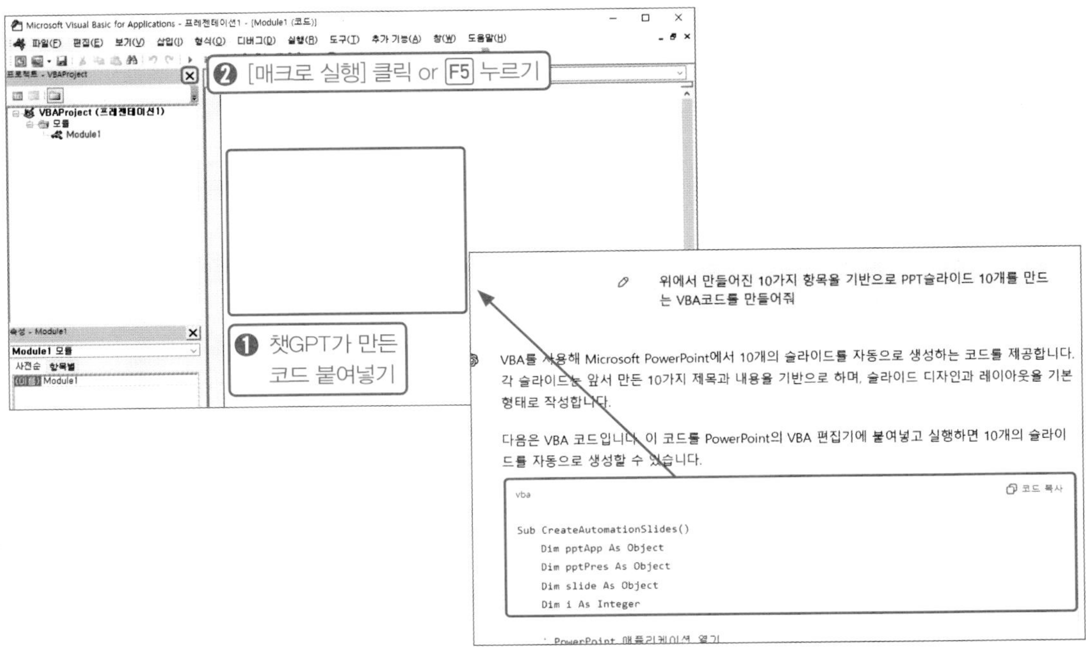

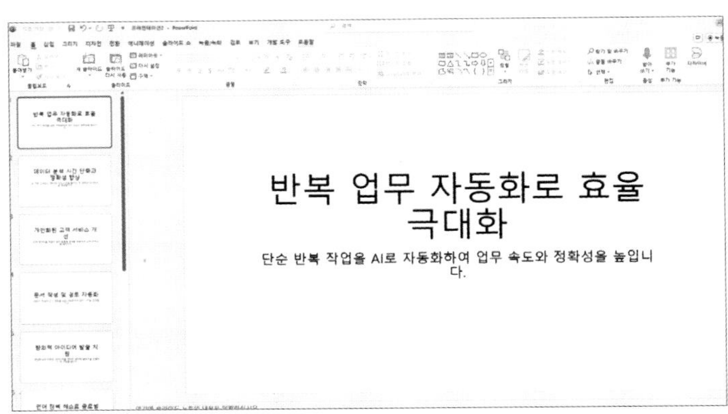

이처럼 파워포인트에서도 VBA 코드를 활용하여 자동화 업무를 수행할 수 있습니다. 신기한 결과라고 생각할 수 있겠지만, 사실 이런 단순한 기능만으로는 현업에서 자주 쓰이기는 어렵습니다.

그렇기 때문에 MS 오피스에서 VBA 코드를 간단히라도 사용하려면 VBA의 기본 사용과 설정 방법, 단축키 등을 알아두어야 합니다. 지금부터 그 방법을 알아보겠습니다.

6.2.3 VBA 사용법

VBA는 기본적으로 우리가 처음부터 끝까지 다 배우는 것이 쉽지만은 않습니다. 그래서 가장 먼저 시작해볼 것은 매크로 기능의 사용법을 숙지하는 것입니다. (이번 실습은 별도의 실습 파일 없이 진행합니다.)

> **NOTE** 매크로는 여러분이 현업에서 한번쯤 들어보셨을 것입니다. 매크로(Macro)는 여러 명령어를 하나의 키 입력 동작으로 묶음으로써 복잡하거나 반복적인 작업을 단순화하거나 자동화하는 기능입니다.

01 엑셀을 열고 상단 메뉴바에서 [개발 도구] 메뉴를 클릭합니다.

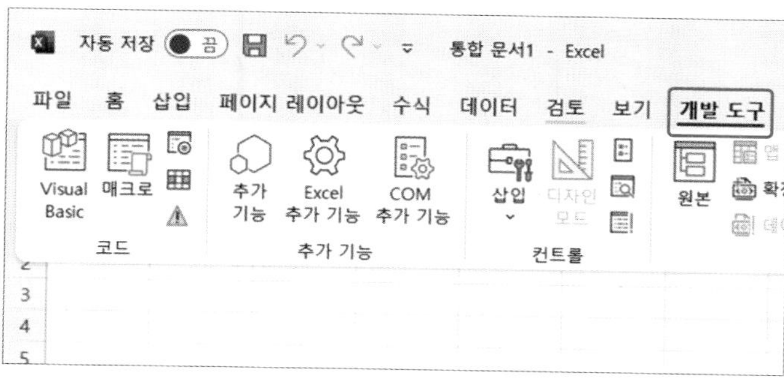

02 [매크로 기록] 버튼을 클릭한 후 창이 뜨면 [확인]을 누릅니다. [확인]을 누르면 매크로 기록이 시작됩니다.

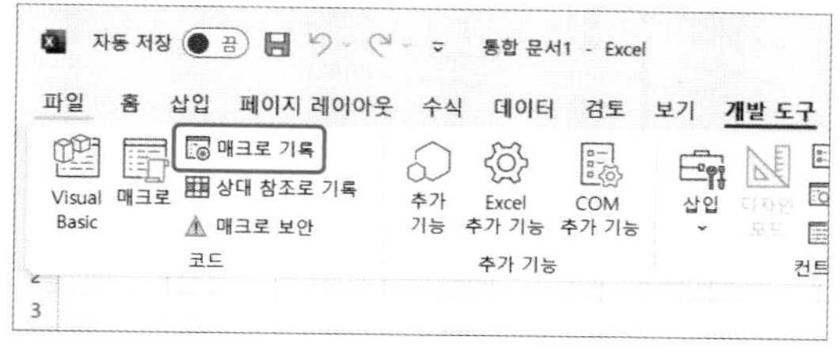

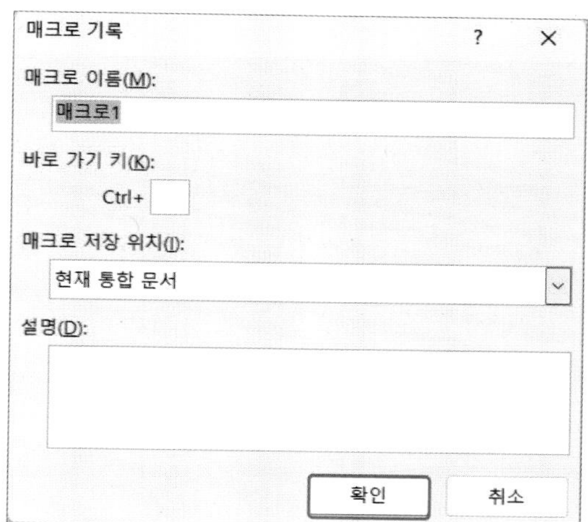

03 A1~D4 범위의 셀들을 자유롭게 편집합니다.

	A	B	C	D
1	123	213	4234	42
2	231	132	234	234
3	12312	3424	423	4

	A	B	C	D
1	123	213	4234	42
2	231	132	234	234
3	12312	3424	423	4

04 [개발 도구] 메뉴에서 [기록 중지] 버튼을 클릭합니다.

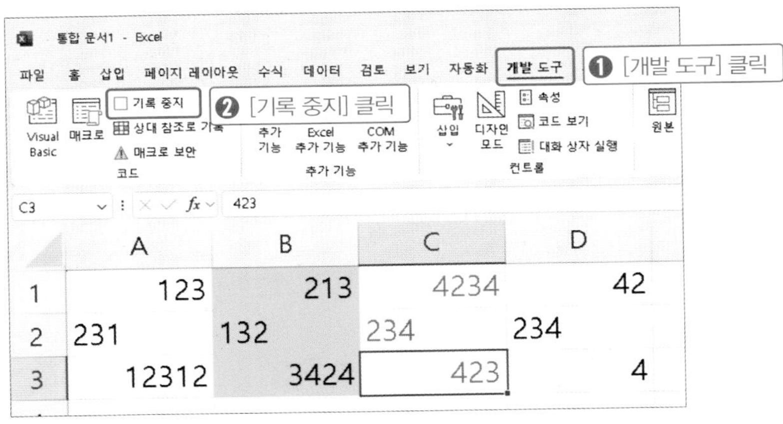

05 04에서 편집한 A1~D4셀을 복사해서 빈 공간에 붙여넣고 기존 데이터를 원상복구합니다.

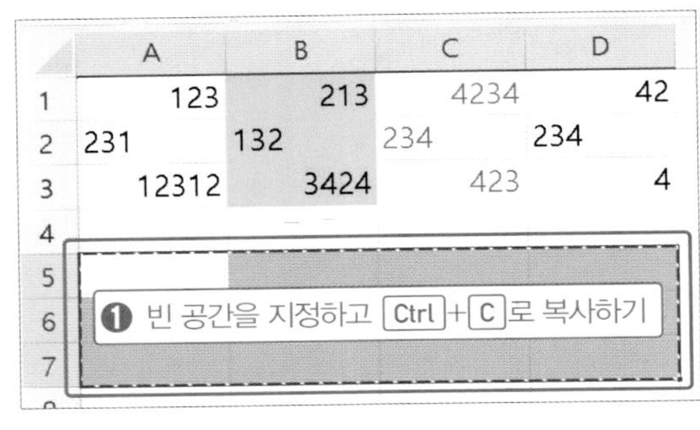

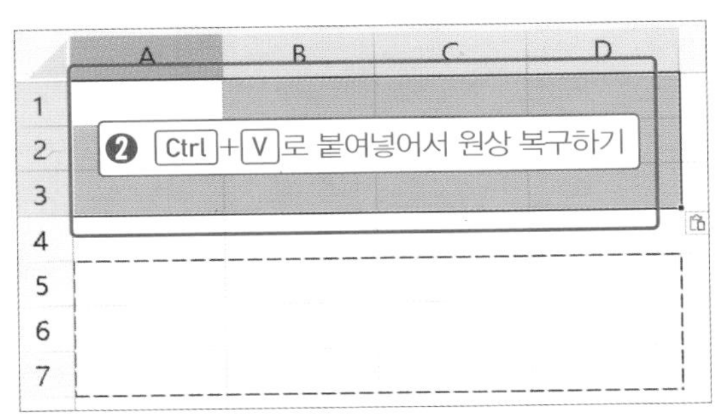

06 [개발 도구] 메뉴에서 [매크로]를 클릭하고 실행합니다. 그러면 매크로가 실행되면서 앞서 기록한 모든 동작을 재실행하게 됩니다.

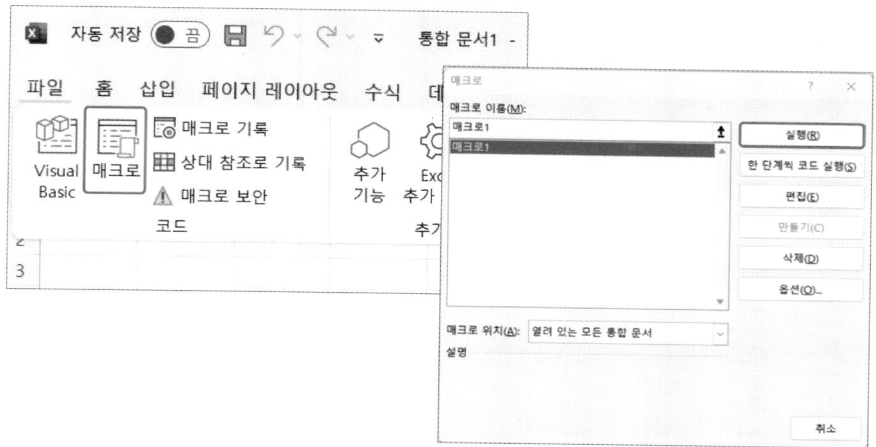

	A	B	C	D
1	123	213	4234	42
2	231	132	234	234
3	12312	3424	423	4

매크로는 그동안 비즈니스 현업에서 자주 사용되는 기능이었지만, 지금은 중요도가 낮아졌습니다. 그 이유는 매크로라는 기능의 본질이 VBA이기 때문에 질문으로 해결할 수 있는 시대가 되었다는 것입니다.

한번 확인을 해보겠습니다.

07 A1~D4셀을 원상복구 한 다음 '개발 도구' 메뉴에서 [매크로]를 클릭하고 [한 단계씩 실행하기]를 누릅니다.

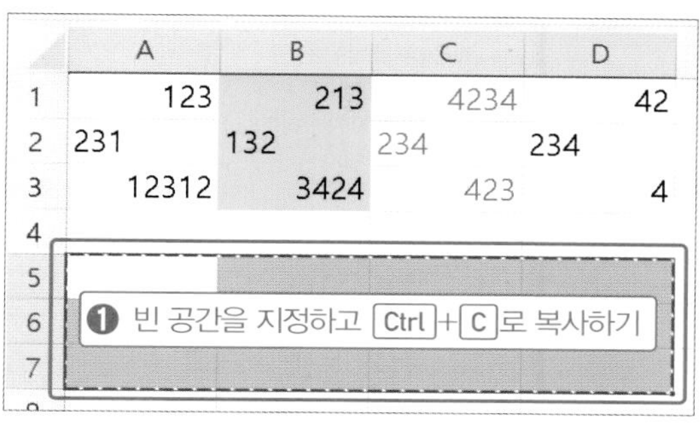

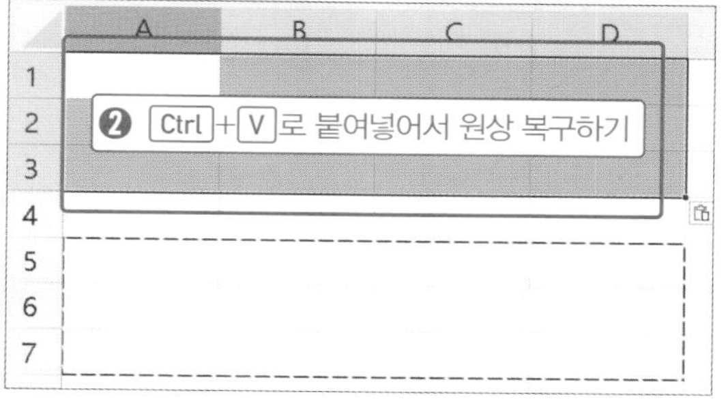

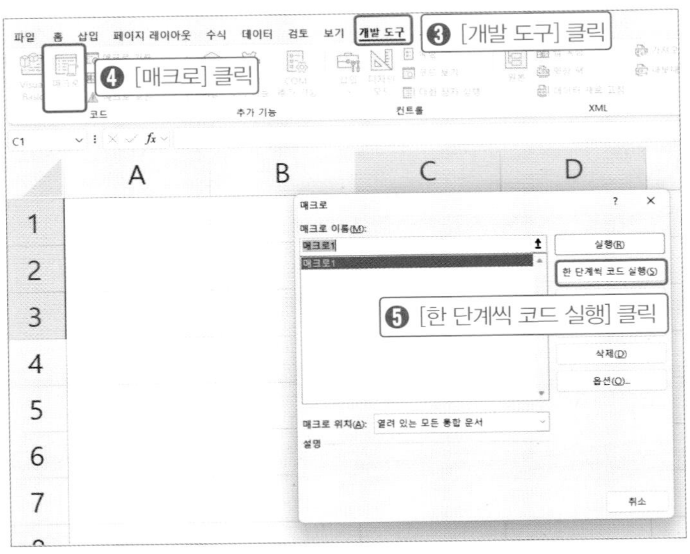

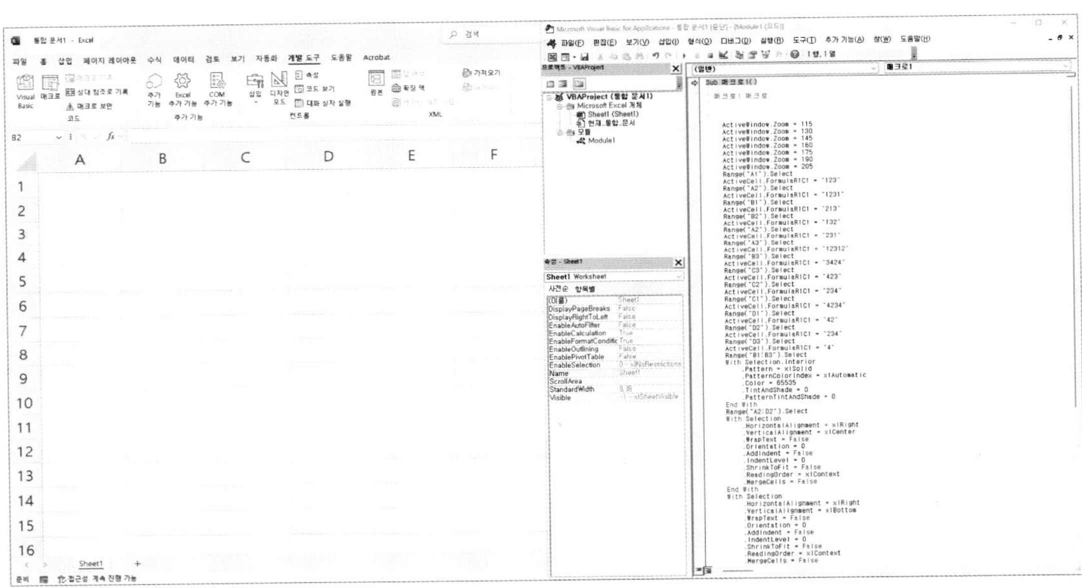

보다시피 우리가 기존에 알고 있던 매크로라는 단어는 사실 VBA로 구성되어 있는 것을 알 수 있습니다. 결국 매크로라는 프로그램의 본질은 마이크로소프트에서 코딩을 못하는 사람들을 위해서 누구나 쉽게 VBA 코드를 사용할 수 있게 도와주는 역할을 해왔던 것입니다. 그런 기능을 이제는 질문을 통해서 활용할 수 있게 되었다는 것이지요.

6.2.4 VBA 기본 기능 이해하기

VBA 기본 기능에 대한 이해가 바탕이 되어야, 생성형 AI의 기능을 활용하여 VBA를 잘 사용할 수 있습니다. 그러므로 VBA 기본 문법학습에 앞서, VBA 기본 기능을 알아봅시다.

디버깅 모드(F8)

생성형 AI를 활용해서 VBA 코드를 생성한 상황에서, 비개발자들이 주로 겪는 어려움이 있습니다. VBA를 해석할 수 없어서 코드가 어디에서 오류가 나는지를 모른다는 것입니다. 이 경우에는 디버깅 모드를 알면 유용합니다. 코드를 한 줄씩 순차적으로 실행시키는 것으로 어느 부분의 코드에서 오류가 발생했는지 알 수가 있습니다. 또한 한 줄씩 코드를 실행하면 코드를 자연스럽게 뜯어보면서 코드 이해도를 높일 수 있게 됩니다. 그러면 처음에는 이해되지 않던 코드도 반복적으로 사용하다 보니 하나씩 이해할 수 있게 되는 것이죠.

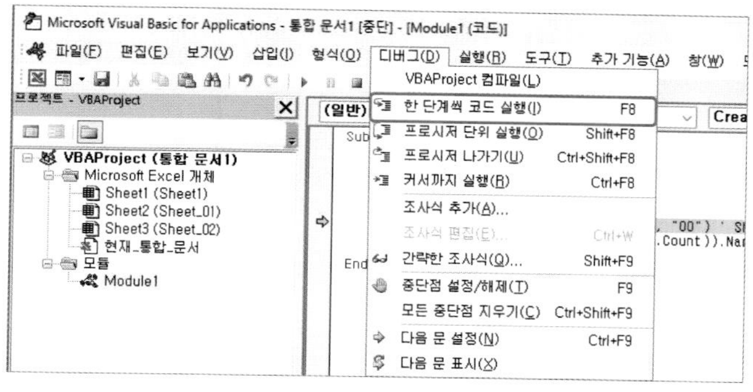

전체 실행 모드(F5)

처음에 코드를 실행해보면서 잘 작동되는지를 확인한 후, 코드의 문제가 없다고 판단되면 수백 번의 코드의 반복을 디버깅 모드로 진행하는 것은 너무 힘든 일입니다. 이제는 실제로 코드를 실행하면 됩니다. 해당 방식은 F5를 누르거나 [매크로 실행] 버튼을 클릭하면 전체 코드를 실행할 수 있습니다.

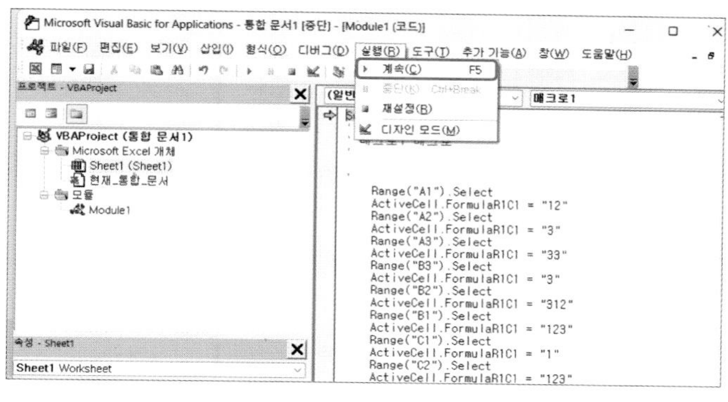

VBA 코드 사용 시 주의점

엑셀에서는 행동을 한 후 Ctrl+Z를 눌러서 뒤로 돌아갈 수 있습니다. 그러나 VBA 코드를 활용해서 문서를 자동편집하는 경우에는 상황이 다릅니다. 코딩으로 실행한 행동은 되돌릴 수가 없습니다. 그러니 항상 문서가 망가질 수 있다는 생각을 하시고, 기본 문서는 원본을 두고 사본에서 작업 테스트를 진행해보시길 바랍니다. 애초에 이 방식은 코딩의 이해를 기반으로 한 방식이 아니기 때문에 모든 코드를 이해하지 않고 사용한다는 관점에서는 항상 안전장치를 두는 것이 좋습니다.

지금까지 VBA의 기본 설정 및 사용법을 익혀보았습니다. 다음 절에서는 VBA 코드를 이해하기 위한 기본 문법을 학습해볼 것입니다.

6.3 VBA 코드 이해를 위한 최소한의 문법 학습

VBA 코드를 단순히 복붙하는 것만으로는 문제 해결 능력을 키우기 어렵습니다. VBA 코드를 이해하고 응용할 수 있는 기초적인 사고력과 문제 해결력을 기를 수 있도록, 이 절에서는 VBA 코드 기초 학습을 진행해볼 것입니다. 이 학습을 통해 여러분은 VBA 코드 해석 능력을 어느 정도 갖추고 복잡한 문제를 간결하게 해결하는 능력 또한 키울 수 있을 것입니다.

6.3.1 프로시저

프로시저(procedure)란 특정 작업을 수행하기 위한 코드 블록을 의미합니다. 쉽게 말하자면 어떤 일을 시키면 그걸 해주는 역할을 프로시저가 맡는다고 보면 됩니다.

프로시저를 쓰는 이유는 반복 작업을 편하게 하기 위함입니다. 어떤 작업을 반복해서 해야 할 때, 일일히 코드를 반복해서 적는 대신 필요할 때마다 프로시저를 불러와서 작업을 편하게 실행할 수 있습니다.

우리가 배울 프로시저는 Sub 프로시저와 Function 프로시저입니다.

Sub 프로시저

Sub는 'Subroutine'의 약자로서, 하나 이상의 작업을 수행하지만 결과 값을 반환하지 않는 코드 블록입니다. Sub 프로시저는 호출될 때 실행됩니다.

Sub 프로시저의 형식은 다음과 같습니다.

```
Sub 프로시저명(매개변수)        ← 프로시저 시작
  실행 코드
End Sub                    ← 프로시저 끝
```

예시 코드

```
Sub ShowMessage() ' ShowMessage라는 Sub 프로시저를 선언합니다.
  MsgBox "Hello, bhyunco!" ' MsgBox 함수를 이용해 "Hello, World!" 메시지를 표시합니다.
End Sub  ' Sub 프로시저 종료

Sub Main1() ' Main이라는 Sub 프로시저를 선언합니다.
  ShowMessage ' 앞서 선언한 ShowMessage Sub 프로시저를 호출합니다.
End Sub ' Sub 프로시저 종료
```

예시 코드

```
Sub ShowMessage() ' ShowMessage라는 Sub 프로시저를 선언합니다.
  MsgBox "Hello, bhyunco!" ' MsgBox 함수를 이용해 "Hello, World!" 메시지를 표시합니다.
End Sub  ' Sub 프로시저 종료

Sub Main1() ' Main이라는 Sub 프로시저를 선언합니다.
  ShowMessage ' 앞서 선언한 ShowMessage Sub 프로시저를 호출합니다.
End Sub ' Sub 프로시저 종료
```

Function 프로시저

Function은 입력 매개변수를 받아서 작업을 수행한 후 결과를 반환하는 코드 블록입니다. 수식을 계산해야 하거나 어떤 조건에 따라 값을 반환해야 하는 경우 등에 사용합니다.

Function 프로시저의 형식은 다음과 같습니다.

```
Function 프로시저명(매개변수)        ← 프로시저 시작
  실행 코드
End Function                    ← 프로시저 끝
```

예시 코드

```
Sub ShowMessage() ' ShowMessage라는 Sub 프로시저를 선언합니다.
  MsgBox "Hello, bhyunco!" ' MsgBox 함수를 이용해 "Hello, World!" 메시지를 표시합니다.
End Sub ' Sub 프로시저 종료

Sub Main1() ' Main이라는 Sub 프로시저를 선언합니다.
  ShowMessage ' 앞서 선언한 ShowMessage Sub 프로시저를 호출합니다.
End Sub ' Sub 프로시저 종료

Function AddNumbers(x As Integer, y As Integer) ' AddNumbers라는 Function 프로시저를 선언하고,
x와 y라는 두 개의 정수 인수를 받습니다.
  AddNumbers = x + y ' 두 수를 더한 값을 반환합니다.
End Function ' Function 프로시저 종료

Sub Main2() ' Main이라는 Sub 프로시저를 선언합니다.
  Dim result As Integer ' result라는 Integer 변수를 선언합니다.
  result = AddNumbers(5, 10) ' 앞서 선언한 AddNumbers Function 프로시저를 호출하고 그 결과를
result 변수에 저장합니다.
  MsgBox result ' MsgBox 함수를 이용해 result 값을 표시합니다.
End Sub ' Sub 프로시저 종료
```

정리하자면, 두 프로시저의 결정적인 차이는 결과 값의 반환 여부입니다. 결과 값을 반환해야 할 때는 Function 프로시저, 반환하지 않을 때는 Sub 프로시저를 사용합니다.

6.3.2 변수

변수란 컴퓨터가 데이터를 저장할 수 있게 해주는 하나의 매개체입니다. 다양한 코딩언어에서 변수는 사용되며 숫자, 문자뿐만 아니라 엑셀 시트, 웹 브라우저, AI 모델 등 다양한 데이터를 저장할 수 있습니다. 그래서 보통 변수는 '데이터를 담는 그릇'이라고 표현되기도 합니다.

예시 코드

```
Sub VariableExample()
  ' 변수 설정 방법
  Dim message As String  ' "message"라는 이름의 문자열(String) 변수를 사용하겠다고 선언합니다.
  Dim count As Integer  ' "count"라는 이름의 정수형(Integer) 변수를 사용하겠다고 선언합니다.
```

```
    Dim rate As Double  ' "rate"라는 이름의 또 다른 숫자 변수를 사용하겠다고 선언합니다.

    ' 변수에 값 할당
    message = "Hello, Bhyunco!"  ' "message" 변수에 문자열 값을 할당합니다.
    count = 10  ' "count" 변수에 정수 값을 할당합니다.
    rate = 3.14  ' "rate" 변수에 더블 값을 할당합니다.

    ' MsgBox 함수를 사용하여 변수의 값 표시
    MsgBox message  ' "Hello, VBA!" 메시지를 표시합니다.
    MsgBox count  ' "10"이라는 값을 표시합니다.
    MsgBox rate  ' "3.14"라는 값을 표시합니다.
End Sub
```

변수를 설정하는 방법은 다양한데, 코드 해석을 위한 학습으로서 Dim만 배워보겠습니다. Dim은 가장 일반적으로 사용되는 키워드로, 프로시저 내에서 변수를 선언합니다.

6.3.3 자료형

다양한 유형의 데이터를 저장하는 데 사용합니다. 데이터 유형에는 정수, 소수점이 있는 숫자, 문자열 등이 있는데 단순히 변수를 선언하기만 해서는 VBA가 변수의 쓸모를 알지 못합니다. 그래서 변수에 어떤 종류의 값이 담겨야 하는지 알려주기 위해서 자료형을 지정합니다.

자료형을 지정하려면, 변수를 선언할 때 변수명 다음에 'As (자료형)'이라고 입력하면 됩니다. 앞서 6.3.2의 예시 코드에서 변수를 선언할 때 'Dim 변수명' 다음에 'As 자료형'이라는 형식이 붙었습니다.

그럼 예시 코드를 통해 대표적인 자료형을 알아봅시다.

예시 코드

```
Sub ExtendedDataTypeExample()
    ' Integer (정수) 자료형 변수 count를 선언합니다.
    Dim count As Integer
    count = 100  ' count 변수에 100이라는 정수 값을 할당합니다.
    MsgBox "Integer: " & count

' Long (긴 정수) 자료형 변수 bigNumber를 선언합니다.
    Dim bigNumber As Long
    bigNumber = 1234567890  ' bigNumber 변수에 1234567890이라는 긴 정수 값을 할당합니다.
```

```
  MsgBox "Long: " & bigNumber

  ' Double (배정밀도 부동소수점) 자료형 변수 bigFloat를 선언합니다.
  Dim bigFloat As Double
  bigFloat = 0.123456789012346   ' bigFloat 변수에 0.1234567890123456 7이라는 배정밀도 부동소수
점 값을 할당합니다.
  MsgBox "Double: " & bigFloat

  ' String (문자열) 자료형 변수 text를 선언합니다.
  Dim text As String
  text = "Hello, VBA!" ' text 변수에 "Hello, VBA!"라는 문자열 값을 할당합니다.
  MsgBox "String: " & text

  ' Boolean (부울) 자료형 변수 flag를 선언합니다.
  Dim flag As Boolean
  flag = True  ' flag 변수에 True라는 부울 값을 할당합니다.
  MsgBox "Boolean: " & flag

  ' Date (날짜) 자료형 변수 today를 선언합니다.
  Dim today As Date
  today = Date  ' today 변수에 오늘 날짜를 할당합니다.
  MsgBox "Date: " & today
End Sub
```

예시 코드에 쓰인 자료형들의 특징을 표로 정리해보았습니다. 모든 자료형을 다 알면 좋겠지만 현실적으로 아래의 내용 정도만 기억해도 활용에는 큰 문제가 없습니다.

자료형	설명	범위
Integer	정수를 저장하는 데 사용되는 자료형 메모리를 적게 사용하지만, 큰 숫자는 저장할 수 없다	−32768~32767
Long	큰 정수를 저장하는 데 사용되는 자료형 Integer보다 더 많은 메모리를 사용하지만, 더 큰 숫자를 저장할 수 있다	−2147483648 ~ 2147483647
Double	소수점이 있는 큰 숫자를 저장하는 데 사용되는 자료형 Long보다 더 많은 메모리를 사용하지만, 소수점이 있는 숫자를 저장할 수 있다	−1.79769313486232E308 ~ 1.79769313486232E308

String	텍스트를 저장하는 데 사용되는 자료형	–
Boolean	논리값(True 또는 False)를 저장하는 데 사용되는 자료형	True or False
Date	날짜와 시간을 저장하는 데 사용되는 자료형	(월 / 일 / 년) January 1, 100 to December 31, 9999

표에 정리한 것 외에도 좀 더 다양한 변수를 알고 싶다면 다음 링크를 참고해보세요. [링크] https://bit.ly/3XlQXx3

6.3.4 연산자

연산자는 두 개 이상의 변수에 대한 수학적 연산, 비교, 논리적 연산 등을 수행합니다.

예시 코드

```
Sub OperatorExample()
    ' 변수를 선언하고 값 할당
    Dim a As Integer
    Dim b As Integer
    Dim result As Integer

    a = 10
    b = 2

    ' 더하기 연산자 (+)
    result = a + b  ' a와 b를 더합니다.
    MsgBox "Addition: " & result  ' 결과를 출력합니다.

    ' 빼기 연산자 (-)
    result = a - b  ' a에서 b를 뺍니다.
    MsgBox "Subtraction: " & result  ' 결과를 출력합니다.

    ' 곱하기 연산자 (*)
    result = a * b  ' a와 b를 곱합니다.
    MsgBox "Multiplication: " & result  ' 결과를 출력합니다.

    ' 나누기 연산자 (/)
    result = a / b  ' a를 b로 나눕니다.
    MsgBox "Division: " & result  ' 결과를 출력합니다.
```

```
  ' 나머지 연산자 (Mod)
  result = a Mod b  ' a를 b로 나눈 나머지를 구합니다.
  MsgBox "Modulus: " & result  ' 결과를 출력합니다.

  ' 문자열 연결 연산자 (&)
  Dim hello As String
  Dim world As String
  Dim helloWorld As String

  hello = "Hello, "
  world = "World!"

  helloWorld = hello & world  ' "Hello, "와 "World!"를 연결합니다.
  MsgBox helloWorld  ' "Hello, World!"를 출력합니다.
End Sub

Sub AssignmentVsComparison()
  ' 변수 선언
  Dim x As Integer
  Dim y As Integer
  Dim isEqual As Boolean

  ' 할당: 변수 x와 y에 값 할당
  x = 5
  y = 10

  ' 비교: x와 y가 같은지 비교하고 결과를 isEqual 변수에 저장
  isEqual = (x = y) ' 이 경우 = 연산자는 비교 연산자로 작동합니다.

  ' 결과 출력
  If isEqual Then
    MsgBox "x and y are equal."
  Else
    MsgBox "x and y are not equal."
  End If
```

```
    ' 할당: y에 새로운 값 할당
    y = 5

    ' 비교: x와 y가 같은지 비교하고 결과를 isEqual 변수에 저장
    isEqual = (x = y) ' 이 경우 = 연산자는 비교 연산자로 작동합니다.

    ' 결과 출력
    If isEqual Then
      MsgBox "x and y are equal."
    Else
      MsgBox "x and y are not equal."
    End If
End Sub
```

표에 정리한 연산자들을 파악해두면 코드 해석에 도움을 받을 수 있습니다.

연산자 유형	연산자	설명	연산자 유형	연산자	설명
산술 연산자	+	덧셈	비교 연산자	=	같음
	-	뺄셈		<>	다름
	*	곱셈		<	작음
	/	나눗셈 (결과는 부동소수점 수)		>	큼
	₩	정수 나눗셈 (결과는 정수)		<=	작거나 같음
	^	거듭제곱		>=	크거나 같음
	Mod	나머지	논리 연산자	And	논리적 "그리고"
문자열 연결	&	두 문자열을 연결		Or	논리적 "또는"
할당 연산자	=	변수에 값을 할당		Not	논리적 "부정"
				Xor	배타적 논리합 (한 가지만 참일 때 참)

				Eqv	논리적 "동등" (둘 다 같으면 참)
				Imp	논리적 함의 (앞이 참이면 뒤도 참)

6.3.5 제어문

제어문은 반복문/조건문 등과 같은 구조를 사용하여 코드의 흐름을 제어합니다. 쉽게 설명하면, 인간의 의사결정을 프로그래밍 언어가 대신한다는 관점을 가지고 있습니다.

> **NOTE** '인간의 의사결정을 프로그래밍 언어가 대신한다는' 의미가 무엇인지는 파이썬 파트에서 좀 더 자세하게 다루겠습니다.

예시 코드 IF문

```
Sub IfExample()
  ' 변수 선언
  Dim number As Integer
  number = 0

  ' If 문
  If number > 0 Then
    MsgBox "Number is positive."
  ElseIf number < 0 Then
    MsgBox "Number is negative."
  Else
    MsgBox "Number is zero."
  End If
End Sub
```

예시 코드 For문

```
Sub ForExample()
  ' For 문
  For i = 1 To 5
    MsgBox "This is loop iteration " & i & "."
  Next i
End Sub
```

다음의 표는 VBA의 제어문 종류입니다. 눈으로 보고 기능을 한번 확인해보시길 바랍니다.

NOTE 참고로 VBA에서는 콜론(:)을 사용하면 여러 개의 문장을 한 줄에 나열할 수 있습니다. Dim, If문, For문, Case문 등에서 활용 가능합니다.

제어문	설명 및 사용 예
If	조건이 참인 경우에만 코드를 실행합니다.
	`If 5 > 3 Then MsgBox "5 is greater than 3."` `End If`
Select Case	변수의 값에 따라 실행할 코드를 선택합니다.

	`Select Case dayOfWeek`
	`Case 1: MsgBox "It's Monday." : Case 2: MsgBox "It's Tuesday." : Case 3: MsgBox "It's Wednesday." :`
	`End Select`

For	특정 횟수만큼 코드를 반복 실행합니다.
	`For i = 1 To 5 : MsgBox "This is loop iteration " & i & "." : Next I`
Do While	조건이 참인 동안 코드를 반복 실행합니다.
	`Do While i <= 5 : MsgBox "This is loop iteration " & i & "." : i = i + 1 : Loop`
Do Until	조건이 거짓인 동안 코드를 반복 실행합니다.
	`Do Until i > 5 : MsgBox "This is loop iteration " & i & "." : i = i + 1 : Loop`

6.3.6 배열

배열은 동일한 데이터 타입(자료형)의 여러 값을 저장하는 데 사용되는 변수의 집합입니다.

동일한 데이터 타입을 담는 데이터라는 개념으로 데이터 주머니를 생각해보면 좀 쉽게 와닿을 수 있습니다. 실제 엑셀에서 자주 활용되는 개념입니다.

예시 코드

```
Sub createAndShowArray()
  Dim myArray As Variant
  myArray = Array("파이썬", "ai", "ChatGPT", "GPT", "메타버스")
```

```
  Dim item As Variant
  For Each item In myArray
    MsgBox item
  Next item
End Sub
```

VBA 해석 관점에서 알아두면 좋을 배열은 정적 배열입니다.

배열 이름	설명 및 사용 예
정적 배열 (Static Array)	조건이 참인 경우에만 코드를 실행합니다
	Dim myArray As Variant myArray = Array("파이썬", "ai", "ChatGPT", "GPT", "메타버스")

6.3.7 내장 함수

사용자의 필요에 따라 자신만의 함수를 정의할 수 있습니다. 기본적으로 엑셀에 내장된 함수도 있고, 직접 만들어서(Function 프로시저) 사용할 수도 있습니다.

예시 코드

```
Sub ExampleFunctions()

  ' 1. Abs: 절대값을 반환합니다.
  Dim absoluteValue As Double
  absoluteValue = Abs(-10.5)
  MsgBox "Absolute value: " & absoluteValue  ' Displays "10.5"

  ' 2. UCase: 문자열을 대문자로 변환합니다.
  Dim upperCase As String
  upperCase = UCase("hello")
  MsgBox "Upper case: " & upperCase  ' Displays "HELLO"

  ' 3. LCase: 문자열을 소문자로 변환합니다.
  Dim lowerCase As String
  lowerCase = LCase("HELLO")
  MsgBox "Lower case: " & lowerCase  ' Displays "hello"
```

```
' 4. Len: 문자열의 길이를 반환합니다.
Dim length As Integer
length = Len("hello")
MsgBox "Length: " & length ' Displays "5"

' 5. Trim: 문자열의 앞뒤 공백을 제거합니다.
Dim trimmed As String
trimmed = Trim("  hello  ")
MsgBox "Trimmed: " & trimmed ' Displays "hello"

' 6. Now: 현재 날짜와 시간을 반환합니다.
Dim currentDateTime As Date
currentDateTime = Now
MsgBox "Current date and time: " & currentDateTime

' 7. Date: 현재 날짜를 반환합니다.
Dim currentDate As Date
currentDate = Date
MsgBox "Current date: " & currentDate

' 8. Time: 현재 시간을 반환합니다.
Dim currentTime As Date
currentTime = Time
MsgBox "Current time: " & currentTime

End Sub
```

VBA의 대표적인 내장 함수는 아래와 같습니다.

함수 이름	설명	사용 예시
Abs	숫자의 절대값을 반환	Abs(−10.5) 결과는 10.5
UCase	문자열을 모두 대문자로 변환	UCase("hello") 결과는 "HELLO"
LCase	문자열을 모두 소문자로 변환	LCase("HELLO") 결과는 "hello"
Len	문자열의 길이를 반환	Len("hello") 결과는 5

Trim	문자열의 앞뒤 공백을 제거	Trim(" hello ") 결과는 "hello"
Now	현재 날짜와 시간을 반환	Now 결과는 현재 날짜와 시간
Date	현재 날짜를 반환	Date 결과는 현재 날짜
Time	현재 시간을 반환	Time 결과는 현재 시간
Year	날짜의 연도를 반환	Year(Date) 결과는 현재 연도
Month	날짜의 월을 반환	Month(Date) 결과는 현재 월
Day	날짜의 일을 반환	Day(Date) 결과는 현재 일
Hour	시간의 시를 반환	Hour(Time) 결과는 현재 시
Minute	시간의 분을 반환	Minute(Time) 결과는 현재 분
Second	시간의 초를 반환	Second(Time) 결과는 현재 초
Rnd	0과 1 사이의 랜덤한 수를 반환	Rnd
Int	숫자의 정수 부분을 반환	Int(10.5) 결과는 10
Round	숫자를 가장 가까운 정수로 반올림	Round(10.5) 결과는 11
CStr	값을 문자열로 변환	CStr(10) 결과는 "10"
CInt	값을 정수로 변환	CInt("10") 결과는 10
CDbl	값을 더블 형식으로 변환	CDbl("10.5") 결과는 10.5

주의하실 점은 엑셀의 함수와 VBA 내장 함수의 기능이 조금씩 다를 수 있다는 것입니다.

예를 들면 엑셀의 DATE 함수는 특정 연도, 월, 일을 인수로 받아 해당 날짜를 반환하지만, VBA의 Date 함수는 어떤 인수도 받지 않으며 항상 현재 날짜를 반환합니다.

6.3.8 오류 처리

오류 처리란 코드에서 발생할 수 있는 오류를 처리하는 방법을 의미하며, '예외 처리'라고도 불립니다. 쉽게 설명하면, 우리가 엑셀을 사용할 때 10/0 과 같이 연산이 이루어질 수 없는 경우도 생기는데, 이럴 때 연산이 오류가 나더라도 다른 결과값이 나오게도 할 수 있습니다.

VBA에서는 On Error 문을 사용하여 특정 상황에 대한 처리를 지정합니다.

예시 코드

```
Sub ErrorHandlingExample()

  On Error GoTo ErrorHandler ' 오류가 발생하면 "ErrorHandler" 레이블로 이동하도록 설정합니다.

  Dim divisor As Integer
  Dim dividend As Integer
  Dim quotient As Double

  divisor = 7
  dividend = 0

  quotient = divisor / dividend ' 여기에서 0으로 나누는 오류가 발생합니다.

  Exit Sub ' 오류가 발생하지 않으면 "ErrorHandler"를 건너뛰고 서브루틴을 종료합니다.

ErrorHandler: ' 오류 핸들러.
  MsgBox "An error occurred: " & Err.Description ' 오류 설명을 표시합니다.

End Sub
```

6.3.9 객체/속성/메서드

VBA(Visual Basic for Applications)는 엑셀, 파워포인트, 워드와 같은 오피스 애플리케이션과의 강력한 통합을 통해 문서 데이터를 만들고, 읽고, 수정하고, 삭제할 수 있는 기능을 제공합니다.

VBA의 본질을 제대로 이해하려면 'Application'이라는 개념에 주목해야 합니다. VBA에서의 Application은 단순한 애플리케이션을 의미하는 것이 아닌, 이를 둘러싼 구조와 구성 요소, 즉 객체(object)와 그 객체가 가진 속성(property), 그리고 이를 동작하게 하는 메서드(method)의 전체를 가리킵니다.

- 객체(Object) : 우리가 조작할 수 있는 모든 항목, 예를 들어 엑셀의 셀, 워드의 페이지, 파워포인트의 슬라이드 등을 포함합니다. 객체는 각각의 '속성'을 가집니다.
- 속성(Property) : 객체가 지닌 고유한 특징을 나타냅니다. 예를 들어 엑셀 셀의 값(Value), 서식(Format), 글꼴(Font) 등이 속성에 해당합니다.

• 메서드(Method) : 객체를 조작하는 방식을 정의합니다. 예를 들어 셀의 내용을 수정하거나 슬라이드를 이동시키는 작업들은 특정 메서드를 통해 수행됩니다.

저자의 한마디

'객체'의 개념은 여러분의 경험으로 체득하는 것이 가장 좋습니다

객체라는 단어는 코드를 직접 공부해보고 사용해보지 않으면 참 어렵게 느껴지는 개념입니다. 아래에 설명을 적어두긴 하겠지만, 그냥 '객체구나' 하는 생각으로 가볍게 넘어가기를 권합니다. 코딩을 공부하고 활용하다 보면 어느 순간 '객체'가 무엇인지 알게 되는 날이 올 것입니다.

객체란?

프로그래밍 언어에서 객체는 데이터와 그 데이터를 다루는 함수를 하나로 묶은 독립적인 단위입니다. 객체는 보통 클래스라는 설계도를 기반으로 생성되며, 객체 내부에는 상태를 나타내는 속성(또는 필드)과 행동을 나타내는 메서드가 포함됩니다. 이러한 구성은 캡슐화를 통해 데이터 보호와 코드의 재사용 및 유지보수를 용이하게 만듭니다.
예를 들어 자동차를 모델링할 때 자동차 클래스는 속성(색상, 속도, 모델명 등)과 메서드(가속, 감속, 정지 등)를 정의합니다. 이 클래스로부터 생성된 각 자동차 객체는 고유한 속성을 가질 수 있으면서도 동일한 동작을 수행할 수 있습니다.
이처럼 객체 지향 프로그래밍(OOP)은 현실 세계의 개체들을 객체로 표현하여 문제를 보다 직관적이고 모듈화된 방식으로 해결할 수 있도록 도와줍니다.

예시 코드 엑셀 활용

```
Sub ExcelObjectExample()
  ' "Sheet2" 워크시트 객체를 설정
  Dim ws As Worksheet
  Set ws = ThisWorkbook.Sheets("Sheet2")

  ' "Sheet2"의 A1 셀에 "Value1"이라는 문자열을 입력 (메서드 사용)
  ws.Range("A1").Value = "Value1"
```

```
    ' "Sheet2"의 B1 셀에 "Value2"이라는 문자열을 입력 (메서드 사용)
    ws.Range("B1").Value = "Value2"

    ' "Sheet2"의 A2 셀에 숫자 10을 입력 (메서드 사용)
    ws.Range("A2").Value = 10

    ' "Sheet2"의 B2 셀에 숫자 20을 입력 (메서드 사용)
    ws.Range("B2").Value = 20

    ' "Sheet2"의 C1 셀에 "Sum"이라는 문자열을 입력 (메서드 사용)
    ws.Range("C1").Value = "Sum"

    ' "Sheet2"의 C2 셀에 A2 셀과 B2 셀의 합계를 계산하여 입력 (메서드 사용)
    ws.Range("C2").Value = ws.Range("A2").Value + ws.Range("B2").Value

    ' "Sheet2"의 C2 셀의 값을 메시지 박스에 표시
    MsgBox "The sum is: " & ws.Range("C2").Value
End Sub
```

엑셀의 구조

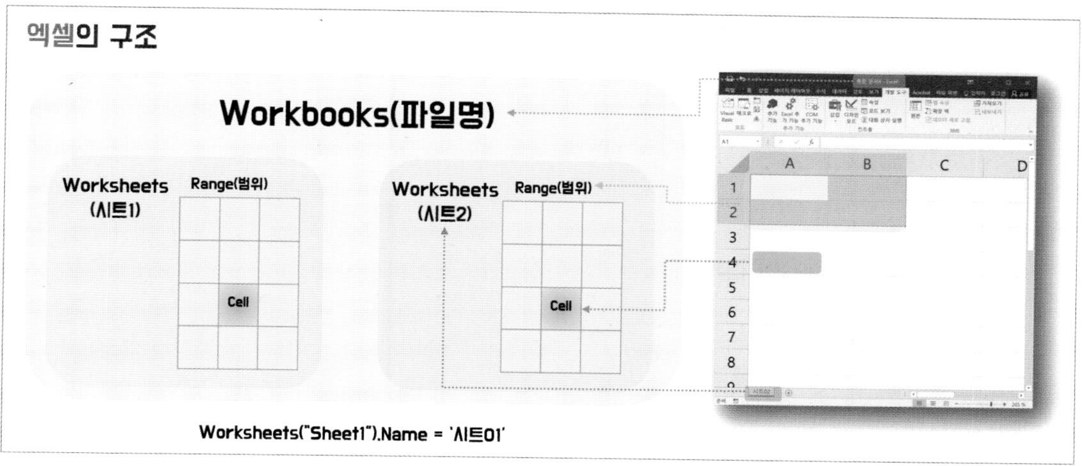

예시 코드 PPT 활용

```
Sub CreatePPT()

    ' PowerPoint 애플리케이션 객체를 설정
    Dim pptApp As Object
```

```
    Set pptApp = CreateObject("PowerPoint.Application")

    ' 새로운 프레젠테이션 객체를 설정
    Dim pptPres As Object
    Set pptPres = pptApp.Presentations.Add

    ' 새로운 슬라이드를 추가하고 슬라이드 객체를 설정
    Dim pptSlide As Object
    Set pptSlide = pptPres.Slides.Add(1, 1) ' 슬라이드를 첫 번째 위치에 추가하며, 슬라이드 레이아웃은 제목 슬라이드로 설정

    ' 슬라이드의 제목 영역에 텍스트를 추가

    pptSlide.Shapes.Title.TextFrame.TextRange.text = "This is the slide title"

    ' 슬라이드의 내용 영역에 텍스트를 추가
    pptSlide.Shapes(2).TextFrame.TextRange.text = "This is the slide content"

    ' PowerPoint 애플리케이션을 표시
    pptApp.Visible = True

End Sub
```

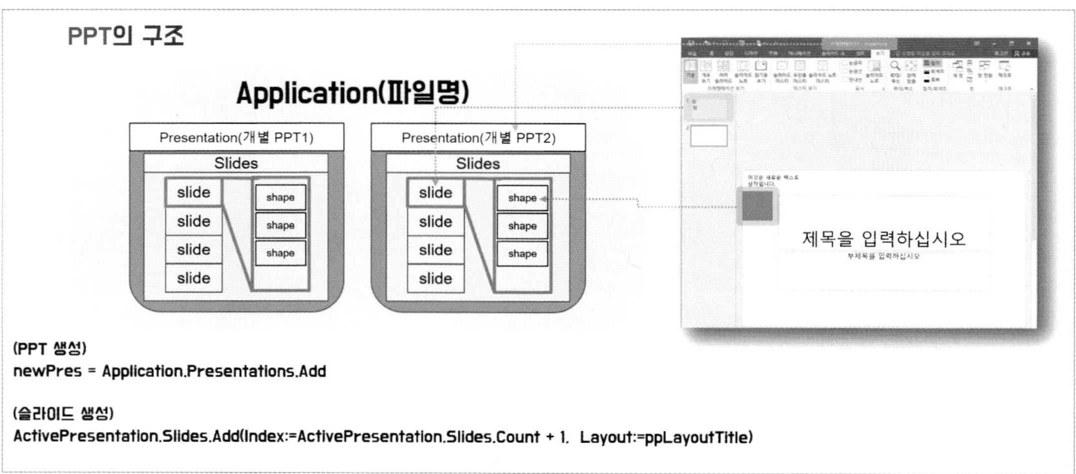

예시 코드 워드 활용

```
Sub CreateWordDoc()

    ' Word 애플리케이션 객체를 설정
    Dim wordApp As Object
    Set wordApp = CreateObject("Word.Application")

    ' 새로운 문서 객체를 설정
    Dim wordDoc As Object
    Set wordDoc = wordApp.Documents.Add

    ' 문서에 제목을 추가
    wordDoc.Content.InsertBefore "This is the document title"
    wordDoc.Content.InsertParagraphAfter

    ' 문서에 내용을 추가
    wordDoc.Content.InsertAfter "This is the document content"

    ' Word 애플리케이션을 표시
    wordApp.Visible = True

End Sub
```

이렇게 코드 해석을 목적으로 필요한 VBA 기본 문법들을 알아보았습니다. 하지만 너무 많은 시간을 투자하여 VBA 학습을 하는 것을 권하지 않습니다. 여러분이 앞으로 더 자주 보게 될 코드는 VBA보다는 파이썬 코드일 확률이 더 높습니다.

하지만 이 내용을 가볍게 보시는 것만으로도 생성형 AI가 만들어낸 코드를 이해하는 것에 더 큰 도움이 될 것은 확실합니다. 기억하세요. 생성형AI는 0에서 1을 만드는 것보다 1에서 10을 더 잘 만들어냅니다.

6.4 VBA로 현업 문제 해결하기

이제 VBA 코드 해석을 위한 모든 준비는 완료되었습니다. 지금부터는 다양한 현업 문제를 생성형 AI와 VBA로 함께 해결해봅시다.

6.4.1 [실습 1] 100개의 고객사별 결과 보고서 PDF로 제작하기

실습 파일 2-2.VBA 〉 chatgptXVBA응용 〉 vba_excel 〉 보고서제작샘플파일_VBA포함.xlsm

VBA 코드의 강점 중 하나는 실제 엑셀이나 PPT의 디자인을 헤치지 않으면서 원하는 결과물을 만들어내는 역할일 것입니다. 저는 처음 VBA로 학습대상자 180여 명의 결과물을 단박에 제작해 냈을 때 VBA의 강력한 힘을 느꼈습니다. 그때의 경험을 되살리며, 이번 실습은 100여 개의 PDF를 제작하는 상황을 가정하고 그에 맞는 코드를 제작해보겠습니다.

홍보팀 홍길홍 대리

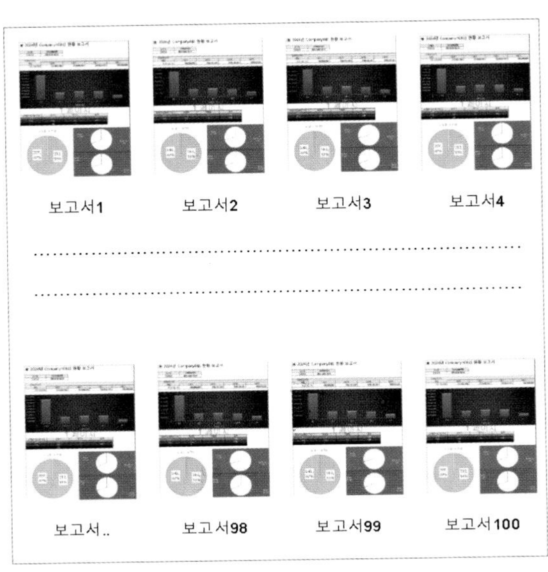

위의 문제를 해결하기 위해서 선행되어야 할 것은 우리가 다룰 엑셀이 어떻게 작동되는지 아는 것입니다.

먼저 엑셀 실습 파일을 열어보면 2가지 시트가 있습니다. '보고서'는 기본 보고서이고, 'RAW_DATA'는 해당 보고서에 들어갈 데이터가 있는 시트입니다.

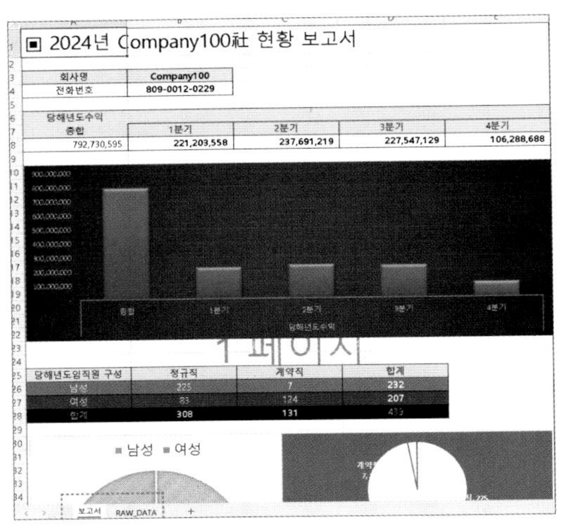

	A	B
1	회사명	전화번호
2	Company1	809-8323-6365
3	Company2	809-7084-6582
4	Company3	809-3975-3453
5	Company4	809-3799-9732
6	Company5	809-3977-5122
7	Company6	809-8158-4025
8	Company7	809-5081-1038
9	Company8	809-8440-9373
10	Company9	809-2112-1425
11	Company10	809-5525-7761
12	Company11	809-6723-1959
13	Company12	809-9209-1906
14	Company13	809-0484-3388
15	Company14	809-7038-7718

보고서 RAW_DATA

'보고서' 시트의 데이터를 보면 B3의 데이터에 따라서 많은 부분의 수식이 'VLOOKUP'으로 연결되어 있는 것을 알 수 있습니다.

NOTE 현재 열린 엑셀 시트에 적용된 수식들을 한번에 확인하고 싶으면 Ctrl+`을 누르거나 '수식' 탭에서 [수식 표시]를 클릭하면 됩니다.

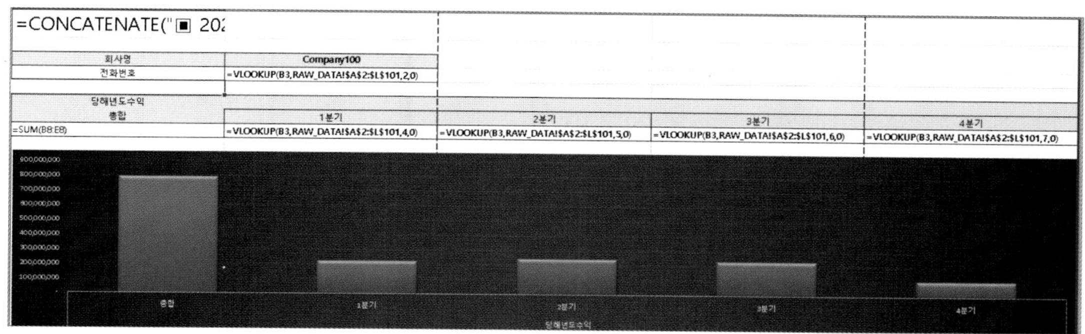

그럼 이렇게 구성된 엑셀에서 보고서를 100개를 만들고 싶다면 우리는 무엇을 해야 할까요?

어떤 질문을 해서 VBA 코드를 만들어야 할까요? 잠시 고민의 시간을 가져보시길 바랍니다.

저자의 한마디

목적을 생각하고 고민하는 습관은 학습 경험을 더욱 의미 있게 만듭니다

지금 이 책을 열심히 읽고 있다면, 잠시 멈추고 중요한 질문을 던져보세요. '내가 얻고자 하는 것은 무엇인가?'라는 작은 질문부터 시작해도 좋습니다. 보고서 100개를 만드는 작은 실습 문제이지만, 제가 다년간 오프라인 수업을 하면서 느낀 점은 이 실습이 앞으로 여러분이 '생성 코딩'을 어떻게 활용할 수 있는지의 척도가 될 수 있을 만큼 중요한 것이라는 겁니다. 사소해보일지 몰라도 이 질문들이 새로운 학습 경험을 더 의미 있게 만들어줍니다. 많은 사람들이 질문의 중요성을 간과하지만, 실제로 이런 문제를 한번 해결해보면 앞으로 '생성 코딩'의 감을 잡는 데 많은 도움이 될 것입니다.

— 고민의 시간이 끝났다면 함께 해결 방법을 도출해봅시다.

고민과 수많은 실험의 과정을 통해, 저는 누구나 이해하고 따라 할 수 있는 코드 생성의 4단계 방법론을 정립하게 되었습니다. 이를 활용하면 여러분도 생성형 AI와 함께 복잡한 코드 문제를 해결하고, 자신의 아이디어를 구현할 수 있을 것입니다. 지금부터 질문을 통해 코드를 생성하는 방법을 단계별로 안내드리겠습니다.

[1단계] 업무 프로세스를 텍스트로 구조화하기

모든 것은 텍스트로 시작됩니다. 이 단계는 곧 구현하려는 프로세스를 정확히 정의하고 단계별로 나누는 과정입니다. 복잡해보일 수 있지만, 이 과정에서 중요한 것은 '무엇을 이루고자 하는지'와 '어떻게 구현하고자 하는지'를 명확히 하는 것입니다. 목표가 분명히 설정되면 AI에게 질문을 던져 더 정확한 코드를 생성하는 기반이 마련됩니다.

예를 들어 특정 업무를 자동화하고자 한다면 그 업무를 세세하게 나눠 설명하는 텍스트 작성이 첫 번째 과제입니다. 이 과정에서 불필요한 과정과 필요 없는 데이터가 줄어들게 되며, 질문을 통해 AI가 핵심을 더 잘 파악할 수 있습니다.

[2단계] 초기 정보와 초기 코드 제공하기

AI가 보다 유의미한 출력을 만들어내기 위해서는 최소한의 초기 정보와 초기 코드를 제공하는 것이 중요합니다. 이러한 정보들은 AI의 방향성을 결정해주는 나침반과 같은 역할을 합니다. 이 단계에서는 단순히 '이 기능을 구현해줘'라는 요청이 아닌, 그 기능을 위한 사전 조건과 필요한 데이터 구조를 정의하고 제공해야 합니다.

예를 들어 데이터를 분석하는 프로그램을 만든다고 가정할 때 분석에 필요한 데이터와 몇 가지 초기 코드 조각을 제공하면 AI는 이를 기반으로 효율적으로 코드 작성을 시작할 수 있습니다.

[3단계] CoT(Chain-of-Thought) 방식 활용하기

이 이야기를 하기 전에 논문을 하나 소개하겠습니다. 구글 브레인 팀(Google Brain Team)에서 만든 논문인데, 2년 동안 무려 8000여 번 인용될 정도로 아주 유명합니다.

arXiv
https://arxiv.org › cs

Chain-of-Thought Prompting Elicits Reasoning in Large ...

J Wei 저술 · 2022 · 8206회 인용 — Experiments on three large language models show that **chain of thought prompting** improves performance on a range of arithmetic, commonsens...

Chain-of-Thought Prompting Elicits Reasoning in Large Language Models

Jason Wei **Xuezhi Wang** **Dale Schuurmans** **Maarten Bosma**
Brian Ichter **Fei Xia** **Ed H. Chi** **Quoc V. Le** **Denny Zhou**

Google Research, Brain Team
{jasonwei,dennyzhou}@google.com

CoT 방식에 관한 구글 브레인 팀의 논문 (출처: https://arxiv.org/pdf/2201.11903)

CoT 방식, 즉 사고의 흐름을 통해 문제를 풀어가는 접근은 코드 생성에서도 탁월한 효과를 발휘합니다.

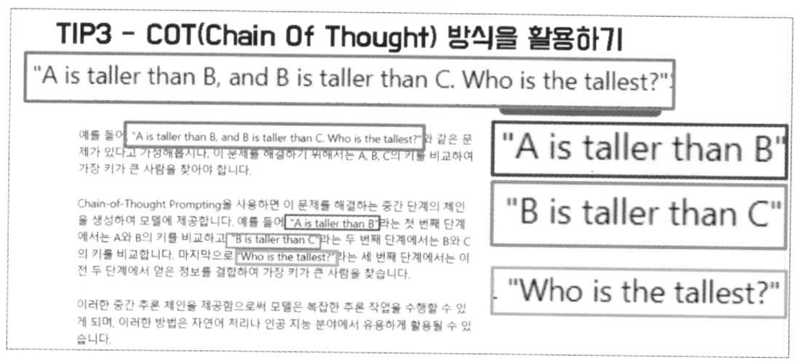

(출처: 생성형 AI PDF 요약 서비스 활용)

CoT는 한 번의 질문으로 모든 해답을 기대하기보다는, 여러 단계의 질문과 답변을 통해 점진적으로 문제를 해결해가는 것이 핵심입니다. 이 단계에서는 학습자가 코드 생성 과정에서 자신이 원하는 결과에 도달할 수 있도록 AI와 상호작용을 이어가는 방식을 익히게 됩니다. AI는 학습자의 연속적인 질문과 답변을 통해 점점 더 정교한 코드를 생성하게 되며, 이렇게 만들어진 코드는 곧 학습자의 생각이 반영된 완성도 높은 결과물로 이어지게 됩니다.

[4단계] 코드를 수정하고 최적화하기

3단계까지 코드를 안정적으로 생성했는데, 예상치 못한 오류가 발생한다면 이 문제를 어떻게 해결할 수 있을까요?

일반적으로 우리는 코드 생성이 가능하다고 생각하지만, 사실 이는 우리가 이미 알고 있는 범위 내에서 이루어지는 경우가 많습니다. 단순한 실습에서는 1~2단계 정도만으로도 코드를 안정적으로 생성할 수 있지만, 실제 업무 환경에서는 복잡한 다단계의 프로세스를 거쳐야 합니다. 예를 들어 현업 프로세스가 40단계에 걸쳐 있다면, 초기 5단계에서는 코드가 원활하게 생성되더라도 이후 단계에서는 점차 오류가 발생할 가능성이 커집니다. 오류가 발생하면 그 다음 기능을 계속해서 생성해나가기 어려운 상황에 봉착하게 됩니다.

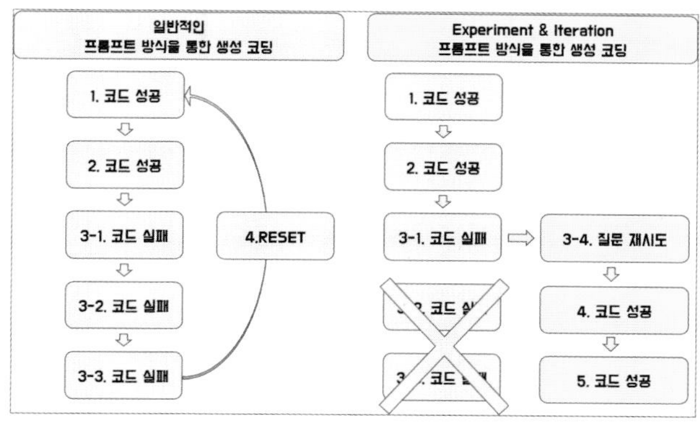

해결책: 코드 생성을 실험하고 반복하기

이러한 상황에서 유용한 해결책인 이 방식은 우리가 기존에 가진 지식에 의존하지 않고, 질문을 기반으로 코드를 생성하는 접근법입니다. 이는 기존의 코드 생성 방식과는 다르게 생각해야 합니다. 실험을 통해 문제를 탐색하고, 반복적인 질문을 통해 새로운 관점에서 문제를 해결해 나가는 방식이죠.

실험과 반복의 방식으로 코드를 생성하게 되면, 한 번의 오류로 좌절하지 않고 더 유연하게 다음 단계를 시도할 수 있습니다. 이 방식은 원하는 결과를 효율적으로 만들어낼 수 있도록 해주며, 복잡한 문제도 단계별로 해결해 나갈 수 있는 힘을 줍니다.

사실 말만 들어서는 어떻게 하는지 잘 감이 안 오시죠? 직접 적용해봅시다.

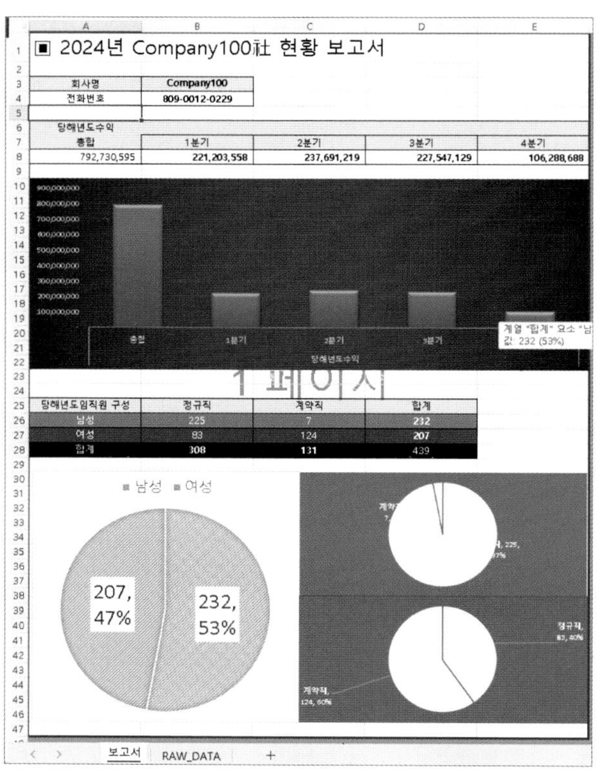

[첫 번째 질문]

PROMPT

현재 열려있는 엑셀의 '보고서' 시트의 B3의 데이터를 -company1~company100까지 변경하는 VBA 코드 제작

ANSWER

아래는 Excel VBA를 사용하여 "보고서" 시트의 B3 셀 데이터를 "company1"부터 "company100"까지 순차적으로 변경하는 코드입니다. 이 코드는 각 회사 이름에 대해 별도의 파일을 저장하지 않고 단지 셀 값을 바꾸고 결과를 확인하기 위해 메시지 박스를 표시합니다.

VBA

```
Sub ChangeCompanyNames()
  Dim ws As Worksheet
  set ws = ThisWorkbook.Sheets("보고서") ' "보고서" 시트 설정
  Dim companyName As String
  Dim i As Integer
  For i = 1 To 188
    companyName="company" & i  'company1부터 company100까지 생성
    ws.Range("B3").Value companyName  'B3 셀에 companyName을 설정
    MsgBox "B3 셀의 데이터가 & companyName & "로 변경되었습니다."  '확인 메시지 표시
  Next i
End Sub
```

[두 번째 질문]

PROMPT

위의 코드를 기반으로 아래의 기능을 추가하여 발전시켜줘.
- A1~E47까지의 범위를 PDF로 제작하기
- PDF의 파일 이름은 비현코001.pdf~비현코100.pdf
- PDF의 저장 위치는 현재 엑셀 파일이 존재하는 위치

ANSWER

Excel VBA를 사용하여 요청하신 기능을 추가한 코드를 제공하겠습니다. 이 코드는 "보고서" 시트의 B3 셀 데이터를 "company1"부터 "company100"까지 변경하고, A1~E47 범위를 PDF 파일로 저장 합니다. PDF 파일 이름은 "비현코001.pdf"부터 "비현코100.pdf"까지이며, 저장 위치는 현재 Excel 파일이 위치한 동일한 폴더입니다.

Excel

```
Sub ChangeCompanyNames AndExport PDF()
  Dim ws As Worksheet
  set ws = This workbook.Sheets("보고서")
```

```
Dim currentPath As String
currentPath = ThisWorkbook.Path  '현재 엑셀 파일의 위치
Dim companyName As String
Dim fileName As String
Dim i As Integer
For i = 1 To 199
   companyName = "company"& i
   ws.Range("B3").Value = companyName

' 파일 이름 생성 (비현코001.pdf 비현코100.pdf)
fileName = "비현코" & Format(i, "eee") & ".pdf"

' A1~E47 범위를 PDF로 저장
ws.Range("A1: E47").ExportAsFixeurormat Type:=xlTypePDF, _

(...생략...)
```

위의 2개의 질문을 보면 매우 명확하게 질문이 구성되어 있고, 프로세스를 2단계로 나눠서 CoT 방식을 적용했습니다. 실제로 이런 코드를 요청하면 챗GPT는 코드를 아주 잘 만들어냅니다.

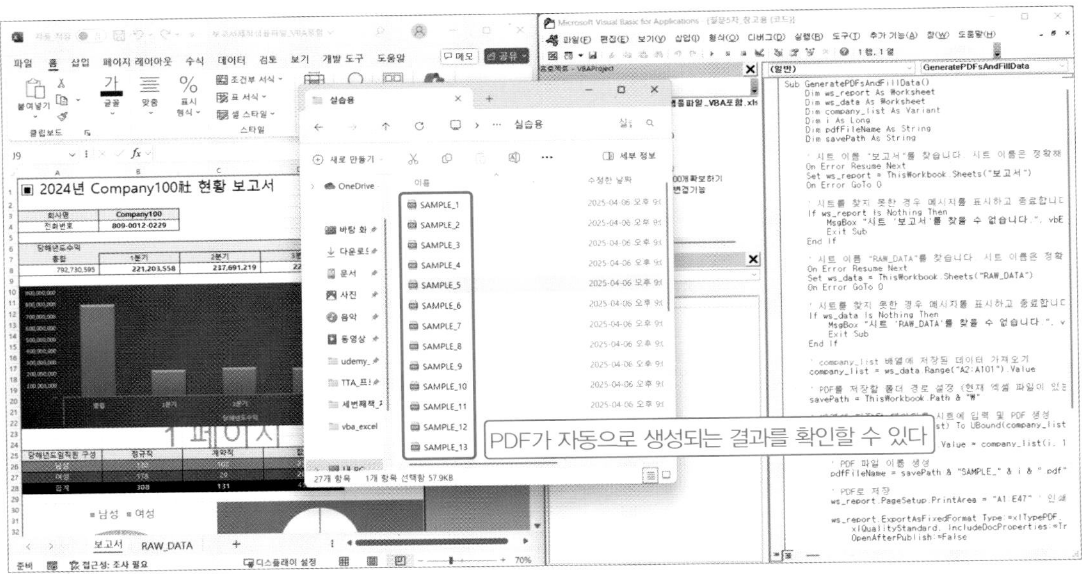

이 방식을 활용하면 다른 현업 상황에서도 쉽게 코드를 제작하여 다양한 결과물을 만들어낼 수 있게 됩니다.

6.4.2 [실습 2] 파워포인트 자간 전체 컨트롤 하기

참고 파일 2-2.VBA 〉 chatgptXVBA응용 〉 vba_pptx 〉 PPT_자간조절하기.txt

업무에서 슬라이드 디자인은 단순한 작업처럼 보일 수 있지만, 실제로는 메시지 전달의 핵심 도구 중 하나입니다. 특히 프레젠테이션을 통해 정보를 전달할 때 시각적 요소는 청중의 이해도와 집중력을 좌우하는 중요한 요소로 작용합니다. 그중에서도 '자간'은 간과하기 쉽지만, 텍스트의 가독성과 세련됨을 결정짓는 숨은 주역입니다.

이번 실습의 주제는 구글 슬라이드를 파워포인트 파일로 저장했을 때 발생하는 자간 차이를 해결하는 것입니다. 이번에는 별도의 실습 파일은 없습니다. 다음 소개할 저의 사례와 참고 파일을 바탕으로, 여러분도 실습 상황과 비슷한 문제가 생겼을 때 참고해보시면 좋겠습니다.

가끔 우리는 구글 슬라이드에서 작업한 내용을 파워포인트로 가져와야 하는 경우가 있습니다. 두 플랫폼 간의 텍스트 처리 방식이 다르기 때문에, 구글 슬라이드에서는 평범하게 보였던 텍스트의 자간이 파워포인트에서는 지나치게 넓어 보이거나 흐트러져 보이는 일이 생기곤 합니다. 아래는 이 현상을 간단히 예로 든 것입니다.

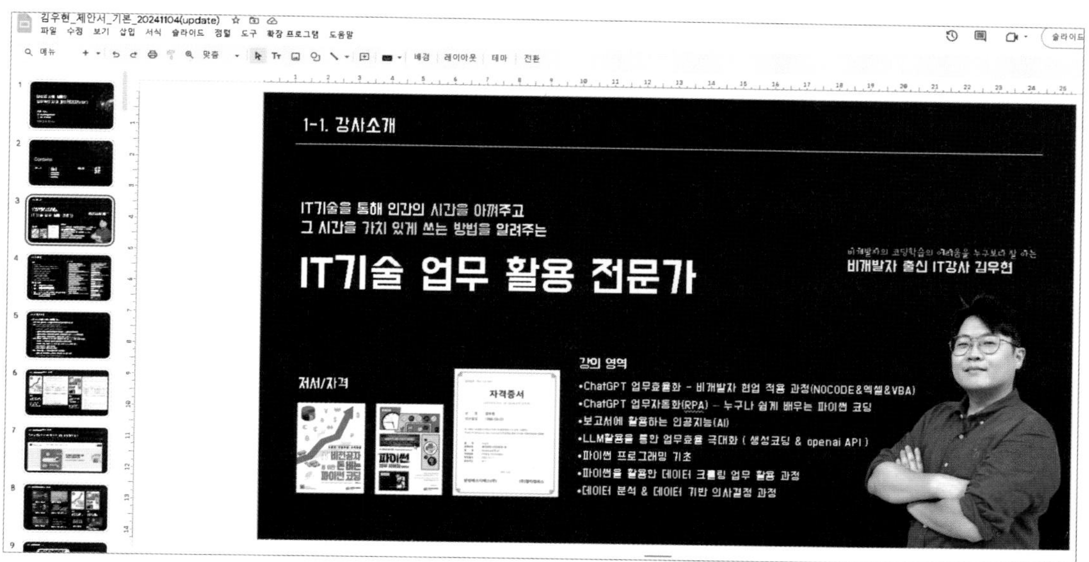

구글 슬라이드: 깔끔하고 적당한 간격의 텍스트

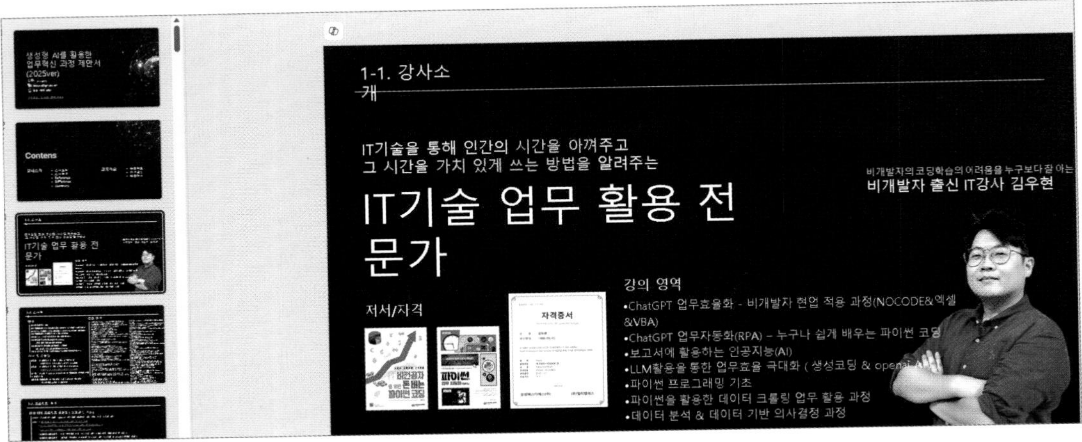

MS PowerPoint: 상대적으로 넓어진 자간으로 인해 느슨하고 덜 정돈됨

이와 같은 문제는 프레젠테이션의 전문성과 시각적 완성도를 떨어뜨릴 수 있습니다. 특히 중요한 비즈니스 미팅이나 발표에서 이러한 세부적인 요소들은 신뢰와 설득력을 결정짓는 데 큰 영향을 미칩니다.

이럴 때는 전체 페이지의 자간을 조절하고 싶지만 OFFICE 365 버전에서도 그런 기능은 찾아볼 수가 없습니다. 이런 상황처럼 원하는 기능이 없는 경우, 과거에는 수작업으로 모든 것을 해결해야 했습니다. 하지만 지금부터는 질문을 통해서 코드를 생성하고 해결할 수 있습니다.

다음의 결과물부터 한번 보겠습니다.

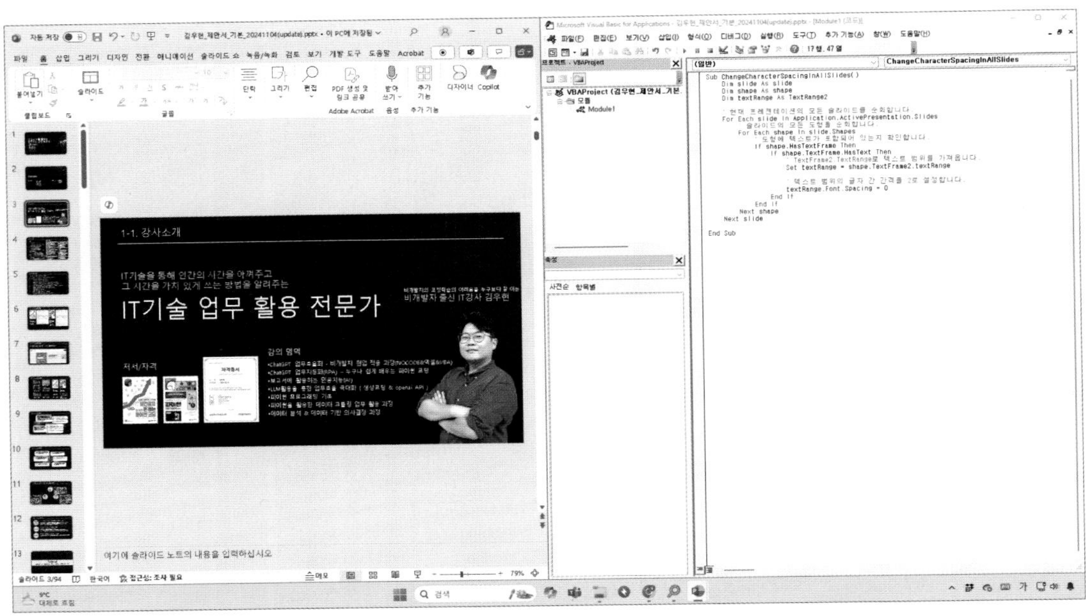

결과물을 보면, 자간이 세밀하게 조정된 것을 확인할 수 있습니다. 이러한 결과는 우연으로 만들어지지 않습니다. 끊임없는 실험과 반복적인 시도을 더해 만들 수 있습니다. 그만큼 프롬프트 엔지니어링이 중요하다는 뜻입니다. 제가 어떻게 이와 같은 결과물을 만들었는지는 다음을 보시면 알 수 있습니다.

> **NOTE** 이 실습의 코드 원문은 'PPT_자간조절하기.txt' 파일에 있습니다.

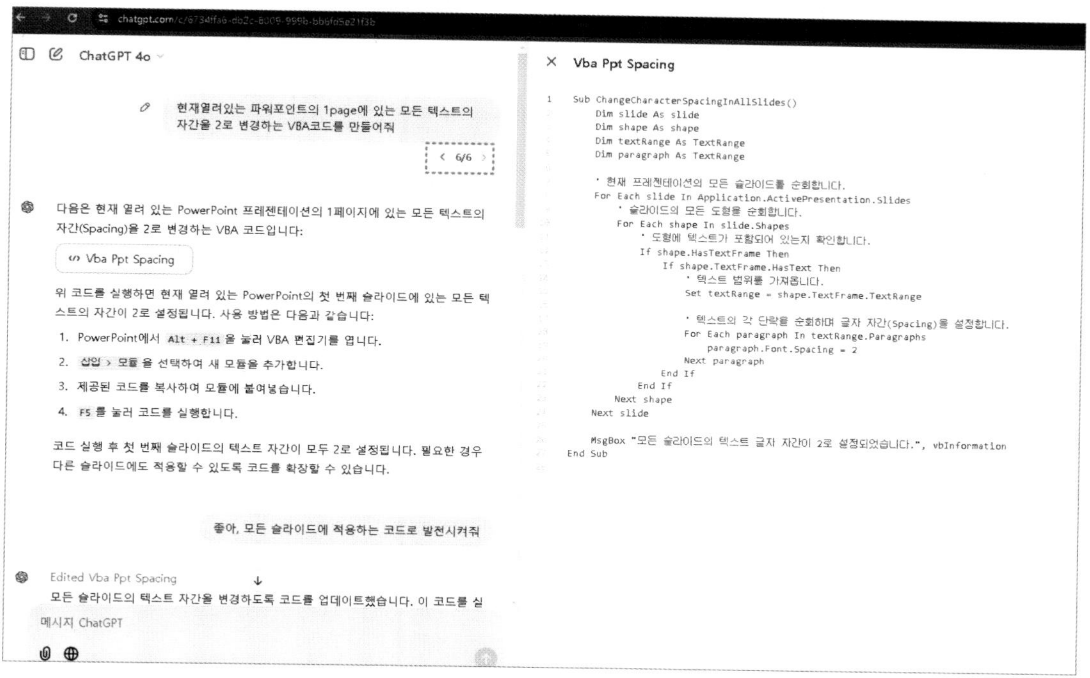

첫 번째 질문에서 여섯 번의 반복 질문을 확인할 수 있습니다. 많은 사람들이 사용하지 않는 코드는 오류가 발생할 가능성이 높아지기 때문에, 이를 다룰 때 선택할 수 있는 두 가지 방법이 있습니다.

첫째, 끈기를 발휘하며 지속적으로 코드를 작성하고 개선해나가기
둘째, 코드를 작성하면서 배우고 그 과정에서 문제를 해결하는 능력 키우기

이 두 가지 접근 방식은 상호 배타적인 것이 아닙니다. 오히려 두 가지를 모두 겸비했을 때 비로소 진정한 실력을 발휘할 수 있습니다.

저자의 한마디

생성형 AI는 만능 열쇠가 아닙니다

저는 많은 학습자들을 만나면서 자주 마주했던 오해를 하나 공유하고 싶습니다. 많은 이들이 생성형 AI가 모든 문제를 해결해줄 것이라고 믿는 경우가 많습니다. 그러나 현실은 다릅니다. 창조의 과정에서 가장 중요한 시작점, 즉 '0에서 1'을 만드는 일은 결국 사람이 해야 합니다. 이후, '1에서 10'까지의 과정은 생성형 AI의 도움을 받을 수 있겠지만, 시작점의 주도권은 여전히 우리에게 있습니다. 이는 단순한 코드 작성뿐 아니라 문제 해결과 창의적 사고 전반에 적용될 수 있는 교훈입니다.

6.4.3 [실습 3] 자사 홍보용 카드뉴스 제작하기

실습 폴더 2-2.VBA 〉 ChatGPT로 카드뉴스제작하기

이번 사례에서는 홍보용 카드뉴스 제작 방법을 다루고자 합니다. 우리는 흔히 카드뉴스를 만들기 위해 몇몇 웹사이트를 이용하곤 합니다. 이들 서비스는 기본적으로 유용하지만, 사용자가 직접 비용을 지불하거나 제공된 템플릿에 의존해야 하는 경우가 다반사입니다. 이러한 제한 속에서 창의적이고 맞춤화된 콘텐츠를 만드는 데 어려움을 겪기도 합니다.

미래에도 이와 유사한 서비스가 계속 등장하겠지만, 본질적인 문제는 여전히 남아 있습니다. 새로운 서비스가 출시될 때마다 사용자는 이를 학습하고 활용하기 위해 시간과 비용을 투입해야 합니다. 이는 효율적인 업무 수행을 방해하는 요소가 될 수 있습니다.

이런 맥락에서 VBA를 활용하여 카드뉴스를 제작한다면 어떨까요? VBA를 통해 자동화된 프로세스를 구축하면, 반복적인 작업을 줄이고 자신만의 스타일에 맞춘 창의적인 콘텐츠를 손쉽게 제작할 수 있습니다. 단순한 템플릿 사용에서 벗어나 진정한 커스터마이징의 가능성을 열어주는 것입니다.

VBA로 카드뉴스를 제작하는 과정은 단순한 도구 사용을 넘어, 자신의 아이디어를 코드로 구현하는 매력적인 경험이 될 것입니다. 이는 단순한 작업 자동화에 그치지 않고, 독창성과 효율성을 동시에 추구하는 현대 비즈니스 환경에서 중요한 경쟁력을 제공합니다. 이렇게 하면 시간과 비용은 절약되고, 업무의 생산성은 눈에 띄게 향상될 것입니다.

다음의 결과물부터 한번 보겠습니다.

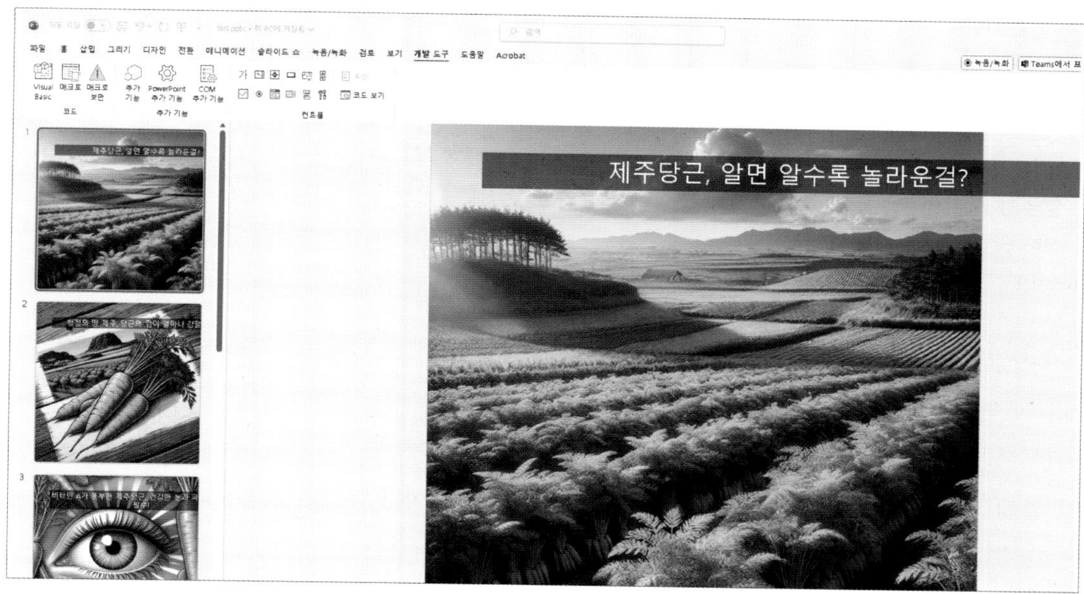

왼쪽에 이미지가 있고 글씨가 적혀있습니다. PPT로 결과물이 나오게 되었죠. 현업에서 PPT를 자주 쓰기 때문에 그 이후 편집에는 우리가 가지고 있는 PPT 다루는 기술을 사용하면 편하게 편집할 수 있습니다.

이번에도 CoT 방식을 이용하며 다음과 같은 단계를 거쳐서 결과물을 만들어낼 것입니다.

TEXT → 카드뉴스 내용물 → 각 카드에 들어갈 이미지 → VBA 코드 결합 · 생성 → 카드뉴스 제작

[첫 번째 질문] 카드뉴스 텍스트 생성

PROMPT

제주 당근을 소개하는 5장의 카드뉴스에 들어갈 텍스트를 만들어줘.

예시)
카드 1 - 제주 당근, 알면 알수록 놀라운걸?
카드 2 - 청정의 땅 제주, 당근의 힘이 얼마나 강할까요?

ANSWER

카드뉴스: 제주당근의 매력을 알아보세요!
카드 1:
제주당근, 알면 알수록 놀라운걸?

카드 2:
청정의 땅 제주, 당근의 힘이 얼마나 강할까요?

카드 3:
비타민 A가 풍부한 제주당근, 건강한 눈과 피부를 위해 필수!

카드 4:
달콤하고 아삭한 맛의 제주당근, 다양한 요리에 활용해 보세요.

카드 5:
제주의 자연이 키워낸 제주당근, 맛과 영양이 가득 담긴 최고의 선택!

[두 번째 질문] 카드뉴스 이미지 생성

PROMPT
이제, 카드 1부터 카드 5에 들어갈 이미지 5장을 순차적으로 만들어줘. 이미지에는 텍스트가 들어가지 않도록 해줘.

ANSWER

제주당근을 소개하는 카드뉴스 이미지
카드 1 : 제주도 농장의 풍경
카드 2 : 제주 당근의 자연미
카드 3 : 건강한 눈과 피부를 위한 제주 당근
카드 4 : 다양한 요리에 활용된 제주 당근
카드 5 : 제주 해안가의 당근 바구니

NOTE 챗GPT의 무료 버전이나 Plus을 사용하는 경우에는 이미지 생성 한도가 있습니다.

NOTE 챗GPT가 생성한 이미지에 마우스 커서를 올리면 다운로드 아이콘이 있습니다. 이 아이콘을 클릭하면 해당 이미지가 webp 파일 형태로 다운로드됩니다.

[세 번째 질문] 파워포인트 VBA 코드 생성

PROMPT

이제 POWERPOINT VBA를 사용해서 5장의 슬라이드를 만들어주는 코드를 제작해줘.
0단계) 현재 열려있는 POWERPOINT 파일을 기본 경로로 시작해주고 슬라이드는 정사각형 형태로 구성해줘
1단계) 위에서 만든 이미지 5장을 새로운 PPT가 있는 경로에 있는 image1~5.webp로 지정
2단계) 5장의 슬라이드 이미지 5장을 순차적으로 배치
3단계) 이미지 위에 텍스트를 배치

ANSWER

다음은 PowerPoint VBA를 사용하여 5장의 슬라이드를 생성하고, 이미지와 텍스트를 배치하는 코드입니다.

vba

```
Sub CreateJejuCarrotSlides()
  Dim ppt As Object
  Dim pres As Object
  Dim slide As Object
  Dim imgPath As String
  Dim i As Integer

  ' 0단계: 현재 열린 PowerPoint 파일을 기본경로로 시작
  Set ppt = CreateObject("PowerPoint.Application")
  Set pres = ppt.ActivePresentation
```

```
  ' 슬라이드 크기 설정 (정사각형 형태)
  pres.PageSetup.SlideWidth = pres.PageSetup.SlideHeight

  (…생략…)

  ' 해제
  Set slide = Nothing
  Set pres = Nothing
  Set ppt = Nothing
End Sub
```

NOTE 코드 원문은 'ChatGPT로 카드뉴스 제작하기' 폴더의 'ChatGPT로_카드뉴스제작하기.html'을 열면 확인할 수 있습니다.

이제 파워포인트를 열어서 챗GPT로 생성한 VBA 코드를 붙여넣고 실행합니다. 그러면 다음과 같이 카드뉴스 제작용 슬라이드가 자동으로 만들어집니다.

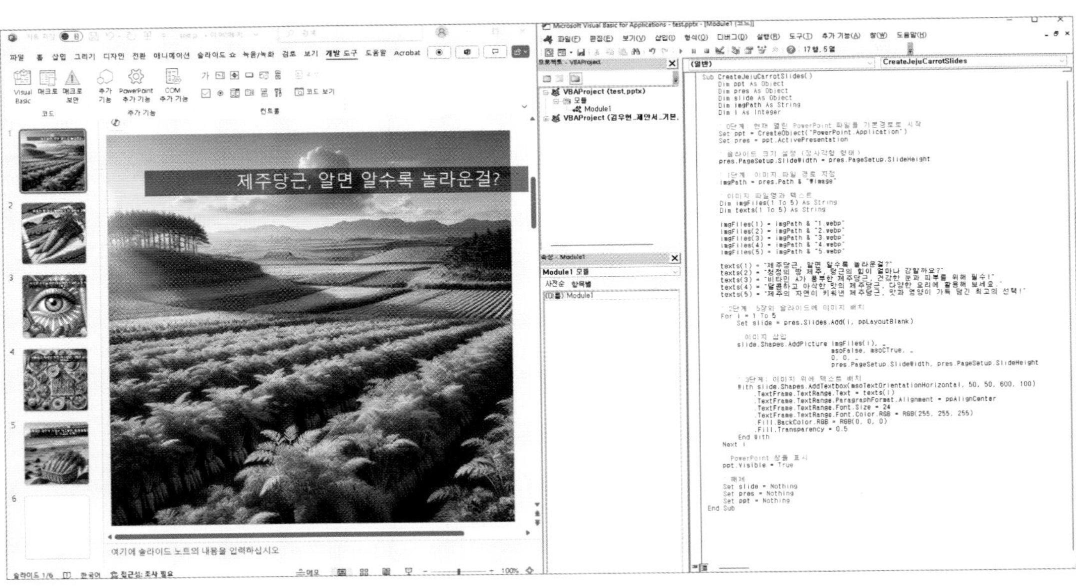

이런 식으로 원한다면 이미지를 제작하여 원하는 슬라이드 제작에도 큰 도움이 될 것입니다. 생각보다 퀄리티가 높게 나와서 많이 놀라실 겁니다. 다음 사례는 엑셀 처리 자동화를 진행해보겠습니다.

6.4.4 [실습 4] 여러 엑셀 파일을 하나로 합치기

실습 파일 2-2.VBA 〉 chatgptXVBA응용 〉 vba_excel 〉 bhyunco_chatgpt_vba_1-데이터파일병합.xlsm

비즈니스 환경에서는 종종 여러 데이터 소스를 하나로 통합하는 작업이 요구됩니다. 특히 여러 시트를 하나로 합치거나 여러 파일을 결합하는 작업은 많은 조직에서 반복적으로 발생하는 업무입니다. 여기서 실제 업무 사례를 통해 이러한 문제를 어떻게 해결할 수 있을지 살펴보겠습니다.

이번 실습의 주제와 관련 있는 한 학습자의 실제 사례를 잠시 이야기하겠습니다. 그분의 주요 작업은 글로벌 시장 데이터 통합이었습니다. 11개국에 위치한 각 주재원들이 매달 4개의 제품에 대한 시장 조사를 수행하면, 그분은 국가별로 수집된 데이터를 합산한 후 피벗 테이블을 이용해 분석하는 작업을 매주 반복하셨습니다. 이 데이터는 상품별로 정리되어 관련 영업팀에 전달되며, 해외 시장 동향을 파악하는 데 중요한 역할을 합니다.

그런데 문제는 이 과정이 지나치게 수작업에 의존하고 있다는 점입니다. 각국에서 보내온 데이터를 일일이 확인하고, 파일을 열어 복사·붙여넣기, 필터링, 정렬 등의 작업을 반복하는 데 많은 시간이 소요되었습니다. 이는 단순한 반복 작업으로 인한 피로도와 시간 낭비를 초래할 뿐 아니라, 잦은 실수를 유발하기도 합니다.

하지만 이제는 VBA를 사용하면 아주 쉽게 문제를 해결할 수 있습니다. 여기서는 실행 결과를 보는 것으로 실습 과정을 마치고, 코드를 구현하는 것은 여러분의 몫으로 남기겠습니다.

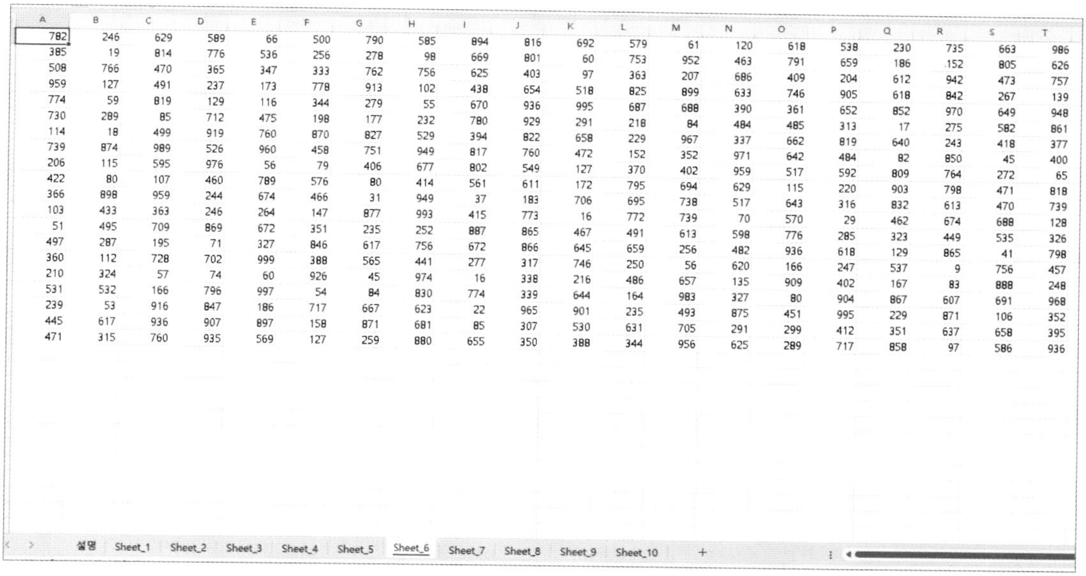

A	B	C	D	E	F	G	H	I	J	K	L	M	N	O	P	Q	R	S	T
782	246	629	589	66	500	790	585	894	816	692	579	61	120	618	538	230	735	663	986
385	19	814	776	536	256	278	98	669	801	60	753	952	463	791	659	186	152	805	626
508	766	470	365	347	333	762	756	625	403	97	363	207	686	409	204	612	942	473	757
959	127	491	237	173	778	913	102	438	654	518	825	899	633	746	905	618	842	267	139
774	59	819	129	116	344	279	55	670	936	995	687	688	390	361	652	852	970	649	948
730	289	85	712	475	198	177	232	780	929	291	218	84	484	485	313	17	275	582	861
114	18	499	919	760	870	827	529	394	822	658	229	967	337	662	819	640	243	418	377
739	874	989	526	960	458	751	949	817	760	472	152	352	971	642	484	82	850	45	400
206	115	595	976	56	79	406	677	802	549	127	370	402	959	517	592	809	764	272	65
422	80	107	460	789	576	80	414	561	611	172	795	694	629	115	220	903	798	471	818
366	898	959	244	674	466	31	949	37	183	706	695	738	517	643	316	832	613	470	739
103	433	363	246	264	147	877	993	415	773	16	772	739	70	570	29	462	674	688	128
51	495	709	869	672	351	235	252	887	865	467	491	613	598	776	285	323	449	535	326
497	287	195	71	327	846	617	756	672	866	645	659	256	482	936	618	129	865	41	798
360	112	728	702	999	388	565	441	277	317	746	250	56	620	166	247	537	9	756	457
210	324	57	74	60	926	45	974	16	338	216	486	657	135	909	402	167	83	888	248
531	532	166	796	997	54	84	830	774	339	644	164	983	327	80	904	867	607	691	968
239	53	916	847	186	717	667	623	22	965	901	235	493	875	451	995	229	871	106	352
445	617	936	907	897	158	871	681	85	307	530	631	705	291	299	412	351	637	658	395
471	315	760	935	569	127	259	880	655	350	388	344	956	625	289	717	858	97	586	936

설명 Sheet_1 Sheet_2 Sheet_3 Sheet_4 Sheet_5 Sheet_6 Sheet_7 Sheet_8 Sheet_9 Sheet_10 +

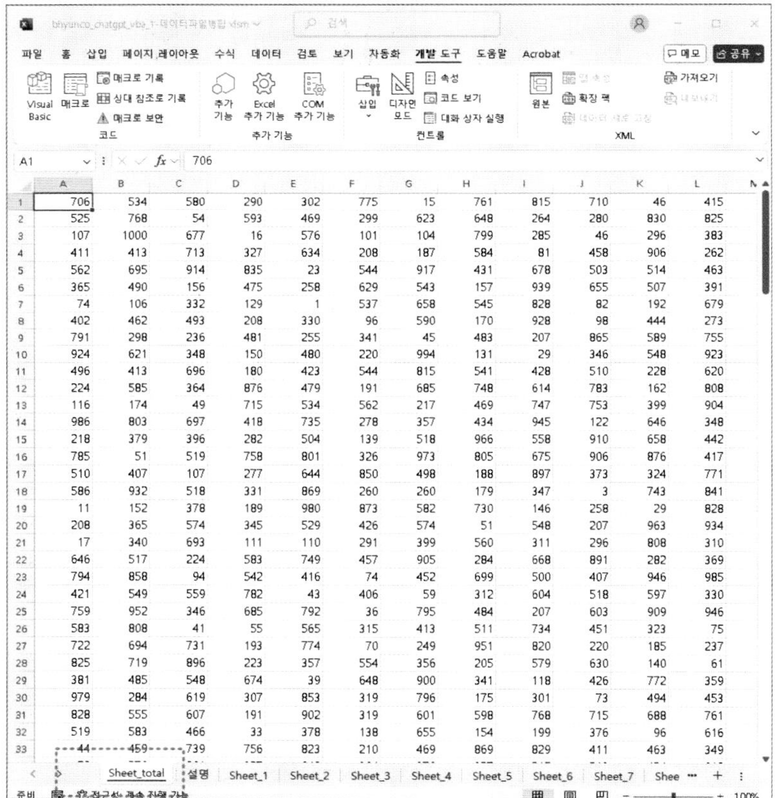

이처럼 여러 시트를 하나로 합치는 코드는 챗GPT가 정말 잘해냅니다.

이번 장에서는 실무에서 마주할 수 있는 다양한 업무 상황을 생성형 AI와 VBA를 활용하여 해결하는 방법을 다뤄보았습니다. 어떠셨나요?

이 장의 핵심은, AI를 활용한 코드 생성과 문제 해결의 과정을 단계별로 체계화하여 접근하는 방법론입니다. 특히 엑셀과 PPT와 같은 실제 업무 도구에서 효율적인 자동화를 구현하기 위해 질문을 명확히 하고, CoT(Chain-of-Thought) 방식을 통해 문제를 점진적으로 해결하는 중요성을 강조했습니다.

PDF 보고서 자동 생성 사례에서는, 엑셀의 구조를 분석하고, 질문을 통해 적합한 VBA 코드를 생성하여 100개의 보고서를 제작하는 과정을 살펴보았습니다. 또한, 슬라이드의 자간 조정, 카드뉴스 제작, 여러 엑셀 파일 합치기 등의 다양한 실무 사례를 통해 생성형 AI와 VBA가 제공할 수 있는 실질적인 가치를 확인했습니다.

결국, 이 장은 단순히 코드를 작성하는 기술을 넘어, 질문을 기반으로 한 사고방식과 반복적 실험의 중요성을 배우는 기회였습니다. 이 과정을 통해 AI와 협업하여 더 효율적이고 창의적인 업무 방식을 개발할 수 있기를 바랍니다. 다음 장에서도 실무에 바로 적용할 수 있는 다른 코딩 언어 대해서 알아보도록 하겠습니다.

CHAPTER 07 챗GPT X 구글 앱스 스크립트

이 장에서는 구글 워크스페이스의 다양한 제품과 앱스 스크립트를 결합하여 업무를 자동화하고 생산성을 극대화하는 방법을 배울 것입니다. 기본 사용법부터 시작하여, 실무에서 바로 활용할 수 있는 고급 응용 사례까지 단계별로 다룰 예정입니다. 이제 함께 구글 앱스 스크립트의 세계로 들어가 보겠습니다.

7.1 구글 앱스 스크립트 알아보기

구글 앱스 스크립트(Google Apps Script)(이하 앱스 스크립트)는 구글이 제공하는 클라우드 기반 스크립팅 언어입니다. 간단히 말해, 앱스 스크립트는 구글 워크스페이스(Google Workspace) 제품(예: 스프레드시트, 문서, 폼 등)과 상호작용하고 이를 자동화하는 데 사용됩니다. 흔히 '구글의 VBA'라고 불릴 만큼 구글 생태계 안에서의 자동화와 확장성을 제공하는 강력한 도구입니다.

스크립팅 언어란?

스크립팅 언어란 특정 작업을 자동화하거나 응용 프로그램과 상호작용하는 데 사용되는 프로그래밍 언어를 의미합니다. 앱스 스크립트는 자바스크립트(JavaScript)를 기반으로 만들어졌으며, V8 엔진(자바스크립트 엔진)을 사용합니다. 이 언어를 통해 사용자는 구글 워크스페이스의 다양한 기능을 프로그래밍을 통해 제어하고 반복적인 작업을 효율적으로 처리할 수 있습니다.

앱스 스크립트의 특징

- **구글 워크스페이스와의 통합** : 구글 스프레드시트, 지메일, 캘린더 등 다양한 서비스와 직접 통신이 가능합니다. 예를 들어 스프레드시트 데이터를 자동으로 정리하거나 지메일로 이메일을 대량 발송하는 작업을 간단히 구현할 수 있습니다.
- **클라우드 기반** : 로컬 설치가 필요 없으며 모든 코드는 클라우드에서 실행됩니다. 이는 협업과 유지보수를 간소화합니다.
- **무료 사용 가능** : 구글 계정만 있으면 누구나 무료로 사용할 수 있습니다. 또한 무료 소프트웨어는 구성원들의 개인의 성장에도 도움이 됩니다. 이직을 하더라도 개인적인 상황에서 활용할 수 있기 때문입니다.

주의점: 보안 문제

앱스 스크립트는 구글 계정을 통해 실행되기 때문에 데이터 접근과 보안에 민감한 문제를 동반할 수 있습니다. 따라서 보안이 중요한 작업에서는 권한 설정과 데이터 접근 범위를 철저히 관리해야 합니다.

많은 대기업/관공서/공기업 등에서 구글 워크스페이스를 사용하지 못하는 이유는 이 데이터의 보안을 유지하는 것이 어렵기 때문입니다. 이러한 이유로 앱스 스크립트는 보안에 취약하지 않거나 보안을 챙길 여력이 없는 업계에서 더 많이 활용됩니다. 하지만 최근에는 추세가 조금 달라졌습니다. 일부 기업에서는 제한된 상황에서의 구글 워크스페이스 사용을 허용하고 있습니다. 사내 보안 때문에 사용할 수 없었던 기능들도 이제는 사용할 수 있게 된 것이죠.

앱스 스크립트의 활용 사례

- **스프레드시트 자동화** : 데이터를 분석하거나 보고서를 생성하는 작업을 코드 몇 줄로 해결
- **지메일 연동** : 마케팅 캠페인을 위한 맞춤형 이메일을 자동으로 작성 및 발송
- **캘린더 통합** : 팀 일정 관리와 자동 알림 설정
- **폼 처리 자동화** : 구글 폼으로 수집한 데이터를 자동으로 스프레드시트에 정리하고 알림을 발송

7.2 구글 앱스 스크립트 기본 사용법

구글 앱스 스크립트 실습 환경을 준비하는 단계로, 앱스 스크립트 기본 사용법을 익혀봅시다.

01 구글 스크립트 편집기 열기

구글 드라이브에서 새 스프레드시트를 생성하고 상단 메뉴에서 [확장 프로그램 → Apps Script]를 클릭합니다. 그러면 스크립트 편집기가 열립니다.

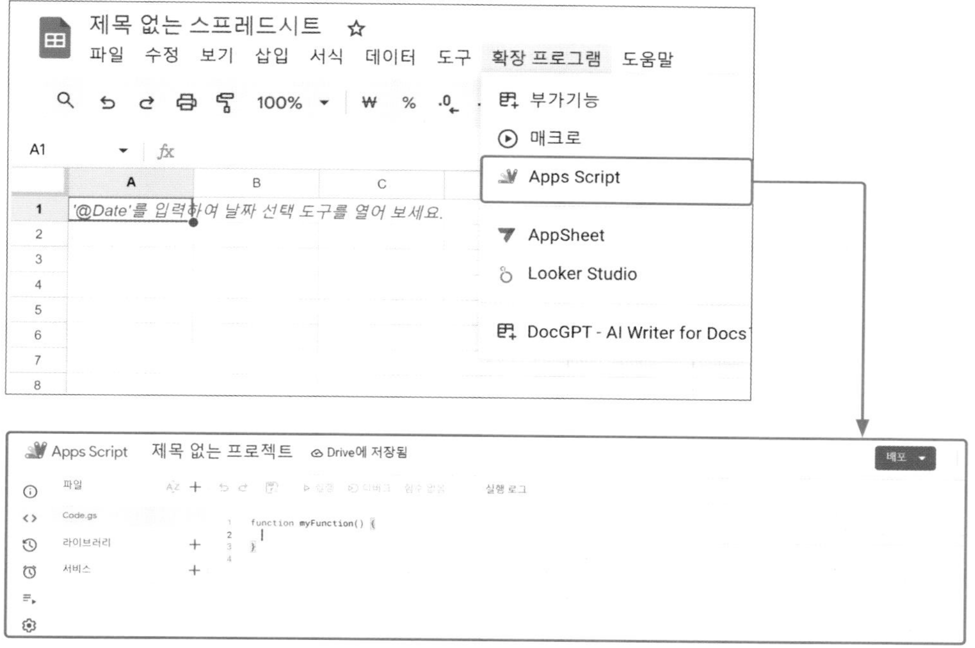

02 간단한 코드 작성하기

스크립트 편집기에 다음 코드를 입력합니다.

```
function sayHello() {
  Logger.log("Hello, world!");
}
```

코드를 입력한 후 [프로젝트 저장]을 클릭하고 프로젝트 이름을 입력합니다.

> **NOTE** '제목 없는 프로젝트'를 클릭하면 앱스 스크립트의 프로젝트 이름을 변경할 수 있습니다.

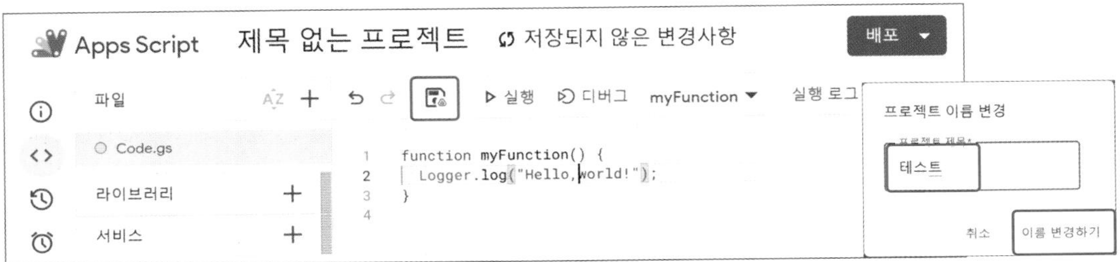

03 스크립트 실행하기

상단 메뉴에서 [실행]을 클릭합니다. 그러면 "Hello, world!"라는 메시지가 실행 로그에 표시됩니다.

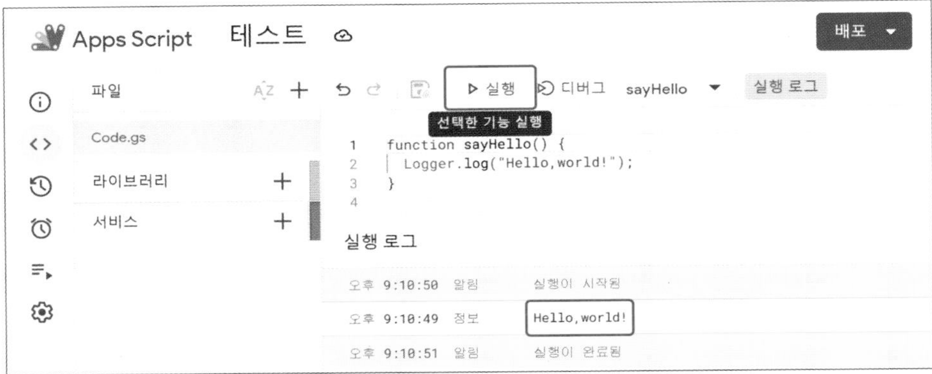

04 접근 권한 승인하기

새로운 앱스 스크립트를 만들어 실행할 때 접근 권한의 승인을 요청하는 창이 나오기도 합니다. 그럴 때는 다음 과정을 참고하여 접근 권한을 승인하면 됩니다.

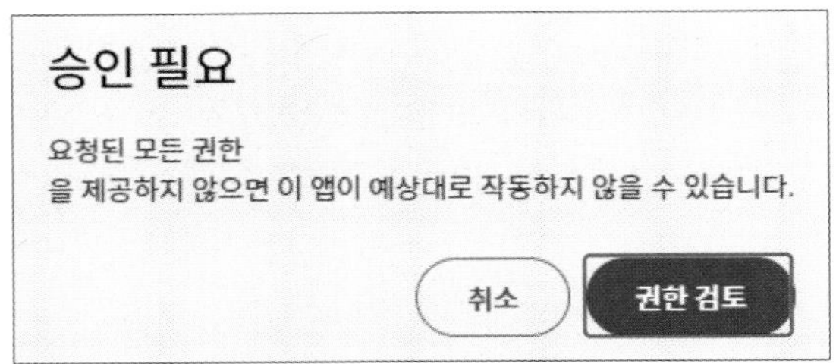

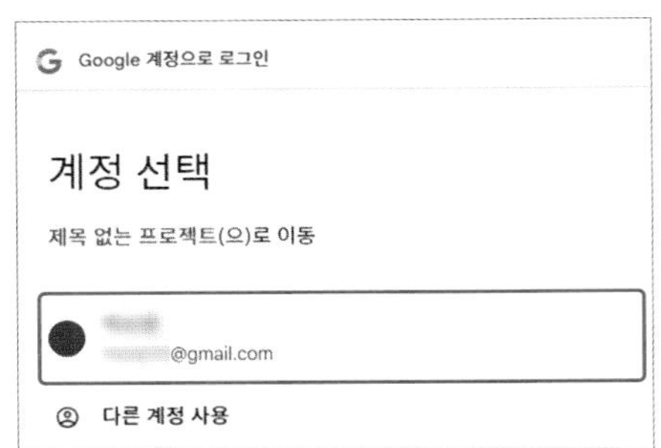

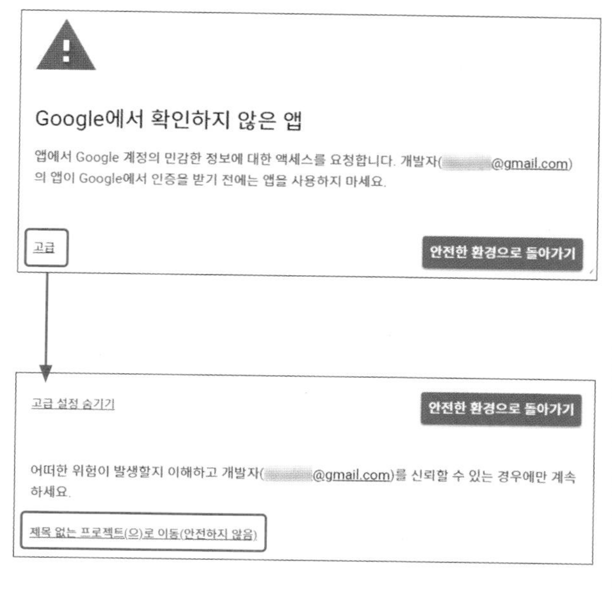

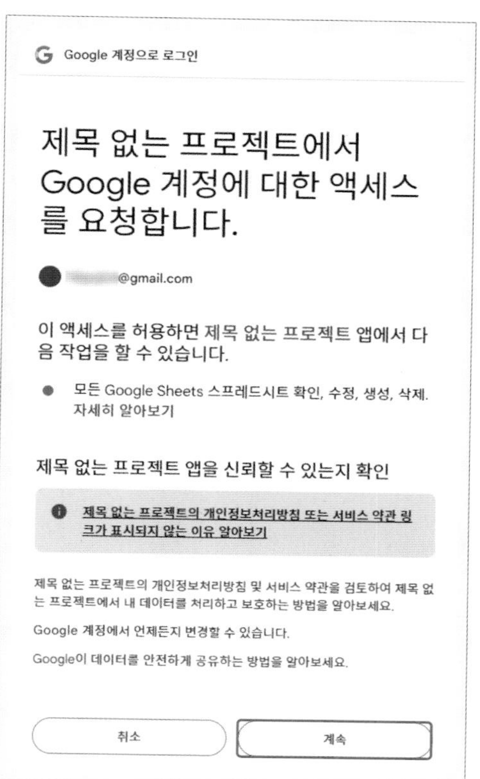

앱스 스크립트의 기본 사용법을 배웠으니 실습을 위한 준비는 끝났습니다. 하나씩 실행을 해보면서 테스트하고 질문을 계속 수정해 나가보겠습니다.

7.3 챗GPT의 도움으로 앱스 스크립트 사용하기

참고 폴더 2.LOWCODE 〉 2-3.APPSCRIPT 〉 chatgptXAppScript 〉 appscript

비즈니스 환경에서 다룰 수 있는 코드는 굉장히 많기에 앱스 스크립트 실습은 강력한 기능 하나만 알아볼 것입니다. 그 대신 실습 과정을 상세히 알려드리겠습니다.
이번 실습은 데이터 테이블의 내용을 슬라이드에 자동으로 옮기는 작업을 해볼 것입니다. 여기서 배운 내용을 활용하면 다음과 같은 현업 상황도 해결할 수 있습니다.

회의자료를 제작하려다 보니
매번 PPT에 옮겨 담는 게
너무 귀찮네…
쉽게 할 수 없을까?

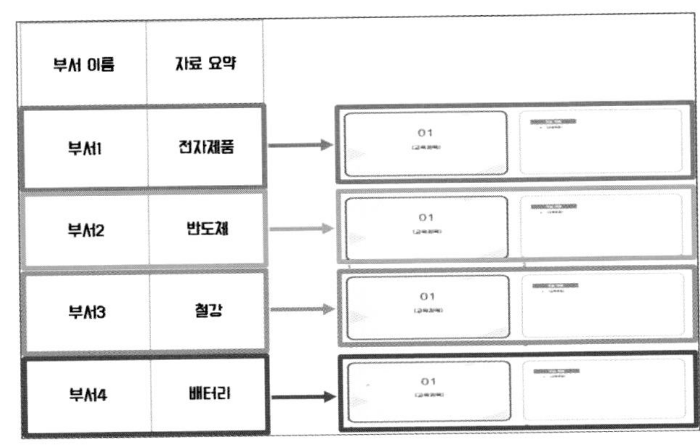

이 실습 내용은 저의 실무 사례를 기반으로 만들었습니다. 당시 상황을 잠깐 이야기하겠습니다. 이러닝 과정을 구성하고 교안을 제작할 때 프레젠테이션 형식에 맞춰 학습 내용을 작성하는데, 학습차시가 정말 많아서 그 내용을 일일히 넣기 부담스러운 상황이었습니다. 다음과 같이 말이죠.

[설정된 슬라이드 양식]

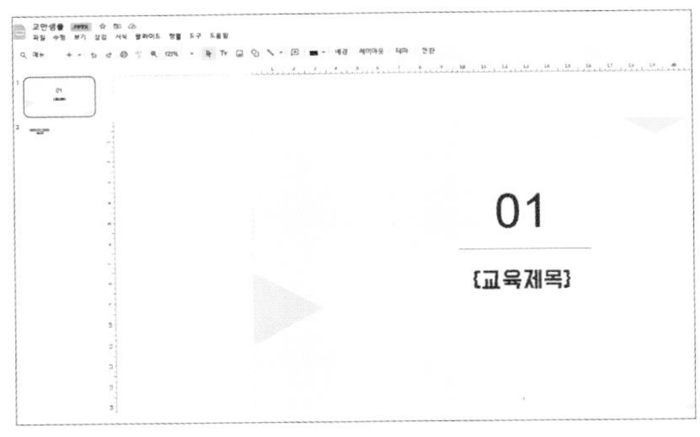

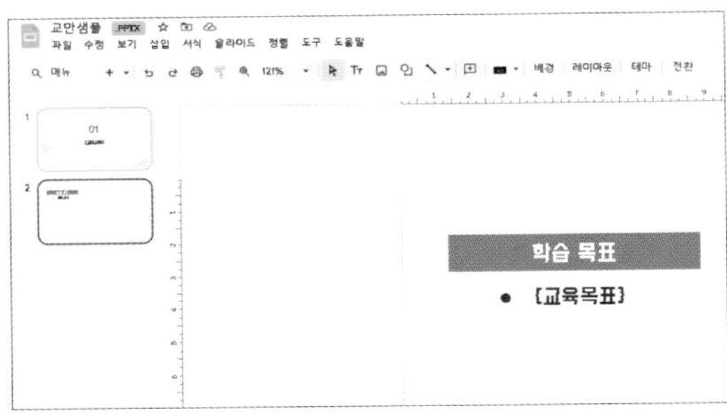

[슬라이드에 넣어야 할 텍스트]

교안 제목	교안 목표
ChatGPT X 파이썬 업무자동화 : 더이상 문송하지 않습니다.	파이썬의 기본 문법을 이해하고, 이를 바탕으로 ChatGPT가 생성한 파이썬 코드를 해석한다. 파이썬과 ChatGPT의 연계를 이해하고, 이를 활용하는 방법을 학습한다. 파이썬 코드를 작성하고 실행하는 능력을 기른다.

파이썬 해석 및 수정을 위한 최소한의 파이썬 문법(1)	ChatGPT의 등장으로 코드생산성의 비약적인 상승을 경험한다. Code Reading의 중요성을 인식한다. 파이썬 기초를 가볍게 이해한다.
파이썬 해석 및 수정을 위한 최소한의 파이썬 문법(2)	파이썬 기초를 해석하고 수정할 수 있는 수준까지만 이해한다. 업무자동화에 자주사용되는 파이썬 문법을 학습한다. ChatGPT4가 설명해주는 파이썬 문법을 통한 지식습득방식 이해
ChatGPT X 파이썬 생성코드 : 오류없이 코드를 생성하는 방법	ChatGPT를 활용한 파이썬 코드 학습방법을 습득한다. ChatGPT를 활용한 코드 오류 문제 해결방법을 습득한다. ChatGPT 질문법만으로 생성코딩 오류없이 해내는 방법을 학습한다. 실제 비개발업무에서 활용될 수 있는 파이썬 업무활용 유형 6개 소개
(…중략…)	
ChatGPT X AI2 : 거인의 어깨에 올라서다	머신러닝과 딥러닝 프로그램의 현업 적용 사례를 이해한다. ChatGPT를 활용하여 머신러닝과 딥러닝 프로그램을 제작하는 방법을 이해한다. 비트코인 가격 예측 모델과 버스/트럭 이미지 분류 모델을 제작해본다.

이러한 상황에서 저는 챗GPT의 도움을 받아 앱스 스크립트를 활용해서 문제를 해결했습니다. 해결 과정을 단계화하면 다음과 같습니다.

[1단계] 수업자료의 엑셀과 PPT를 나의 구글 드라이브에 업로드하기
[2단계] 업로드한 파일을 구글 스프레드시트와 구글 프레젠테이션으로 각각 변환하기
[3단계] 각각 업로드한 스프레드시트의 ID값과 프레젠테이션의 ID값을 확인해서 저장하기
[4단계] 프로세스 구축하여 질문으로 만들기
[5단계] 앱스 스크립트 생성 코드를 프레젠테이션에서 사용하여 완성하기

그럼 실습을 한 단계씩 진행해보겠습니다.

[1단계] 수업자료의 엑셀과 PPT를 나의 구글 드라이브에 업로드하기

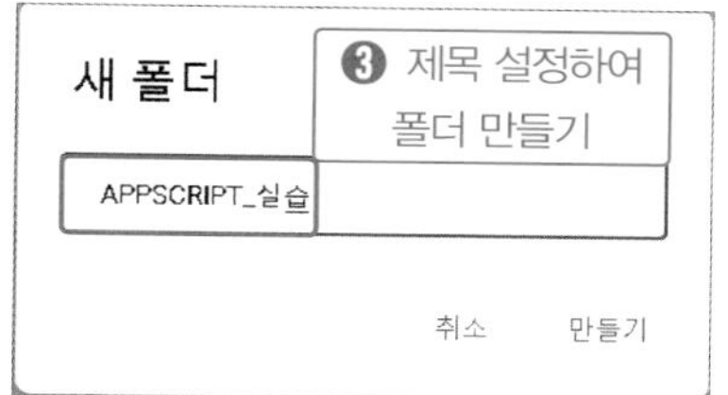

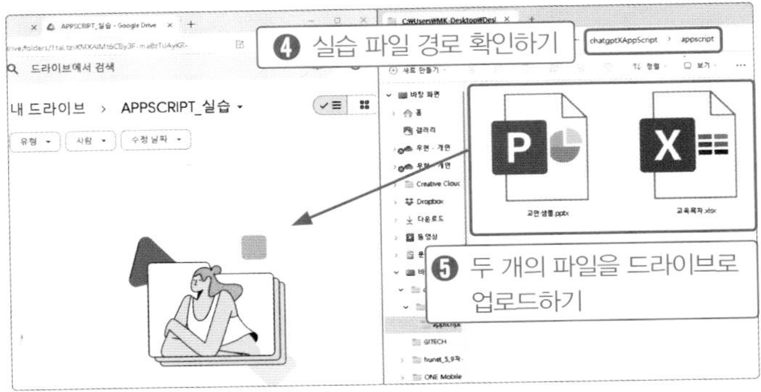

[2단계] 업로드한 파일을 구글 스프레드시트와 구글 프레젠테이션으로 각각 변환하기

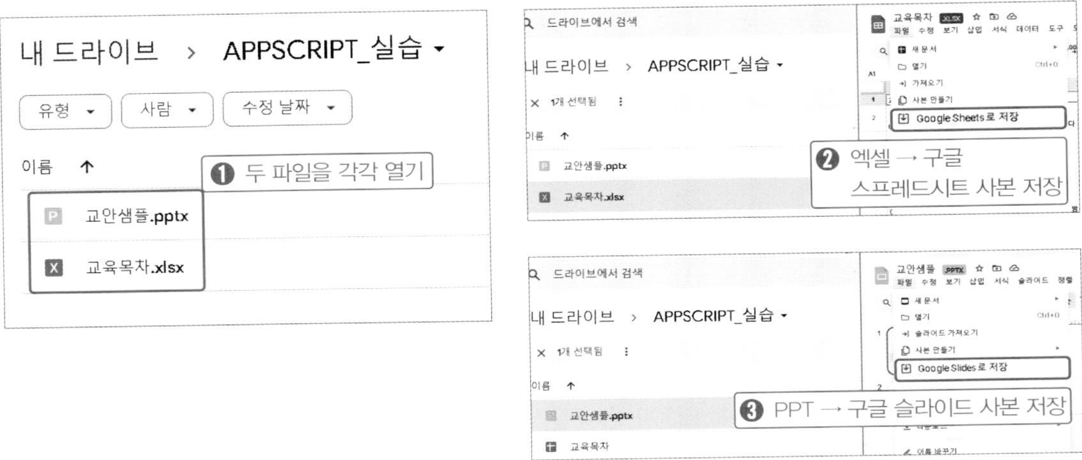

NOTE 원본 파일의 보호 및 편집권한 유지를 위해 사본을 만듭니다.

[3단계] 각각 업로드한 스프레드시트의 ID값과 프레젠테이션의 ID값을 확인해서 저장하기

- **스프레드시트의 ID값 위치 :**

docs.google.com/spreadsheets/d/(스프레드시트 ID값)/edit?gid=000000)

- **프레젠테이션 ID 값 위치 :**

docs.google.com/presentation/d/(프레젠테이션 ID값)/edit#slide=000000)

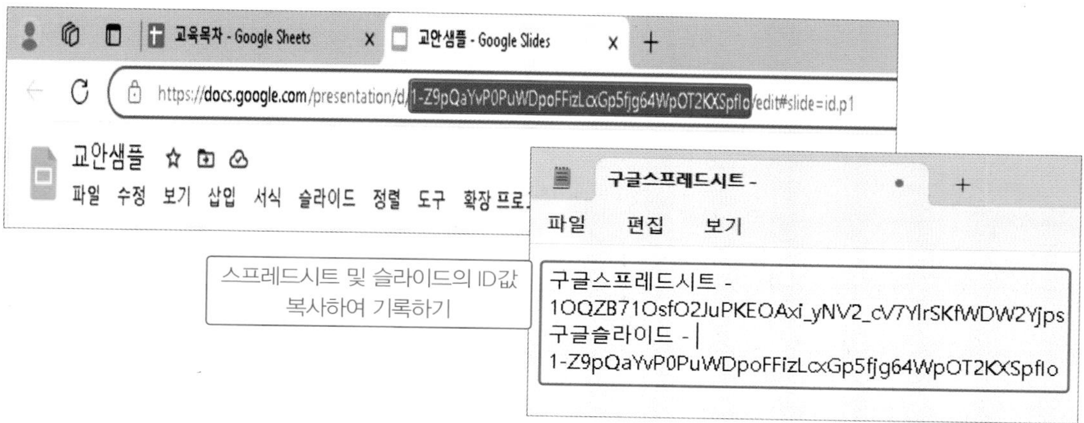

[4단계] 프로세스 구축하여 질문 만들기

앞서 준비한 내용을 기반으로 다음 질문들을 구성해보겠습니다.

나는 Apps Script를 활용하여 구글 스프레드시트의 데이터를 제목&수업목표를 구글 프레젠테이션에 넣는 자동화 코드를 만들고 싶어.

1) 구글 스프레드시트(스프레드 ID –
   1OQZB71OsfO2JuPKEOAxi_yNV2_cV7YlrSKfWDW2Yjps)를 열어서, "시트1"의
   A2~A13의 데이터를 title_list라는 변수에 배열 형태로 저장해주세요.
   B2~B13의 데이터를 purpose_list라는 변수에 배열 형태로 저장해주세요
2) 현재 열려 있는 구글 프레젠테이션에서 1, 2page를 복사하여 마지막 페이지에 붙여넣기해줘
3) 이번에 만들어진 새로만들어진 2개의 슬라이드만을 순회하면서,
   "{교육제목}"이라는 단어는 title_list의 데이터의 첫 번째 데이터로
   "{교육목표}"라는 단어는 purpose_list의 데이터의 첫 번째 데이터로 치환하게 해줘
4) 2), 3) 의 액션이 총 12번 반복되서 모든 데이터가 다 만들어지게 해줘
5) 지금 너가 만든 건 12개의 제목과 교육목표 슬라이드야. 01이라는 데이터를 순차적으로 01~12까지로 변경해주는 기능을 추가해줘

저자의 한마디

앞에서 강조했듯이, 복잡한 문제를 해결하기 위해 모든 질문을 한꺼번에 던지는 것은 좋은 품질의 답변을 받기 매우 어렵습니다. 단순히 많은 질문을 던지는 것만으로는 결과를 얻을 수 없기 때문입니다. 대신, 철저한 CoT(Chain-of-Thought) 방식을 활용하여 질문의 우선순위를 정하고, 각 결과를 검토하며 단계적으로 접근해야 합니다. 이런 접근은 문제 해결뿐만 아니라 더 나은 학습과 실험 결과를 얻는 데도 유용합니다.

[5단계] 순차적인 질문을 통해서 하나씩 결과를 만들어나가기

이제 준비한 질문들을 챗GPT에게 던져서 앱스 스크립트 코드를 얻고 코드를 실행해서 문제가 없으면 다음 질문으로 넘어가는 방식으로 진행하겠습니다.

01 구글 프레젠테이션에서 앱스 스크립트를 열고 창을 아래와 같이 배치합니다.

> **NOTE** 프레젠테이션 혹은 앱스 스크립트 창을 클릭한 후 [⊞]+[←]/[→] 방향키를 이용하면 화면을 쉽게 배치할 수 있습니다.

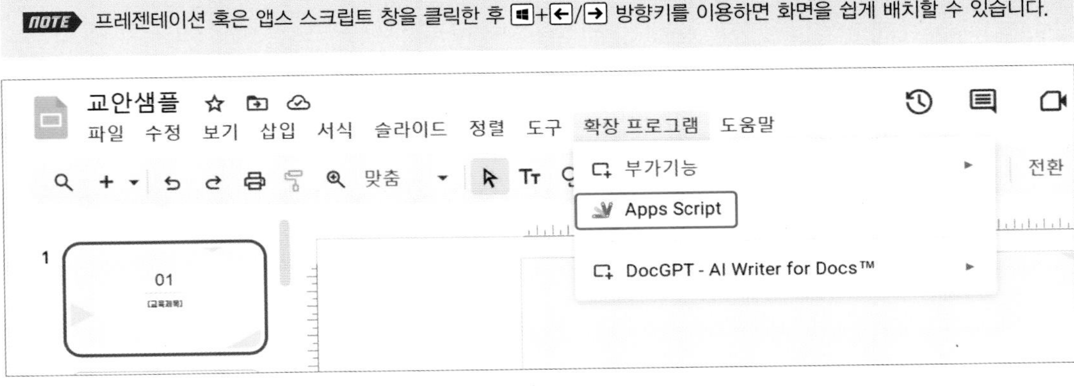

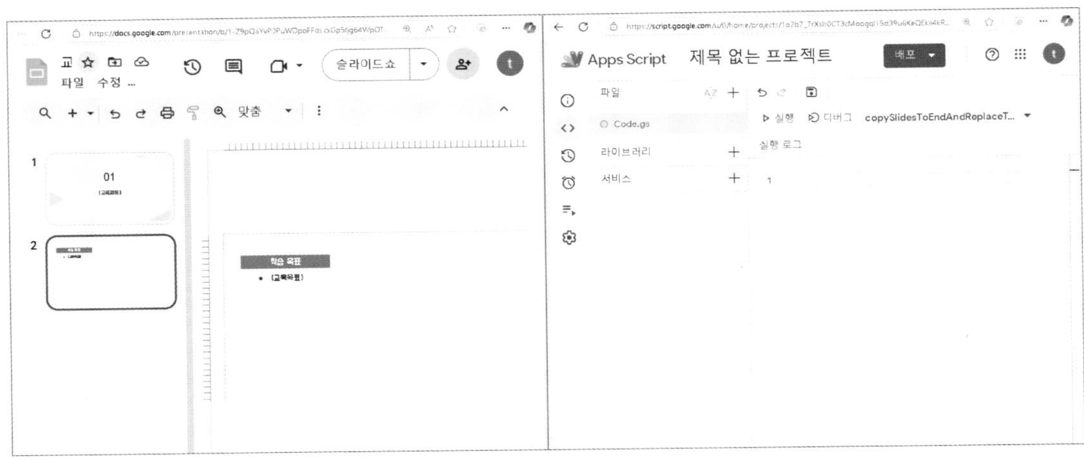

[앱스 스크립트를 열어서 프레젠테이션 창과 나란히 배치한다]

02 챗GPT에게 첫 번째 질문을 해보겠습니다.

PROMPT

나는 Apps Script를 활용하여 구글 스프레드시트의 데이터를 제목&수업목표를 구글 프레젠테이션에 넣는 자동화 코드를 만들고 싶어.
1) 구글 스프레드시트(스프레드 ID – 1OQZB71OsfO2JuPKEOAxi_yNV2_cV7YlrSKfWDW2Yjps)를 열어서, "시트1"의 A2~A13 의 데이터를 title_list라는 변수에 배열 형태로 저장해주세요.
B2~B13 의 데이터를 purpose_list라는 변수에 배열 형태로 저장해주세요

ANSWER

아래는 Google Apps Script를 사용하여 Google 스프레드시트의 데이터를 가져와 title_list와 purpose_list라는 배열에 저장하는 코드입니다.

Google Apps Script 코드

javascript

```
function getSpreadsheetData() {
  // 스프레드시트 ID
  var spreadsheetId = '10QZB710sf02JuPKE0Axi_yNV2_cV7YlrSKfWDW2Yjps';
  // 스프레드시트 열기
  var sheet = SpreadsheetApp.openById(spreadsheetId).getSheetByName('시트1');
  // A2~A13 데이터를 가져와 배열로 저장
  var titleRange = sheet.getRange('A2:A13');
  var titleValues = titleRange.getValues();
  var title_list = titleValues.flat(); // 2D 배열을 1D 배열로 변환

  // B2~B13 데이터를 가져와 배열로 저장
  var purposeRange = sheet.getRange('B2:B13');
  var purposeValues = purposeRange.getValues();
  var purpose_list = purposeValues.flat(); // 2D 배열을 1D 배열로 변환

  // 결과 확인 (Logger 사용)
  Logger.log('Title List: ' + title_list);
  Logger.log('Purpose List: ' + purpose_list);

  return {
    title_list: title_list,
    purpose_list: purpose_list
```

```
    };
}
```

(…생략…)

저자의 한마디

한 번의 질문으로 완벽한 코드를 얻을 수 있다는 생각을 버리세요

방금 보여드린 코드는 필자가 챗GPT에게 여러 번 질문해서 얻은 결과입니다. 단 한 번의 질문으로 완벽한 코드가 나올 수도 있지만, 오류가 있는 코드가 만들어질 수 있기 때문입니다. 이 장의 [칼럼]에서 설명하겠지만, 챗GPT가 만들어준 코드는 직접 실행해서 코드에 오류가 있는지 확인하는 것이 좋습니다. 오류가 있는 코드를 그대로 쓰다 보면 나중에는 고치기가 어려워서 처음부터 다시 질문하는 작업을 반복하게 될 수 있기 때문입니다.

03 [코드 복사]를 클릭하여 챗GPT가 생성한 앱스 스크립트 코드를 복사합니다.

다음은 Apps Script를 활용하여 구글 스프레드시트의 특정 범위 데이터를 읽어 `title_list` 와 `purpose_list` 라는 배열 변수에 저장하는 코드입니다.

javascript　　복사　편집

```javascript
function loadTitlesAndPurposes() {
```

04 복사한 코드를 앱스 스크립트에 붙여넣고 다음과 같이 저장/승인/실행을 합니다.

NOTE 앱스 스크립트의 접근 권한(라이선스)를 '승인'하는 방법은 7.2의 '04. 접근 권한 승인하기'를 참조하세요.

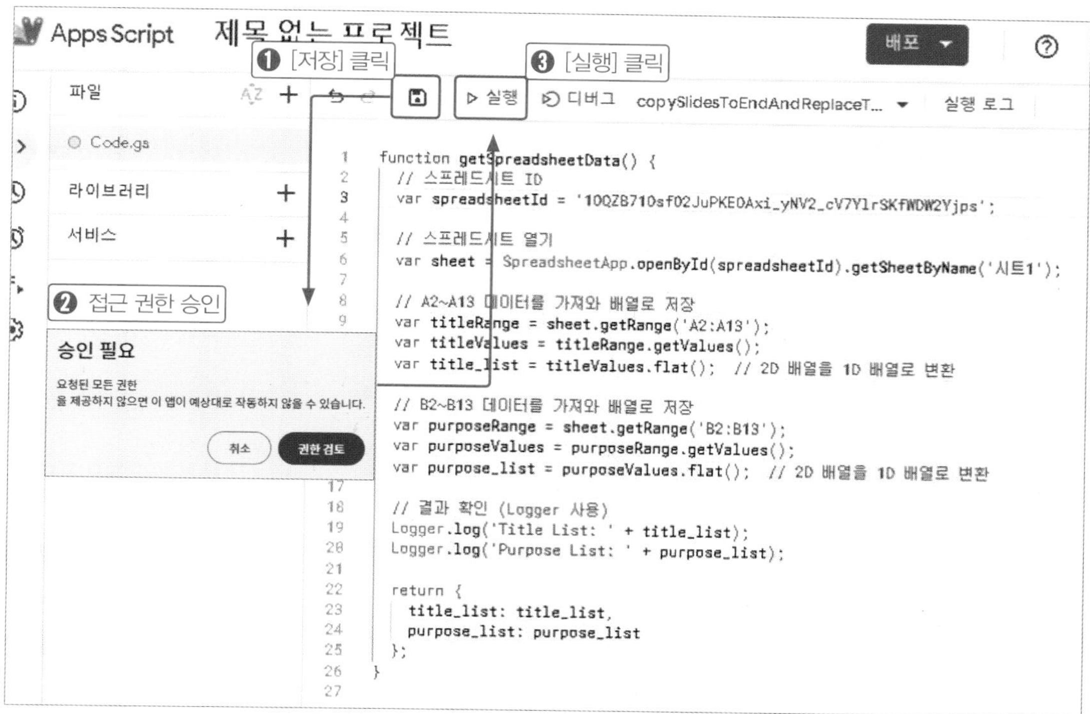

지금은 단순히 엑셀을 저장한 것뿐이라 실행 결과가 어떻게 달라졌는지 확인하기는 어렵습니다. 일단 코드가 문제 없이 실행되었다면 다음 질문으로 넘어가서 코드를 발전시켜 봅시다.

더 알아보기

코드가 잘 이해되지 않는다면 주석을 달아 달라고 요청해보세요

챗GPT가 만들어준 코드를 좀 더 잘 이해하기 위해서 다음과 같이 질문하는 것도 방법입니다.
(참고로 주석은 코드에 대한 해석을 달아주는 기능이라고 생각하기면 편합니다.)

PROMPT

위의 코드가 잘 이해가 안 가. 초등학생도 잘 이해할 수 있게 코드의 주석을 꼼꼼히 달아줘

05 챗GPT에게 두 번째 질문을 해보겠습니다.

이번에는 첫 번째 슬라이드(교육 제목)와 두 번째 슬라이드(교육 목표)를 복사하는 코드를 추가하도록 할 것입니다.

NOTE 코드 원문은 'chatgptXAppScript' 폴더의 'APPSCRIPT질의응답_스프레드시트기반_슬라이드변경_URL.docx'에 적힌 링크를 열면 확인할 수 있습니다.

PROMPT

위의 코드를 기반으로 아래의 기능을 추가하여 발전시켜줘
2) 현재 열려 있는 구글 프레젠테이션에서 1, 2page를 복사하여 마지막 페이지에 붙여넣기해줘

ANSWER

Google Apps Script를 사용하여 현재 열려 있는 Google Slides에서 첫 번째 및 두 번째 페이지를 복사하여 마지막 페이지에 붙여넣는 기능을 추가한 코드입니다. 이 코드는 앞서 작성한 스프레드시트 데이터 추출 기능을 기반으로, 구글 슬라이드에서 복사 및 붙여넣기를 수행합니다.

Google Apps Script 코드

javascript

```
function copySlidesToEnd() {
  // 스프레드시트 ID 및 데이터 추출
  var spreadsheetId = '10QZB710sf02JuPKEOAxi_yNV2_cV7YlrSKfWDW2Yjps';
  var sheet = SpreadsheetApp.openById(spreadsheetId).getSheetByName('시트1');

  (...생략...)

function copySlidesToEnd() {
  // 스프레드시트 ID 및 데이터 추출
  var spreadsheetId = '10QZB710sf02JuPKEOAxi_yNV2_cV7YlrSKfWDW2Yjps';
  var sheet = SpreadsheetApp.openById(spreadsheetId).getSheetByName('시트1');

  (...생략...)

  // 구글 슬라이드 프레젠테이션 열기
  var presentation = SlidesApp.getActivePresentation();

  // 첫 번째 페이지와 두 번째 페이지 복사
  var slide1 = presentation.getSlides()[0]; // 첫 번째 슬라이드
  var slide2 = presentation.getSlides()[1]; // 두 번째 슬라이드

  // 복사된 슬라이드를 마지막에 붙여넣기
  presentation.appendSlide(slide1); // 첫 번째 슬라이드를 복사하여 추가
  presentation.appendSlide(slide2); // 두 번째 슬라이드를 복사하여 추가
```

```
    // 결과 로그 확인
    Logger.log('Title List: ' + title_list);
    Logger.log('Purpose List: ' + purpose_list);
}
```
(…생략…)

06 챗GPT가 만든 앱스 스크립트 코드를 복사하여 앱스 스크립트에 붙여넣고 실행해봅시다. 두 슬라이드가 잘 복사되는지 확인했으면 다음으로 넘어갑니다.

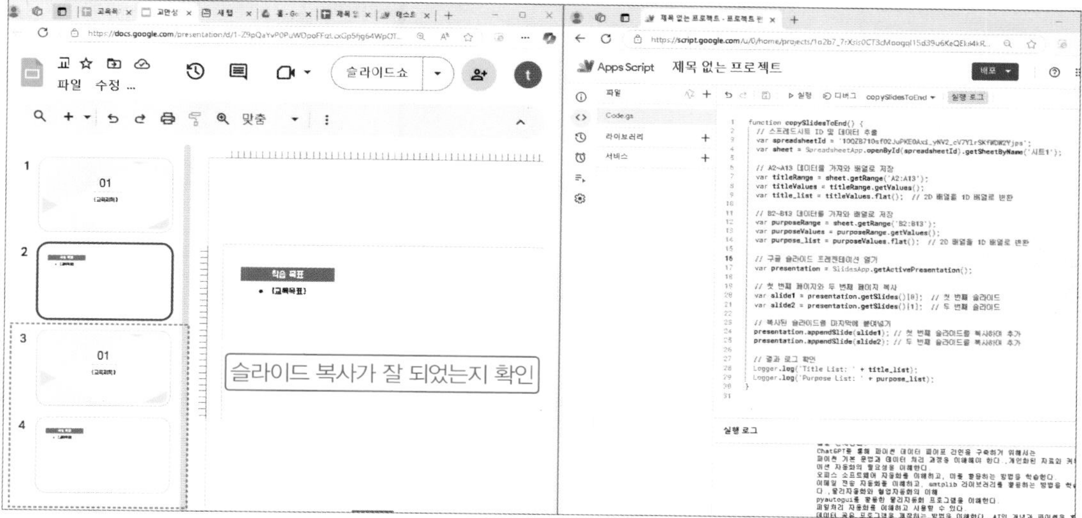

07 챗GPT에게 세 번째 질문을 해보겠습니다.
복사된 슬라이드의 내용 중 내가 원하는 단어를 기존에 있던 구글 스프레드의 데이터 값으로 변경해서 스프레드 시트에 있는 데이터로 구글 슬라이드가 하나씩 만들어지게 하고자 합니다.

처음부터 쉽지는 않습니다. 오류가 발생할 수도 있으니 생성 코딩을 꾸준히 활용하면서 문제를 해결하려는 인내력이 필요합니다.

> **NOTE** 코드 원문은 'chatgptXAppScript' 폴더의 '제목 없는 문서.docx'에 적힌 링크를 열면 확인할 수 있습니다.

PROMPT

위의 코드를 기반으로 아래의 기능을 추가하여 발전시켜줘

3) 이번에 새로 만들어진 2개의 슬라이드만을 순회하면서,

"{교육제목}"라는 단어는 title_list의 데이터의 첫 번째 데이터로

"{교육목표}"라는 단어는 purpose_list의 데이터의 첫 번째 데이터로 치환하게 해줘

ANSWER

아래는 기존 코드에 추가 기능을 더하여, 새로 추가된 두 개의 슬라이드를 순회하고, {교육제목} 및 {교육목표}라는 단어를 각각 title_list의 첫 번째 데이터와 purpose_list의 첫 번째 데이터로 치환하는 기능을 구현한 코드입니다.

Google Apps Script 코드

javascript

```javascript
function copySlidesToEndAndReplaceText() {

  (...생략...)

  // A2~A13 데이터를 가져와 배열로 저장
  var titleRange = sheet.getRange('A2:A13');
  var titleValues = titleRange.getValues();
  var title_list = titleValues.flat(); // 2D 배열을 1D 배열로 변환

  // B2~B13 데이터를 가져와 배열로 저장
  var purposeRange = sheet.getRange('B2:B13');
  var purposeValues = purposeRange.getValues();
  var purpose_list = purposeValues.flat(); // 2D 배열을 1D 배열로 변환

  // 구글 슬라이드 프레젠테이션 열기
  var presentation = SlidesApp.getActivePresentation();

  (...생략...)

  // 새로 추가된 두 슬라이드를 가져오기
  var newSlides = presentation.getSlides().slice(-2); // 마지막 2개의 슬라이드 가져오기
```

```
// 슬라이드 순회하여 텍스트 교체
newSlides.forEach(function(slide) {

  // 슬라이드의 모든 텍스트 상자 순회
  var textBoxes = slide.getShapes().filter(function(shape) {
    return shape.getText !== undefined; // 텍스트가 포함된 도형만 필터링
  });

  // 각 텍스트 상자에서 텍스트 교체
  textBoxes.forEach(function(textBox) {
    var text = textBox.getText();

    // {교육제목}을 title_list의 첫 번째 값으로 치환
    text.replaceAllText('{교육제목}', title_list[0]);

    // {교육목표}를 purpose_list의 첫 번째 값으로 치환
    text.replaceAllText('{교육목표}', purpose_list[0]);
  });
});

(...생략...)

}
```
(...생략...)

08 챗GPT가 만든 앱스 스크립트 코드를 복사하여 앱스 스크립트에 붙여넣고 실행합니다.

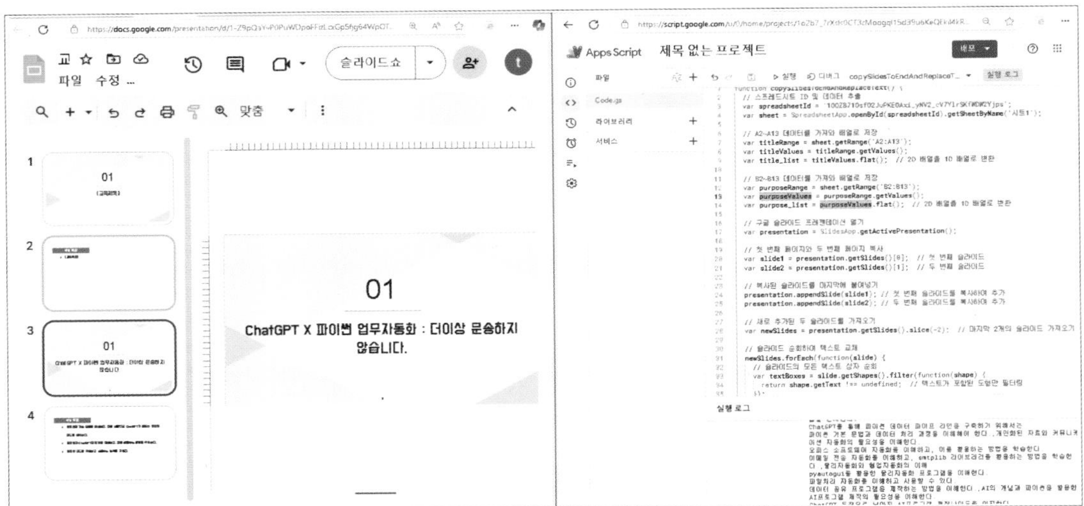

09 챗GPT에게 네 번째 질문을 해보겠습니다.

PROMPT

위의 코드를 기반으로 아래의 기능을 추가하여 발전시켜줘
4) 2), 3)의 액션이 총 12번 반복되서 모든 데이터가 다 만들어지게 해줘

ANSWER

기존 코드를 기반으로, 2)와 3)의 액션이 12번 반복되도록 구현하여 모든 데이터를 처리하도록 수정할 수 있습니다. 각 데이터 쌍을 반복하여 슬라이드를 생성하고, {교육제목}과 {교육목표}를 순차적으로 교체하는 기능을 추가하겠습니다.

Google Apps Script 코드

javascript

```javascript
function copySlidesToEndAndReplaceText() {

  (...생략...)

  // 슬라이드 복사하여 마지막에 붙여넣기
  for (var i = 0; i < 12; i++) {
    // 새로운 슬라이드를 마지막에 추가
    var newSlide1 = presentation.appendSlide(slide1);
    var newSlide2 = presentation.appendSlide(slide2);
```

```
    // 각 슬라이드의 텍스트 교체
    replaceTextInSlide(newSlide1, title_list[i], purpose_list[i]);
    replaceTextInSlide(newSlide2, title_list[i], purpose_list[i]);
  }

  // 결과 로그 확인
  Logger.log('Title List: ' + title_list);
  Logger.log('Purpose List: ' + purpose_list);
}

// 슬라이드에서 텍스트 교체하는 함수
function replaceTextInSlide(slide, title, purpose) {

  // 슬라이드의 모든 텍스트 상자 순회
  var textBoxes = slide.getShapes().filter(function(shape) {
    return shape.getText !== undefined; // 텍스트가 포함된 도형만 필터링
  });

  (...생략...)

}
```

(...생략...)

10 챗GPT가 만든 앱스 스크립트 코드를 복사하여 앱스 스크립트에 붙여넣고 실행합니다. 코드가 제대로 실행되면 두 슬라이드의 복사를 12번 반복해서 슬라이드가 24개 만들어집니다.

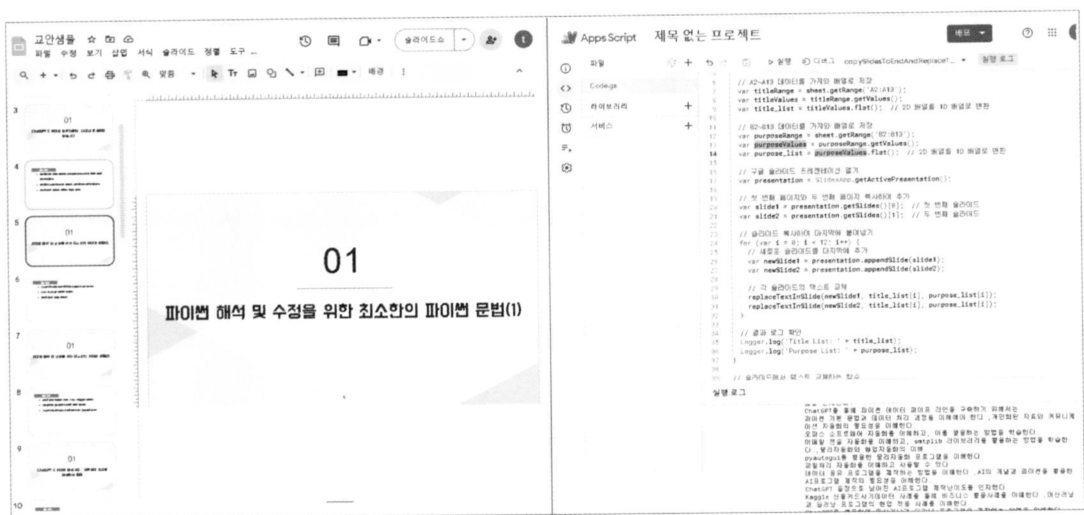

11 보통은 여기서 끝낼 수도 있겠지만 1~12차시의 숫자도 바꿔보겠습니다.

PROMPT

위의 코드를 기반으로 아래의 기능을 추가하여 발전시켜줘

5) 지금 너가 만든 건 12개의 제목과 교육목표 슬라이드야.
01이라는 데이터를 순차적으로 01~12까지로 변경해주는 기능을 추가해줘

ANSWER

제목과 교육 목표 슬라이드를 순차적으로 생성하는 기능에, 슬라이드 내의 “01”과 같은 데이터를 순차적으로 “01”부터 “12”까지 변경하는 기능을 추가하려면, 슬라이드 템플릿 내에서 해당 텍스트를 바꾸는 작업을 해야 합니다.

이를 위해서는 replaceAllText()를 사용하여 {순차번호}와 같은 플레이스홀더를 찾아 해당 텍스트를 (…생략…)

Google Apps Script 코드

javascript

```
function copySlidesToEndAndReplaceText() {
  // 스프레드시트 ID 및 데이터 추출
  var spreadsheetId = '10QZB710sf02JuPKE0Axi_yNV2_cV7YlrSKfWDW2Yjps';
  var sheet = SpreadsheetApp.openById(spreadsheetId).getSheetByName('시트1');

  // A2~A13 데이터를 가져와 배열로 저장
  var titleRange = sheet.getRange('A2:A13');
  var titleValues = titleRange.getValues();
  var title_list = titleValues.flat(); // 2D 배열을 1D 배열로 변환

  // B2~B13 데이터를 가져와 배열로 저장
  var purposeRange = sheet.getRange('B2:B13');
  var purposeValues = purposeRange.getValues();
  var purpose_list = purposeValues.flat(); // 2D 배열을 1D 배열로 변환

  // 구글 슬라이드 프레젠테이션 열기
  var presentation = SlidesApp.getActivePresentation();

  // 첫 번째 페이지와 두 번째 페이지 복사하여 추가
  var slide1 = presentation.getSlides()[0]; // 첫 번째 슬라이드
  var slide2 = presentation.getSlides()[1]; // 두 번째 슬라이드

  // 슬라이드 복사하여 마지막에 붙여넣기
  for (var i = 0; i < 12; i++) {

    // 새로운 슬라이드를 마지막에 추가
    var newSlide1 = presentation.appendSlide(slide1);
    var newSlide2 = presentation.appendSlide(slide2);

    // 각 슬라이드의 텍스트 교체
    replaceTextInSlide(newSlide1, title_list[i], purpose_list[i], i + 1);
    replaceTextInSlide(newSlide2, title_list[i], purpose_list[i], i + 1);
  }
```

```
  // 결과 로그 확인
  Logger.log('Title List: ' + title_list);
  Logger.log('Purpose List: ' + purpose_list);
}

// 슬라이드에서 텍스트 교체하는 함수
function replaceTextInSlide(slide, title, purpose, index) {
  // 순차 번호 포맷팅 (01~12 형태)
  var seqNumber = ("0" + index).slice(-2); // 1을 "01"로 포맷

  // 슬라이드의 모든 텍스트 상자 순회
  var textBoxes = slide.getShapes().filter(function(shape) {
    return shape.getText !== undefined; // 텍스트가 포함된 도형만 필터링
  });

  // 각 텍스트 상자에서 텍스트 교체
  textBoxes.forEach(function(textBox) {
    var text = textBox.getText();

    // {교육제목}을 title로 치환
    text.replaceAllText('{교육제목}', title);

    // {교육목표}를 purpose로 치환
    text.replaceAllText('{교육목표}', purpose);

    // {순차번호}를 순차적으로 변경 (01~12)
    text.replaceAllText('{순차번호}', seqNumber);
  });
}
```

(...생략...)

12 하지만 이 질문을 통해서 만들어진 코드를 다시 구동시켜도 변화가 일어나지 않았습니다. 이때 앞에서 말씀드린 기본지식이 빛을 발합니다.

다음 코드를 보면 '{순차번호}'라는 데이터를 변경하는 것으로 코드가 구성되어 있습니다. 그런데 기존 데이터에는 '순차번호'가 없습니다.

```
(...생략...)
      // {순차번호}를 순차적으로 변경 (01~12)
      text.replaceAllText('{순차번호}', seqNumber);
    });
  }
(...생략...)
```

그래서 코드를 다음과 같이 바꾸었습니다. '순차번호'라는 데이터는 없고 '01'이라는 데이터만 있기 때문입니다.

```
(...생략...)
      // {순차번호}를 순차적으로 변경 (01~12)
      text.replaceAllText('01', seqNumber);
    });
  }
(...생략...)
```

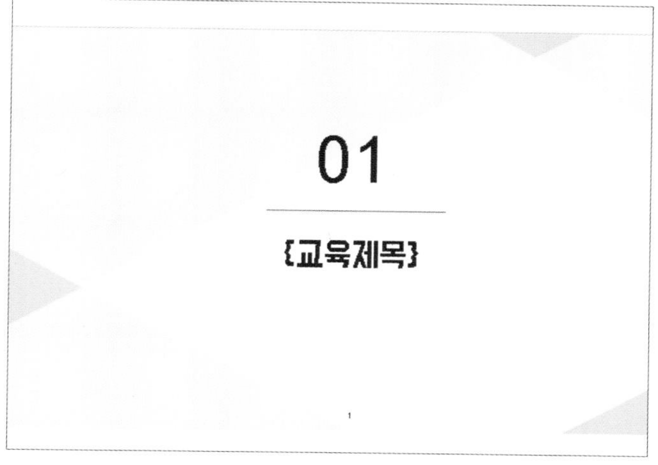

이처럼 우리가 코드를 읽을 줄 안다면 모르는 것보다 훨씬 더 높은 퍼포먼스를 낼 수 있다는 점을 꼭 기억해주시길 바랍니다.

지금까지 구글 앱스 스크립트의 기초와 이를 활용한 업무 자동화 사례를 다뤄보았습니다. 앱스 스크립트는 구글 워크스페이스 제품군과 통합되어 있어, 스프레드시트 데이터 관리, 이메일 발송, 슬라이드 생성 등 반복적인 작업을 자동화하는 강력한 도구입니다. 이번 장에서는 특히 스프레드시트 데이터를 구글 슬라이드에 자동으로 반영하는 실습을 통해, 앱 스크립트의 실무 적용 가능성을 확인해보았습니다.

이 과정에서 중요한 점은 단계적으로 접근하며 지속적으로 문제를 해결하는 능력입니다. 단 한 번의 질문이나 실행으로 완벽한 결과를 기대하기보다는, 코드를 수정하고 질문을 반복하며 원하는 결과를 만들어가는 것이 핵심입니다. 특히 '질문과 해석의 반복'이 코드를 작성하고 이해하는 데 큰 도움이 된다는 점을 강조하고 싶습니다. 앞으로의 장에서는 더 복잡한 사례와 고급 기능을 다루며, 여러분의 자동화 기술을 한 단계 더 발전시켜 보겠습니다. 구글 앱스 스크립트의 가능성에 대해 더 많은 아이디어가 떠오르셨기를 바랍니다!

생성한 코드에 오류가 있을 때 해결하는 방법

챗GPT로 코드를 만들며 우리가 착각하기 쉬운 경험이 있습니다. 그중 하나는 '한 번의 질문으로 완벽한 코드를 만들어낼 수 있다'는 것입니다.

앞으로 더 경험하게 되겠지만, 한 번의 질문으로 깔끔하게 코드가 완성되는 경우는 드뭅니다. 겉으로 보기엔 챗GPT가 멀쩡하게 코드를 만들어준 것 같지만, 그 코드를 실행했을 때 오류가 발생하거나 여러분이 원하는 기능이 정확히 구현되지 않을 수도 있기 때문입니다.

그러므로 코드를 얻는 것으로 끝나는 것이 아니라 생성된 코드가 제대로 실행되는지, 오류는 없는지 반드시 점검해봐야 합니다. 만약 오류가 있다면 질문을 거듭해서 오류를 해결해야 합니다.

챗GPT가 만든 코드에서 오류가 생겼을 때, 우리는 두 가지 방법을 선택하여 해결할 수 있습니다.

1) 코드를 직접 검토하고 수정한다
2) 추가적인 질문을 통해 문제를 해결한다

이 두 가지 방법 중 무엇이 더 효과적일까요?

첫 번째 방법을 이용하면 코드를 분석하고 수정하며 코드에 대한 이해를 높이고 문제 해결 능력을 키울 수 있습니다. 그러나 현실은 녹록하지 않습니다. 업무에 치이고 시간에 쫓기는 상황에서, 코드를 깊이 이해하며 수정하는 것 쉽지 않죠.

그래서 저는 두 번째 방법을 적극 권장합니다. 추가적인 질문을 통해 일단 코드를 완성한 후, 그 결과물을 직접 검토하고 분석하는 것입니다. 이는 마치 퍼즐 조각을 맞추는 과정과 같습니다. 첫 답변이 완벽하지 않더라도 지속적으로 질문하고 답변을 해석하며 발전시키는 과정에서 여러분은 성장할 것입니다.

그리고 두 번째 방법과 관련하여, 알고 있으면 좋을 두 가지 테크닉을 알려드리고자 합니다.

첫 번째는 앞서 코드 생성을 요청하는 질문을 했을 경우에 쓰는 프롬프트입니다. '위의 코드를 기반으로 아래의 기능을 추가하여 발전시켜줘'라는 문구입니다. 앞서 7.3의 실습에서 자주 사용하기도 했는데, 이 프롬프트는 필자가 다양한 시도를 통한 현업 프로젝트 문제 해결에서 발견해낸 것입니다. 정말 매력적인 프롬프트이죠. 이 프롬프트를 쓰면 코드의 파편화를 막을 수 있습니다(코드를 파편화하면 기능별로 코드를 만든 후 복사 붙여넣기 하여 모든 코드를 합쳐야 합니다).

두 번째 테크닉은 질문을 반복하는 것입니다. 똑같은 질문을 여러 번 반복하면 프롬프트 바로 아래에 작게 숫자가 표시됩니다. 물론 한 번 질문해서 생성한 코드를 여러분이 직접 수정할 수 있습니다. 그러나 한번에 질문을 잘 하기는 매우 어렵습니다. 그래서 앤드류 응 교수가 '실험하고 반복하라'(CHAPTER 03의 3.1.3 참조)라고 조언한 건지도 모르겠습니다.

현재 열려있는 구글슬라이드에서, 1,2page를 복사하여 마지막페이지에 붙여넣기해줘

< 13/13 >

한 번의 질문으로 원하는 답을 얻지 못했더라도 좌절하지 마십시오. 코드 작성과 학습의 여정은 단거리 경주가 아니라 마라톤입니다. 질문을 반복하고 답을 얻으며 점진적으로 나아가다 보면, 어느새 스스로 문제를 해결할 수 있는 능력을 갖추게 될 것입니다

CHAPTER
08
챗GPT X 파워 쿼리 M코드

8.1 파워 쿼리 알아보기

파워 쿼리란?

파워 쿼리(Power Query)는 데이터를 수집, 변환, 그리고 통합할 수 있도록 도와주는 강력한 데이터 전처리 도구입니다. 마이크로소프트의 엑셀과 파워 BI에서 기본으로 제공되며, 데이터 분석의 생산성을 혁신적으로 향상시킬 수 있습니다. 반복적인 작업을 자동화하고 복잡한 데이터를 효율적으로 정리할 수 있어, 데이터 분석의 첫 단계를 완벽하게 준비하는 데 중요한 역할을 합니다.

NOTE 쿼리(Query)란 '질문'이나 '요청'을 의미합니다. 컴퓨터 용어로는 데이터베이스나 다른 데이터 소스에 정보를 요청할 때 사용하는 명령어나 질문을 의미합니다.

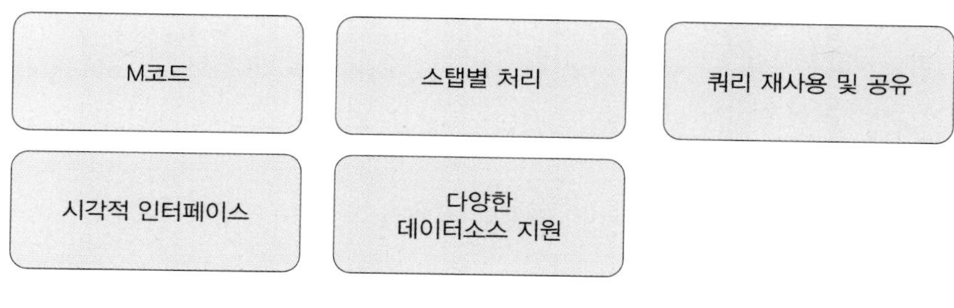

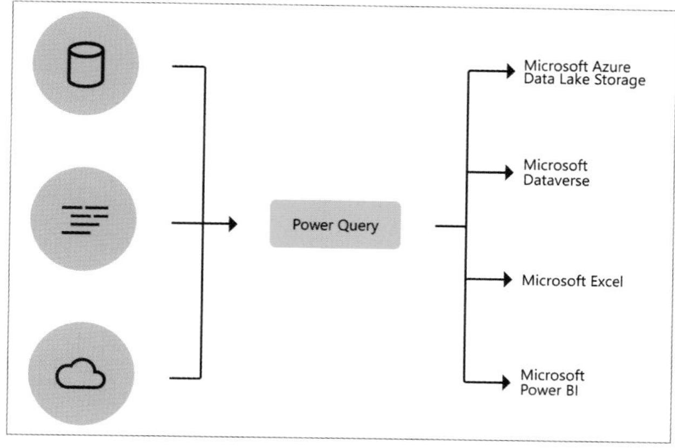

[출처: https://learn.microsoft.com]

파워 쿼리의 기본 원리

파워 쿼리는 데이터 처리 프로세스를 파이프라인 형태로 구축합니다. 데이터를 가져오고, 필요에 따라 변환하며, 최종적으로 원하는 형태로 통합할 수 있는 일련의 과정을 제공합니다. 이를 통해 사용자는 대규모 데이터를 일관된 형식으로 가공할 수 있으며, 데이터 품질 관리에도 효과적입니다. 특히 엑셀 2016 이상 버전에서는 별도의 설치 없이 기본 기능으로 제공되어 접근성이 뛰어납니다.

파워 쿼리의 활용 사례

파워 쿼리는 외부 소프트웨어를 설치할 수 없는 환경에서도 안정적으로 데이터 작업을 할 수 있습니다. 공기업, 관공서, 금융회사 등 폐쇄망 환경에서도 활용 가능한 데이터 도구가 몇 안 된다는 점을 감안하면 이는 큰 강점입니다. 또한 파워 쿼리는 연말 정산 데이터를 통합하거나 대규모 고객 데이터를 가공하는 업무에서 놀라운 효율성을 발휘합니다.

하지만 과거에는 많은 직장인들이 파워 쿼리를 '그림의 떡'으로 여겼습니다. 데이터 분석 업무를 수행해야 하는 상황에서도, 제한된 시간과 자원 때문에 새로운 도구를 학습할 여유가 없었기 때문입니다. 파워 쿼리는 직관적인 인터페이스를 제공하지만, 이를 효과적으로 활용하기 위해서는 어느 정도의 학습 곡선이 필요했습니다.

생성형 AI와의 만남: 파워 쿼리의 진화

파워 쿼리는 생성형 AI, 특히 챗GPT와 결합하면서 활용 방식이 혁신적으로 변화했습니다. 이제는 파워 쿼리의 사용법을 배우는 것뿐만 아니라, 생성형 AI의 도움을 받아서 더욱 효율적으로 데이터를 처리하고 필요한 쿼리를 생성하며 문제 해결 방안을 빠르게 찾을 수 있습니다.

여기서 코딩 언어가 또 등장합니다. 바로 파워 쿼리 M코드(혹은 M언어, M language)입니다.

이제부터 우리는 파워 쿼리의 기본 원리를 이해하고 간단한 사용법을 익혀보겠습니다. 이후에는 챗GPT와 같은 생성형 AI를 활용하여 파워 쿼리 작업을 어떻게 더욱 효과적으로 수행할 수 있는지 알아보겠습니다. 데이터 처리의 새로운 패러다임을 열어갈 준비가 되셨나요? 함께 시작해봅시다!

파워 쿼리 기본 사용법

파워 쿼리의 기본 사용법은 다음 링크를 참고해보세요.

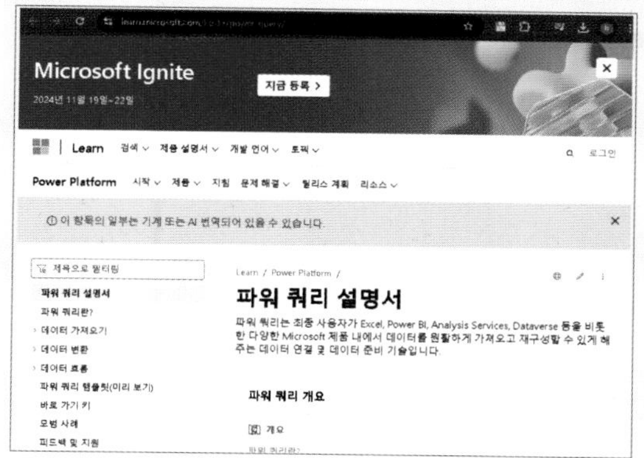

[파워 쿼리 설명서] https://learn.microsoft.com/ko-kr/power-query/

데이터 파이프라인의 혁명

파워 쿼리는 단순한 데이터 도구를 넘어 데이터 파이프라인을 손쉽게 구축할 수 있는 혁신적인 솔루션입니다. 기존의 엑셀로 데이터를 편집하려면, 동일한 작업을 반복할 때마다 귀중한 시간을 소비해야 했습니다. 그러나 파워 쿼리를 사용하면 이 과정을 간단히 자동화할 수 있습니다. 한번 설정한 쿼리는 매일 반복되는 업무를 마치 버튼 한 번으로 처리하는 루틴처럼 만들어 줍니다.

여기서 말하는 '쿼리'는 무엇을 의미할까요? 바로 데이터 처리의 청사진, 즉 '코드 프로세스'를 뜻합니다. 파워 쿼리는 데이터를 처리하고 변환하는 과정을 단계적으로 설계할 수 있는 도구입니다. 앞서 '노코드 도구'라고 설명했는데 '코드'라는 단어가 등장해 조금 당황스러우실 수 있습니다. 그러나 걱정하지 않으셔도 됩니다. 파워 쿼리는 실제 코딩이 아닌, 직관적이고 사용하기 쉬운 인터페이스를 통해 이 모든 것을 구현할 수 있게 해줍니다.

파워 쿼리는 사용자가 코드 한 줄 작성하지 않아도 데이터를 필터링, 변환, 결합 등 다양한 작업을 수행할 수 있도록 돕습니다. 실질적으로는 복잡한 프로그래밍 없이, 마우스 클릭과 드래그 앤 드롭만으로 강력한 데이터 처리 프로세스를 완성할 수 있습니다. 사용해보시면 왜 많은 사람들이 이 도구를 '엑셀의 게임 체인저'라고 부르는지 알게 되실 겁니다.

파워 쿼리의 진정한 가치를 이해하려면 직접 사용해보는 것이 가장 좋은 방법입니다. 이 책에서는 실습 자료와 함께 다양한 예제를 통해 파워 쿼리를 체험할 수 있도록 안내드릴 것입니다. 이를 통해 복잡한 데이터 처리 작업도 손쉽게 해결할 수 있는 자신감을 얻으실 수 있습니다.

8.1.1 파워 쿼리 사용해보기

실습 파일 2-4.파워쿼리MCODE 〉 chatgptXpq 〉 실습1-sheet병합 및 편집 〉 2025년_월별_거래내역.xlsx

다음 과정을 따라 파워 쿼리를 사용해봅시다.

[1단계] 데이터 확인하고 열어보기

실습 파일을 열면, 1~12월까지 다양한 거래 데이터가 담긴 시트들이 있습니다. 현업에서 자주 볼 수 있는 데이터입니다. 우리는 이 12개의 시트를 하나로 합치는 코드를 기능을 만들어볼 것입니다.

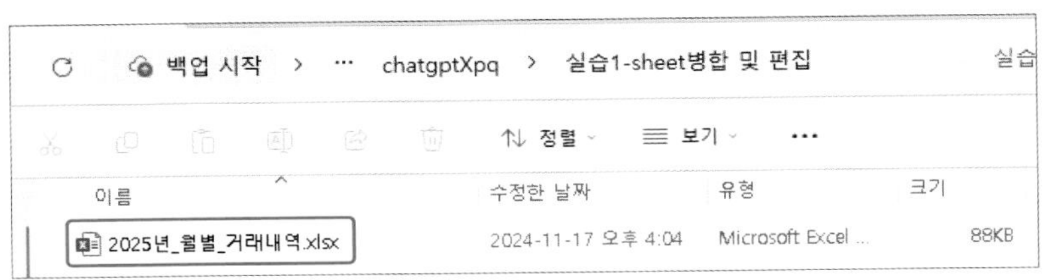

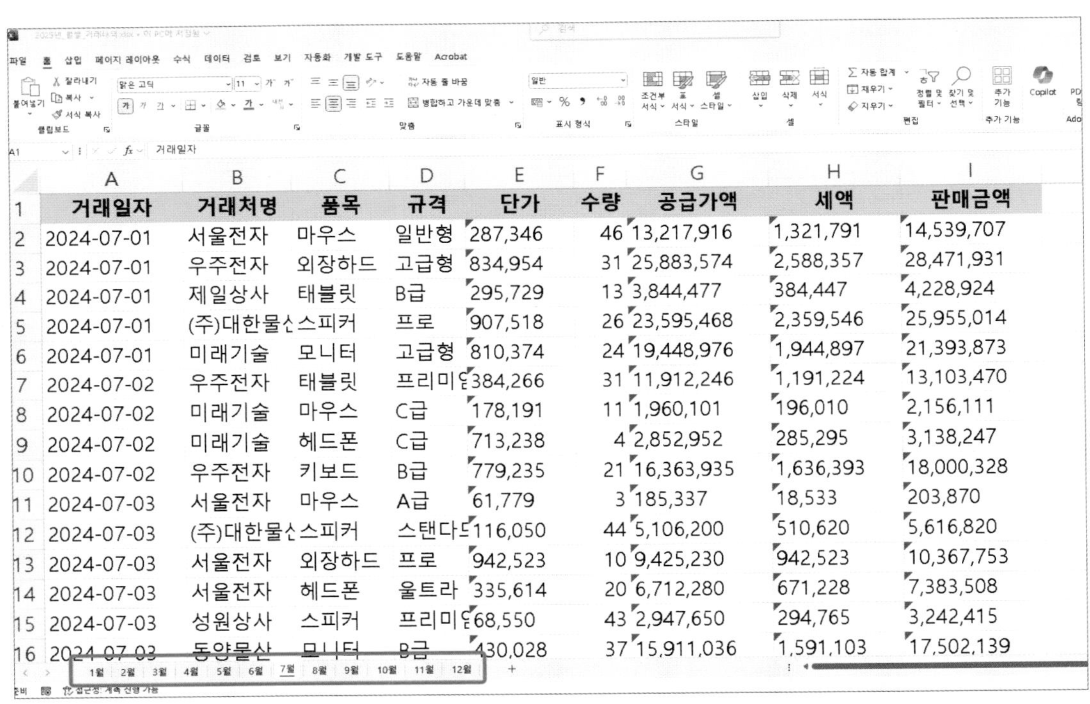

거래일자	거래처명	품목	규격	단가	수량	공급가액	세액	판매금액
2024-07-01	서울전자	마우스	일반형	287,346	46	13,217,916	1,321,791	14,539,707
2024-07-01	우주전자	외장하드	고급형	834,954	31	25,883,574	2,588,357	28,471,931
2024-07-01	제일상사	태블릿	B급	295,729	13	3,844,477	384,447	4,228,924
2024-07-01	(주)대한물	스피커	프로	907,518	26	23,595,468	2,359,546	25,955,014
2024-07-01	미래기술	모니터	고급형	810,374	24	19,448,976	1,944,897	21,393,873
2024-07-02	우주전자	태블릿	프리미	384,266	31	11,912,246	1,191,224	13,103,470
2024-07-02	미래기술	마우스	C급	178,191	11	1,960,101	196,010	2,156,111
2024-07-02	미래기술	헤드폰	C급	713,238	4	2,852,952	285,295	3,138,247
2024-07-02	우주전자	키보드	B급	779,235	21	16,363,935	1,636,393	18,000,328
2024-07-03	서울전자	마우스	A급	61,779	3	185,337	18,533	203,870
2024-07-03	(주)대한물	스피커	스탠다	116,050	44	5,106,200	510,620	5,616,820
2024-07-03	서울전자	외장하드	프로	942,523	10	9,425,230	942,523	10,367,753
2024-07-03	서울전자	헤드폰	울트라	335,614	20	6,712,280	671,228	7,383,508
2024-07-03	성원상사	스피커	프리미	68,550	43	2,947,650	294,765	3,242,415
2024-07-03	동양물산	모니터	B급	430,028	37	15,911,036	1,591,103	17,502,139

[2단계] 새로운 엑셀을 열어서 파워 쿼리로 앞에서 확인한 데이터 가져오기

새로운 엑셀을 하나 열고 다음 과정을 따라 방금 확인한 파일의 데이터를 가져옵니다.

그러면 하나의 화면이 열리는데 그것이 바로 파워 쿼리 화면입니다.

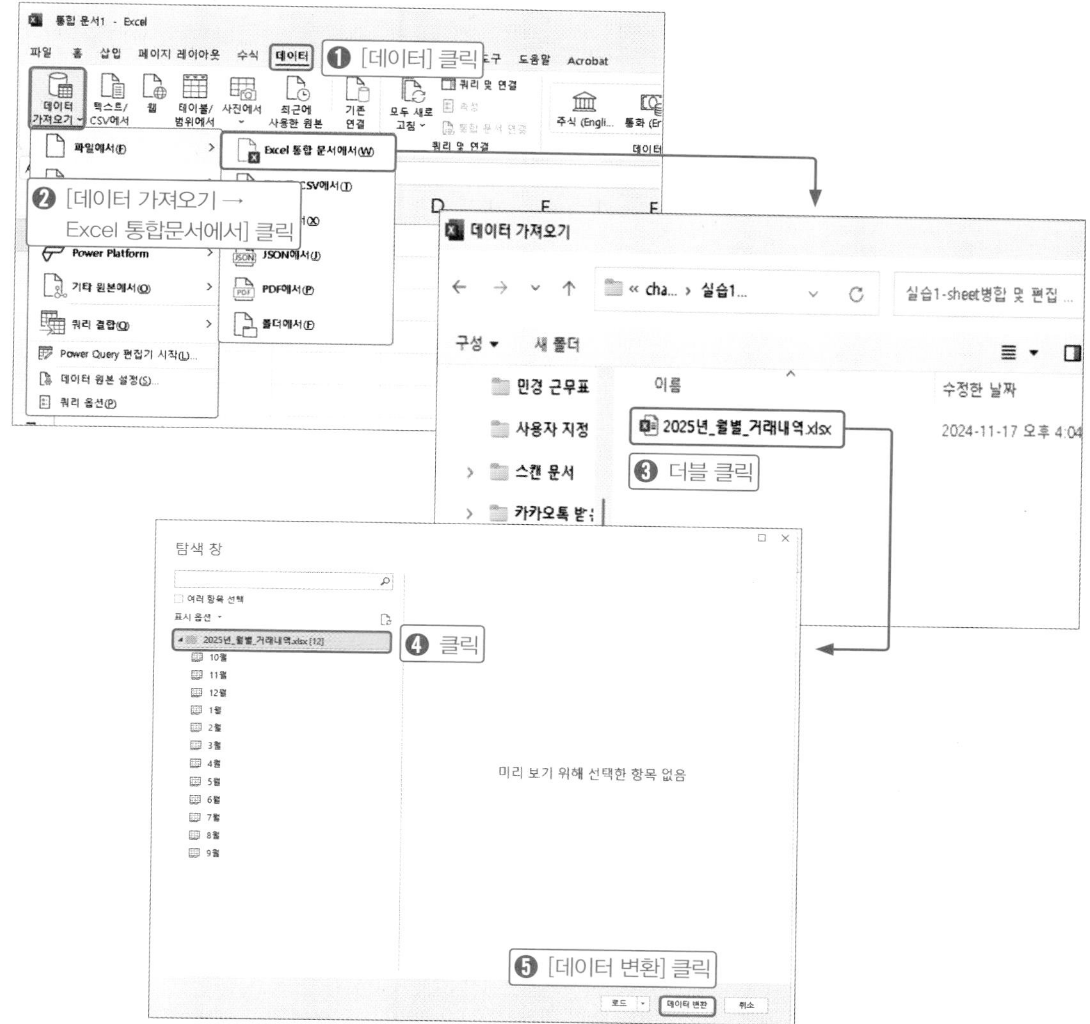

[3단계] 파워 쿼리를 컨트롤하여 쿼리 구성하기

[2단계]를 따라하면 새로운 화면이 하나 열리는데, 그것이 바로 파워 쿼리 화면입니다. 그럼 파워 쿼리를 다루어 쿼리를 구성해보겠습니다.

> **NOTE** 차후 챗GPT에게 더 고도화된 일을 시키기 위해 파워 쿼리를 간단하게만 사용해볼 것입니다. 파워 쿼리를 좀 더 깊게 알고 싶다면 다른 도서를 참고하거나 챗GPT에게 다양한 사용법을 물어보시기를 권장합니다.

01 먼저 1~12월의 시트를 합쳐볼 것입니다. 다음 과정을 따라하면 클릭만으로도 모든 시트가 합쳐집니다.

02 이제 합쳐진 데이터를 우리가 보기 편한 형태로 바꿔보겠습니다. 먼저 각 행의 머리글을 정하고 형식이나 단위도 수정합니다.

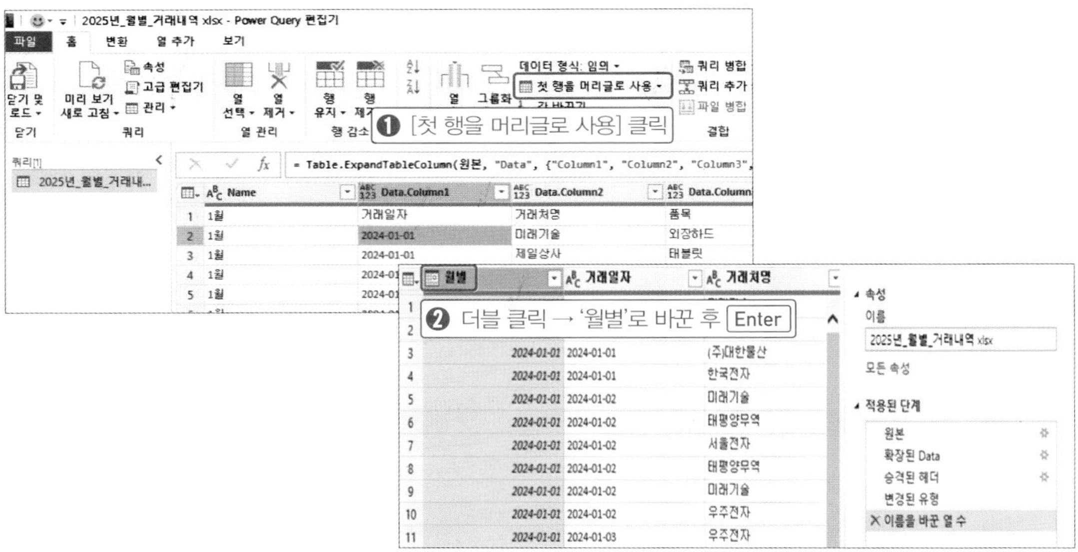

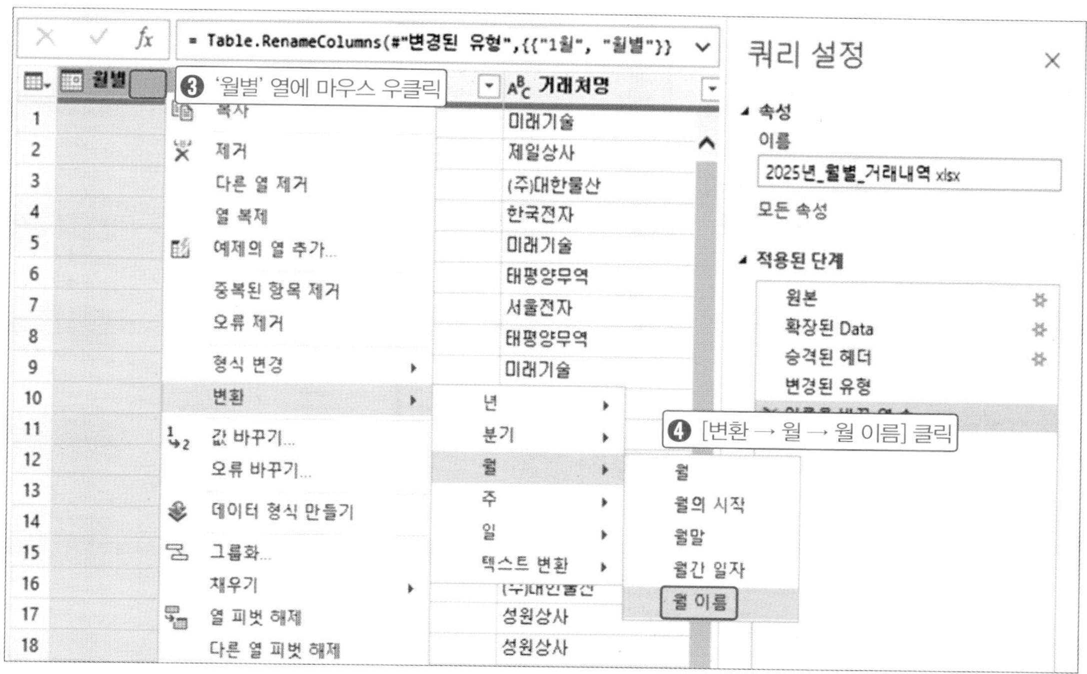

03 이렇게 엑셀의 사용법과 유사한 방식으로 파워 쿼리의 쿼리를 축적해나갈 수 있습니다. 여러분이 파워 쿼리를 쓸 때마다 '쿼리 설정' 창에 프로세스가 하나씩 추가됩니다.

> **NOTE** 프로세스를 삭제하여 이전 프로세스로 되돌리는 것도 가능합니다.

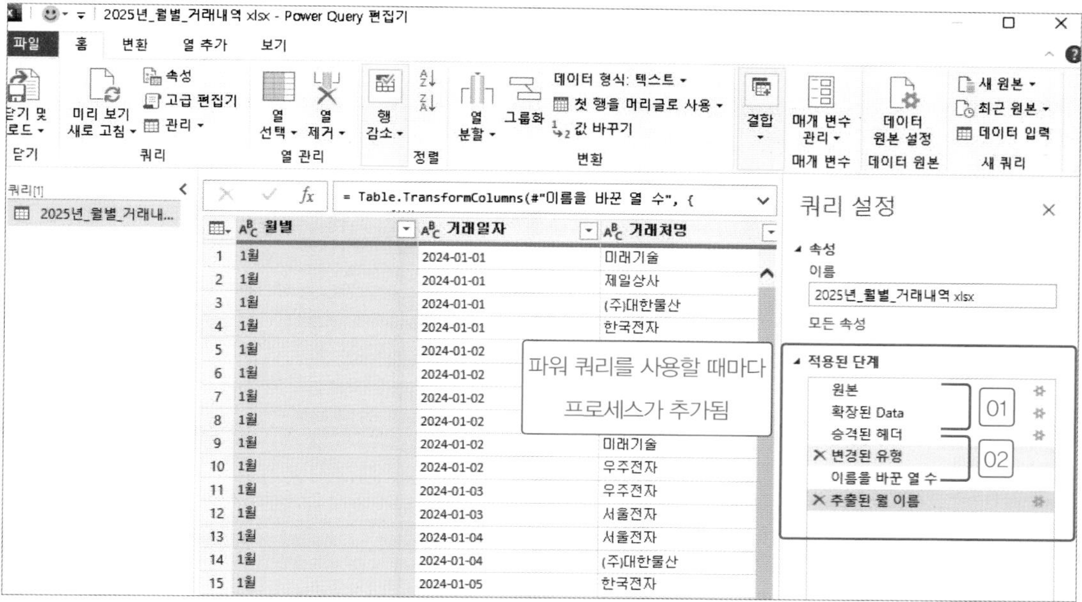

04 방금 보여드린 프로세스는 사실 파워 쿼리 M코드로 하나씩 추가됩니다. 우리가 클릭으로 기능을 추가할 때마다 코딩이 한 줄씩 추가되는 것이죠. 앞에서 배운 VBA의 매크로와 같은 기능이라고 보시면 됩니다.

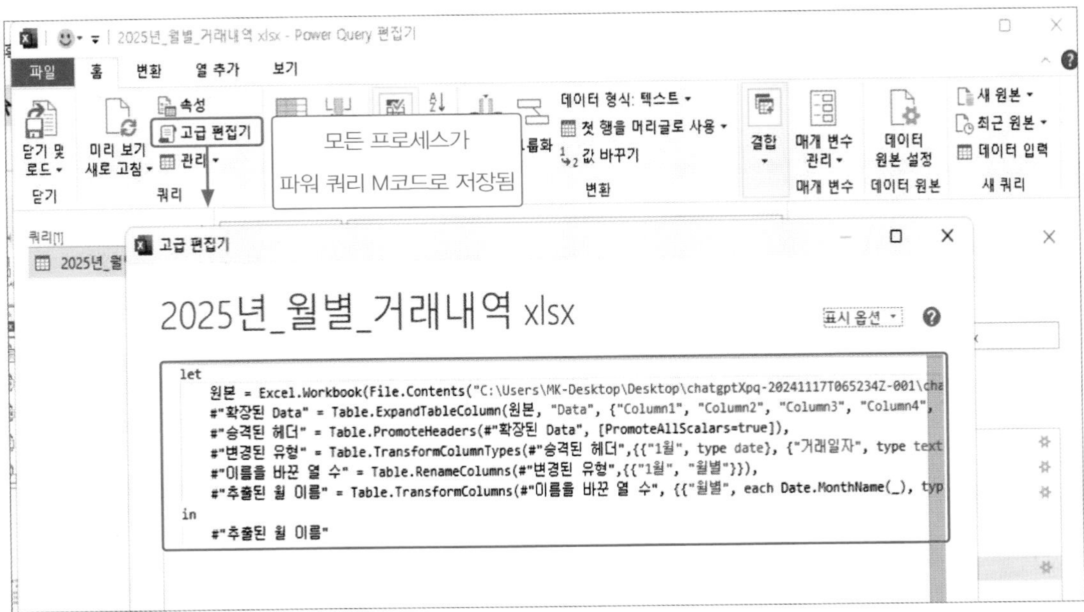

저자의 한마디

Why NOT 정신으로 코딩에 대한 고정관념을 깨 봅시다

우리가 사용하는 모든 소프트웨어는 코딩으로 이루어졌다는 것을 알고 계신가요?
저의 한 오프라인 수업에서 M코드(M language)를 다룬 적 있는데, 현직 개발자들도 대부분 이 언어를 다뤄본 적이 없었습니다. 하물며 코딩 경험이 없는 비개발자에게는 이 언어가 어떻게 보일까요? 아주 낯설다고 느꼈을 것입니다.
우리는 코딩 언어를 이해해야만 코딩을 할 수 있다는 고정관념을 버려야 합니다. 코딩을 이해하고 활용해야만 할 수 있다고 생각한다면 불가능한 프로젝트처럼 보이겠지만, 생성형 AI를 통한 생성 코딩이 이런 문제를 해결해줍니다.
이 실습에서 여러분이 기억하실 것은 'Why NOT?'입니다. 어차피 이해하고 활용할 수 있는 영역은 한계가 존재하기 마련입니다. 그러니 이번 실습을 끝까지 잘 따라가면 앞으로는 다른 코딩 언어도 생성형 AI의 도움으로 쉽게 다룰 수 있게 되실 겁니다.

05 이제 전처리된 결과물을 보면, 1~12월 데이터가 잘 편집된 상태로 엑셀 데이터로 만들어진 것을 확인할 수 있습니다.

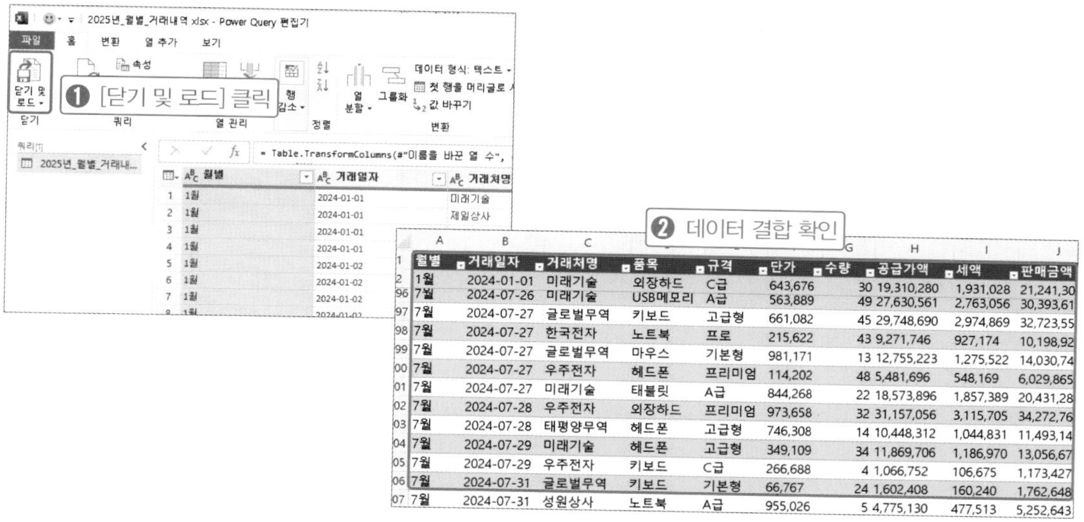

[4단계] 저장 후 원본을 변경하여 파이프라인 구성의 강력함을 확인하기

이제 파워 쿼리의 가장 강력한 힘을 경험할 때가 되었습니다. 원본을 수정하면 결과가 바뀌는 놀라운 경험을 할 수 있을 것입니다.

01 원본 데이터(2025 매출 데이터)를 열어서 5월~8월 시트를 삭제하고 Ctrl+S를 눌러서 변경사항을 저장합니다.

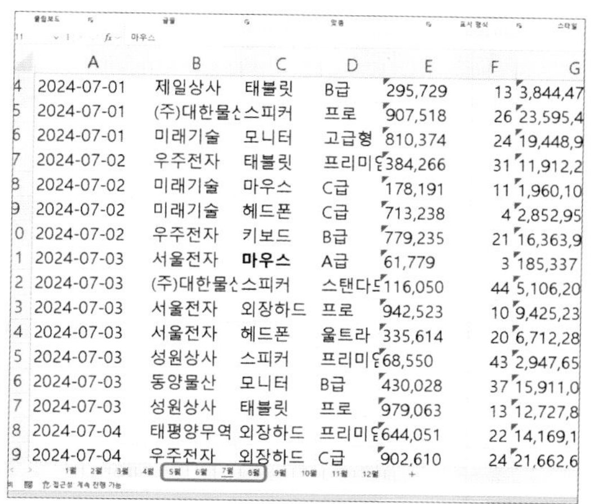

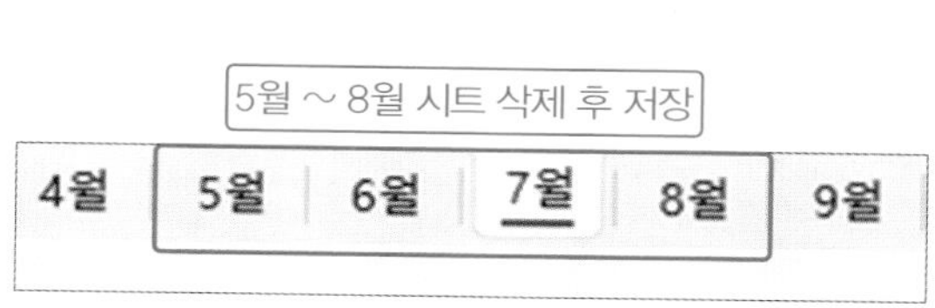

02 파워 쿼리를 사용 중인 파일로 돌아와서 다음 그림과 같이 클릭합니다. 그러면 원본 데이터 변경으로 인해 편집의 결과물이 변경됩니다.

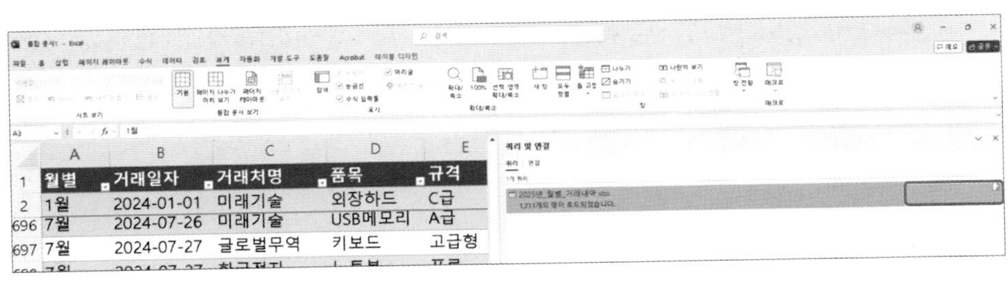

03 이렇게 원본을 삭제한 것만으로도 다음과 같은 편집 결과를 얻을 수 있습니다.

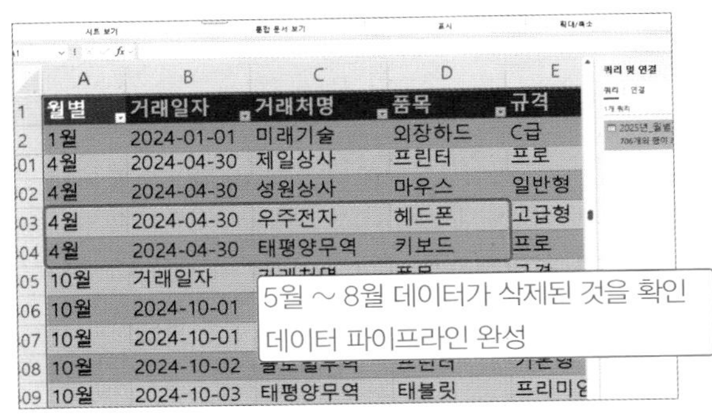

8.1.2 파워 쿼리도 어려운데 코딩을 결합한다고?

엑셀로 데이터 작업을 하던 시절을 떠올려봅시다. 무수히 반복되던 복잡한 작업들, 셀을 하나씩 수정하며 데이터를 정리하던 시간들. 이런 과정을 통해 많은 이들은 '자동화'라는 개념의 필요성을 절감했을 것입니다. 그리고 여기, 우리의 일상적인 데이터 처리 방식을 완전히 바꿔버리는 강력한 도구가 있습니다. 바로 파워 쿼리입니다.

파워 쿼리는 단순히 데이터를 정리하고 변환하는 기능을 넘어, 우리가 엑셀로 수작업하던 많은 일들을 자동화합니다. 반복적인 작업을 한 번의 설정으로 끝내는 이 도구는, 마치 마법처럼 우리의 업무 흐름을 최적화합니다. 그런데 이 모든 것은 단지 시작에 불과합니다. 생성형 AI는 아직 사용도 안 했습니다.

파워 쿼리의 기능은 단순한 자동화를 넘어서, 데이터를 직관적으로 다룰 수 있게 합니다. 하지만 이 놀라운 기능들은 우리가 탐험하게 될 무한한 가능성의 시작에 불과합니다. 이제 우리는 파워 쿼리를 챗GPT와 결합하여 데이터 처리를 효율적으로 하고자 합니다.

다음 절(8.2)에서는 챗GPT의 코드 생성 기능을 활용해서 파워 쿼리 M코드를 만들 것입니다. 파워 쿼리 M코드와 챗GPT의 결합으로 어떤 놀라운 결과를 만들 수 있는지 알아봅시다.

더 알아보기

파워 쿼리 M코드란?

'파워 쿼리 M코드'는 Microsoft의 데이터 변환 및 매시업(mashup) 도구인 파워 쿼리에서 사용하는 수식 언어입니다. 이 언어는 다양한 데이터 원본에서 데이터를 필터링, 결합 및 변환하는 데 사용됩니다. M코드는 함수형 프로그래밍 언어로, F#과 유사하며 대소문자를 구분합니다.

파워 쿼리에서 사용자가 수행하는 각 단계는 M코드로 자동 생성되며, 이를 통해 데이터 변환 과정을 정의합니다. 이러한 코드는 파워 쿼리 편집기의 '고급 편집기'를 통해 확인하고 수정할 수 있습니다. M코드의 기본 구조는 'let' 문으로 시작하여 'in' 문으로 종료되며, 각 단계는 쉼표로 구분됩니다. 또한 목록, 레코드, 테이블 등의 데이터 구조를 지원하여 복잡한 데이터 변환 작업을 수행할 수 있습니다.

따라서 '파워 쿼리 M코드'는 파워 쿼리에서 데이터 변환 작업을 수행하기 위한 핵심 언어로서, 데이터 분석 및 처리에 있어 중요한 역할을 합니다.

8.2 파워 쿼리 M코드를 활용한 업무 혁신

파워 쿼리 M코드와 같은 낯선 코드도 챗GPT의 도움을 받아서 원하는 결과를 만들 수 있습니다. 어떤 일들을 할 수 있을까요?

예를 들어 엑셀 파일을 열었는데 중간중간 값이 빈 곳이 있습니다. 만약 이곳에 각각의 열(column) 평균을 채워넣고 싶다면 어떻게 해야 할까요? 잠시 시간을 가지고 생각해봅시다.

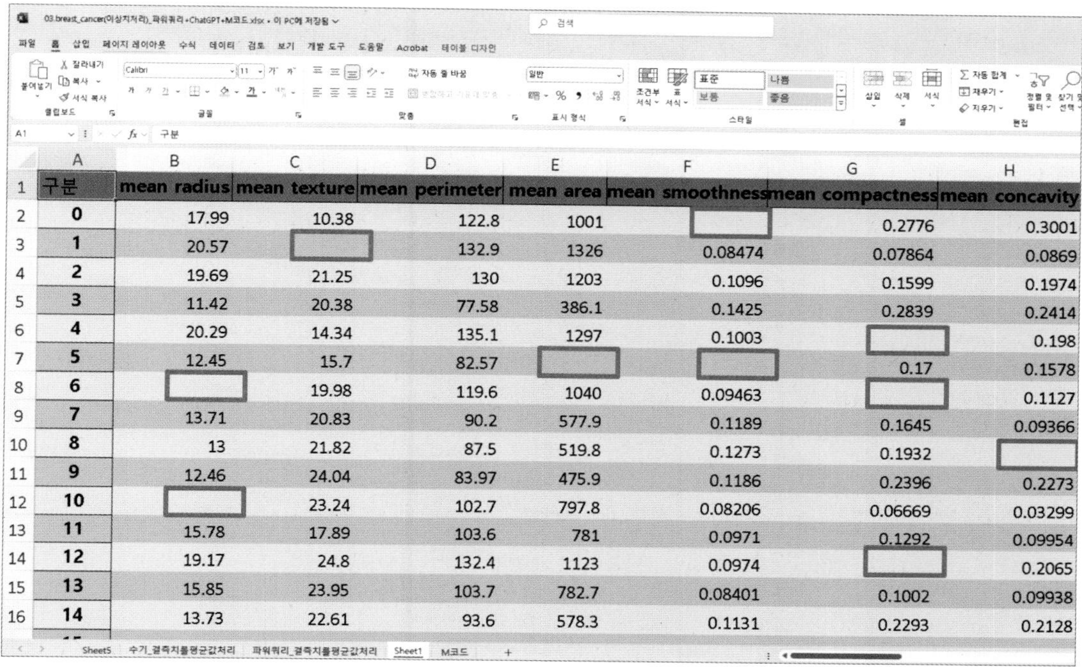

구분	mean radius	mean texture	mean perimeter	mean area	mean smoothness	mean compactness	mean concavity
0	17.99	10.38	122.8	1001		0.2776	0.3001
1	20.57		132.9	1326	0.08474	0.07864	0.0869
2	19.69	21.25	130	1203	0.1096	0.1599	0.1974
3	11.42	20.38	77.58	386.1	0.1425	0.2839	0.2414
4	20.29	14.34	135.1	1297	0.1003		0.198
5	12.45	15.7	82.57			0.17	0.1578
6		19.98	119.6	1040	0.09463		0.1127
7	13.71	20.83	90.2	577.9	0.1189	0.1645	0.09366
8	13	21.82	87.5	519.8	0.1273	0.1932	
9	12.46	24.04	83.97	475.9	0.1186	0.2396	0.2273
10		23.24	102.7	797.8	0.08206	0.06669	0.03299
11	15.78	17.89	103.6	781	0.0971	0.1292	0.09954
12	19.17	24.8	132.4	1123	0.0974		0.2065
13	15.85	23.95	103.7	782.7	0.08401	0.1002	0.09938
14	13.73	22.61	93.6	578.3	0.1131	0.2293	0.2128

엑셀로 이 문제를 해결한다면 다음과 같은 접근법을 생각해볼 수 있습니다.

평균	14.17222266	19.30429688	91.60357422	662.585742	0.096298535	0.104341895	0.089762684	0.04943065
구분	mean radius	mean texture	mean perimeter	mean area	mean smoothness	mean compactness	mean concavity	mean concave points
0	17.99	10.38	122.8	1001	=F$1	0.2776	0.3001	0.1471
1	20.57		132.9	1326				0.07017
2	19.69	21.25	130	1203				0.1279
3	11.42	20.38	77.58	386.1				0.1052
4	20.29	14.34	135.1	1297	0.1003		0.198	0.1043
5	12.45	15.7	82.57			0.17	0.1578	0.08089
6		19.98	119.6	1040	0.09463		0.1127	0.074
7	13.71	20.83	90.2	577.9	0.1189	0.1645	0.09366	0.05985
8	13	21.82	87.5	519.8	0.1273	0.1932		0.09353
9	12.46	24.04	83.97	475.9	0.1186	0.2396	0.2273	0.08543
10		23.24	102.7	797.8	0.08206	0.06669	0.03299	0.03323
11	15.78	17.89	103.6	781	0.0971	0.1292	0.09954	0.06606
12	19.17	24.8	132.4	1123	0.0974		0.2065	0.1118
13	15.85	23.95	103.7	782.7	0.08401	0.1002	0.09938	0.05364

각 열의 평균을 구한 후

이동 옵션 + 상대참조를 통해 수식으로 해결

평균	14.17222266	19.30429688	91.60357422	662.585742	0.096298535	0.104341895	0.089762684	0.04943065
구분	mean radius	mean texture	mean perimeter	mean area	mean smoothness	mean compactness	mean concavity	mean concave points
0	17.99	10.38	122.8	1001	0.096298535	0.2776	0.3001	0.1471
1	20.57	19.30429688	132.9	1326	0.08474	0.07864	0.0869	0.07017
2	19.69	21.25	130	1203	0.1096	0.1599	0.1974	0.1279
3	11.42	20.38	77.58	386.1	0.1425	0.2839	0.2414	0.1052
4	20.29	14.34	135.1	1297	0.1003	0.104341895	0.198	0.1043
5	12.45	15.7	82.57	662.585742	0.096298535	0.17	0.1578	0.08089
6	14.17222266	19.98	119.6	1040	0.09463	0.104341895	0.1127	0.074
7	13.71	20.83	90.2	577.9	0.1189	0.1645	0.09366	0.05985
8	13	21.82	87.5	519.8	0.1273	0.1932	0.089762684	0.09353
9	12.46	24.04	83.97	475.9	0.1186	0.2396	0.2273	0.08543
10	14.17222266	23.24	102.7	797.8	0.08206	0.06669	0.03299	0.03323
11	15.78	17.89	103.6	781	0.0971	0.1292	0.09954	0.06606
12	19.17	24.8	132.4	1123	0.0974	0.104341895	0.2065	0.1118
13	15.85	23.95	103.7	782.7	0.08401	0.1002	0.09938	0.05364

위의 2개의 그림을 보고 이해를 할 수 있다면, 엑셀 숙련도가 높은 분이실 겁니다. 하지만 모두가 엑셀 숙련도가 낮다면 이 방법을 떠올리기가 매우 어려울 것입니다. 그래서 이번 실습에서는 기술격차로 인한 어려움을 챗GPT와 파워 쿼리의 결합으로 해결하는 방법을 알아보겠습니다.

8.2.1 쿼리 추가해보기

실습 파일 2-4.파워쿼리MCODE 〉 chatgptXpq 〉 응용 〉 03.breast_cancer(이상치처리)_파워쿼리+ChatGPT+M코드.xlsx

01 실습 파일을 열어 [Shee1] 클릭 후 [데이터 가져오기] 기능으로 파워 쿼리를 실행합니다.

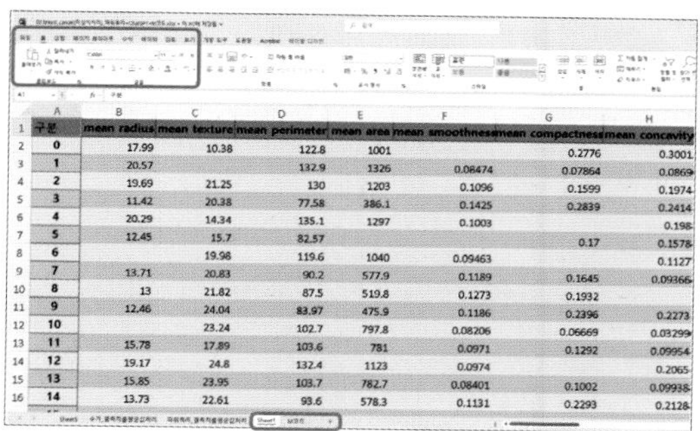

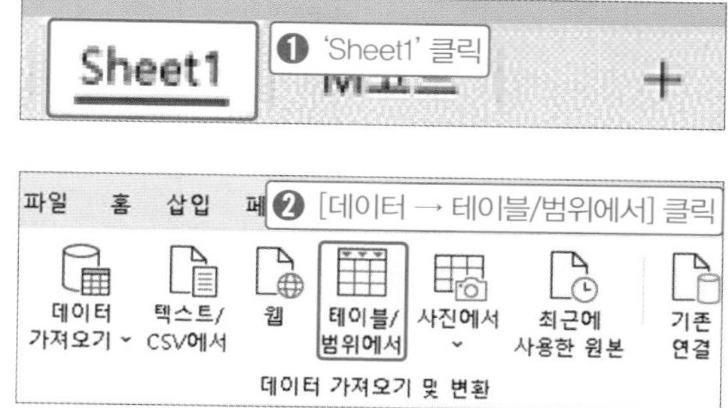

02 방금의 작업으로 쿼리가 추가되었는데 이 내용을 M코드로 볼 수 있습니다. 파워 쿼리 편집기에서 [고급 편집기]를 클릭합니다.

NOTE 파워 쿼리의 [고급 편집기] 기능이 생소하다면 VBA의 매크로와 유사하다고 생각해보세요.

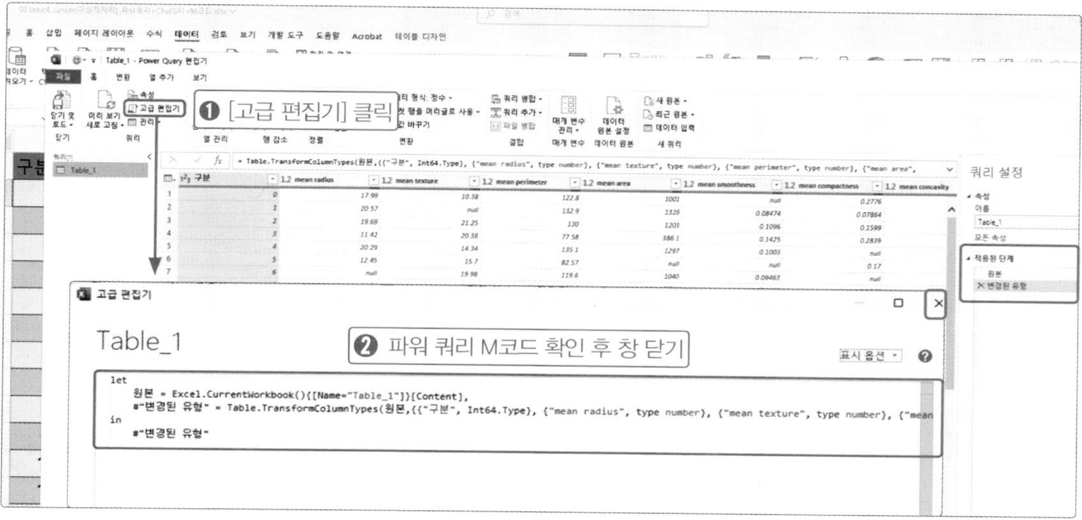

03 쿼리를 추가하면 M코드가 어떻게 바뀌는지 한번 확인해보겠습니다.

예를 들어 파워 쿼리 편집기에서 '구분' 열을 제거하는 쿼리를 추가했을 때 M코드는 다음과 같이 바뀝니다.

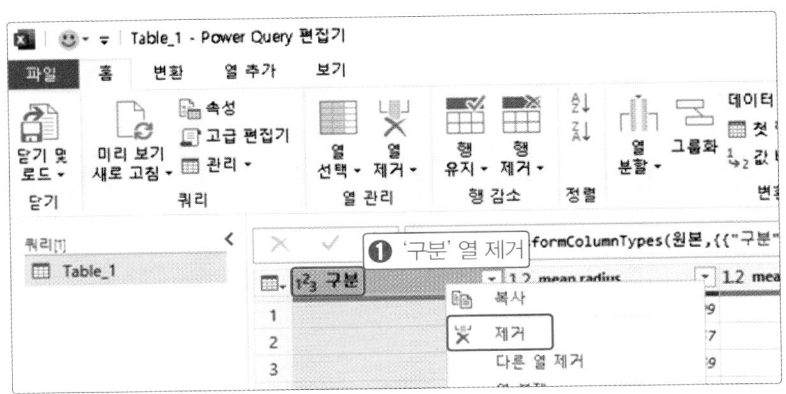

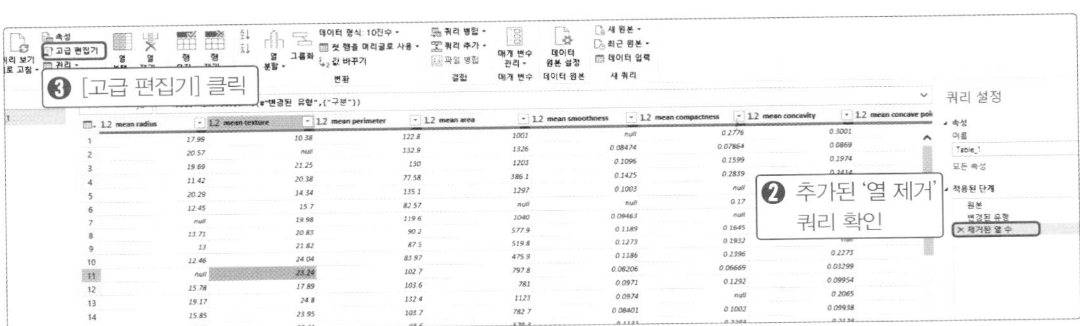

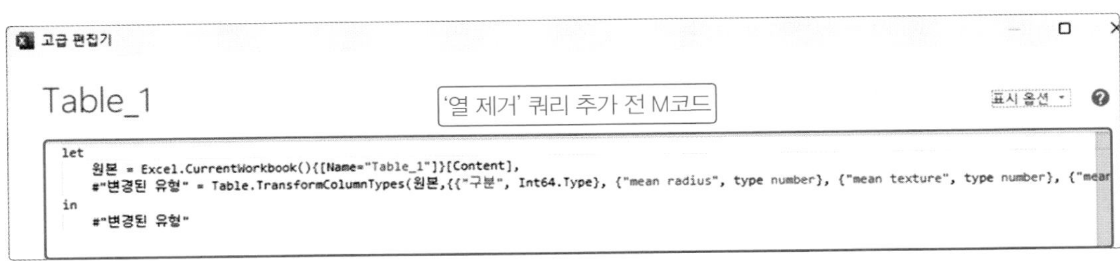


```
let
    원본 = Excel.CurrentWorkbook(){[Name="Table_1"]}[Content],
    #"변경된 유형" = Table.TransformColumnTypes(원본,{{"구분", Int64.Type}, {"mean radius", type number}, {"mean texture", type number}, {"mear
in
    #"변경된 유형"
```

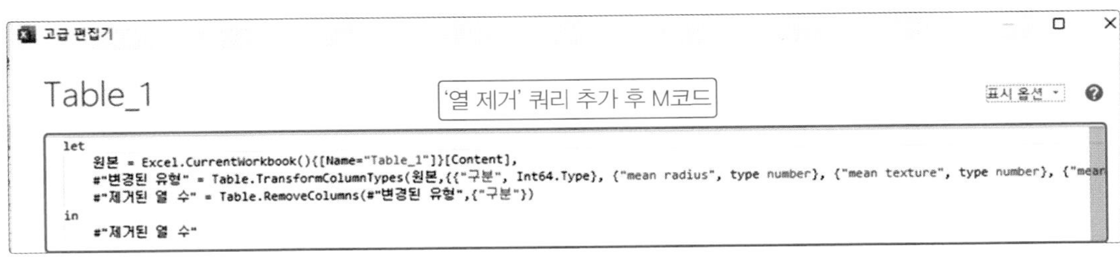


```
let
    원본 = Excel.CurrentWorkbook(){[Name="Table_1"]}[Content],
    #"변경된 유형" = Table.TransformColumnTypes(원본,{{"구분", Int64.Type}, {"mean radius", type number}, {"mean texture", type number}, {"mear
    #"제거된 열 수" = Table.RemoveColumns(#"변경된 유형",{"구분"})
in
    #"제거된 열 수"
```

앞에서도 다루었듯이 코딩의 진입 장벽은 점점 낮아지고 있습니다. 이제는 코드를 몰라도 문제를 해결할 수 있는 시대입니다.

과거에는 코딩이라는 단어 자체가 고급 기술자의 영역처럼 느껴졌습니다. 자바(Java), C언어, 앱스 스크립트처럼 전통적인 프로그래밍 언어를 배우는 데 드는 시간과 노력이 만만치 않았으니까요. 하지만 오늘날의 기술은 다릅니다. 우리의 질문 하나만으로도 파워 쿼리와 같은 도구는 적절한 코드를 생성해주고 문제를 해결할 수 있습니다.

8.2.2 챗GPT와 M코드를 활용해 열 값의 평균 계산하기

실습 파일 2-4.파워쿼리MCODE 〉 chatgptXpq 〉 응용 〉 03.breast_cancer(이상치처리)_파워쿼리+ChatGPT+M코드.xlsx

우리는 파워 쿼리에서 예를 들어 열 값의 평균을 계산하는 작업을 해야 합니다. 과거라면 이를 수행하려면 복잡한 파워 쿼리 사용법을 학습하거나 고도화된 기능을 익혀야 했을 겁니다. 하지만 파워 쿼리의 M코드를 질문을 통해 오류가 없는 기능을 만들어 보겠습니다.

01 다음 과정을 따라서 파워 쿼리 편집창을 엽니다.

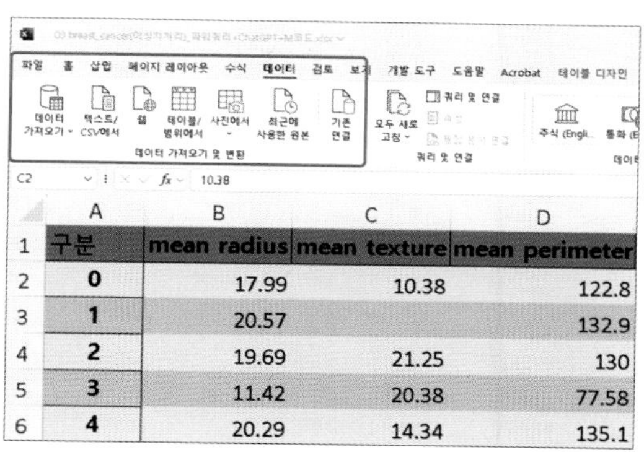

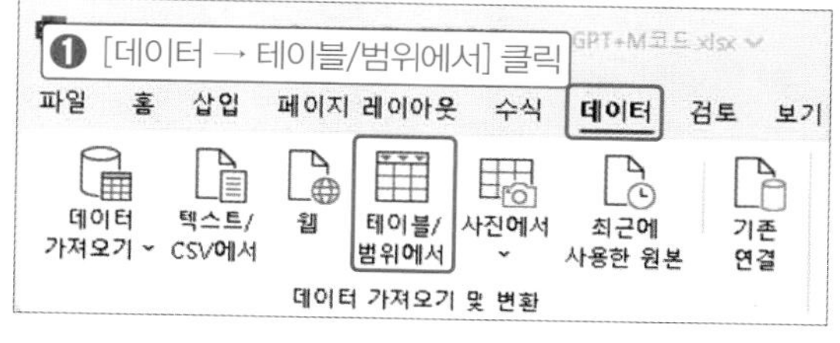

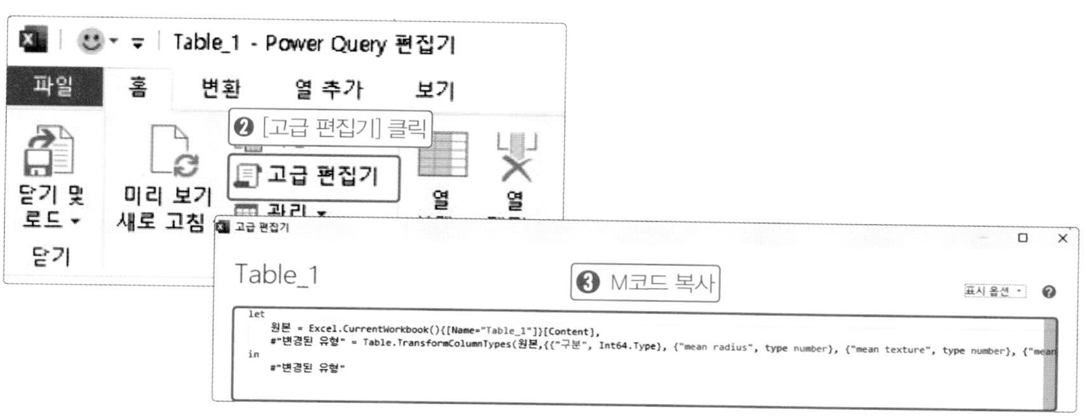

02 챗GPT에게 다음과 같이 질문하여 M코드를 얻습니다. (코드 오류 여부를 확인하는 것 잊지 마세요!)

PROMPT

아래의 코드를 기억해줘

```
let
    원본 = Excel.CurrentWorkbook(){[Name="Table_1"]}[Content],
    #"변경된 유형" = Table.TransformColumnTypes(원본, {{"구분", Int64.Type}, {"mean radius", type
number}, {"mean texture", type number}, (...생략...) })

in
    #"변경된 유형"
```

03 다음 질문을 통해 02에서 얻은 코드를 발전시킵니다.

PROMPT

이제 이 코드를 기반으로 아래의 기능을 추가하여 발전시켜줘
각 컬럼의 null 값을 각 컬럼의 평균으로 치환해줘

ANSWER

기존 코드를 발전시켜 각 컬럼의 null 값을 해당 컬럼의 평균값으로 치환하는 기능을 추가해드리겠습니다. 이를 위해 각 컬럼별로 null 값을 평균값으로 대체하는 로직을 추가합니다.
다음은 수정된 코드입니다.

m

```
let
    // 원본 테이블 불러오기
    원본 = Excel.CurrentWorkbook(){[Name="Table_1"]}[Content],

    // 컬럼 타입 변환
    #"변경된 유형" = Table.TransformColumnTypes(원본, {
        {"구분", Int64.Type}, {"mean radius", type number},
        {"mean texture", type number}, {"mean perimeter", type number},
        {"mean area", type number}, {"mean smoothness", type number},
        {"mean compactness", type number}, {"mean concavity", type number},
(…생략…)
```

04 고급 편집기에 입력된 기존 코드를 지우고 챗GPT로 만든 M코드를 입력합니다.

고급 편집기

Table_1

```
let
    // 원본 테이블 불러오기
    원본 = Excel.CurrentWorkbook(){[Name="Table_1"]}[Content],

    // 컬럼 타입 변환
    #"변경된 유형" = Table.TransformColumnTypes(원본, {
        {"구분", Int64.Type}, {"mean radius", type number}, {"mean texture", type number},
        {"mean perimeter", type number}, {"mean area", type number}, {"mean smoothness", type any},
        {"mean compactness", type number}, {"mean concavity", type number}, {"mean concave points", type number},
        {"mean symmetry", type any}, {"mean fractal dimension", type number}, {"radius error", type number},
        {"texture error", type number}, {"perimeter error", type number}, {"area error", type number},
        {"smoothness error", type number}, {"compactness error", type any}, {"concavity error", type number},
        {"concave points error", type number}, {"symmetry error", type number}, {"fractal dimension error", type number},
        {"worst radius", type number}, {"worst texture", type number}, {"worst perimeter", type number},
        {"worst area", type any}, {"worst smoothness", type number}, {"worst compactness", type number},
        {"worst concavity", type number}, {"worst concave points", type number}, {"worst symmetry", type number},
        {"worst fractal dimension", type number}, {"target", Int64.Type}
    }),

    // 각 컬럼의 평균으로 null 값 대체
    #"Null 값 대체" = Table.TransformColumns(#"변경된 유형",
        List.Transform(
            Table.ColumnNames(#"변경된 유형"),
            each {_, (col) =>
                let
                    평균값 = List.Average(List.RemoveNulls(Table.Column(#"변경된 유형", _))) // null을 제거한 후 평균 계산
                in
```

✓ 구문 오류가 검색되지 않았습니다.

완료 취소

그러면 다음과 같은 결과값을 얻을 수 있습니다.

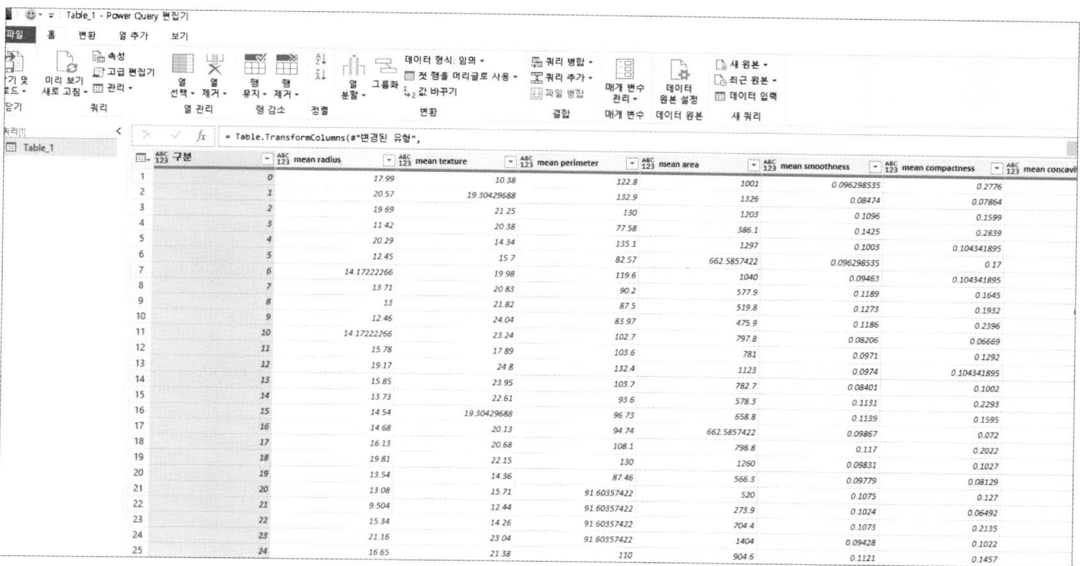

= Table.TransformColumns(#"변경된 유형",

	구분	mean radius	mean texture	mean perimeter	mean area	mean smoothness	mean compactness
1	0	17.99	10.38	122.8	1001	0.096298535	0.2776
2	1	20.57	19.30429688	132.9	1326	0.08474	0.07864
3	2	19.69	21.25	130	1203	0.1096	0.1599
4	3	11.42	20.38	77.58	386.1	0.1425	0.2839
5	4	20.29	14.34	135.1	1297	0.1003	0.104341895
6	5	12.45	15.7	82.57	662.5857422	0.096298535	0.17
7	6	14.17222266	19.98	119.6	1040	0.09463	0.104341895
8	7	13.71	20.83	90.2	577.9	0.1189	0.1645
9	8	13	21.82	87.5	519.8	0.1273	0.1932
10	9	12.46	24.04	83.97	475.9	0.1186	0.2396
11	10	14.17222266	23.24	102.7	797.8	0.08206	0.06669
12	11	15.78	17.89	103.6	781	0.0971	0.1292
13	12	19.17	24.8	132.4	1123	0.0974	0.104341895
14	13	15.85	23.95	103.7	782.7	0.08401	0.1002
15	14	13.73	22.61	93.6	578.3	0.1131	0.2293
16	15	14.54	19.30429688	96.73	658.8	0.1139	0.1595
17	16	14.68	20.13	94.74	662.5857422	0.09867	0.072
18	17	16.13	20.68	108.1	798.8	0.117	0.2022
19	18	19.81	22.15	130	1260	0.09831	0.1027
20	19	13.54	14.36	87.46	566.3	0.09779	0.08129
21	20	13.08	15.71	91.60357422	520	0.1075	0.127
22	21	9.504	12.44	91.60357422	273.9	0.1024	0.06492
23	22	15.34	14.26	91.60357422	704.4	0.1073	0.2135
24	23	21.16	23.04	91.60357422	1404	0.09428	0.1022
25	24	16.65	21.38	110	904.6	0.1121	0.1457

05 이제 파워 쿼리 편집기를 닫아서 원본을 변경한 후 새로고침을 누릅니다. 그러면 변경한 내용을 기반으로 결과물이 달라지게 됩니다.

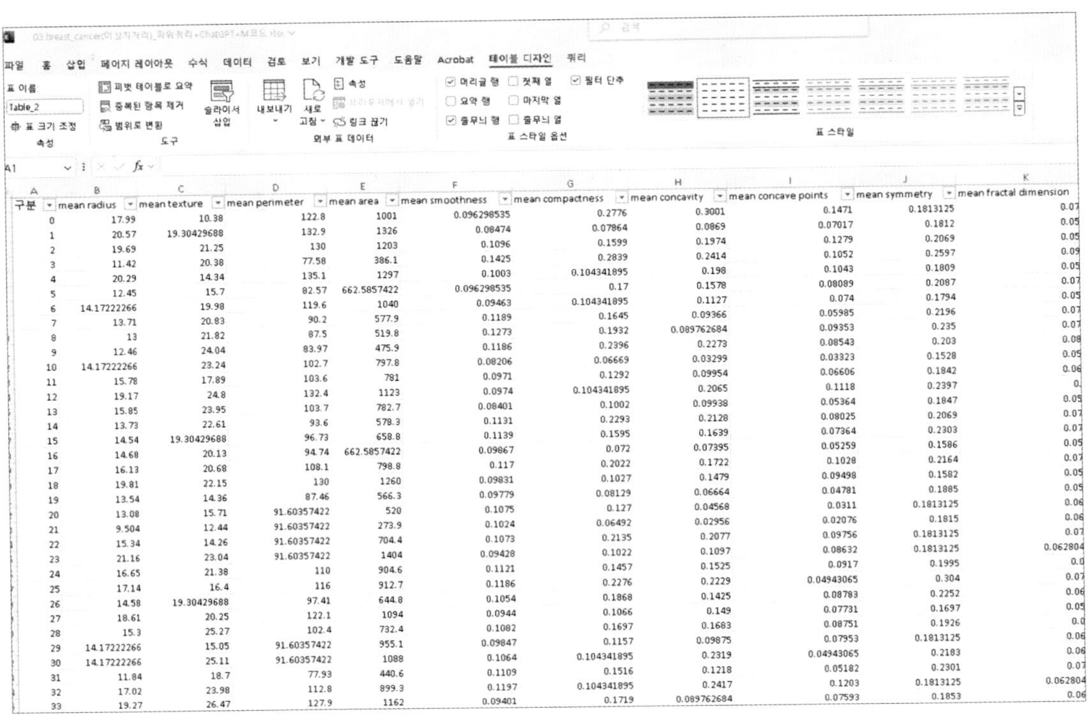

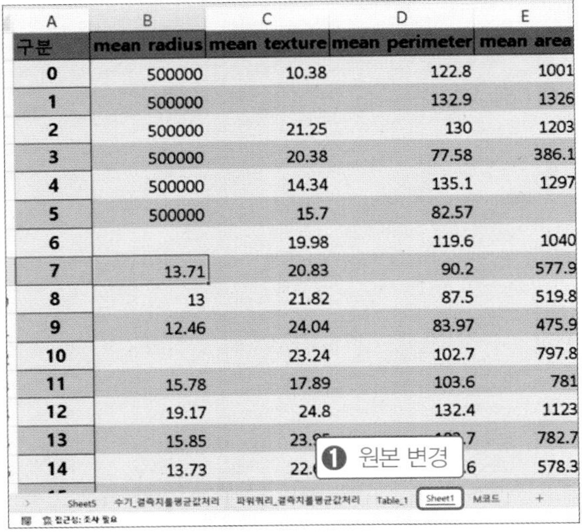

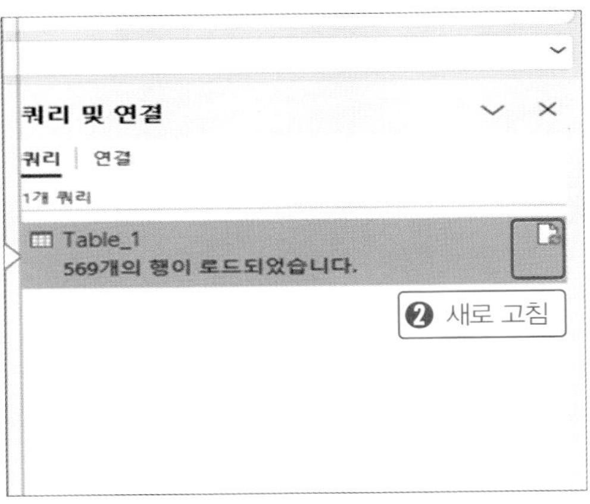

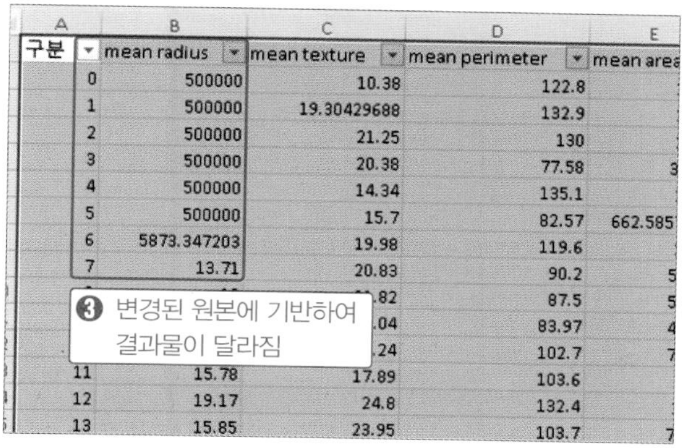

구분	mean radius	mean texture	mean perimeter	mean area
0	500000	10.38	122.8	
1	500000	19.30429688	132.9	
2	500000	21.25	130	
3	500000	20.38	77.58	3
4	500000	14.34	135.1	
5	500000	15.7	82.57	662.585
6	5873.347203	19.98	119.6	
7	13.71	20.83	90.2	5
		.82	87.5	5
		.04	83.97	4
		.24	102.7	7
11	15.78	17.89	103.6	
12	19.17	24.8	132.4	
13	15.85	23.95	103.7	7

❸ 변경된 원본에 기반하여 결과물이 달라짐

과거에는 수행하기 아주 어려운 작업이었지만 생성 코딩을 활용해 수월하게 해냈습니다.

이처럼 챗GPT에게 질문을 하는 것만으로도 다양한 코드 환경에서 우리가 원하는 기능을 효과적으로 구현해낼 수 있습니다.

지금까지 파워 쿼리와 생성형 AI인 챗GPT의 결합을 다뤄보았습니다. 파워 쿼리는 데이터를 수집하고 변환하는 강력한 도구로, 반복적인 작업을 자동화하여 데이터 분석의 생산성을 크게 향상시킵니다. 특히 공기업 등 제한된 환경에서도 효율적으로 사용될 수 있죠. 이번 장에서는 파워 쿼리의 기본 원리와 사용법을 소개하며, 이를 챗GPT와 결합해 더욱 효율적인 데이터 처리 방법을 알아보았습니다.

이제 파워 쿼리가 데이터 분석을 자동화하는 도구를 넘어, 챗GPT의 도움으로 데이터 작업을 보다 혁신적으로 수행할 수 있는 도구임을 알게 되셨기를 바랍니다.

챗GPT X 세상의 모든 코드

앞에서 다양한 코드를 활용해보며 자동화와 데이터 처리를 위한 도구의 강력함을 직접 체험했습니다. 폐쇄망 환경에서 높은 활용도를 자랑하는 VBA와 파워쿼리 M코드, 그리고 클라우드 상에서 어디서나 사용할 수 있는 앱스 스크립트까지, 각각의 도구가 가진 장점과 가능성을 살펴보았습니다.

세상에 존재하는 다양한 코드 (챗GPT로 생성함)

물론 질문만으로 오류 없는 코드를 생성해내는 데에는 시간이 걸립니다. 하지만 결코 불가능한 일이 아니며, 오히려 조금의 노력으로 큰 가능성을 열 수 있습니다. 여기서 중요한 질문을 던져볼까요? 만약 코드를 읽고, 해석하고, 필요에 따라 수정할 수 있다면 어떨까요? 마치 영어를 전혀 몰라도 번역기를 사용할 수 있지만, 영어를 이해할 줄 안다면 더욱 풍부한 정보를 다룰 수 있는 것처럼 말입니다.

생성형 코딩은 강력합니다. 하지만 그 진정한 힘을 끌어내기 위해서는 약간의 코딩 학습이 필요합니다. 만약 이미 모든 코드를 자유자재로 다룰 줄 안다면 훌륭하겠지만, 그렇지 않다면 기초부터 차근차근 배워보기를 권합니다. 그리고 그 시작점으로 저는 파이썬(Python)을 추천드립니다.

파이썬은 현재 전 세계에서 가장 많이 사용되는 프로그래밍 언어로, 배우기 쉽고 강력한 기능을 제공합니다. 1990년대 초 퍼스널 컴퓨터의 등장과 함께 엑셀이 데이터 처리의 표준으로 자리 잡았듯이, 생성형 AI 시대에는 파이썬이 우리에게 필수적인 도구가 될 것입니다.

왜 하필 파이썬일까요? 그 이유는 다음 파트에서 함께 탐구해보도록 하겠습니다.

PART 04

ChatGPT X Python

1990년 초 퍼스널 컴퓨터가 비즈니스 도구로 나타났을 때, 당시에 엑셀을 잘 다루었다면 여러 방면의 업무 혁신을 빠르게 경험할 수 있었을 겁니다. 2025년, 생성형 AI 시대에 새로운 업무 혁신의 도구는 파이썬이 될 것입니다. 이번 파트에서는 전 세계 인구의 1/40이 사용하며 강력한 범용성이 무기인 파이썬으로 어떤 업무 혁신을 해낼 수 있는지 알아보겠습니다.

CHAPTER 09

업무 활용의 끝판왕! 챗GPT X 파이썬

9.1 파이썬 학습이 필요한 이유

파이썬, 왜 사용해야 할까요?

누군가 제게 이렇게 물었습니다. "파이썬을 왜 써야 하나요?"

그럴 때 저는 이렇게 되묻곤 합니다. "엑셀을 왜 사용하시나요?"

1990년대 개인용 컴퓨터가 사무실로 들어온 이후, 엑셀은 직장인의 '필수 무기'가 되었습니다. 데이터 처리와 계산에서 탁월함을 보여준 엑셀은 업무 능력을 판가름하는 중요한 지표 중 하나로 자리 잡았습니다. 엑셀을 잘 다루는 것만으로도 생산성에서 차별화되는 시대가 온 것이죠.

이제 시대의 중심은 더 나아가 파이썬으로 이동했습니다. 단순한 개발 언어를 넘어, 파이썬은 모든 기술의 기반이 되고 있습니다.

파이썬의 도약: 알파고에서 챗GPT까지

2016년 알파고와 이세돌의 대국은 전 세계적으로 AI에 대한 관심을 폭발적으로 끌어올렸습니다. 이후, AI의 핵심 도구로 자리 잡은 파이썬은 점차 사용 점유율을 넓혀왔습니다. 그리고 2022년 11월, 챗GPT의 등장은 파이썬의 사용량을 폭발적으로 증가시키는 전환점이 되었습니다.

왜 이런 변화가 생겼을까요?

그 이유는 단순합니다. 파이썬은 더 이상 개발자들만의 도구가 아니기 때문입니다. 이제는 마케터, 디자이너, 데이터 분석가, 심지어 행정 업무를 맡는 직군까지, 파이썬을 활용해 효율성을 극대화하고 있습니다.

TIOBE 인덱스가 보여주는 파이썬의 인기

프로그래밍 언어의 인기 지표로 자주 언급되는 TIOBE 인덱스는 이렇게 설명합니다.

> "TIOBE Programming Community Index는 프로그래밍 언어의 인기를 보여주는 지표입니다. 매달 업데이트되며, 전 세계 숙련된 엔지니어, 강의 및 제3자 벤더의 수를 기반으로 계산됩니다. Google, Amazon, Wikipedia, Bing 등 20개 이상의 인기 웹사이트를 분석하

> 여 평가가 이루어집니다. 이 인덱스는 특정 언어가 가장 우수하거나 가장 많이 사용된 언어를 나타내는 것이 아닙니다. 대신, 자신의 프로그래밍 기술이 최신인지 확인하거나 새로운 소프트웨어 시스템을 구축할 때 전략적으로 어떤 언어를 채택해야 할지 결정하는 데 도움을 줍니다."

이 지표를 통해 알 수 있는 것은, 파이썬은 개발자뿐만 아니라 다양한 분야의 사람들이 관심을 가지고 배우는 언어로 성장하고 있다는 사실입니다.

Nov 2024	Nov 2023	Change	Programming Language	Ratings	Change
1	1		Python	22.85%	+8.69%
2	3	^	C++	10.64%	+0.29%
3	4	^	Java	9.60%	+1.26%
4	2	⌄	C	9.01%	-2.76%
5	5		C#	4.98%	-2.67%
6	6		JavaScript	3.71%	+0.50%
7	13	⌃⌃	Go	2.35%	+1.16%
8	12	⌃⌃	Fortran	1.97%	+0.67%
9	8	⌄	Visual Basic	1.95%	-0.15%

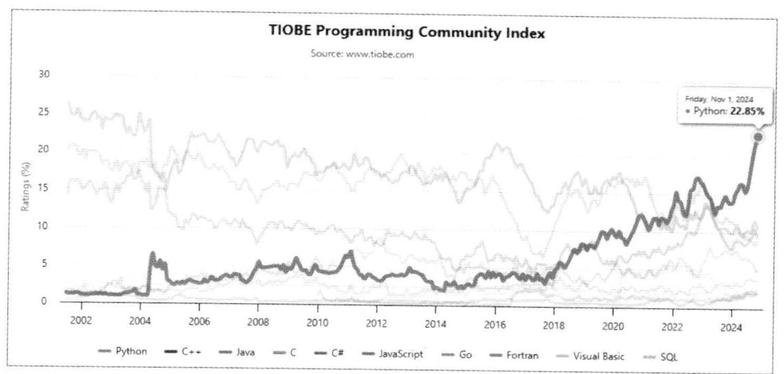

[출처: https://www.tiobe.com/tiobe-index/]

생성 코딩의 시대와 파이썬의 역할

파이썬이 이처럼 폭넓게 사랑을 받게 된 데는 생성 코딩의 등장이 큰 역할을 했습니다.

생성형 AI와의 결합은 프로그래밍을 배우기 어려웠던 사람들에게 문턱을 낮추고, 새로운 가능성을 열어주었습니다.

제가 진행한 오프라인 수업만 해도 6,000명이 넘는 수강생들이 참여했고, 이 중 상당수는 비개발 직군의 사람들이었습니다. 그들은 파이썬을 통해 자신의 업무를 자동화하고, 데이터를 해석하며, 더 나아가 AI와 협력하는 방식으로 혁신을 이루고 있습니다.

새로운 시대의 파이썬 학습

과거에는 파이썬을 제대로 활용하기 위해 오랜 학습이 필요했습니다. 하지만 이제는 기본적인 문법과 활용법을 아는 것만으로도 충분합니다. 더 중요한 것은 파이썬 코드의 의미를 해석하고, 이를 업무에 적용할 수 있는 능력입니다.

이제부터 우리는 파이썬이 어떻게 생성형 AI와 만나 더 큰 혁신을 만들어내는지, 그 가능성과 미래에 대해 이야기하려 합니다.

준비되셨나요? 파이썬과 생성형 AI의 결합으로 만드는 새로운 업무 혁신을 만나보시죠.

9.2 챗GPT가 몰고 온 파이썬 업무 활용의 변화

몇 년 전만 해도, 파이썬 기반의 업무 자동화를 배우는 것은 시간이 많이 걸리고 진입장벽이 높았습니다. 제가 처음 RPA(Robotic Process Automation) 수업을 시작했을 때는 챗GPT 같은 생성형 AI가 등장하기 전이었습니다. 그 당시의 수업은 철저히 기본기를 다지는 데 초점을 맞췄습니다.

예를 들어 16시간으로 구성된 교육과정이 있다면, 그중 절반이 파이썬 기본기를 다지는 데 쓰였습니다. 변수, 반복문, 조건문 같은 핵심 개념을 익히느라 상당한 시간이 소요되었고, 크롤링, 데이터 처리, 이메일 전송 같은 실용적인 기능은 한정된 시간 안에 급하게 다뤄야 했죠. 결과적으로 학습자들은 교육 후반부에야 겨우 결과물을 만들어냈지만, 기본기에 치중한 탓에 결과물의 완성도에서 다소 아쉬움이 남았습니다.

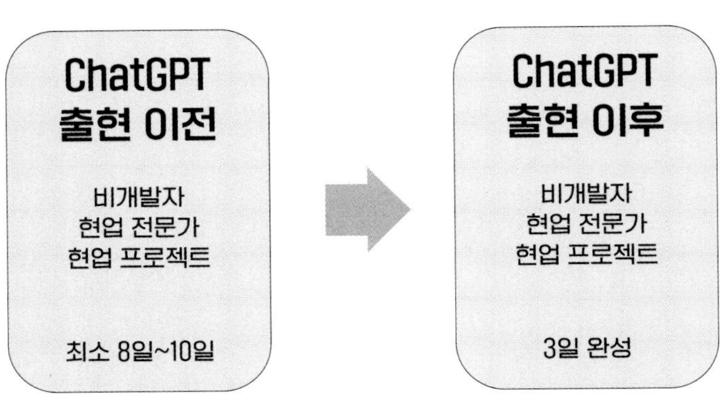

하지만 지금은 완전히 다른 세상이 되었습니다. 챗GPT와 같은 생성형 AI의 등장으로 학습 환경과 방식은 극적으로 바뀌었습니다. 이제는 16시간이라는 짧은 교육 시간만으로도 충분히 RPA 프로젝트를 구축하고, 나아가 24시간 안에 실제 업무 문제를 해결하는 결과물을 만들어 발표할 수 있는 시대가 되었습니다.

기술의 진보와 학습 진입장벽의 개선

기술의 발전은 학습 진입장벽을 무너뜨렸습니다. 과거에는 파이썬의 기본기를 쌓는 데만도 엄청난 시간과 노력이 필요했습니다. 학습자가 '어떻게'를 익히는 데 대부분의 시간을 투자해야 했다면, 이제는 챗GPT와 같은 도구가 '어떻게'를 대신해주고, 학습자는 '무엇을'과 '왜'에 더 집중할 수 있게 되었습니다.

특히 생성 AI는 코드 작성 과정을 혁신적으로 단축시켰습니다. 복잡한 크롤링 스크립트나 데이터 처리 로직을 작성하는 대신, 챗GPT에게 의도를 설명하면 대부분의 코드를 자동으로 생성해 줍니다. 이렇게 생성된 코드는 학습자가 바로 실행하고 수정하며 실습의 속도와 효율을 높이는 데 크게 기여합니다.

결과 중심의 학습 패러다임

이제 교육은 단순히 기본기를 배우는 것이 아니라, 실제 업무 문제를 해결하고 결과물을 도출하는 데 중점을 두고 있습니다. 학습자들은 단 몇 시간 안에 자신만의 자동화 도구를 구축하고, 이를 통해 업무 효율을 극대화하는 경험을 쌓습니다. 그 과정에서 '왜 이러한 코드가 필요한가?'라는 본질적인 질문을 스스로에게 던지며 문제를 정의하고, 최적의 솔루션을 탐색하는 사고력을 기릅니다.

하지만 결과물은 많아졌지만, 창의성은 줄어들었다?

학습자들은 방향만 잡아주면 이를 실행에 옮기는 속도가 놀라울 정도로 빨라졌습니다. 그러나 새로운 문제도 나타나기 시작했습니다. 많은 학습자가 코드를 스스로 커스터마이징하는 능력을 점점 잃어가고 있다는 점입니다.

챗GPT의 도움으로 결과물은 쉽게 만들어졌지만, 그 결과물의 창의성과 다양성이 줄어들고 있습니다. '어떻게 만들지'는 챗GPT가 대신해주지만, '왜 이렇게 만들어야 하는지'에 대한 깊이 있는 이해는 부족한 상황입니다. 결국 도구에 대한 지나친 의존이 창의적 사고를 제한하고 있는 셈입니다.

기술 혁신 속에서 인간의 학습 능력 변화

이런 변화로 저는 코딩 교육 방식에 대한 변화가 필요하다는 생각을 하게 되었습니다. 처음에는 챗GPT를 활용한 교육에서 코딩 교육의 비중을 대폭 줄였지만, 학습자들의 문제 해결 능력과 창의성이 점점 줄어드는 것을 보고 다양한 시도를 하면서 알아낸 것이 있습니다. 단순히 과거 방식의 교육을 답습하거나, 생성형 AI 도구에 지나치게 의지하는 것이 아닌, 균형 잡힌 학습 방법이 필요하다는 점입니다.

과거에도 비슷한 우려는 존재했습니다. 주산에서 계산기로, 그리고 계산기에서 컴퓨터로 발전하는 과정에서 계산 능력이 퇴보할 것을 걱정했지만, 오히려 인간은 더 복잡한 문제를 해결할 수 있는 길을 열었습니다. 마찬가지로 지금 우리는 AI가 가져다주는 편리함을 활용하면서도, 인간 고유의 창의성과 사고력을 잃지 않는 방법을 찾아야 합니다.

슈퍼 제너럴리스트의 등장

새로운 시대는 슈퍼 제너럴리스트를 요구합니다. 단순히 넓고 얕게 아는 제네럴리스트의 수준을 넘어, 광범위한 지식을 융합하여 새로운 결과물을 만들어내는 능력이 중요해졌습니다. 이는 특정 분야의 깊이 있는 전문가가 아니더라도, 다양한 도구와 지식을 연결하고 응용할 수 있는 사람들의 시대가 도래했음을 의미합니다.

이러한 슈퍼 제너럴리스트가 되기 위해서는 기본적인 코딩 능력, 특히 파이썬에 대한 이해가 필요합니다. 그 이유는 파이썬이 다양한 도구와 결과물을 만들어내는 데 핵심적인 역할을 하기 때문입니다. 파이썬을 다룰 줄 알게 되면 데이터 분석, 웹 스크래핑, 업무 자동화, 그리고 머신러닝까지 다양한 분야를 탐구하고 융합할 수 있는 기반을 갖추게 됩니다. 특히 허깅페이스(huggingface)와 같은 AI 커뮤니티 사이트에 보면 대부분은 이제 파이썬으로 구성이 되어있다는 것을 알 수 있습니다.

[자료 1] 챗GPT 유료 버전 웹 검색으로 질문한 결과

PROMPT

허깅페이스에 올라온 다양한 프로그램의 기본언어는 뭐로 되어 있는지 조사해줘

ANSWER

허깅페이스(Hugging Face)는 다양한 머신러닝 모델과 도구를 제공하는 플랫폼으로, 주로 파이썬 (Python) 언어를 기반으로 개발되어 있습니다. 허깅페이스의 대표적인 라이브러리인 트랜스포머 (Transformers)는 파이썬으로 작성되었으며, PyTorch 및 TensorFlow와 같은 파이썬 기반의 딥러닝 프레임워크와 호환됩니다.

또한, 허깅페이스는 모델 허브(Model Hub)를 통해 다양한 사전 학습된 모델을 제공하며, 이들 모델은 주로 파이썬 환경에서 사용됩니다.
(…생략…)

[자료 2] 퍼플렉시티(Perplexity) 무료 버전으로 질문한 결과

PROMPT
허깅페이스에 올라온 다양한 프로그램의 기본언어는 뭐로 되어 있는지 조사해줘

ANSWER
허깅페이스에 올라온 다양한 프로그램의 기본 언어는 주로 Python입니다 [1][2]. Python은 허깅페이스 라이브러리의 주요 언어로 사용되며, 대부분의 모델과 도구가 Python으로 구현되어 있습니다 [2].
하지만 허깅페이스는 다양한 프로그래밍 언어를 지원합니다:
1. Python: 가장 널리 사용되는 언어로 대부분의 모델과 도구가 Python으로 구현되어 있습니다.
2. JavaScript: 웹 기반 애플리케이션을 위해 지원됩니다.
3. Ruby: 일부 기능과 모델에 대해 지원됩니다.
4. Java: 자바 개발자를 위한 지원도 제공됩니다 [2].

(…생략…)

NOTE 퍼플렉시티의 답변 중간에 보이는 [1], [2]는 답변의 출처를 표시한 것입니다.

새로운 방식의 파이썬 학습

이제는 단순히 코드의 문법과 기능을 외우는 기존의 코딩 교육을 넘어서야 합니다. 뒤에서 배울 파이썬 학습은 프로그래밍 언어가 존재하는 이유, 즉 문제를 해결하고 새로운 가능성을 열어가는 도구로서의 본질을 이해하는 데 초점을 맞출 것입니다.

파이썬을 통한 성장의 길

- **기초를 넘어선 이해** : 파이썬의 기본기를 단순히 배우는 것이 아니라, 이를 통해 문제를 어떻게 풀어나갈지 사고하는 힘을 기릅니다.
- **도구와 사람의 융합** : ChatGPT와 같은 도구를 활용하되, 인간의 창의적 사고와 결합하여 더 높은 수준의 결과를 만들어냅니다.
- **슈퍼 제너럴리스트로의 도약** : 파이썬을 기반으로 넓고 깊은 지식을 쌓아 다양한 도구와 기술을 연결하는 능력을 개선합니다.

결국 중요한 것은 도구를 사용하는 사람의 능력입니다. 챗GPT와 같은 생성형 AI는 우리의 손에 강력한 도구를 쥐여줬습니다. 이제는 그 도구를 어떻게 활용할지, 그리고 그를 통해 어떤 가치를 창출할지를 고민해야 할 때입니다. 파이썬을 배우면 빠르게 변화하는 기술에 대응하고 AI를 효과적으로 활용할 수 있습니다. 이 경험은 여러분이 앞으로의 시대를 대비하는 데 강력한 무기가 될 것입니다. 그리고 그 무기를 여러분이 가진 현장 경험과 인사이트에 적용하면 세상에 없던 결과가 만들어질 것입니다.

9.3 파이썬 학습 전 준비

파이썬을 설치하는 과정은 단순히 프로그램을 내려받는 단계를 넘어, 우리의 업무 환경에 맞춘 효율적인 프로세스를 필요로 합니다. 인터넷에서 다양한 설치 방법을 찾아볼 수 있지만, 폐쇄망(내부망) 환경에서는 이러한 과정이 쉽지 않을 수 있습니다. 많은 기업은 보안상의 이유로 내부망과 외부망을 철저히 구분하고 있기 때문에, 어떤 환경에서도 파이썬을 설치할 수 있는 방법을 알아두는 것이 중요합니다.

9.3.1 파이썬 설치하기

파이썬부터 설치해봅시다.

참고

- 이 설치법은 파이썬 초심자이며 윈도우(Windows) 사용자인 분들을 대상으로 합니다.
- 맥(MacOS)을 사용하는 분은 인터넷의 영상을 참고해주시길 바랍니다.
  [영상 링크] https://bit.ly/jp_install_mac
- 파이썬 설치법을 잘 알고 있다면 9.3.2로 넘어가셔도 좋습니다. (참고로 이 책의 파이썬 버전은 3.12.5입니다)
- 인터넷이 연결되지 않는 폐쇄망 환경을 이용하는 분이라면 9.3.3을 참고해주세요.

01 파이썬 홈페이지(python.org/downloads)에 들어가서 파이썬 3.12.5 버전을 다운로드합니다. 일반적으로는 윈도우 사용자는 Windows installer 64bit를 설치하시면 됩니다.

NOTE 여러분의 PC에 이미 설치된 파이썬이 있다면, 제어판에서 제거를 한 후 파이썬 3.12.5 버전 설치 파일을 다운로드해주세요.

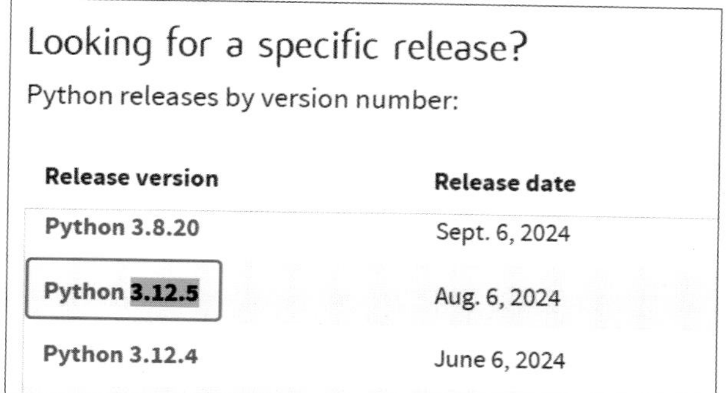

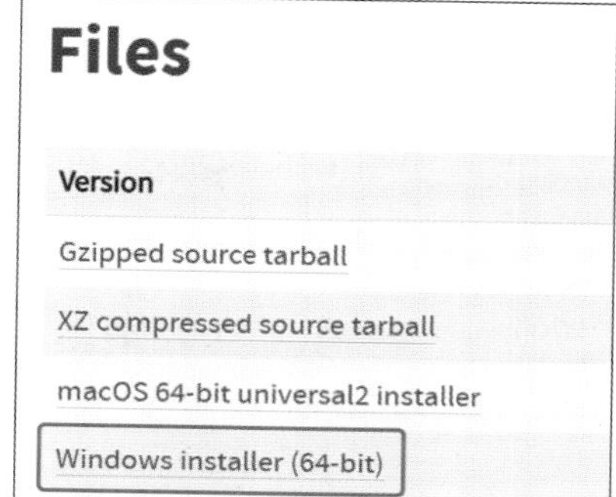

02 다운로드한 파이썬 설치 파일을 열고 다음 과정을 따라서 파이썬을 설치합니다.

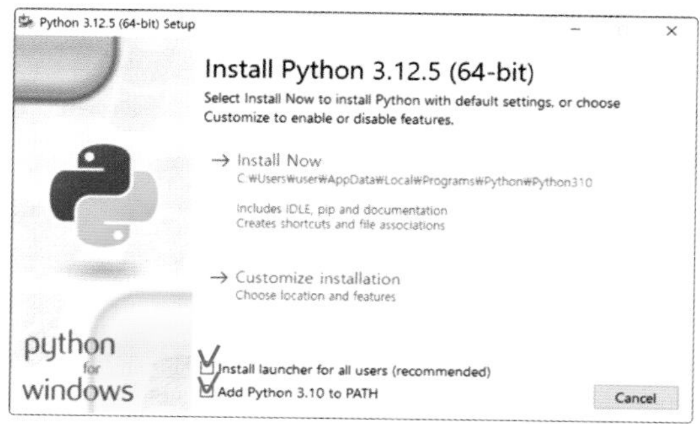

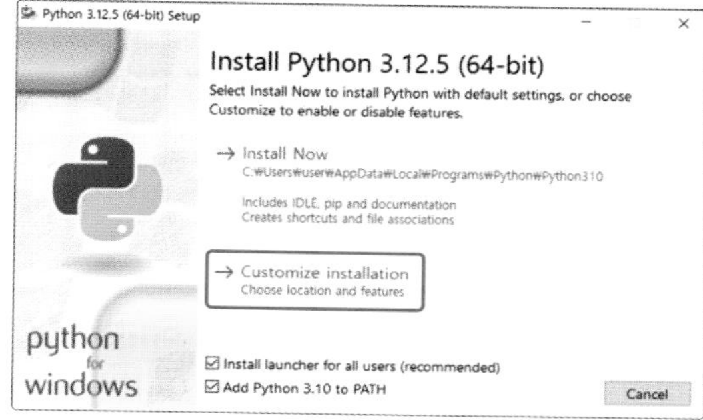

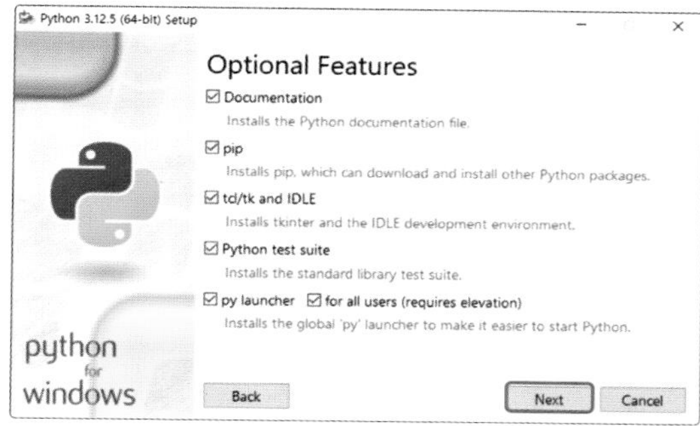

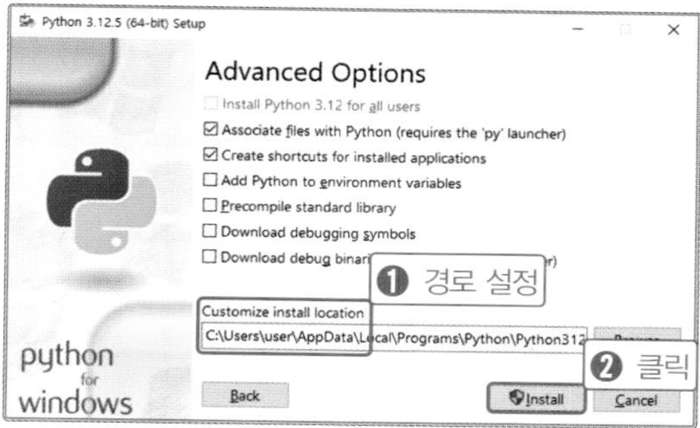

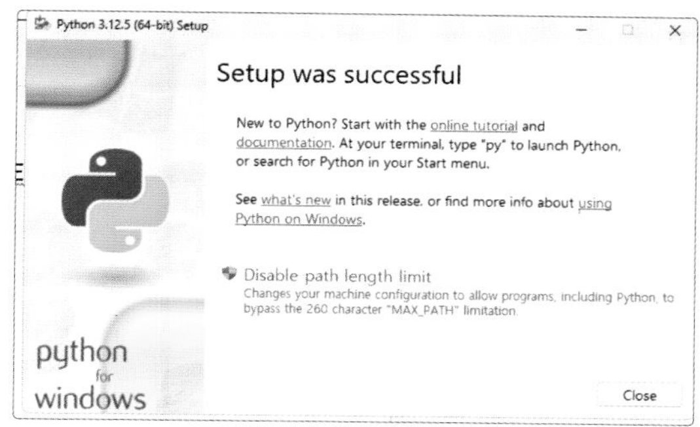

03 명령 프롬프트로 파이썬이 잘 설치되었는지 확인해봅시다. 먼저 ① 윈도우 키를 누르고 ② `cmd`를 입력한 후 [Enter]를 눌러 명령 프롬프트를 실행합니다. 그 다음에 명령 프롬프트 창에 커서가 깜빡이면 ③ `python`을 입력하고 [Enter]를 누릅니다. 입력한 줄 바로 아래에 python 버전이 출력되었다면 파이썬을 정상적으로 설치한 것입니다.

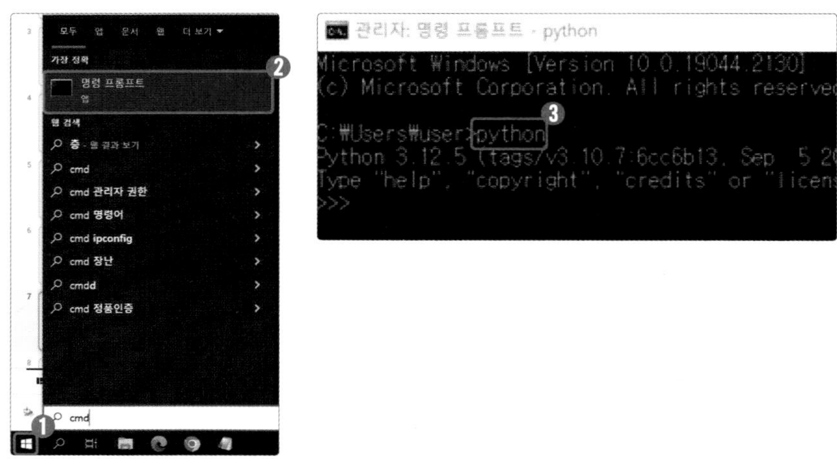

[파이썬 버전 표시가 확인되면 Python 3.12.5 버전 설치 완료]

9.3.2 주피터 노트북 설치하기

파이썬 설치에 이어서 주피터 노트북도 설치해봅시다.

주피터 노트북(Jupyter Notebook)은 파이썬 코딩을 위해 사용할 코드 편집 도구입니다. 사용법이 직관적이라 파이썬 초보자도 금방 적응할 수 있으니 이 도구를 사용해볼 것입니다. 주피터 노트북에 대해 더 자세히 알고 싶다면 9장 마지막의 '[칼럼] 사용자의 환경에 따라 골라쓰는 에디터'를 참고해주세요.

01 주피터 노트북의 설치 방법은 간단합니다. 명령 프롬프트를 실행한 후 `pip install notebook`을 입력하고 Enter를 누릅니다. 잠시 기다리면 검은 화면에 하얀 글씨들이 빼곡히 채워지며 주피터 노트북이 자동으로 설치됩니다.

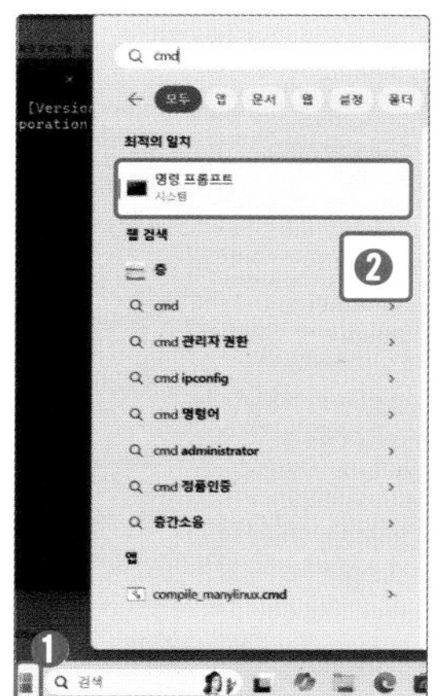

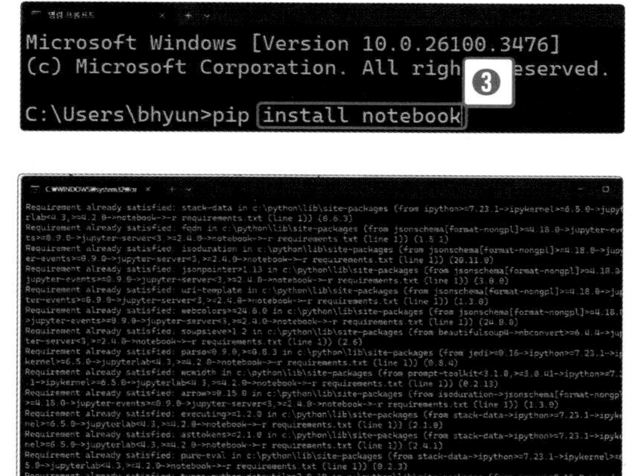

02 설치가 완료되었으면 주피터 노트북이 제대로 실행되는지 확인해봅시다. 다시 명령 프롬프트를 열고 `jupyter-notebook` 혹은 `jupyter notebook`을 입력하여 실행합니다.

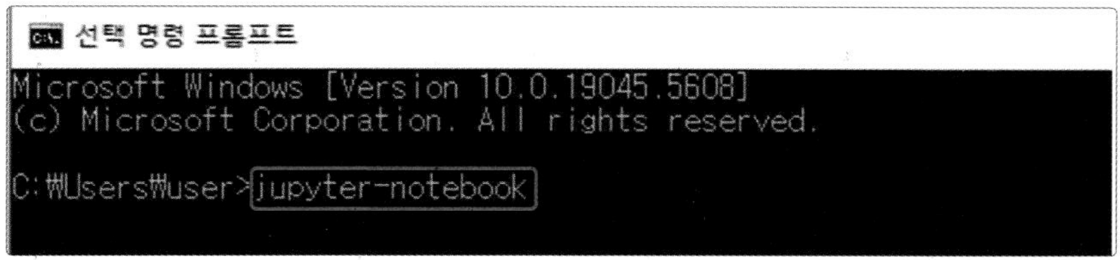

03 주피터 노트북이 정상적으로 실행되면 다음과 같은 화면이 열립니다.

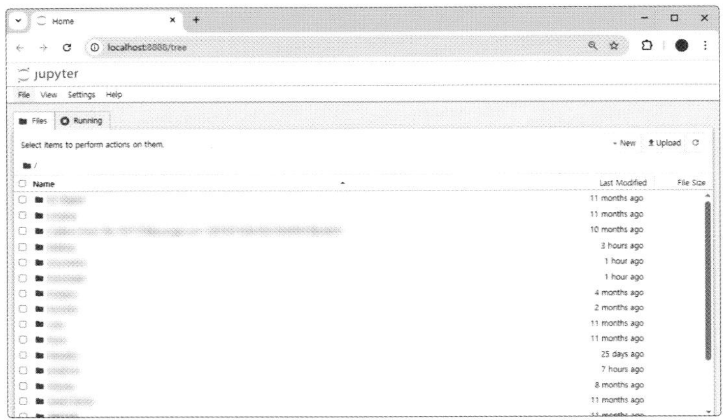

[이런 화면이 나오면 주피터 노트북 세팅 완료]

파이썬과 주피터 노트북의 설치 후 실행까지 모두 마쳤으면 9.3.4로 넘어가서 주피터 노트북의 기본 사용법을 알아봅시다.

9.3.3 폐쇄망 환경에서 파이썬 및 주피터 노트북 설치하기

인터넷이 실행되는 환경이 일반적이나, 내부정보 유출을 차단하기 위한 목적 등으로 외부망과 업무망을 분리하는 환경도 있습니다. 금융사, 관공서, 공기업 등의 폐쇄망 환경이 이런 경우에 해당합니다.

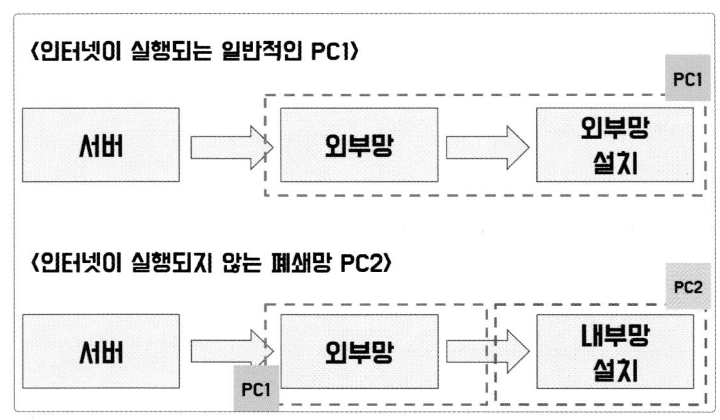

일반망과 폐쇄망의 이해

폐쇄망 환경에서는 인터넷 연결이 되지 않습니다. 이 환경에서 파이썬과 주피터 노트북을 설치하려면 기존과 다른 방법을 사용해야 하는데, 그 방법은 물리적으로 파일을 이동시키는 것입니다.

지금부터 제가 알려드릴 것은 폐쇄망 환경에서 파이썬 및 파이썬 라이브러리를 한꺼번에 설치하는 방법입니다. 제가 다양한 곳에서 강의하며 이 방법을 실행했는데 대부분은 보안 문제가 발생하지 않고 잘 설치되었습니다. 여러분의 환경에서 원활하게 RPA 와 AI 프로그램을 만들고 싶다면 폐쇄망 설치법을 사용해보시길 바랍니다.

참고

이 설치법은 파이썬 초심자이며 윈도우(Windows) 사용자인 분들을 대상으로 합니다.

01 링크(bit.ly/bhyunco_RPA)에 접속해 '폐쇄망설치패키지'를 다운로드합니다. 그 후 파이썬 설치 파일(python-3.12.5-amd64.exe)을 실행합니다.

NOTE 여러분의 PC에 이미 설치된 파이썬이 있다면, 제어판에서 제거를 한 후 이 과정을 따라해주세요.

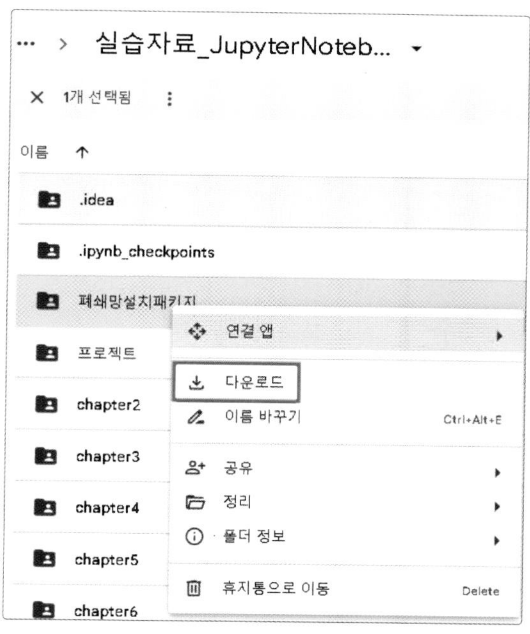

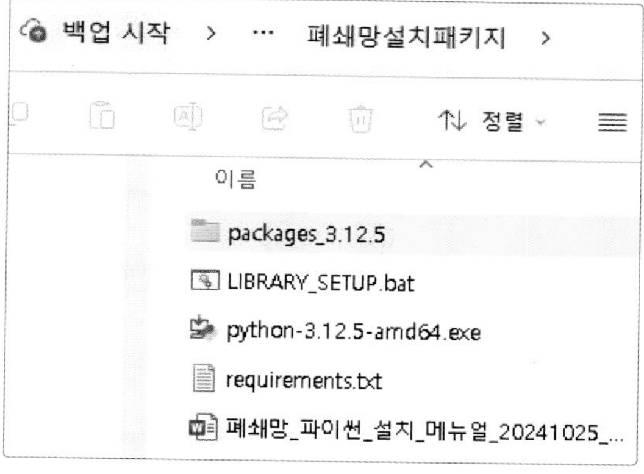

02 다음 과정을 따라서 파이썬을 설치합니다.

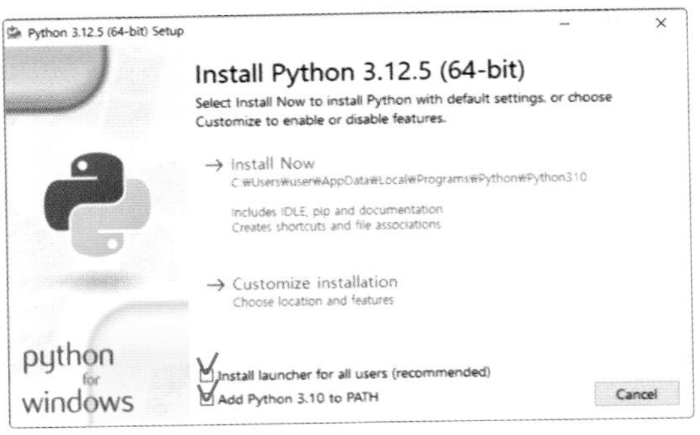

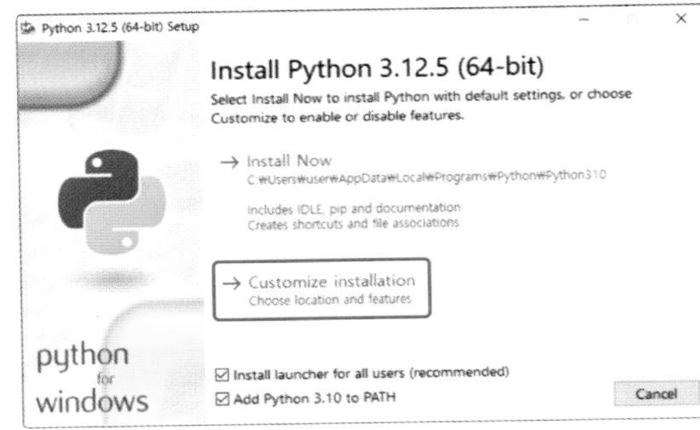

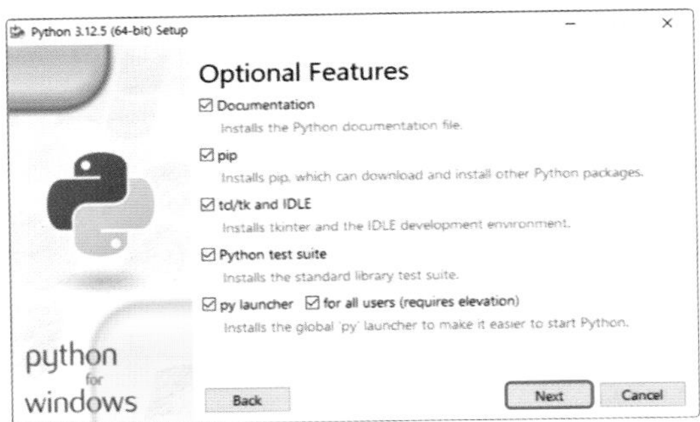

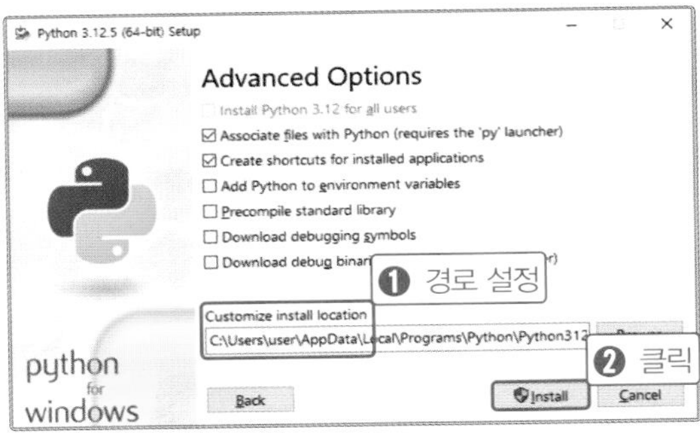

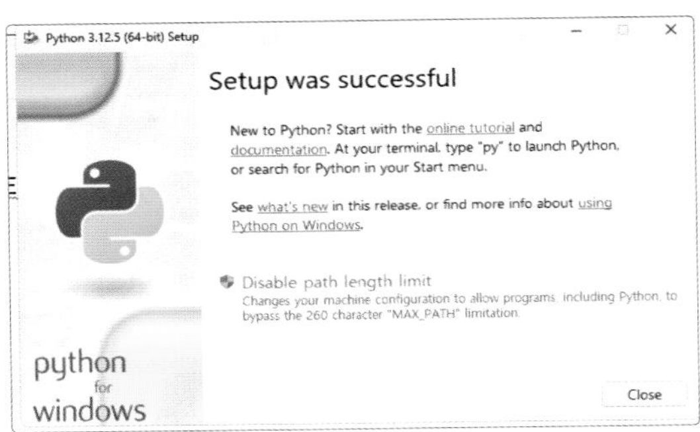

03 파이썬 설치를 완료했으면 LIBRARY_SETUP.bat 파일을 실행합니다. 잠시 기다리면 검은 화면에 하얀 글씨들이 빼곡히 채워지며 주피터 노트북이 자동으로 설치됩니다.

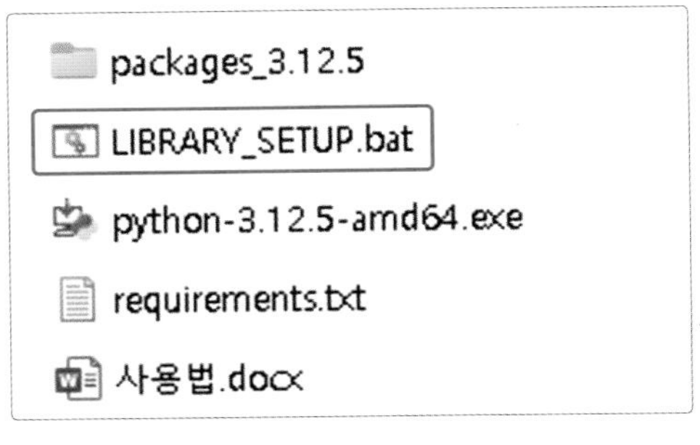

04 설치가 완료되었으면 주피터 노트북이 제대로 실행되는지 확인해봅시다. 명령 프롬프트를 열고 `jupyter-notebook` 혹은 `jupyter notebook`을 입력하여 실행합니다.

> **NOTE** 명령 프롬프트를 실행하려면 윈도우 키를 누르고 'cmd'를 입력한 후 Enter를 누르면 됩니다.

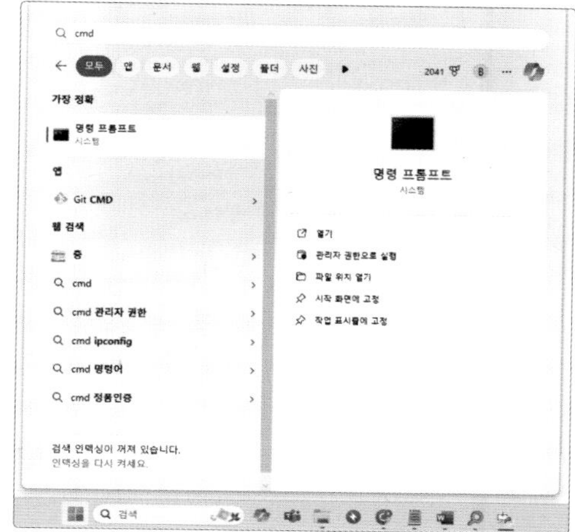

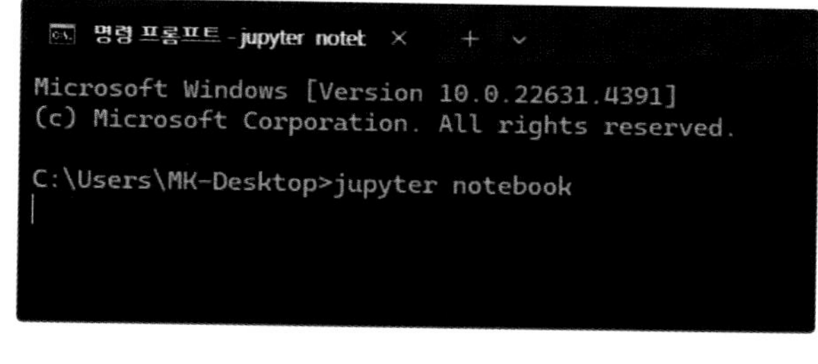

05 주피터 노트북이 정상적으로 실행되면 다음과 같은 화면이 열립니다.

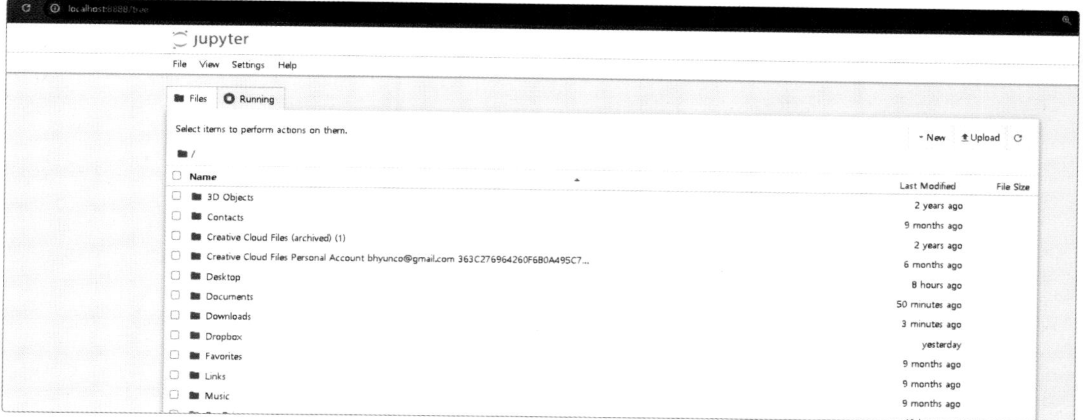

9.3.4 주피터 노트북 기본 사용법

파이썬과 주피터 노트북을 준비했으니 이제 주피터 노트북의 기본 사용법을 익혀봅시다.

새 노트북 만들고 이름 바꾸기

01 주피터 노트북을 열고 우측의 [New → Python3]을 클릭해서 새 노트북을 만듭니다.

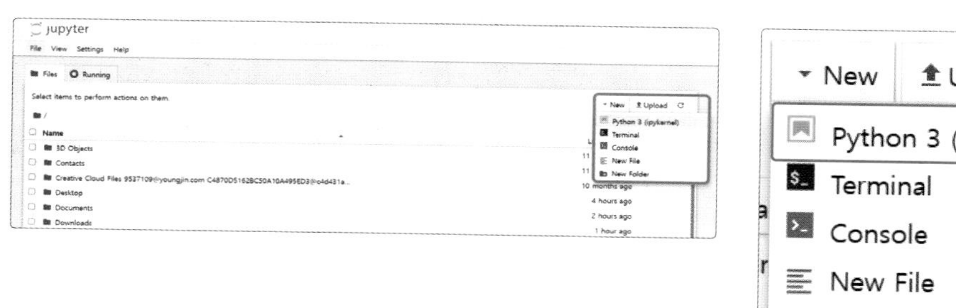

02 Untitled라는 이름의 새 창이 열리면 제목(Untitled1)을 클릭하고 '구동테스트'라는 이름으로 바꿔줍니다.

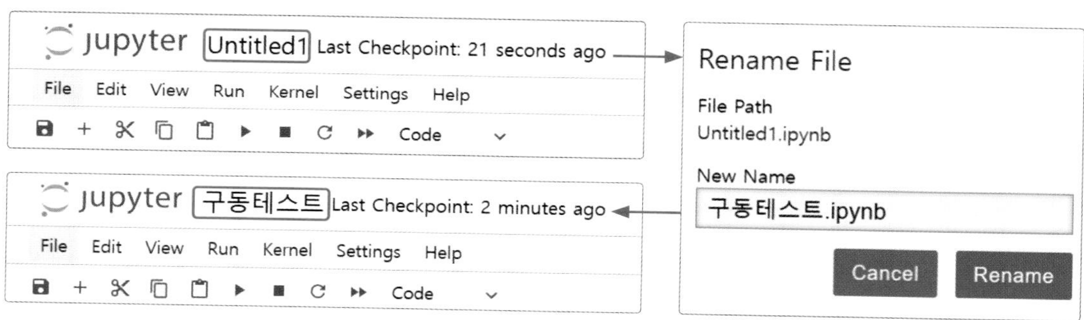

더 알아보기

ipynb 파일

새 노트북의 이름을 바꾸려다 보면 제목 옆에 .ipynb라는 파일 확장자명이 보입니다. ipynb은 주피터 노트북에서 실행되는 파일을 의미합니다. 이 파일은 여러분의 컴퓨터에 폴더나 텍스트 파일 등으로 저장할 수 있습니다.

03 간단한 코드를 실행해봅시다. 코드 편집줄을 클릭하고 1+1을 입력한 다음 Alt+Enter를 누르면 연산 결과가 나옵니다.

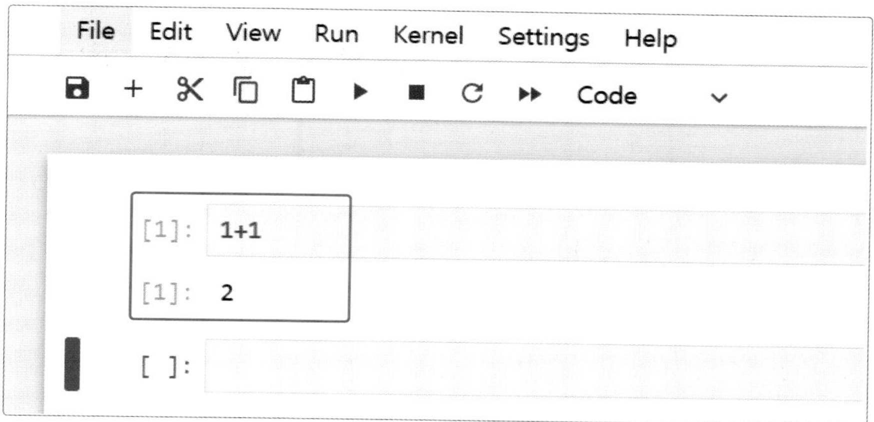

축하드립니다. 이것으로 첫 프로그래밍 실행을 성공했습니다!

코드 셀 / 마크다운 셀

앞서 우리는 코드 편집줄에 간단한 코드를 적었습니다. 주피터 노트북은 이 편집줄을 기본 단위로 하며 이것을 셀(cell)이라고 부릅니다.

> **NOTE** 앞서 주피터 노트북의 강점을 설명했을 때 블록 코딩이라고 표현한 것은, 주피터 노트북이 셀이라는 블록을 기본 단위로 하기 때문입니다.

셀은 보통 두 가지 용도로 사용하는데, 코드(Code)를 실행하거나 문서(Markdown)를 작성할 수 있습니다.

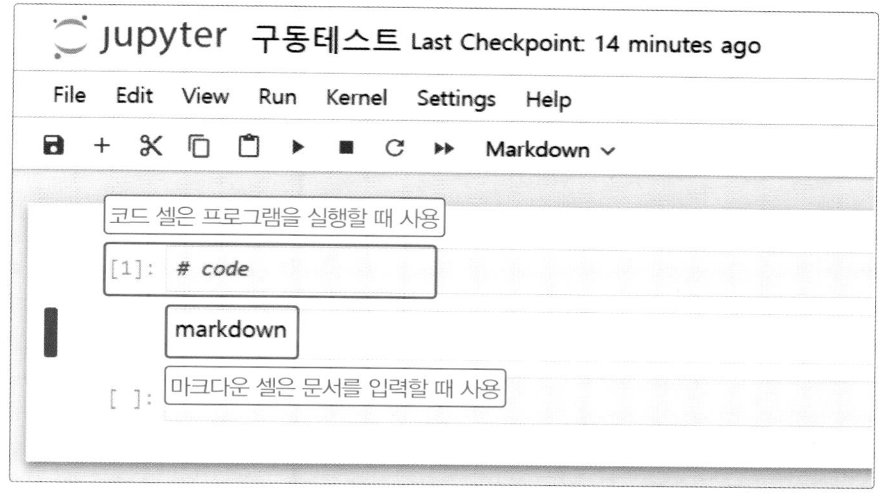

셀을 선택한 후 다음과 같이 탭을 클릭해 셀 형식(코드 혹은 문서 작성용)을 지정할 수 있습니다.

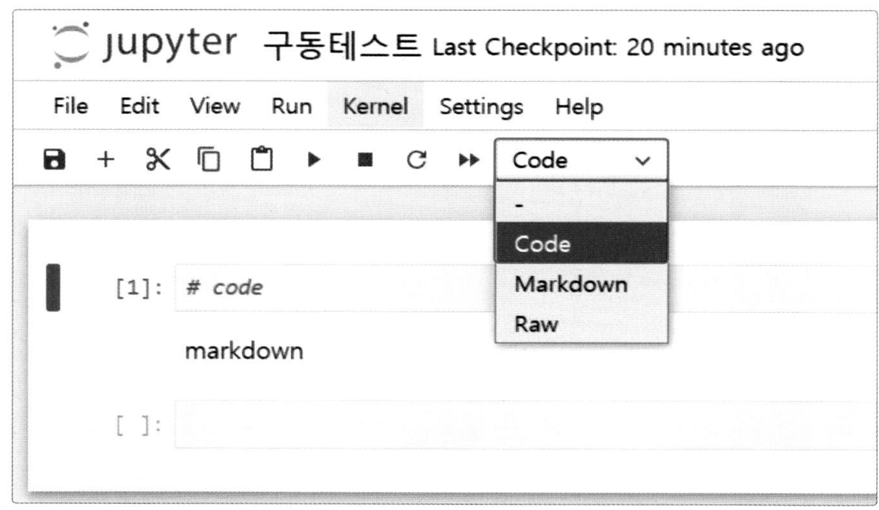

사실 마크다운(Markdown)은 부수적인 기능이라서 이런 기능이 있다는 것만 알아도 충분합니다. 이제 코드를 어떻게 입력하는지 알아보도록 하겠습니다.

셀의 두 가지 모드

코드를 제어하기 위해서 알아야 하는 것은 편집 모드(Edit mode)(초록색)와 명령 모드(Command mode)(파란색)입니다. 편집 모드는 셀이 활성화된 상태(셀에 커서가 깜박이는 상태)로, 셀에 코드를 입력할 수 있습니다. 명령 모드는 셀이 비활성화된 상태로 셀 삭제, 복사, 추가 등을 할 수 있습니다.

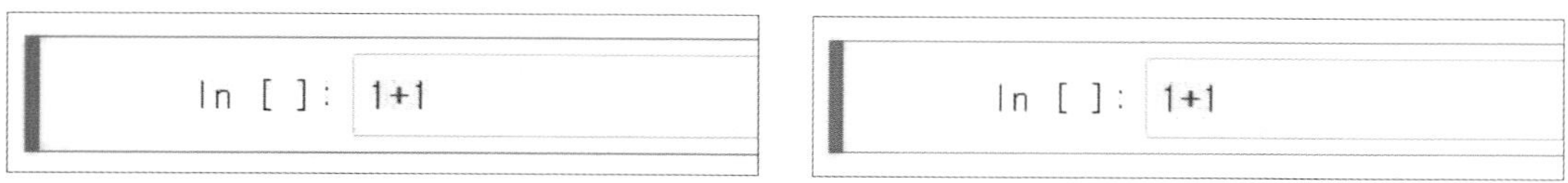

셀의 활성화 여부로 모드를 변환할 수 있으며, 각 모드에 따라 실행할 수 있는 기능이 다릅니다. 두 모드의 사용법을 알고 싶다면 도움말을 참고해보세요. 도움말은 명령 모드에서 Ctrl+Shift+H를 누르면 나옵니다.

도움말에 나온 모든 기능을 모두 숙지할 필요는 없습니다. 실습을 하면서 '이런 기능은 없을까? '라는 생각이 들 때마다 하나씩 알아보시길 권장합니다.

아래는 이 책의 실습에서 자주 사용하게 될 주피터 노트북의 단축키입니다. 가벼운 마음으로 훑어보시면 됩니다.

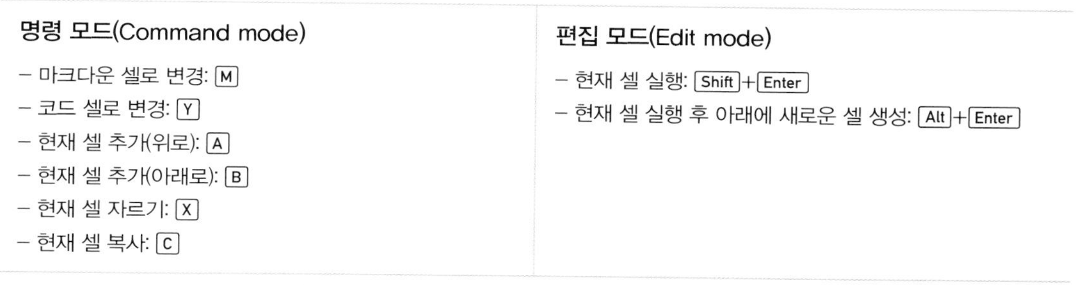

명령 모드(Command mode)

- 마크다운 셀로 변경: M
- 코드 셀로 변경: Y
- 현재 셀 추가(위로): A
- 현재 셀 추가(아래로): B
- 현재 셀 자르기: X
- 현재 셀 복사: C

편집 모드(Edit mode)

- 현재 셀 실행: Shift+Enter
- 현재 셀 실행 후 아래에 새로운 셀 생성: Alt+Enter

셀 실행 순번 확인하기

이번에는 셀의 실행 순번을 알아보겠습니다. 하나의 셀을 만들어서 1+1을 입력한 다음 셀을 실행하면 In 옆의 대괄호 안에 숫자가 표시됩니다. 이 숫자는 셀을 실행횟수를 표시한 것입니다. 노트북에서 셀을 처음 실행했다면 1, 두 번째로 실행하면 2가 표시됩니다. 즉, 셀을 실행할 때마다 대괄호의 번호가 1씩 올라갑니다. 이 번호를 통해 현재 셀이 몇 번째 실행된 것인지 알 수 있습니다.

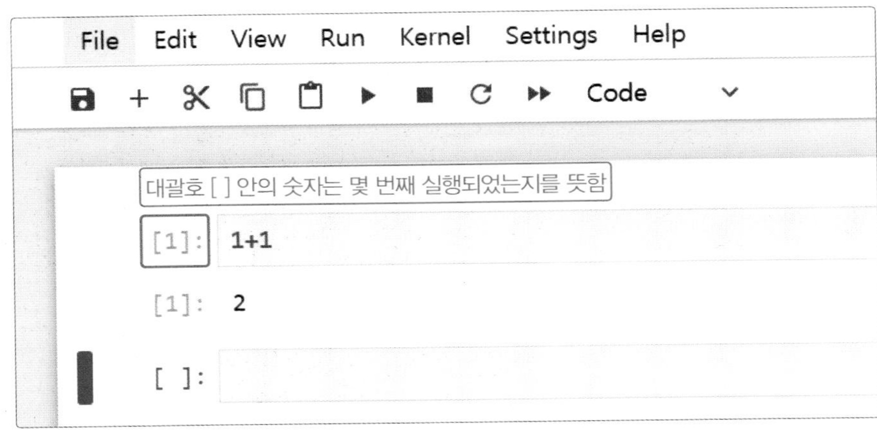

이로써 주피터 노트북의 기본 사용법을 알아보았습니다. 다음 절에서는 파이썬 코드 해석에 필요한 최소한의 지식을 배워볼 것입니다.

강의자료에 적힌 내용을 기반으로 만들었기 때문에, 코드를 같이 입력하면서 실습에 임해주시기 바랍니다. 백견(百見)이 불여일타(不餘一打). 100번 보는 것보다 한번 코딩을 해보는 것이 훨씬 습득에 도움이 될 것입니다.

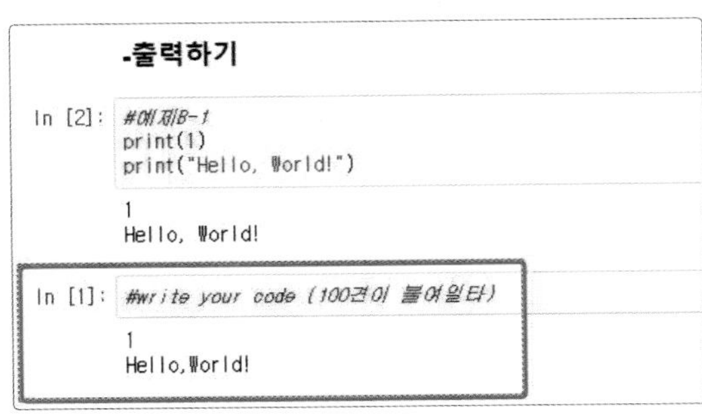

[배운 코드는 항상 직접 손코딩을 해봐야 제대로 습득할 수 있다]

9.4 파이썬 코드 이해를 위한 최소한의 문법 학습

참고 폴더 3.파이썬 〉 RPA 〉 02.코드해석을위한 최소한의 파이썬 기초

엑셀에는 약 500여 개의 함수가 있습니다. 그러나 현실적으로 우리가 사용하는 함수는 그중 일부에 불과합니다. 파이썬도 마찬가지입니다. 약 4,800여 개의 문법이 있지만, 이 모든 것을 알 필요는 없습니다.

핵심은 필요한 것만 제대로 배우는 것입니다. 이 절에서는 파이썬 문법 중에서도 반드시 알아야 할 7가지 기초 개념을 다뤄보겠습니다.

우리에게 꼭 필요한 7가지 파이썬 문법은 다음과 같습니다.

- 기본 연산
- 변수와 자료형
- 인덱스와 슬라이싱
- 자료구조
- 조건문
- 반복문
- 기타 기능

이것만 알아도 업무에서 필요한 RPA와 AI 프로그램을 제작하는 데 큰 어려움이 없습니다. 물론 학습 후에도 꾸준히 실력을 쌓아가는 것이 중요합니다. 우리는 최소한의 문법만 학습한다고 생각하시면 됩니다.

9.4.1 기본 연산: 프로그래밍의 기초

주피터 노트북을 실행하고 다음 내용을 따라와주시길 바랍니다.

> **NOTE** 명령 프롬프트(cmd) 혹은 터미널에서 jupyter notebook을 입력하고 Enter를 누르면 주피터 노트북이 실행됩니다.

1-1) 출력하기

출력 기능은 사람과 컴퓨터의 상호작용에 중요한 역할을 합니다. 우리가 다른 사람과 대화할 때 말을 통해 의사를 표현하듯이, 프로그램은 출력을 통해 데이터를 사용자에게 전달합니다.
이 기능은 데이터를 화면에 표시함으로써 프로그램의 상태를 확인하거나 중간 결과를 확인하고 디버깅하는 데 유용합니다.

코드	실행 결과
`print("Hello, Python!")`	Hello, Python!

1-2) 좌우 비교하기

현실에서도 우리는 비교를 통해 판단을 내립니다. 예를 들어 친구와 약속을 할 때 '지금 7시인가'를 확인해야 약속 장소로 출발할 수 있습니다. 프로그램도 데이터를 비교해 적절한 결과를 도출합니다.

이처럼 조건에 따라 서로 다른 동작을 수행하거나 데이터를 분류할 때 비교 연산을 사용합니다.

파이썬에서 =는 값을 할당하는 데 사용하고 ==는 두 값이 같은지 비교합니다.

코드	실행 결과
print(10 > 5) print(10 == 10) print(10 < 5) print(10 != 5)	True True False True

1–3) 주석 처리

책을 읽을 때 주요 내용을 밑줄 긋거나 메모를 남기면 나중에 내용을 더 쉽게 이해할 수 있습니다. 코드에서도 주석의 역할은 이와 같습니다.

코드의 특정 부분을 비활성화하거나 설명을 추가하여 가독성을 높이는 데 사용됩니다.

코드	실행 결과

# 이 코드는 주석입니다. 	
print("주석은 실행되지 않습니다.")
	주석은 실행되지 않습니다

1–4) 입력하기

자동판매기처럼 입력값에 따라 다른 결과를 제공하려면 사용자 입력이 필요합니다.

사용자로부터 데이터를 받아서 프로그램에서 활용할 수 있습니다.

코드	실행 결과
name = input("당신의 이름은 무엇인가요?") print(f"안녕하세요, {name}님!")	사용자 입력: 홍길동 안녕하세요, 홍길동님!

9.4.2 변수와 자료형: 데이터를 담는 그릇

2–1) 변수

변수는 데이터를 저장하는 공간입니다. 숫자, 문자, 엑셀 파일, 웹 브라우저, AI 모델 등 다양한 데이터를 담을 수 있습니다.

우리가 물건을 정리할 때 박스에 라벨을 붙여 구분하듯, 변수는 데이터를 이름으로 저장해 쉽게 접근할 수 있게 합니다.

```
>>>print("language")
language
>>>language = "python"
>>>print(language)
python
```

[변수는 데이터를 담는 그릇과 같다]

코드

```
x = 10
text = "Hello"
print(x)
print(text)
```

실행 결과

```
10
Hello
```

2-2) 기본 자료형

숫자를 더하거나 문자열을 연결하는 등 자료형에 따라 수행할 수 있는 작업이 달라집니다. 이를 구분하지 않으면 예상치 못한 오류가 발생할 수 있습니다.

컴퓨터가 데이터를 이해하고 처리하기 위해 자료형을 구분합니다. 예를 들어 정수는 int, 실수는 float, 문자는 str, 참/거짓은 bool이라는 약자로 나타냅니다.

코드

```
print(type(10))
print(type(10.5))
print(type("Python"))
print(type(True))
```

실행 결과

```
<class 'int'>
<class 'float'>
<class 'str'>
<class 'bool'>
```

자료형은 코드의 안정성을 유지하고, 원하는 결과를 얻는 데 매우 중요합니다.

코드

```
print(1 + 1)
print("1" + "1")
print(1 + float("1.5"))
print(bool(0))
print(bool(1))
```

실행 결과

```
2
11
2.5
False
True
```

두 코드 예시를 통해 배운 내용을 정리해보겠습니다.

NOTE >>>는 코드 입력을 기다리는 프롬프트를 표기한 것으로, 직접 입력하는 것이 아닙니다.

문자	숫자	참/거짓
>>>print('1'+'1') '11' >>>print(type ('1')) str(문자열)	>>>print(1+1) 2 >>>print(type(1)) str(정수) >>>print(type(1.1)) float(실수)	>>>print(1==1) True >>>print(type(1==1)) bool(참/거짓)

9.4.3 인덱스와 슬라이싱

3–1) 인덱스

서점에서 원하는 책을 찾을 때 책 번호로 검색하는 것처럼, 인덱스는 데이터를 빠르게 찾을 수 있는 시스템입니다.

인덱스(index)는 문자열이나 리스트(list) 같은 데이터 구조에서 특정 위치의 데이터를 가져올 수 있습니다. 예를 들어 Python이라는 문자열이 있다면 각 문자의 인덱스는 아래와 같습니다. (여기서 주의할 점은 첫 번째 문자의 인덱스는 1이 아니라 0이라는 것입니다.)

Index (+)	0	1	2	3	4	5
문자열	P	y	t	h	o	n
Index (–)	–6	–5	–4	–3	–2	–1

다음은 인덱스를 사용한 코드 예시입니다.

코드

```
text = "Python"
print(text[0])
print(text[1])
print(text[-1])
print(text[-2])
```

실행 결과

```
P
y
n
o
```

3-2) 슬라이싱

슬라이싱(slicing)은 큰 데이터에서 원하는 부분만 추출할 수 있어 효율적입니다. 예를 들어 주민등록번호에서 생년월일만 추출하는 데 사용할 수 있습니다.

슬라이싱을 사용한 코드 예시를 하나 보겠습니다. Python이라는 문자열 중에서 ytho을 추출하고 싶다면 다음과 같이 실행하면 됩니다.

```
language = "Python"
language[1:5:1] # 1번 인덱스에서 시작 / 5번 인덱스 전에서 정지 / 1칸씩 증가
```

2번째 줄의 코드를 좀 더 이해하기 쉽게 정리하자면 다음과 같습니다.

Index	0	1	2	3	4	5
문자열	P	Y	t	h	o	n

시작 → 정지

Index를 1씩 증가

슬라이싱에 좀 더 익숙해질 수 있도록 다른 코드 예시를 보여드리겠습니다.

코드

```
text = "Python"
print(text[0: 3]) # 0번 인덱스부터 3번 인덱스 전까지
print(text[2:]) # 2번 인덱스부터 끝까지
print(text[:4]) # 처음부터 4번 인덱스 전까지
print(text[::2]) # 처음부터 끝까지 2칸씩 건너뜀
```

실행 결과

```
Pyt
thon
Pyth
Pto
```

9.4.4 데이터 구조

데이터 구조의 중요성

데이터 구조는 고차원 데이터를 다룰 때 핵심적인 역할을 합니다. 우리가 다루는 데이터에는 이미지, 텍스트, 슬라이드 등 다양한 형태가 있으며, 이를 효과적으로 저장하고 처리하는 방식이 데이터 구조에 의해 결정됩니다.

예를 들어 엑셀에서는 데이터를 2차원 테이블 형태로 저장합니다. 만약 이를 3차원이나 4차원으로 확장하려면 시트나 파일을 추가해야 합니다. 그러나 이미지 데이터를 살펴보면, 하나의 픽셀을 표현하기 위해 RGB 각각의 값(0~255)을 지정해야 하고, 이는 2진법으로 환산하면 2^24에 해당하는 경우의 수를 가지게 됩니다. 즉, 우리가 생각하는 것보다 훨씬 높은 차원의 데이터가 흔하게 사용됩니다. 실제로 챗GPT에서 사용하는 토큰 벡터는 1,200차원의 데이터로 구성되어 있습니다.

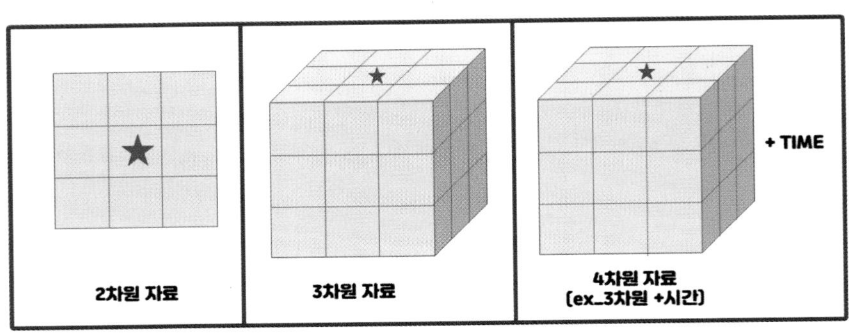

배울 데이터 구조: List, Dict, Range

파이썬에는 다양한 자료구조가 있는데, 우리는 리스트(List), 딕셔너리(Dictionary, 줄여서 Dict), 레인지(Range) 세 가지만 집중적으로 다룰 것입니다. 그 이유는 간단합니다. 챗GPT가 생성하는 코드의 95% 이상이 이 세 가지 자료구조를 활용하기 때문입니다. 따라서 이를 제대로 이해하는 것이 코드 해석과 활용에 있어 정말 중요합니다.
그럼 지금부터 본격적으로 데이터 구조를 알아보겠습니다.

4-1) 리스트

우리가 쇼핑 목록을 작성하듯, 관련 데이터를 한곳에 모아 관리할 목적으로 사용하는 것이 리스트입니다. 리스트(List)는 여러 값을 하나의 변수에 저장할 수 있는 데이터 구조입니다.

리스트는 다음과 같이 대괄호 [ ] 안에 문자열, 변수 등의 자료형을 넣을 수 있습니다.

```
my_list = ["python", "java", "c", 12, 1.5, True]
```

리스트는 순서를 가진 데이터 구조로, 앞서 배운 인덱스와 슬라이싱을 사용할 수 있고 요소를 수정/추가/제거를 할 수 있습니다. 방금 예로 든 리스트에 인덱스와 슬라이싱을 적용한다면 다음과 같이 쓸 수 있습니다.

Index (+)	0	1	2	3	4	5
문자열	"python"	"java"	"c"	12	1.5	True
Index (−)	−6	−5	−4	−3	−2	−1

인덱싱	슬라이싱
>>> print(my_list[0]) "python"	>>> print(my_list[0:4:2]) ["python", "c"]

리스트를 사용한 코드 예시를 보겠습니다. 참고로 append()는 리스트에 요소를 추가할 때 쓰는 함수입니다.

코드

```
fruits = ["apple", "banana", "cherry"]
print(fruits[0])
print(fruits[-1])
fruits.append("date")
print(fruits)
```

실행 결과

```
apple
cherry
['apple', 'banana', 'cherry', 'date']
```

4-2) 딕셔너리

딕셔너리는 키(Key)와 값(Value)이 쌍으로 구성된 데이터 구조로, 리스트처럼 요소를 수정/추가/제거할 수 있습니다.

쉽게 비유하자면 핸드폰의 전화 앱에 저장된 이름은 키(Key), 그 사람의 번호는 값(Value)에 해당합니다. 이름을 입력하여 그 사람의 번호를 찾아내듯이 딕셔너리도 키를 통해 값을 빠르게 찾아낼 수 있습니다.

딕셔너리는 다음과 같이 중괄호 { } 안에 키와 값을 넣을 수 있습니다. 항상 왼쪽에는 키, 오른쪽에는 값을 입력합니다.

```
                 values
my_dict = {"apple":"red", "banana":"yellow"}
                 keys
```

딕셔너리를 사용한 코드 예시를 보겠습니다.

코드

```
person = {"name": "Alice", "age": 25, "city":
"Seoul"}
print(person["name"])
person["age"] = 26
print(person)
```

실행 결과

```
Alice
{'name': 'Alice', 'age': 26, 'city': 'Seoul'}
```

4-3) 레인지

레인지(range)는 연속된 숫자 범위를 생성하는 데 사용하는 데이터 구조입니다.

언뜻 보면 리스트와 비슷해보이지만 레인지는 숫자 데이터를 하나씩만 생성할 수 있습니다. 이 기능을 반복문과 함께 활용하면 일일이 숫자를 입력하지 않아도 연속된 숫자를 만들 수 있어, 반복 작업을 효율적으로 처리할 수 있습니다(해당 예시는 반복문을 설명할 때 보여드리겠습니다).

레인지를 이용해 숫자를 생성하는 예를 보여드리겠습니다. 생성 방법은 앞서 배운 슬라이싱의 사용법과 비슷합니다.

```
>>> my_range = range(5)
>>> print(my_range)
range(0, 5)
>>> print(list(my_range))
[0, 1, 2, 3, 4]
```

range(5)

0	1	2	3	4

0부터 5미만의 정수를 생성

```
>>> my_range = range(2, 5)
>>> print(list(my_range))
[2, 3, 4]
```

range(2, 5)

0	1	2	3	4

2부터 5미만의 정수를 생성

```
>>> my_range = range(1, 7, 2)
>>> print(list(my_range))
[1, 3, 5]
```

range(1, 7, 2)

0	1	2	3	4	5	6

1부터 7미만의 정수를 생성, 2씩 증가

레인지를 사용한 코드 예시를 보겠습니다.

코드	실행 결과
`print(range(5))` `print(list(range(5)))`	`range(0, 5)` `[0, 1, 2, 3, 4]`

9.4.5 제어문 1 – 조건문

제어문은 인간의 의사결정을 컴퓨터가 대신하는 기능입니다. 아침에 출근할 때까지 인간의 행동을 잘 관찰해보면, 조건문과 반복문으로 모든 의사결정을 구성할 수 있습니다. 그래서 이 개념을 이해하면 우리가 원하는 방향의 의사결정을 구현할 수 있습니다.

여기서는 제어문 중 '조건문' 과 '반복문'을 알아보겠습니다.

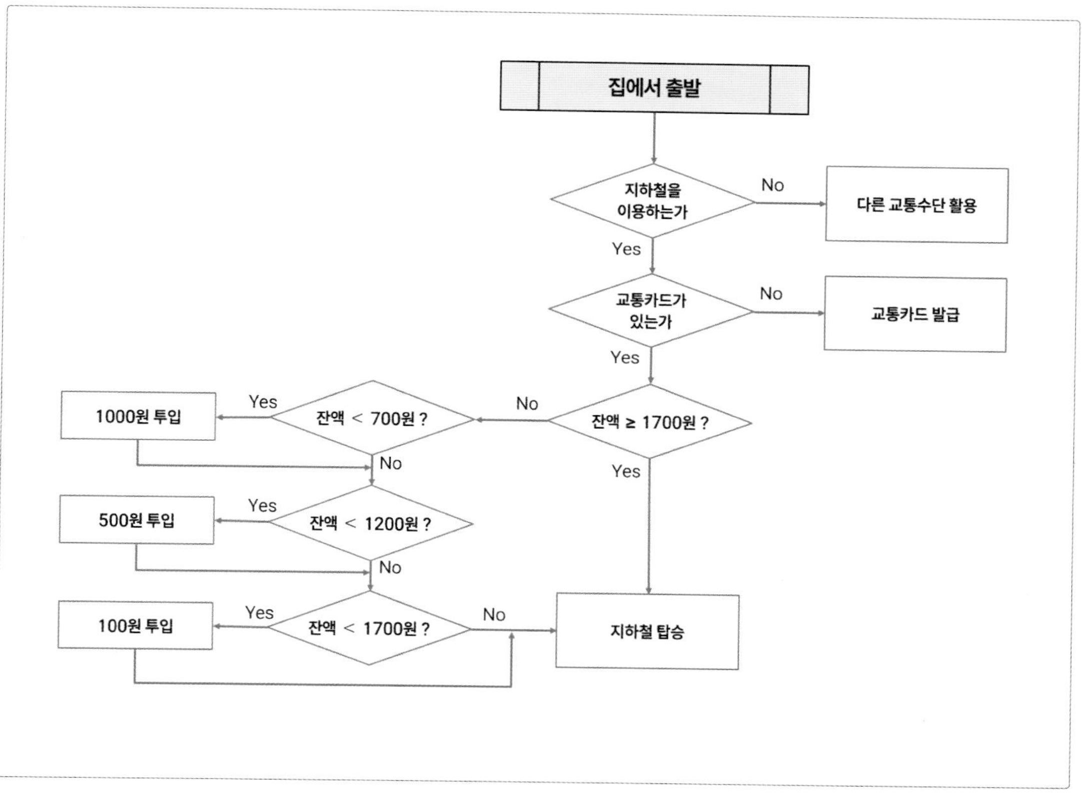

5-1) if - elif - else

일상에서도 조건에 따라 행동이 달라집니다. 예를 들어 날씨가 좋으면 산책을 가고, 비가 오면 우산을 준비합니다.

이처럼 if-elif-else 구문은 어떤 조건에 따라 의사결정을 해야 할 때 사용하며, 여러 조건을 처리할 수 있습니다. 형식은 다음과 같습니다.

```
if 조건 A:
    조건 A가 True일 때 코드 실행
elif 조건 B:
    조건 A가 False이면서 조건 B가 True일 때 코드 실행
else 조건 C:
    조건 A가 False이면서 조건 B가 False일 때 코드 실행
```

if-elif-else 구문을 사용한 코드 예시를 보겠습니다.

코드

```
score = 85
if score >= 90:
    print("A 학점")
elif score >= 80:
    print("B 학점")
else:
    print("C 학점")
```

실행 결과

```
A 학점
```

더 알아보기

제어문과 들여쓰기

이번 예제에서 처음으로 들여쓰기가 등장했습니다. 들여쓰기란 코드를 읽기 쉽도록 일정한 간격을 띄워서 작성하는 것을 의미하며, 파이썬에서는 : (콜론)을 입력한 후 엔터를 누르면 자동으로 들여쓰기가 됩니다.

파이썬은 특히 들여쓰기가 중요한데, 그 이유는 들여쓰기가 제대로 해야 문법이 제대로 적용되어서 코드가 실행되기 때문입니다. 예를 들어 제어문에서 들여쓰기를 제대로 하지 않으면 아래와 같이 에러가 발생합니다.

```
In [1]: if 3 <7:
        print("3 is less than 7")

  Input In [1]
    print("3 is less than 7")
    ^
IndentationError: expected an indented block
```

```
In [2]: if 3 <7:
            print("3 is less than 7")

        3 is less than 7
```

9.4.6 제어문 2 – 반복문

6–1) for문

우리가 출석부를 점검하듯, 반복문은 목록의 각 항목을 효율적으로 처리합니다. 그중에서도 for문은 순서가 있는 데이터의 요소들을 반복 처리하는 데 사용합니다.

for문의 형식은 다음과 같습니다.

```
for i in 범위 혹은 리스트:
    반복할 코드
```

다음 예시는 지정된 범위나 리스트를 순회하는 코드입니다.

코드

```
for i in range(5):
    print(i)
fruits = ["apple", "banana", "cherry"]
for fruit in fruits:
    print(fruit)
```

실행 결과

```
0
1
2
3
4
apple
banana
cherry
```

6–2) while문

무한히 변화하는 조건에서 특정 상태에 도달할 때까지 작업을 반복할 수 있습니다. 반복문 중에서 while문은 특정 조건이 참일 동안 코드를 반복 실행합니다.

while문의 형식은 다음과 같습니다.

```
while 조건        ← 이 조건이 유지되는 동안은 무한으로 반복
    반복할 코드
    while문을 종료시키기 위한 장치      ← 변화식
```

다음 예시는 while문으로 변수 count의 값이 3 미만인 경우에 1씩 더하는 연산을 반복하는 코드입니다.

코드

```
count = 0
while count < 3:
    print(count)
    count += 1
```

실행 결과

```
0
1
2
```

6-3) break와 continue

반복되어 지루한 작업 상황을 만났을 때 우리는 건너뛰거나 조기에 반복을 종료해 작업 효율을 높입니다. break와 continue는 이와 같은 목적으로 사용하여 반복문을 제어합니다.

바로 코드 예시로 넘어가서 사용 방법을 익혀보겠습니다.

코드

```
for i in range(5):
    if i == 3:
        break
    print(i)

for i in range(5):
    if i == 3:
        continue
    print(i)
```

실행 결과

```
0
1
2

0
1
2
4
```

9.4.7 기타 기능

7-1) 함수

함수(Function)는 비유하자면 레시피와 같습니다. 함수를 사용하면 코드를 재사용할 수 있어 동일한 작업을 반복 작성하지 않아도 됩니다.

> **NOTE** 앞서 엑셀과 VBA를 학습할 때 내장함수와 사용자 정의 함수를 보았습니다. 파이썬 역시 내장함수와 사용자 정의 함수가 있는데, 지금 알아볼 것은 사용자 정의 함수입니다.

함수의 형식은 다음과 같습니다. (VBA의 프로시저를 입력하는 형식과 비슷하기도 한데, 이 형식을 완벽하게 숙지하실 필요는 없습니다. 가볍게 참고만 하고 넘어가시길 바랍니다.)

```
def 함수명(함수가 받을 입력값)
    실행할 코드
    결과값을 반환        ← 필요한 경우에 입력

함수명을 적어서 함수를 호출
```

다음은 함수를 사용한 코드 예시입니다.

코드

```
def greet(name):
    return f"Hello, {name}!"  # 문장 안에
변수 넣기

print(greet("Python"))
```

실행 결과

```
Hello, Python!
```

코드를 간단히 설명하자면, greet이라는 함수를 만들고 return이라는 명령어를 사용해 greet 함수를 사용했을 때 입력한 값에 따라서 결과를 반환합니다. 예를 들어 return f"Hello, {name}!"에서 name이 "Python"이면 "Hello, Python"이 됩니다.

마지막 줄은 위의 두 줄에서 정의한 greet 함수를 사용한 코드입니다. greet("Python")을 실행한 결과를 출력하여 Hello, Python!이라는 결과가 나옵니다.

7-2) 예외 처리

예외 처리(Exception Handling)란 코드에서 발생할 수 있는 오류를 처리하는 것을 의미합니다.

코드를 실행하다 보면 다양한 이유로 오류가 발생하는데, 이 오류를 그대로 두면 전체 코드가 멈출 때가 있습니다. 이러한 상황을 막음으로써 다양한 상황에서 코드가 정상적으로 실행되도록 할 수 있습니다.

다음은 예외 처리를 사용한 코드 예시입니다.

코드

```
try:
    result = 10 / 0
except ZeroDivisionError:
    print("0으로 나눌 수 없습니다.")
```

실행 결과

```
0으로 나눌 수 없습니다.
```

7-3) 문자열 치환

문자열 안에 변수 값을 삽입하여 재사용하기 쉽고, 가독성이 좋은 코드를 작성할 수 있습니다. 문자열 포매팅(Formatting)은 쉽게 생각하면, 미리 만들어진 틀(템플릿)에 변수를 넣어 완성하는 방식이라고 볼 수 있습니다. 예를 들어 우리가 똑같은 내용의 메일을 발송하더라도 받는 사람이 제각각이라면, 수신인의 이름과 특정 정보 등 필요한 정보만 바꿔서 반복 사용할 수 있습니다.

```
제목: {project_name} 진행 상황 업데이트

{project_name} 프로젝트의 현재 진행 상황을 공유드립니다.

진행 상황:
- 현재 단계: {current_stage}
- 완료율: {progress}%
- 예상 완료일: {deadline}

추가 문의 사항이 있으면 언제든 연락 주세요.

감사합니다.
{sender}
```

이처럼 문자열 치환을 활용하면 업무 메일 자동화가 가능합니다. 특히 고객의 이름을 포함한 자동화된 이메일을 작성할 때는 이 기능이 꼭 필요합니다.

다음은 문자열 치환을 사용한 코드 예시입니다.

코드

```python
abc = "파이썬"
edf = f"{abc}는 실용적이어야 한다."
print(edf)
```

실행 결과

```
파이썬은 실용적이어야 한다.
```

더 알아보기

f-string으로 더 간단하게 문자열 포매팅하기

기존의 문자열 포매팅 방식은 % 연산자나 .format() 연산자를 사용합니다. 한편 코드 예시에 사용한 문자열 포매팅 방식은 f-string을 사용하는데, 문자열 맨 앞에 f를 붙이고 중괄호 { } 안에 변수 이름 등을 입력하기만 하면 됩니다. 이 방식은 기존 방식보다 직관적이고 가독성이 높습니다.

• 기존 방식 사용 예: "{}는 실용적이어야 한다.".format(abc)
• 새로운 방식 사용 예: f"{abc}는 실용적이어야 한다."

7-4) 파일 읽기와 쓰기

파일의 내용을 저장하거나 읽어오는 작업을 파일 입출력이라 합니다. 이는 데이터를 저장하고 공유하는 핵심적인 방법으로, 로그 파일을 기록하거나 데이터를 백업할 때 활용됩니다.

파일 읽기와 쓰기로 데이터 처리 자동화를 할 수 있습니다. 예를 들어 온라인 상점의 재고 데이터를 매일 파일로 저장하거나, 고객 데이터를 파일에서 불러와 마케팅 이메일을 발송할 때 사용됩니다.

파일 입출력 기능으로 우리가 배울 것은 with open이라는 구문입니다. 이 구문은 파일을 읽거나 쓰는 등의 작업이 끝나면 파일을 자동으로 닫아주어 리소스를 낭비하지 않도록 합니다. 형식은 다음과 같습니다.

```
with open("파일명", "파일 모드") as f:
    실행할 내용
```

with open 구문에서 쓰이는 파일 모드는 세 가지입니다.

- "w": 쓰기 모드(기존 내용을 지우고 새로 작성)
- "r": 읽기 모드(파일이 존재해야 함)
- "a": 추가 모드(기존 내용에 덧붙이기)

다음은 파일 입출력을 사용한 코드 예시입니다.

코드

```
with open("example.txt", "w") as f:
    f. write("Hello, file!")

with open("example.txt", "r") as f:
    print(f.read())
```

실행 결과

```
Hello, file!
```

더 알아보기

더 간단해진 with open 구문 사용

파일 입출력도 문자열 포매팅처럼 기존 사용 방식에서 좀 더 간결한 사용법으로 개선되었습니다. 기존에는 f = open("example.txt", "w")를 사용한 후 f.close()를 명시적으로 호출해야 했습니다. 한편 새로운 방식은 코드 한 줄로 이 두 가지 코드를 동시에 수행합니다.

- 기존 방식 사용 예

```
f = open("example.txt", "w")
f.write("hello, file!")
f.close()
```

- 새로운 방식 사용 예

```
with open("example.txt", "w") as f:
    f.write("hello, file!")
```

지금까지 배운 7가지 문법은 업무 활용을 위한 프로그래밍의 핵심입니다. 이 문법들의 기본 규칙과 구조는 어떤 프로그래밍 언어에서든 비슷하게 적용됩니다. 다시 말해, 하나의 언어에서 익힌 기초는 다른 언어를 배울 때 강력한 디딤돌이 됩니다.

하지만 단순히 읽고 지나치는 것으로는 충분하지 않습니다. 프로그래밍은 단순히 학문이 아니라 손으로 익히는 기술이기 때문입니다. 코드를 손으로 직접 입력하고 실행하는 과정을 꼭 경험해 보세요. 이 경험을 통해 여러분은 자전거 타기를 배우듯 자연스럽게 코드에 익숙해지고, 체득한 지식을 다양한 응용 상황에서 활용할 수 있습니다. 그리고 실행 과정에서 '왜 이렇게 동작하는지' 스스로 질문하고, 작동 원리를 탐구하다 보면 프로그래밍이 진정한 자신의 것이 될 것입니다.

그러니 지금 바로 코드를 작성해보세요. 화면에 실행 결과가 나타나는 순간, 여러분은 단순한 코드 몇 줄이 아니라 무한한 가능성을 다루고 있다는 사실을 깨닫게 될 것입니다. 그리고 그 순간이야말로 프로그래머로서의 첫 발걸음을 내딛는 중요한 순간이 될 것입니다.

9.4.8 문제 해결해보기

지금까지 배운 내용을 기반으로 다음 문제를 풀어봅시다.

프로젝트 - ChatGPT 없이 문제풀이(1시간)

기본 : 풀어낸다면 당신은 코딩 영재

파이썬으로 몸무게와 키를 입력 받아 BMI 수치를 구하라
(BMI 공식 = 몸무게(KG)/(키(m)*키(m)) [단위 : 몸무게(Kg) 키(m)]

고급 : ChatGPT 없이 풀어낸다면 당신은 코딩 천재

BMI 수치가 30초과이면, "비만입니다! 살빼세요!" 라는 경고 문구가 출력되는 프로그램을 제작하라

심화 : ChatGPT 없이 수업만 듣고 해결하기 쉽지 않은 문제 풀어낸다면 당신은 God Of Coding

무한 반복문(while)을 통해 계속 키와 몸무게를 입력 받고 BMI 수치를 출력하게 만들어라
단, BMI 수치가 30초과이면 경고문구와 함께 프로그램이 종료되게 만들어라
(성공하였다면? while문을 10번 반복하는 for문으로 변경해보아라)

가능하면 챗GPT에게 바로 질문해서 답변을 받기보단 직접 풀이과정을 생각해서 답을 찾아보시길 권장합니다. 문제 해결 및 응용 능력을 키우기 위해서입니다.

챗GPT의 도움 없이 문제를 풀기는 쉽지 않을 것입니다. 그러나 풀이 방법을 생각하는 과정에서 파이썬 문법의 기본기를 좀 더 견고하게 다질 수 있을 것입니다. 그러니 충분히 시간을 가지고 고민해보시길 바랍니다.

충분히 풀이 과정을 고민해보셨다면, 이제 질문을 통해서 문제를 해결해보겠습니다.

챗GPT에게 다음과 같이 이미지를 업로드하고 질문하면 알아서 문제를 풀어줍니다. 이 방법이 가능한 이유는 챗GPT가 멀티모달 기능의 하나인 이미지-텍스트 변환(Image to Text)을 지원하기 때문입니다.

PROMPT_(이미지를 챗GPT에 업로드한 후 다음 질문을 입력)

프로젝트 - ChatGPT 없이 문제풀이(1시간)

기본 : 풀어낸다면 당신은 코딩 영재

파이썬으로 몸무게와 키를 입력 받아 BMI 수치를 구하라
(BMI 공식 = 몸무게(KG)/(키(m)*키(m)) [단위 : 몸무게(Kg) 키(m)]

고급 : ChatGPT 없이 풀어낸다면 당신은 코딩 천재

BMI 수치가 30초과이면, "비만입니다! 살빼세요!" 라는 경고 문구가 출력되는 프로그램을 제작하라

심화 : ChatGPT 없이 수업만 듣고 해결하기 쉽지 않은 문제 풀어낸다면 당신은 God Of Coding

무한 반복문(while)을 통해 계속 키와 몸무게를 입력 받고 BMI 수치를 출력하게 만들어라
단, BMI 수치가 30초과이면 경고문구와 함께 프로그램이 종료되게 만들어라
(성공하였다면? while문을 10번 반복하는 for문으로 변경해보아라)

이 문제를 해결하는 파이썬 코드를 만들어줘

먼저 첫 번째 문제에 대한 챗GPT의 답변을 보겠습니다.

ANSWER

1. 기본 문제:

몸무게와 키를 입력받아 BMI를 계산하는 코드입니다.

BMI 공식:

$$BMI = \frac{몸무게(kg)}{키(m)^2}$$

python

```
def calculate_bmi(weight, height):
    try:
        bmi = weight / (height ** 2)
        return bmi
    except ZeroDivisionError:
        return "Height cannot be zero!"
    except Exception as e:
        return f"Error: {e}"

# 사용자 입력
weight = float(input("몸무게(kg)을 입력하세요: "))
height = float(input("키(m)를 입력하세요: "))
```

```
# BMI 계산 및 출력
bmi = calculate_bmi(weight, height)
print(f"BMI: {bmi:.2f}")
```

첫 번째 문제는 잘 해결했습니다. 챗GPT가 작성한 코드가 잘 이해되지 않는다면 '위의 코드가 잘 이해되지 않아. 초등학생도 이해할 수 있는 수준으로 코드의 주석을 달아줘' 라고 질문해보세요. 훨씬 더 꼼꼼한 설명이 들어간 코드를 얻을 수 있을 것입니다.

이어서 두 번째 문제에 대한 챗GPT의 답변을 보겠습니다.

ANSWER

2. 고급 문제:

BMI가 30초과일 때 메시지를 출력하는 프로그램을 작성합니다.

조건:

- BMI가 30초과이면 "비만입니다! 살빼세요!" 출력
- 그 외에는 "정상입니다." 출력

python

```
def check_bmi_category(bmi):
    if bmi > 30:
        return "비만입니다! 살빼세요!"
    else:
        return "정상입니다."
# BMI 계산 및 범주 확인
bmi_category = check_bmi_category(bmi)
print(bmi_category)
```

두 번째 문제의 답변도 마찬가지로 잘 해결되었습니다. 이제 마지막으로 세 번째 문제에 대한 챗GPT의 답변을 보겠습니다.

ANSWER

3. 심화 문제:
여러 번 반복하면서 BMI 계산을 자동화하고 비만 경고를 포함하도록 확장합니다.

조건:
- 무한루프에서 계속 입력받아 BMI를 계산
- BMI가 30 초과인 경우 비만 경고
- while 또는 for를 사용해 반복 처리

python

```
def bmi_calculator_loop():
    print("BMI 계산기를 시작합니다. 종료하려면 '종료'를 입력하세요.")
    while True:
        weight_input = input("몸무게(kg)을 입력하세요:")
        if weight_input. lower() == "종료":
            print("프로그램을 종료합니다.")
            break
```

세 번째 문제도 잘 풀어주기는 했는데, 조금 코드가 너무 길어져서 이해하기가 어렵습니다. 추가 질문을 해보겠습니다.

PROMPT
위의 코드가 잘 이해되지 않아. 초등학생도 이해할 수 있게 코드의 주석을 아주 꼼꼼히 달아줘

이렇게 질문하고 나온 결과는 다음과 같습니다.

ANSWER
(…생략…)

python

```
# BMI 계산 함수: 몸무게와 키를 사용해 BMI를 계산합니다.
def calculate_bmi(weight, height):
    try:
```

```
        # BMI 계산 공식: 몸무게(kg)를 키(m)의 제곱으로 나눕니다.
        bmi = weight / (height ** 2)
        return bmi  # 계산된 BMI 값을 돌려줍니다.
    except ZeroDivisionError:
        # 키가 0일 경우 나눌 수 없으니 에러 메시지를 돌려줍니다.
        return "키는 0이 될 수 없습니다!"
    except Exception as e:
        # 다른 에러가 생기면 그 에러를 보여줍니다.
        return f"에러 발생: {e}"

# 사용자가 몸무게를 입력합니다. 입력값은 글자 형태이므로 숫자로 바꿔줍니다.
weight = float(input("몸무게(kg)을 입력하세요: "))

# 사용자가 키를 입력합니다. 입력값은 글자 형태이므로 숫자로 바꿔줍니다.
height = float(input("키(m)를 입력하세요: "))

# BMI를 계산합니다.
bmi = calculate_bmi(weight, height)

# 결과를 소수점 2자리로 줄여서 보여줍니다.
print(f"BMI: {bmi:.2f}")
```

챗GPT가 더욱 친절한 답변을 제공해줬습니다. 여기서 우리가 기억해야 할 점은 '주석'이라는 단어를 배우지 않았으면 이런 질문을 할 수 없다는 것입니다. 질문을 잘 하기 위해서는 기본적인 지식이 있어야 합니다. 질문을 정확하게 할 수 있어야 원하는 답으르 훨씬 빠르게 얻을 수 있다는 것을 기억해주세요.

이번 장에서는 파이썬 코드 해석에 필요한 기본기를 학습했습니다. 제가 생성형 AI를 활용한 파이썬 수업을 자주 하면서 배우며 얻을 수 있었던 가장 큰 인사이트는 '필요한 것만 제대로 익히는 것의 가치'입니다.

프로그래밍은 방대한 지식의 습득보다, 실제로 사용할 수 있는 최소한의 도구로 시작하는 것이 중요합니다. 중요한 것은 이 과정을 단순히 '머리로 이해'하는 것이 아니라, 직접 '손으로 익히는' 데 있습니다.

파이썬에서 배운 기초는 곧 RPA, AI, 데이터 분석 등으로 확장될 것입니다. 마치 자전거 타기를 처음 배울 때, 한 번 균형을 잡는 순간 두려움이 사라지는 것처럼요. 이제 여러분의 코드가 화면에 결과를 보여줄 때, 그 몇 줄 속에 담긴 무한한 가능성을 발견하기 바랍니다.

그럼 다음 장에서 본격적으로 활용에 관한 이야기를 시작해보도록 하겠습니다.

사용자의 환경에 따라 골라서 쓰는 코드 에디터

요즘 생성형 AI의 발전으로 다양한 코드 에디터들이 나오고 있습니다. 그래서 몇 가지 코드 에디터를 소개해드리고자 합니다.

주피터 노트북

먼저 소개할 것은 우리가 파이썬 코딩을 위해 사용한 코드 편집 도구, 주피터 노트북(Jupyter Notebook)입니다. 주피터 노트북은 초보자와 전문가 모두에게 사랑 받는 강력한 오픈소스 코드 에디터로, 특히 사용법이 직관적이라서 파이썬 초보자도 코딩에 금방 적응할 수 있습니다.

> **NOTE** 코드 에디터란 코드를 편집하기 위해 사용하는 프로그램입니다. 영화에서 해커들이 검은 화면에 초록색 글씨로 무언가를 입력하며 시스템에 침투하는 장면을 보신 적 있으실 겁니다. 이때의 검은 화면이 코드 에디터입니다. 물론, 현대의 코드 에디터는 훨씬 더 직관적이고 사용이 편리합니다.

프로그래밍 첫 언어로 파이썬을 시작한 초보자라면 주피터 노트북을 사용하기를 권장합니다. 그 이유는 다음 소개할 주피터 노트북의 강점과 글로벌 입지를 보시면 이해할 수 있을 것입니다.

주피터 노트북의 강점

주피터 노트북은 사용하기 쉬울 뿐 아니라 다음과 같은 강점 또한 가집니다.

1) 오픈소스

주피터 노트북은 누구나 무료로 사용할 수 있는 오픈소스 소프트웨어입니다. 개인과 기업이 상업적으로 활용할 수 있어 비용 부담이 없습니다.

2) 블록코딩 방식 지원

블록코딩은 초보자들이 알고리즘과 코딩의 개념을 익히기 위해 자주 사용하는 방식입니다. 어린이들의 코딩 교육에도 활용될 만큼 직관적이며, 주피터 노트북은 이러한 초기 학습 과정에 매우 유용합니다.

3) 강력한 기능과 사용자 입지

주피터 노트북은 초보자 친화적인 인터페이스를 제공하면서도 전문적인 데이터 분석, 머신러닝, 크롤링 등의 작업에도 적합한 강력한 기능을 지원합니다.

주피터 노트북의 글로벌 입지

주피터 노트북의 강력함은 단순한 주장에 그치지 않습니다. 데이터 과학 분야에서 가장 인기 있는 플랫폼인 캐글(Kaggle)의 2022년 설문 조사에 따르면, 데이터 사이언티스트들이 가장 많이 사용하는 도구 1위로 주피터 노트북이 꼽혔습니다. 캐글은 전 세계 데이터 분석가와 머신러닝 전문가들이 모여 데이터를 탐구하고 경진대회에 참여하는 사이트로, 이곳에서 주피터 노트북이 차지하는 비중은 그 입지를 증명해줍니다.

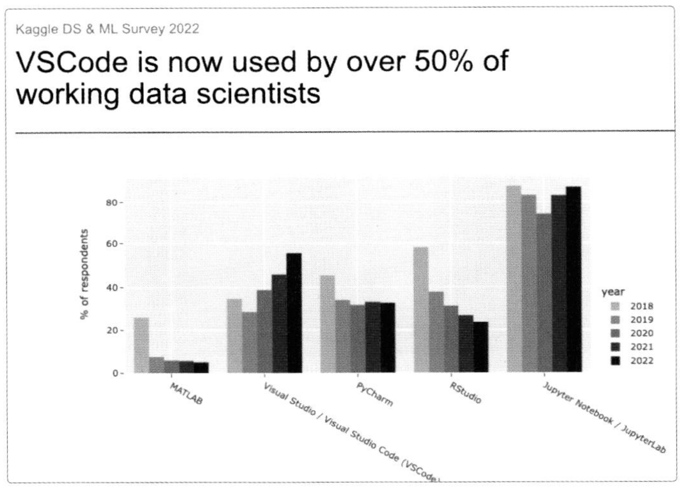

[출처: https://www.kaggle.com/kaggle-survey-2022]

커서 AI

최근 가장 인기 있고 많은 사람들 입에서 오르내리고 있는 에디터로 커서 AI(Cursor AI)가 있습니다. 이 에디터에는 정말 놀랍고 신기한 기능이 있는데, 문제는 우리의 목적이 파이썬을 응용할 수 있는 능력을 길러야 하는 상황이라는 것입니다. AI 를 기반으로한 코딩 도구들은 사실 사용자가 잘 사용할 수 있게 UI를 잘 꾸며두었기 때문에 기본적인 학습을 완료한 후 쓰게 되면 훨씬 더 많은 확장성을 가질 수 있을 것입니다.

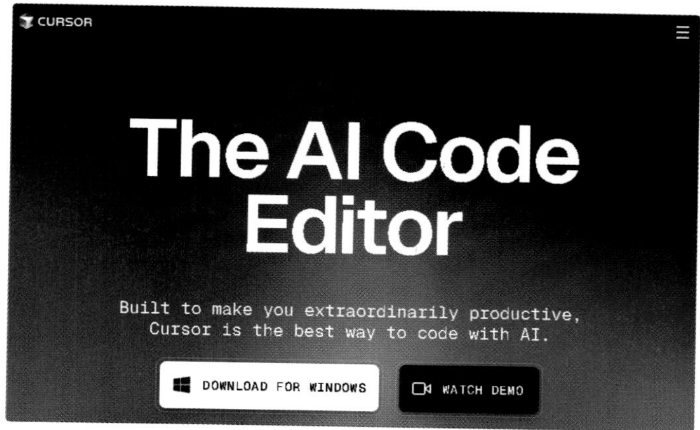

[커서 AI는 코드 에디터로써 훌륭하지만, 기본 학습 이후에 활용해보기를 권장합니다.] [출처: https://www.cursor.com/]

비주얼 스튜디오 코드

비주얼 스튜디오 코드(Visual Studio Code, VS code)도 강력한 기능을 제공하는 범용 에디터인데, 프로그래밍 초심자 입장에서는 이 에디터의 환경이 다소 복잡하다고 느낄 수 있습니다. VS Code를 제대로 활용하려면 확장 프로그램 설치, 프로젝트 폴더 관리 방법, 디버깅 모드 사용법 등 다양한 내용을 먼저 익혀야 합니다.

VS Code와 비교해, 주피터 노트북은 이런 복잡한 설정 없이도 바로 사용할 수 있는 직관적이고 간단한 환경을 제공합니다. 초보자에게는 이것이 큰 장점으로 작용하죠.

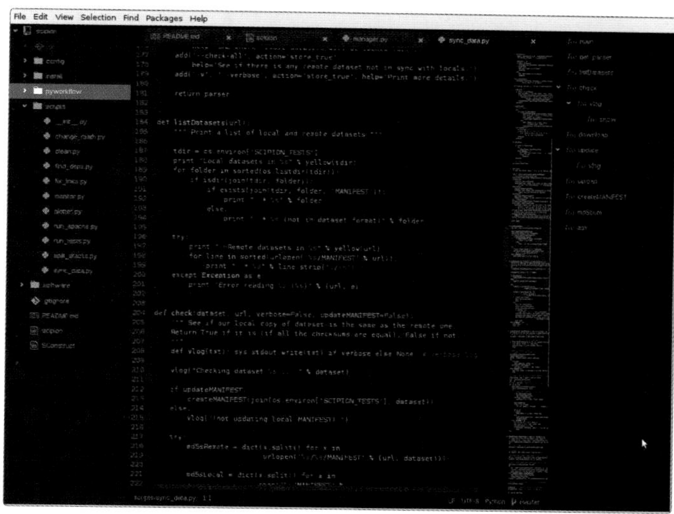

비주얼 스튜디오 코드의 화면

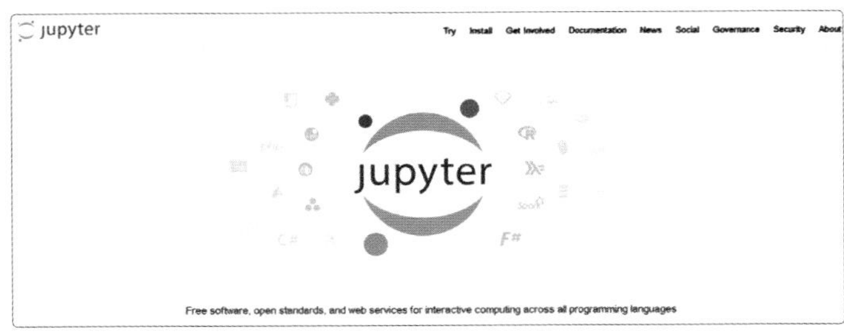

주피터 노트북의 화면

기능/특징	주피터 노트북	비주얼 스튜디오 코드 (VS Code)	커서 AI	파이참 (PyCharm)
주요 용도	데이터 분석, 머신러닝, 데이터 시각화	범용 코딩, 웹 개발, 데이터 과학	AI 기반 코드 작성 및 편집	파이썬 전문 개발, 웹 개발, 데이터 과학
지원 언어	주로 파이썬	다수의 프로그래밍 언어	다수의 프로그래밍 언어	주로 파이썬
인터페이스	웹 기반, 셀 단위 코드 실행	데스크탑 애플리케이션, 파일 기반 코드 편집	데스크탑 애플리케이션, AI 통합 코드 편집	데스크탑 애플리케이션, 강력한 코드 분석 기능 제공
디버깅 및 테스트	기본적인 기능 제공	강력한 디버깅 및 테스트 도구	AI 기반 코드 분석 및 수정	강력한 디버깅 및 테스트 도구, 코드 자동 완성 지원
학습 곡선	비교적 완만	중간	중간	비교적 가파름 (초급자보다는 중급자 이상 추천)
사용 사례	데이터 분석, 교육 목적	범용 프로그래밍, 웹 개발, 데이터 과학	AI 도구를 활용한 코드 작성 및 편집	파이썬 소프트웨어 개발, 대규모 프로젝트 관리

사용 권장 상황

- 주피터 노트북(Jupyter Notebook) : 데이터 분석, 머신러닝 모델 개발, 데이터 시각화 및 교육용 자료 작성 시 유용합니다.
- 비주얼 스튜디오 코드(Visual Studio Code 혹은 VS Code) : 다양한 언어를 사용하는 범용 프로그래밍, 웹 개발, 데이터 과학 프로젝트 등에서 활용할 수 있습니다. 다양한 확장 프로그램을 통해 기능을 확장할 수 있습니다.

- 커서 AI(Cursor AI) : AI 기반 코드 작성 및 편집을 통해 생산성을 향상시키고자 할 때 유용합니다. 특히 코드 생성, 자동 완성 및 코드베이스 탐색 기능을 통해 개발 효율성을 높일 수 있습니다.
- 파이참(PyCharm) : 대규모 파이썬 프로젝트나 전문적인 파이썬 개발을 수행할 때 적합합니다. 고급 디버깅, 코드 분석 및 테스트 도구를 제공합니다.

각 도구는 고유한 특징과 강점을 가지고 있으므로, 프로젝트의 성격과 개인의 선호도에 따라 적합한 도구를 선택하는 것이 중요합니다.

CHAPTER

10 챗GPT를 활용한 파이썬 업무 자동화 (RPA)

업무 자동화와 생성 코딩의 만남

이번 장에서는 파이썬을 활용한 업무 자동화(RPA)와 생성코딩이 비즈니스 현장에서 어떻게 빠르게 자리 잡고 있는지 살펴보겠습니다. 단순한 개념 설명에 그치지 않고, 실질적으로 활용할 수 있는 방법론까지 안내하려 합니다.

이야기를 시작하기 전에, 한 가지 중요한 질문을 던지고 싶습니다.

"여러분은 지금의 지식만으로 업무 자동화 프로그램을 만들 수 있다고 확신하시나요?"

가령 이런 요청이 주어진다고 생각해 봅시다.

"회사 홈페이지 게시판에 있는 자료를 가져와 엑셀로 정리하는 코드를 작성해주세요."

이 질문에 바로 "가능합니다!"라고 대답하기는 쉽지 않을 것입니다.
우리는 이미 파이썬 기초를 배웠지만, 웹에 접속하고 데이터를 가져오는 방법을 자세히 배우진 않았기 때문입니다. 단순히 컴퓨터를 통해 인터넷을 여는 것은 익숙하지만, 그것을 코드로 구현하는 과정은 또 다른 도전이 됩니다.

이 지점에서 많은 사람들이 좌절을 경험합니다. 하지만 좌절은 곧 새로운 가능성을 발견하는 기회를 주기도 합니다. 코드로 직접 구현하는 것이 문제라면 해결책은 의외로 간단합니다. 누군가 이미 만들어 놓은 '코드 묶음'을 활용하는 것입니다.

코드 묶음이란?

코드 묶음의 개념을 구체적으로 살펴봅시다. 아래 그림은 함수, 클래스, 모듈, 라이브러리, 패키지의 포함 관계를 시각적으로 표현한 것입니다.

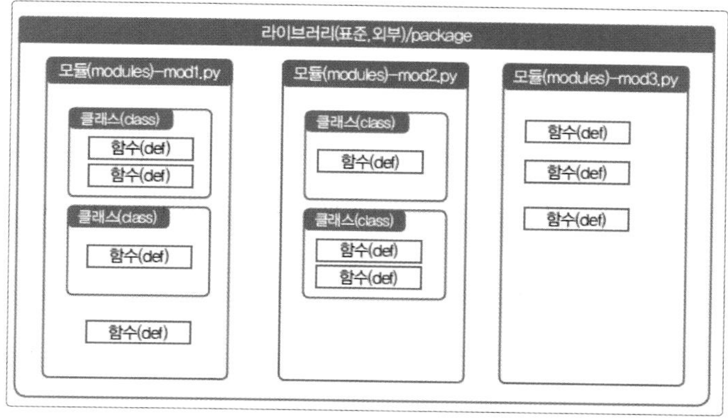

코드 묶음의 핵심은 재사용성입니다.

- **함수** : 가장 작은 단위의 코드 묶음
- **클래스 혹은 모듈** : 여러 함수를 모아 만든 것
- **라이브러리 혹은 패키지** : 모듈을 확장하면 라이브러리, 더 나아가 패키지라는 형태로 발전

이 구조를 이해하면, 누군가 만들어 놓은 기능들을 활용해 복잡한 작업도 간단히 해결할 수 있다는 사실을 깨닫게 됩니다. 하지만 이해하지 않더라도 누군가가 만들어놓은 '코드 묶음'이 있다는 것만 알아도 우리는 질문을 할 수 있을 것입니다.

조금 이해하기 어려우신가요? 그렇다면 엑셀로 비교를 한번 해보겠습니다.

만약 제가 "컴퓨터로 2+5를 계산해보세요"라고 요청한다면 당연히 많은 분들이 계산기를 열어 단숨에 답을 내놓을 것입니다. 그렇다면 다음 질문은 어떨까요?

"1+3, 2+5, 3+7, 4+9 등 총 16개의 연산을 컴퓨터로 해주세요"

이 경우에는 어떨까요? 손으로 하나하나 계산기를 두드릴 사람은 아마 없을 겁니다. 대신 엑셀이나 프로그래밍 언어 같은 자동화 도구를 활용하려 할 것입니다. 우리는 엑셀이라는 코드 묶음을 사용한 것입니다.

이것이 바로 코드 묶음의 가치입니다.
우리가 파이썬으로 모든 것을 처음부터 구현하기 어렵더라도, 이미 만들어진 라이브러리와 패키지를 활용하면 수백 줄의 복잡한 코드를 단 몇 줄로 작성할 수 있습니다.

예를 들어 엑셀에서 VLOOKUP 함수를 사용할 때 우리는 그 함수의 내부 로직을 하나하나 작성하지 않습니다. 대신, 필요한 부분에 함수만 입력하면 복잡한 연산을 자동으로 처리합니다. 파이썬에서도 동일한 방식으로 이미 만들어진 패키지와 라이브러리를 사용해 업무를 자동화할 수 있습니다.

다음 장에서는 이러한 생성 코딩의 원리를 바탕으로, 실제로 업무를 어떻게 자동화할 수 있는지 구체적인 사례와 함께 살펴보겠습니다.

10.1 반복 업무를 끝장내는 무기, 생성 코딩과 RPA

RPA란?

RPA는 Robotic Process Automation의 약자로, 2000년대 초반 블루 프리즘(Blue Prism)이라는 자동화 소프트웨어 회사에서 처음 사용한 용어입니다. 이후 '업무 자동화'라는 개념으로 널리 퍼지면서 다양한 산업에 혁신을 가져왔습니다.
처음에는 RPA 도구가 개발자들의 전유물처럼 여겨졌습니다. 하지만 기술은 끊임없이 진화하고 있습니다. 이제는 지능형 프로세스 자동화(IPA: Intelligent Process Automation)라는 형태로 발전하면서 비개발자도 자동화를 실현할 수 있는 시대가 도래했습니다.

비개발자의 RPA 구현이 중요한 이유

여기서 중요한 것은 현업 전문가가 직접 자동화를 구현할 수 있다는 점입니다. 현업에서 일하는 비개발자는 업무 프로세스에 대한 깊은 이해를 가지고 있습니다. 이런 전문가가 자동화 도구를 활용해 업무를 개선한다면, 개발팀과의 긴 커뮤니케이션 과정 없이 빠르고 정확하게 자동화를 실현할 수 있습니다.

한 가지 상황을 예로 들어보겠습니다.

[현업 사례] 김 대리의 이야기

김 대리는 영업팀에서 7년 차 베테랑입니다. 월말마다 팀 전체가 달라붙어야 하는 마감 업무가 비효율적이라는 판단하에 팀장은 김 대리에게 자동화 시스템을 개발하라고 지시합니다. 김대리는 7년 동안의 현업 지식을 정리하여 개발팀에 전달합니다. 하지만 개발팀이 이 문서를 완전히 이해하기까지는 수많은 질문과 시간이 필요했습니다. 3개월이 지나서야 개발팀은 프로젝트를 이해하고 본격적으로 개발을 시작합니다. 그러나 이 과정에서 또 다른 문제가 발생합니다. 전사 PI(Process Innovation) 과제로 인해 개발팀이 김 대리의 요청을 바로 처리하지 못하게 된 것입니다. 결국 7개월이 지나서야 첫 번째 버전의 자동화 프로그램이 나왔습니다. 그런데 문제는 여기서 끝나지 않습니다. 사용 중 예상치 못한 오류가 발생하고, 이를 개선할 시간이 부족한 상황에서 김 대리는 부서 이동을 하게 됩니다. 후임자에게 인수인계를 했지만 그 시스템은 결국 사라지고 맙니다.

이 이야기는 비단 김 대리만의 이야기가 아닙니다. 많은 비개발 직군이 경험하는 현실입니다.

자동화를 직접 만드는 현업 전문가의 힘

만약 김 대리가 파이썬과 생성형 AI를 활용해 RPA 프로그램을 직접 만들 수 있었다면 어땠을까요? 9개월이 아니라 3개월도 채 걸리지 않았을 것이고, 테스트와 개선을 반복하며 업무에 맞는 최적의 자동화 도구를 완성했을 것입니다. 김 대리가 부서 이동을 했더라도 시스템은 지속적으로 사용되면서 발전했을 것입니다.

핵심은 '현업 전문가의 직접 구현'

현업 전문가가 자신의 복잡한 로직과 업무 프로세스를 다른 사람에게 설명할 필요 없이, 직접 자동화 프로그램을 구현할 수 있다는 것이 핵심입니다. 파이썬과 생성형 AI 같은 도구들은 이러한 가능성을 현실로 만들어줍니다.

이번 장에서는 파이썬과 생성형 AI를 활용해 비개발자도 쉽게 RPA 프로그램을 만들 수 있는 방법을 알아보겠습니다. 여러분이 현업에서 경험하는 반복적이고 비효율적인 업무를 스스로 개선할 수 있는 능력을 키워보겠습니다.

비개발자를 위한 RPA 접근법: 기술이 아닌 '업무 유형'에 집중하라!

파이썬을 처음 학습했을 때, 저는 무수히 많은 라이브러리들이 있음을 깨달았습니다. 물론 현재도 그 수는 계속해서 증가하고 있습니다. 그러나 초심자 입장에서 RPA 프로그램을 만들기 위해서는 어떤 라이브러리를 공부해야 할지 막막함이 따릅니다. 기술 중심의 접근법은 마치 끝없는 사막을 걷는 것처럼 느껴지기도 합니다. 한 가지 기술을 겨우 익히면, 이미 새로운 기술이 등장해 있죠.

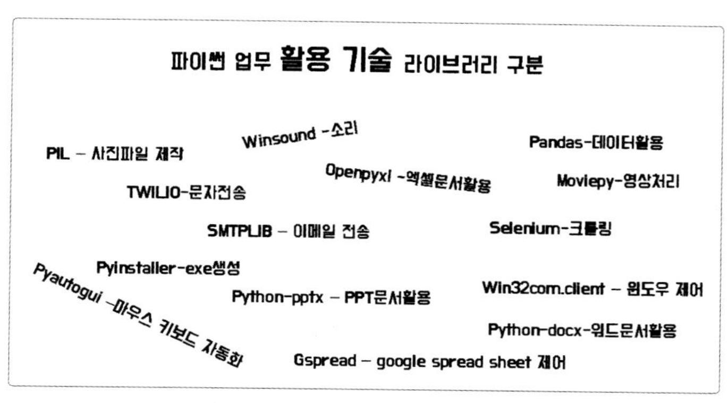

[파이썬 라이브러리의 홍수: 선택은 언제나 어렵다]

기술만 따라잡으려 하면 한계가 분명합니다. 비개발자의 RPA 접근은 업무 유형에 초점을 맞춰야 합니다. 다양한 비개발 직군에서 코딩을 활용하면서 깨달은 점은, 업무 자동화에 가장 효율적인 영역이 몇 가지 정형화되어 있다는 것입니다.

10.2 비개발자가 자주 활용하는 RPA 프로그램의 6가지 유형

비개발자가 구현할 수 있는 RPA 프로그램은 주로 6가지 업무 유형으로 나눌 수 있습니다. 각각의 유형을 이해하면 어떤 작업을 자동화해야 할지 명확한 로드맵을 그릴 수 있습니다.

파이썬 업무 활용 유형별 구분

[유형 1] 인터넷 활용
- 사용 라이브러리: selenium
- 활용 예: 인트라넷 제어, 크롤링

[유형 2] 데이터 처리
- 사용 라이브러리: pandas
- 활용 예: 다량의 데이터 취합, 반복적인 데이터 처리 작업 등

[유형 3] 개인화된 자료 (MS Office/이미지/영상 등)
- 사용 라이브러리: openpyxl, python-pptx, python-docs, PIL, moviepy
- 활용 예: 개인화된 맞춤 제작 (상장, 수료증, 제안서 등)

[유형 4] 커뮤니케이션 (메일/문자/메신저 등)
- 사용 라이브러리 혹은 API: SMTPLIB, TWILIO, win32com.client
- 활용 예: 개인화된 내용의 다수와의 의사소통 기능

[유형 5] 단순 반복 업무 (마우스/키보드/화면 제어)
- 사용 라이브러리 혹은 API: pyautogui, win32com.client
- 활용 예: HRDNET GUI 컨트롤 등

[유형 6] 협업 활용 (프로그램 배포/ 공유문서 활용)
- 사용 라이브러리: pyinstaller, gspread
- 활용 예: 실시간 설문 결과 공유, 공동운영 데이터 자동화

10.2.1 [유형 1] 인터넷 자동화

인터넷 자동화는 비개발자가 가장 많이 활용하는 RPA 유형입니다.

실제 현업 프로젝트에서의 사용 비중은 약 50% 정도로, 100줄의 코드 중 약 50줄은 인터넷 자동화에 사용됩니다. 생각해보면 우리는 출근과 동시에 인터넷에 로그인하고, 데이터를 다운로드하

고, 보고서를 업로드합니다. 업무 시간에 하는 대부분의 작업이 인터넷을 기반으로 이뤄집니다.

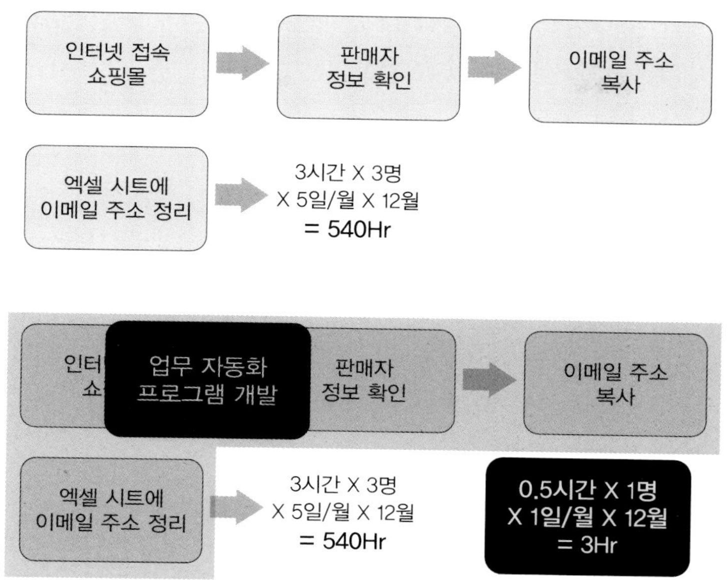

인터넷 자동화의 핵심은 다음 두 가지입니다.

- 인터넷 제어 : 웹페이지를 열고, 로그인하고, 버튼을 클릭하는 등의 작업
- 데이터 가져오기 : 웹에서 필요한 데이터를 크롤링하고 수집하는 작업

이 기능들만 마스터해도 인터넷 기반의 많은 작업을 자동화할 수 있습니다.

10.2.2 [유형 2] 데이터 처리 자동화

엑셀은 비개발 직군에서 없어서는 안 될 도구입니다. 보고서 작성, 이메일 발송, PPT 제작, 문자 메시지 전송 등 모든 데이터 기반 작업이 엑셀과 연결되어 있습니다.

데이터 처리 자동화는 인터넷 자동화 다음으로 비개발자들이 많이 활용하는 RPA 유형입니다. 현업 프로젝트에서의 사용 비중은 약 35%를 차지합니다.

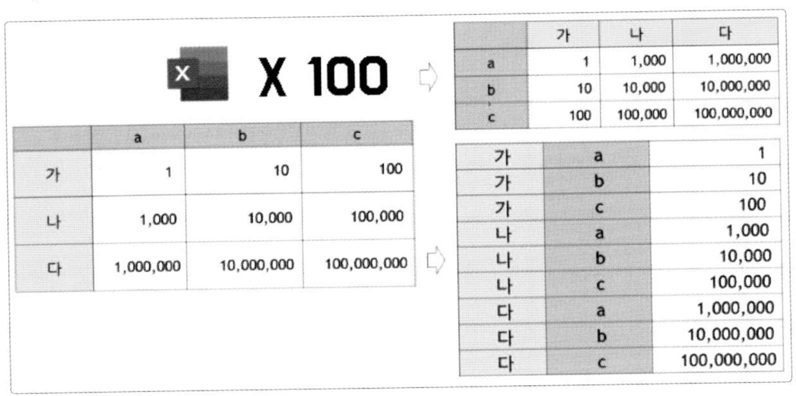

	a	b	c
가	1	10	100
나	1,000	10,000	100,000
다	1,000,000	10,000,000	100,000,000

	가	나	다
a	1	1,000	1,000,000
b	10	10,000	10,000,000
c	100	100,000	100,000,000

가	a	1
가	b	10
가	c	100
나	a	1,000
나	b	10,000
나	c	100,000
다	a	1,000,000
다	b	10,000,000
다	c	100,000,000

['엑셀 VS 파이썬' 이 아닌 '엑셀 With 파이썬'으로 엑셀의 다회성 업무를 해결]

데이터 자동화가 필요한 이유

엑셀 데이터는 정리만 잘 되어 있으면, 이후의 모든 자동화 작업의 기반이 됩니다. 데이터를 빠르게 정리하고 처리하는 RPA는 비개발자에게 가장 실용적인 자동화 영역입니다.

10.2.3 [유형 3] 개인화된 자료 자동화

PPT, Word, PDF, 이미지, 영상 등 개인화된 자료를 자동으로 생성할 수 있습니다.

개인화된 자료의 필요성

* 71%의 Z세대 소비자가 기업이 개인화된 경험을 제공해줄 것이라고 기대하며, 76% 소비자는 그렇지 않았을 때 짜증이 난다고 응답 (출처: McKinsey)

현대 사회는 초개인화 시대입니다. 고객마다 맞춤형 결과물을 기대하고, 기업은 이를 충족하기 위해 끊임없이 개인화된 자료를 생산합니다. 개인화 자동화는 경쟁력 있는 업무 수행의 필수 요소입니다.

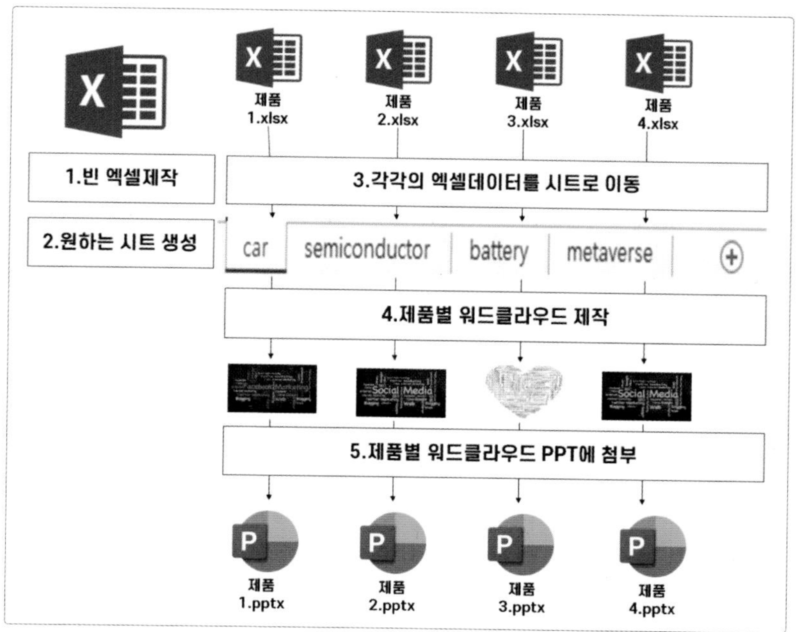

10.2.4 [유형 4] 커뮤니케이션 자동화

이메일, 문자, 메신저로의 소통을 자동화합니다.

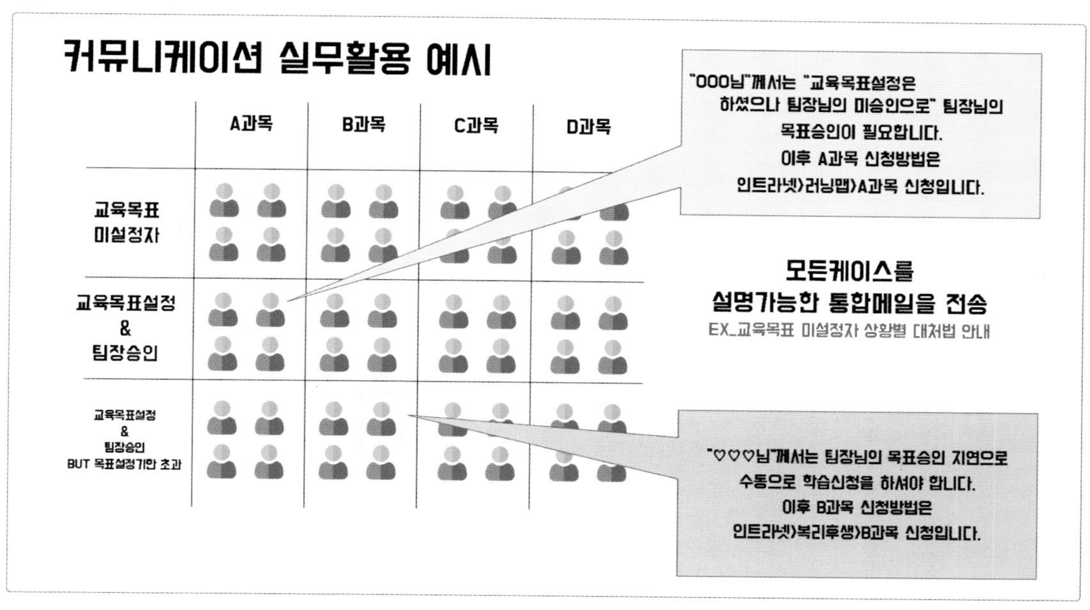

커뮤니케이션 자동화의 흐름

데이터를 수집 → 이를 개인화된 형태로 가공 → 최종 결과물을 이메일이나 메신저로 전달하는 과정을 RPA를 통해 손쉽게 자동화할 수 있습니다.

10.2.5 [유형 5] 물리 자동화 (윈도우 자동화)

마우스 클릭, 키보드 입력, 윈도우 프로그램 제어 등을 자동화합니다.

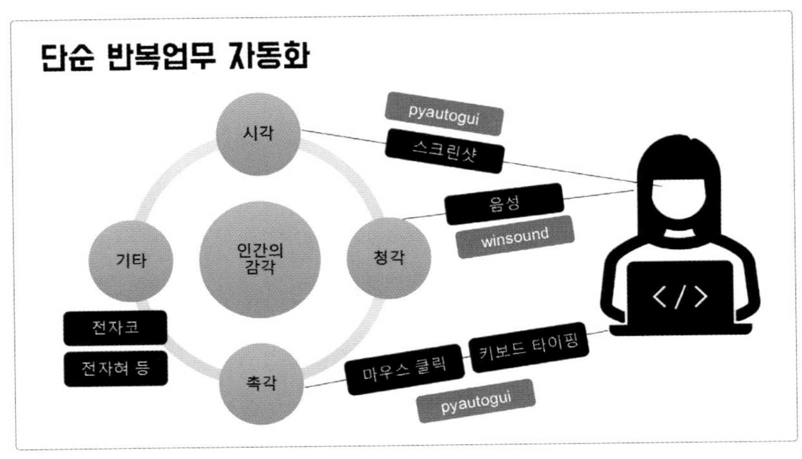

보안과 GUI 환경의 해결책

보안이 걸린 파일이나 GUI 기반의 정부 시스템처럼 자동화가 까다로운 환경에서 물리 자동화는 큰 힘을 발휘합니다.

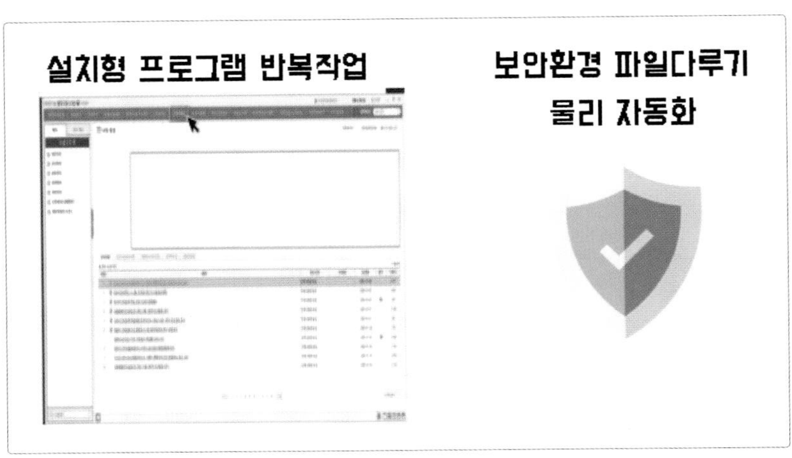

10.2.6 [유형 6] 협업 자동화

데이터를 공유하거나 프로그램을 EXE 파일로 배포할 때 사용됩니다.

협업과 배포의 효율성

- 데이터 공유 : 구글 드라이브나 특정 API를 활용해 데이터를 공유
- EXE 파일 제작 : pyinstaller를 사용해 프로그램을 실행 파일로 배포

협업 자동화는 팀과의 효율적인 데이터 공유 및 프로그램 배포를 가능하게 합니다.

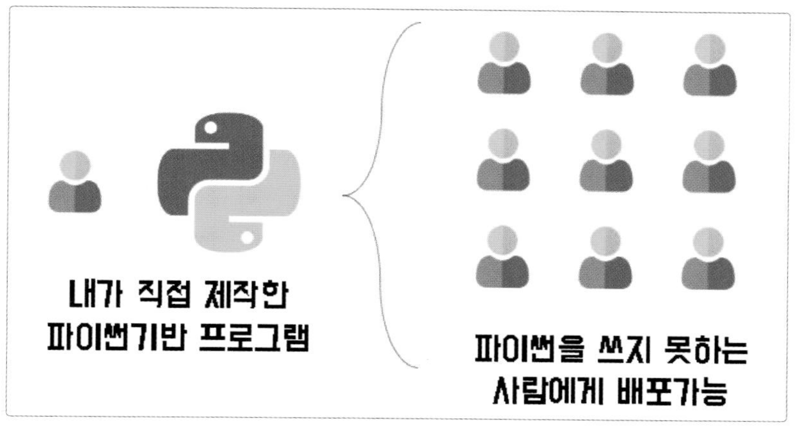

저자의 한마디

기술보다 업무 유형에 집중하세요

RPA를 배우는 비개발자라면 방대한 기술 스택에 압도되지 말고, 자신이 수행하는 업무 유형을 기준으로 접근해야 합니다. 인터넷 자동화, 데이터 처리, 커뮤니케이션 등 핵심 유형을 이해하면 RPA의 세계는 더 이상 미지의 영역이 아닐 것입니다. 자동화는 결국 우리의 업무를 더 스마트하고 효율적으로 만드는 도구입니다. 업무의 본질을 이해하는 것이 비개발자를 위한 RPA의 출발점입니다. 그럼 지금부터 질문을 통해 해결한 다양한 결과물 사례를 확인해보도록 하겠습니다.

10.3 생성 코딩을 통한 파이썬 업무 자동화

10.3.1 [실습 1] 개인화된 자료 만들기

실습 파일 3.파이썬 〉 RPA 〉 03.생성코딩을 통한 기본RPA 〉 일반RPA.ipynb 〉 '실습1-1'

비즈니스 상황

김 대리는 새로운 교육 프로그램을 기획 중입니다. 하지만 이번 프로젝트는 익숙하지 않은 분야여서 확신이 서지 않습니다. 그는 올바른 방향을 설정하기 위해 RFP(Request For Proposal)를 작성해 여러 교육 업체에 보냈습니다. 비교를 위해 총 6곳에 의뢰했지만, 결과는 예상과 달랐습니다. 대부분의 제안서는 표준화된 틀에 갇혀 있어 우리 회사의 요구사항을 제대로 반영하지 않았습니다.
60장짜리 제안서 6개를 꼼꼼히 검토해야 하는 부담감이 김 대리를 짓눌렀습니다. 필요한 것은 '우리 회사에 딱 맞춘, 정제된 정보'였지만, 현실은 방대한 문서 속에서 쏟아지는 표준화된 텍스트뿐이었죠.

그러던 어느 날, 한 스타트업으로부터 도착한 제안서가 김 대리의 시선을 사로잡았습니다. 그들의 제안서는 첫 페이지부터 특별했는데, 복잡한 설명 대신 한눈에 들어오는 요약된 데이터와 맞춤형 분석이 가득했습니다.

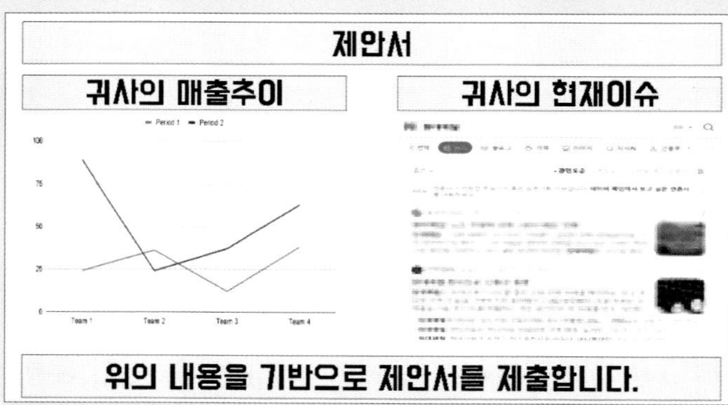

[개인에 맞는 제안서는 매우 중요한 역할을 할 수 있다]

- 회사 상황 분석: 김 대리의 기업 특성과 최근 교육 트렌드를 반영한 맞춤 분석
- 주요 요구사항 매칭: RFP에서 명시된 핵심 요구사항과 솔루션 간의 일대일 대응표
- 커리큘럼 개요: 시각적이고 간결한 슬라이드로 설명된 커리큘럼 구조

김 대리는 자연스럽게 이 스타트업의 커리큘럼을 꼼꼼히 살펴보게 되었고, 결국 그들과 협력하게 되었습니다.

이 사례에서 핵심은 무엇일까요?

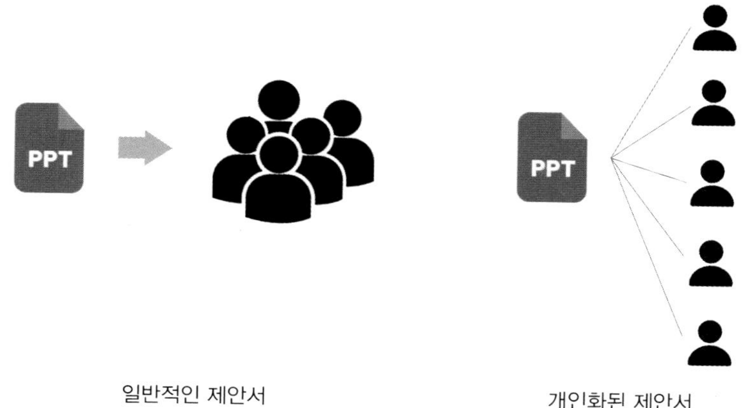

일반적인 제안서 개인화된 제안서

바로 개인화된 자료 제공이 가져오는 강력한 차별화입니다. 일반적인 제안서는 작성자가 편리한 형태로 만들어지지만, 상대방의 필요를 정확히 이해하고 그에 맞춘 자료를 제공한다면, 단 몇 장의 문서만으로도 다른 제안서와 차별화를 만들 수 있습니다. 하지만 우리에게는 시간이 많지 않습니다. 지금부터 질문을 통해서 이런 문제를 해결할 수 있는 실습을 해보도록 하겠습니다.

주의

지금부터는 어떤 질문을 했고 어떤 결과가 나왔는지 예시를 보여드릴 것입니다. 여러분의 결과는 저와 다를 수 있습니다. 그러니 먼저 한번 코드를 실행해보고 여러분이 직접 실습을 통해서 결과를 만들어나가는 시도를 해보시길 바랍니다.

01 엑셀 파일 제작하기

우선 이 실습에 걸맞은 연습용 파일을 준비해야 합니다. 챗GPT에게 다음의 질문을 해서 연습용 엑셀 파일을 만들어주는 코드를 요청해보겠습니다.

PROMPT

대한민국에 실제로 있을 법한 5개의 한글로 된 데이터를 회사명/산업군/담당자 으로 구성해줘.
그리고 그 내용을 company_info.xlsx라는 형태로 저장할 수 있는 파이썬 코드를 만들어줘

ANSWER

(…생략…)

python

```
!pip install pandas openpyxl
import pandas as pd

# 데이터 프레임 생성
data = {'회사명': ['한국전력공사', '삼성전자', '현대자동차', 'SK하이닉스', 'LG화학'],
      '산업군': ['전력', '전자', '자동차', '반도체', '화학'],
      '담당자': ['김철수', '이영희', '박지원', '최영호', '김태준']}
df = pd.DataFrame(data)

# 엑셀 파일로 저장
df.to_excel('company_info.xlsx', index=False)
```

이 코드를 실행하면 다음과 같은 데이터가 담긴 company_info.xlsx라는 엑셀 파일이 만들어집니다.

	A	B	C
1	**회사명**	**산업군**	**담당자**
2	한국전력공사	전력	김철수
3	삼성전자	전자	이영희
4	현대자동차	자동차	박지원
5	SK하이닉스	반도체	최영호
6	LG화학	화학	김태준

02 구글 슬라이드 다운로드 코드 제작하기

이번 질문에는 질문을 위한 준비물이 있습니다. 다음과 같이 구글 프레젠테이션이 준비된 상태에서 챗GPT에게 두 번째 질문을 해보겠습니다.

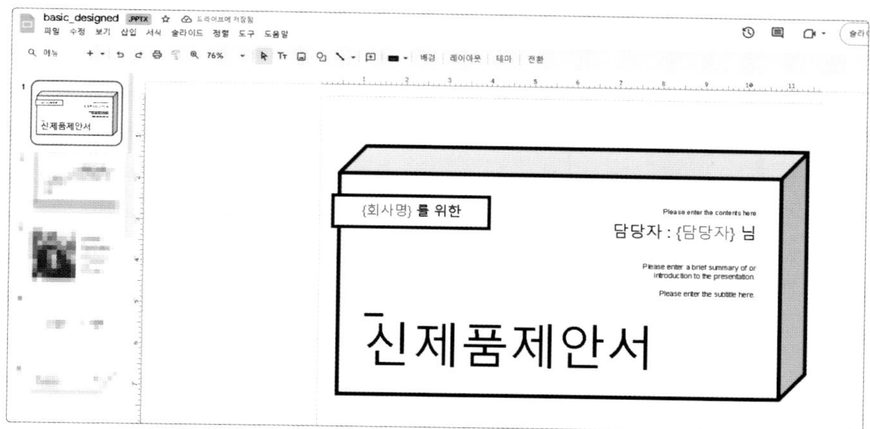

해당 프레젠테이션의 URL을 챗GPT에게 넣어준 뒤 다음과 같이 질문을 합니다.

PROMPT

https://docs.google.com/presentation/d/{프레젠테이션 ID값}/edit?usp=sharing&ouid=117873561996062752545&rtpof=true&sd=true에 접속하면 구글 슬라이드가 있어. 이 데이터를 다운로드할 수 있는 파이썬 코드를 만들어줘

ANSWER

(…생략…)

python

```
# pc/colab용
!pip install --upgrade gdown
import gdown
import zipfile
# https://docs.google.com/presentation/d/{프레젠테이션 ID값}/edit?usp=shar-
ing&ouid=117873561996062752545&rtpof=true&sd=true
google_path = "https://drive.google.com/uc?id="
file_id = '1Z7Sebw4ppGOFqedUMLVzNg-PkSK6JqP1'
output_name = "basic_designed.pptx"
gdown.download(google_path+file_id,output_name,quiet=False)
```

이렇게 다운로드를 하는 코드를 요청하는 이유는 프로세스의 파이프라인을 만들기 위함입니다. 작업을 해두니 금방 결과가 도출됩니다.

이 코드를 실행하면 'basic_designed.pptx'라는 파일이 생기고 열어보면 구글 슬라이드에 있던 파일과 동일하게 결과가 나옵니다.

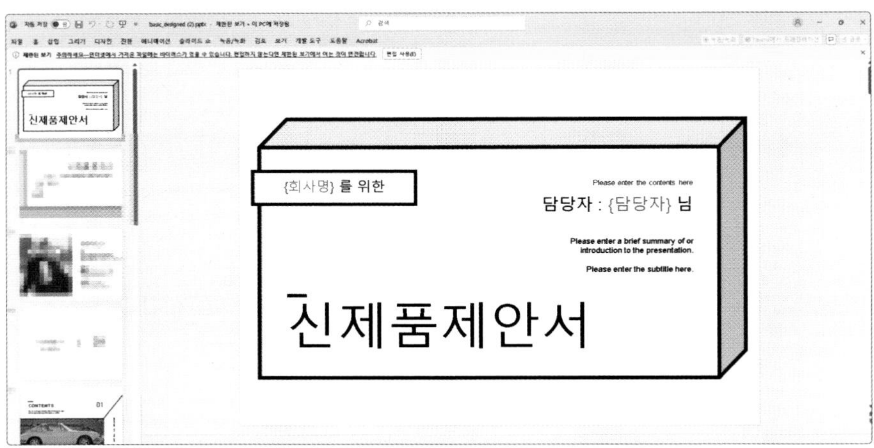

이렇게 원하는 파일을 만들거나 다운로드하는 것을 질문만으로 진행하였습니다. 다음 질문으로 넘어가보겠습니다.

03 엑셀 파일의 데이터를 구글 슬라이드 데이터로 치환하기

이제 마지막 단계입니다. 목적은 질문1)에서 나온 엑셀 데이터의 내용을 질문2)에서 다운로드한 PPT에 붙여넣는 작업이 필요합니다. 질문을 보겠습니다.

PROMPT

basic_designed.pptx 파일에 {회사명}/{산업군}/{담당자} 을 찾아서 company_info.xlsx의 열 데이터인 회사명/산업군/담당자의 데이터로 치환해서 .pptx로 저장해주는 파이썬 코드를 만들어줘. 이 때 기존의 basic_designed.pptx 의 글씨체와 글씨 크기는 유지해줘.

찬찬히 읽어보시면 어려운 내용은 아닐 겁니다. 하지만 한번에 코드가 만들어질 수도 있고 오류가 날 수 있기 때문에 앞에서 배운 오류를 줄일 수 있는 프롬프트 엔지니어링 방법론을 계속 적용하면서 진행하셔야 합니다.

ANSWER

(…생략…)

python

```
!pip install python-pptx
from pptx import Presentation
import pandas as pd

# company_info.xlsx 파일을 읽어서 데이터 프레임 생성
df = pd.read_excel('company_info.xlsx')

# 파워포인트 파일 열기
prs = Presentation('basic_designed.pptx')

# 각 슬라이드에 있는 텍스트를 추출하여 치환하기
for slide in prs.slides:
  for shape in slide.shapes:
    if shape.has_text_frame:
      text_frame = shape.text_frame
      for paragraph in text_frame.paragraphs:
        for run in paragraph.runs:
          text = run.text
          if '{회사명}' in text:
            run.text = text.replace('{회사명}', df['회사명'].iloc[0])
          if '{산업군}' in text:
            run.text = text.replace('{산업군}', df['산업군'].iloc[0])
          if '{담당자}' in text:
            run.text = text.replace('{담당자}', df['담당자'].iloc[0])

# 결과 파워포인트 파일 저장
prs.save('result.pptx')
```

실제로 제가 이 코드를 실행해보니 문제가 있었습니다. PPT가 총 5개 나와야 하는데 한 개만 나와서 다시 질문을 해봤습니다. 추가 질문을 할 수 있을 때가 있다면 원하는 결과가 나올 수 있게 질문은 하는 것은 더 좋은 결과물이 나오게 하는 데 도움이 될 수 있습니다.

PROMPT

위 코드를 기반으로 1개의 PPT가 아닌 company_info.xlsx 에 있는 5개의 데이터를 모두 적용시켜서 5개의 PPTx를 만들어줘.

ANSWER

(…생략…)

python

```
from pptx import Presentation
import pandas as pd

# company_info.xlsx 파일을 읽어서 데이터 프레임 생성
df = pd.read_excel('company_info.xlsx')

# 파워포인트 파일 열기
# prs = Presentation('basic_designed.pptx')

# company_info.xlsx 파일에 있는 각 데이터에 대해 처리하기
for i in range(len(df)):
    # 파워포인트 파일을 복사하여 새 파일 생성
    new_prs = Presentation('basic_designed.pptx')

    # 각 슬라이드에 있는 텍스트를 추출하여 치환하기
    for slide in new_prs.slides:
        for shape in slide.shapes:
            if shape.has_text_frame:
                text_frame = shape.text_frame
                for paragraph in text_frame.paragraphs:
                    for run in paragraph.runs:
                        text = run.text
                        if '{회사명}' in text:
                            run.text = text.replace('{회사명}', df['회사명'].iloc[i])
                        if '{산업군}' in text:
                            run.text = text.replace('{산업군}', df['산업군'].iloc[i])
                        if '{담당자}' in text:
                            run.text = text.replace('{담당자}', df['담당자'].iloc[i])
```

```
# 결과 파워포인트 파일 저장
new_prs.save(f'result_{i+1}.pptx')
```

챗GPT가 다시 만든 코드를 실행했더니 원하는 결과가 나왔고 다섯 가지 PPT가 모두 만들어졌습니다.

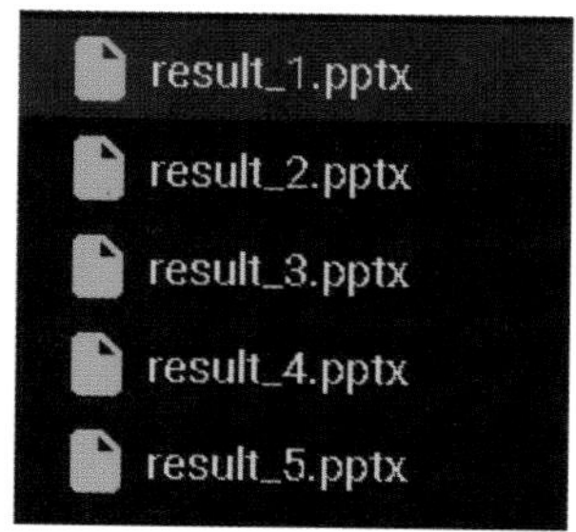

저자의 한마디

질문을 통해서 얻은 결과가 만족스럽지 않을 때, 우리는 인내심을 가지고 질문을 반복해나갑니다. 처음에는 이 과정이 오래 걸릴 수 있는데, 이럴 때 시간을 줄이는 방법이 있습니다. 만들어진 질문을 이해할 수 있게 더 많은 정보를 달라고 하는 것입니다.

예를 들어 질문을 통해 어떤 코드를 생성했는데 그 코드가 이해되지 않는다면, "위의 코드가 잘 이해가 안 돼. 초등학생도 이해할 수 있는 수준으로 주석을 꼼꼼히 넣어서 만들어줘"라고 요청할 수 있습니다. 그러면 만들어진 코드에 꼼꼼하게 주석이 적힌 결과가 나오게 됩니다.

PROMPT

위의 코드가 잘 이해가 안 돼. 초등학생도 이해할 수 있도록 아주 세세하게 주석을 적어서 코드를 이해하는 데 도움을 줘

ANSWER

아주 세세한 주석으로 코드를 설명해 줄게요! 초등학생도 이해할 수 있게 쉽게 말해볼게요.

파워포인트와 엑셀 데이터를 합쳐서 새로운 파워포인트 파일을 만들기

1. 필요한 라이브러리 가져오기

python

```
from pptx import Presentation   # 파워포인트 파일을 다룰 수 있는 도구
import pandas as pd  # 엑셀 파일을 읽고 다룰 수 있는 도구
```

(…생략…)

이처럼 단순히 흉내를 내는 것이 아닌, 향후 다양한 응용을 하려면 반드시 내가 만들어 달라고 한 내용의 결과 코드가 만들어진 과정을 꼼꼼히 읽어보는 노력이 필요합니다. 이 과정이 숙달될수록 점점 더 빠르게 결과를 만들 수 있을 것입니다.

10.3.2 [실습 2] 파일 이름 일괄 변경하기

실습 파일 3.파이썬 〉 RPA 〉 03.생성코딩을 통한 기본RPA 〉 일반RPA.ipynb 〉 '실습2'

비즈니스 상황

김 대리는 직원 11,000명에게 IDP(Individual Development Plan), 즉 개인별 목표 설정 요청을 메일로 전달했습니다. 메일 내용은 다음과 같습니다.

"3월 2일까지 교육 목표를 설정하고, 3월 6일까지 팀장님 승인을 받으면, 모든 재직자는 따로 신청하지 않아도 자동으로 교육에 입과됩니다. 만약 기한을 넘기면, 직접 신청해야 합니다."

직원 대부분은 기한을 잘 지켰지만 그렇지 않은 직원도 있었습니다. 3월 7일이 지나면 어김없이 이런 문의가 쏟아집니다.

"김 대리~ 나 메일이 누락된 것 같아. 메일 안 왔어. 확인해줘!"

이러한 상황을 대비하기 위해, 김 대리는 메일을 Outlook에서 보낼 때 메일 제목에 직원의 사번을 붙여 관리했습니다. 예를 들면 다음과 같습니다.

- outlook1023 → 사번 1023
- outlook10223 → 사번 10223

그러나 파일 수가 11,000개에 이르다 보니 특정 파일을 찾아야 할 때 어려움이 많았습니다. 더 나아가 사번의 자릿수가 달라 일관된 정리가 되지 않아, 파일을 찾는 데 너무 많은 시간이 걸렸습니다. 이 문제를 해결하려면 어떻게 해야 할까요?

수작업으로 모든 파일명을 정리하는 것은 사실상 불가능해 보입니다. 바로 이런 상황에서 파이썬을 활용한 파일 이름 자동화가 빛을 발합니다.

해결 방법: 파이썬을 활용한 파일 이름 자동화

파이썬의 생성 코딩 기법을 사용하면, 복잡하고 반복적인 파일 이름 변경 작업을 손쉽게 자동화할 수 있습니다. 예를 들어 기존의 파일명이 outlook1023, outlook10223이라면 사번의 자릿수를 똑같이 맞춰서 outlook0001023, outlook 0010223으로 정리할 수 있습니다.

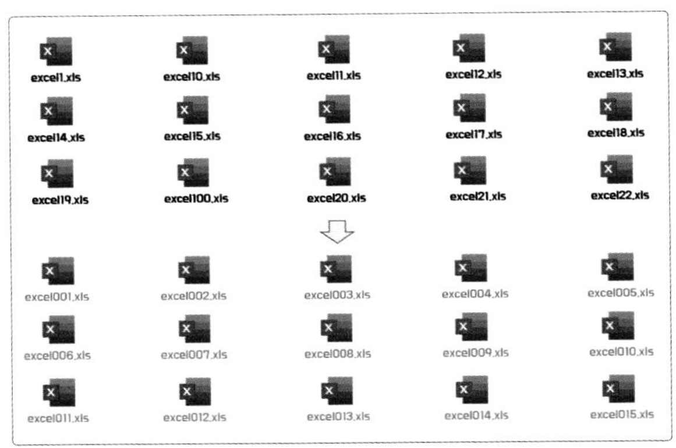

이제 이 문제를 해결하기 위해 챗GPT에게 질문을 해볼 것입니다.

지금까지 정리한 상황이 이해되었다면, 바로 실습으로 넘어가는 것보단 먼저 여러분의 힘으로 해결법을 생각해보시길 권장합니다. 직접 고민하여 얻는 지식과 경험은 어떤 노력보다도 여러분에게 값진 성장을 만들어줄 것입니다.

해결법을 충분히 고민해보셨나요? 그럼 문제를 함께 해결해봅시다.

01 학습용 엑셀 파일 100개 제작하기

학습용 질문이기 때문에 많은 설명을 다시 하지 않아도 이해하실 것 같습니다. 다음과 같이 질문해보겠습니다.

NOTE 갑자기 영어 질문으로 보여드린 이유는 영어가 아직까지도 한글보다 더 좋은 결과를 낼 수 있기 때문입니다. 이번 실습을 기회로 영어/한글 프롬프트의 결과 차이를 체감해보시면 좋겠습니다.

PROMPT

Create python code to create excel1.xls ~ excel100.xls without folder.

ANSWER

(…생략…)

python

```
!pip install xlwt
import os
import xlwt

for i in range(1, 101):
    filename = f"excel{i}.xls"
    workbook = xlwt.Workbook()
    sheet = workbook.add_sheet("Sheet 1")
    sheet.write(0, 0, "Hello World!")
    workbook.save(filename)
```

오른쪽은 첫 질문으로 챗GPT가 만들어준 코드를 실행한 결과입니다. 100개의 파일이 잘 만들어졌는데 데이터 순서가 꼬였군요. 그런데 데이터의 정렬 순서에 나름의 패턴이 보입니다. excel 다음에 기재된 숫자를 보면, 자릿수에 관계없이 첫 번째 자리 숫자가 같으면 두 번째 자리 숫자의 크기를 비교해 작은 것부터 먼저 배치합니다.

그렇다면 이 문제를 어떻게 해결하면 좋을까요? excel 다음에 기재되는 숫자의 자릿수를 3자리로 통일해주면 될 것 같습니다. 그러면 1은 001, 10은 010, 11은 011로 표기되면서 우리가 알아보기 쉬운 순서로 정리될 것입니다. 이 아이디어를 가지고 챗GPT에게 두 번째 질문을 해보겠습니다.

02 엑셀 파일명 변경하기

PROMPT

excel1.xls ~ excel100.xls 라는 파일을 excel001.xls ~ excel100.xls 로 이름을 변경하는 프로그램을 만들어줘

ANSWER

(…**생략**…)

python

```
import os

# 1부터 100까지의 엑셀 파일 생성
for i in range(1, 101):
    filename = f"excel{i}.xls"
    open(filename, 'w').close()  # 파일 생성

# 이름 변경
for i in range(1, 101):
    old_filename = f"excel{i}.xls"
    new_filename = f"excel{i:03d}.xls"
    os.rename(old_filename, new_filename)
```

생각보다 쉽게 문제가 해결되었죠? 오프라인 수업을 진행하며 제가 느낀 바로는 생성형 AI의 발전으로 인해서 질문의 더욱 성공 빈도수나 확률이 높아졌습니다.

이번 실습은 우리가 평소 업무에서 경험할 법한 주제로 구성해보았습니다. 사사롭고 귀찮게 하는 문제의 해결뿐이라 여길 수 있지만 저는 이런 작은 행동부터 실현해가는 것이 정말로 중요하다고 생각합니다. 이러한 경험이 모이고 지식이 확장되면 여러분의 손에서 세상에 없던 프로그램들이 만들어지는 날도 오게 될 것입니다.

10.3.3 [실습 3] 폴더 정리 자동화

실습 파일 3.파이썬 〉 RPA 〉 03.생성코딩을 통한 기본RPA 〉 일반RPA.ipynb 〉 '실습3'

다음 상황은 저의 수업에 들어온 한 신입사원 분이 만든 결과물입니다. 먼저 비즈니스 상황을 알아보겠습니다.

보통 신입사원이 회사에 들어오면, OJT를 진행해서 업무에 대한 이해도를 높이고 나서 작은 일부터 맡는 것이 일반적입니다. 그래서 팀장은 신입사원에게 사업부 직원 100명이 함께 쓰는 공유폴더를 카테고리별로 정리하는 역할을 시키죠. 그렇게 해야 그들이 빠르게 업무파악을 할 수 있고 실무에도 바로 배치할 수 있기 때문입니다.

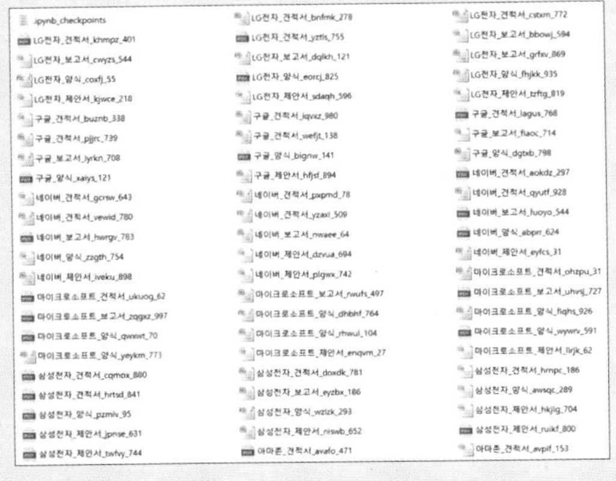

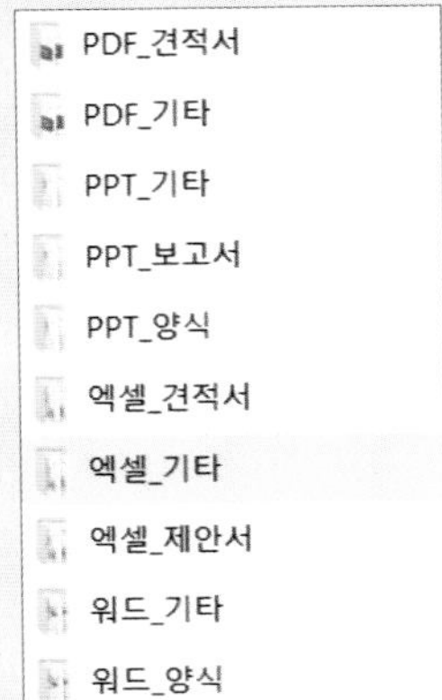

입사 초반에는 이 사원은 시간의 여유가 있어서 출근 후 40분, 퇴근 전 40분씩 투자하여 공유폴더를 잘 정리했습니다. 하지만 시간이 지나서는 상황이 달라졌습니다. 선배들이 일을 주어서 이 사원의 일은 점점 바빠졌지만, 후임이 들어오지 않아 여전히 공유폴더 정리 작업을 도맡고 있습니다. 이 일을 어떻게 해결해야 할까요?

이런 상황에 처했을 때, 어떤 프로그램을 만들어서 문제를 해결할 수 있을까요? 다음 결과를 한 번 보겠습니다.

01 기존의 파일을 제공하는 코드

해당 코드는 임의의 파일을 만들어달라는 질문을 통해서 만들어진 코드입니다.

```
# 파일 생성
import random
import string
import os

extensions = ['.pptx', '.xlsx', '.docx', '.pdf']
file_types = ['제안서', '견적서', '보고서', '양식']
companies = ['삼성전자', 'LG전자', '네이버', '카카오', '구글', '애플', '마이크로소프트', '아마존']

def generate_random_filename():
    company_name = random.choice(companies)
```

```
    file_type = random.choice(file_types)
    file_extension = random.choice(extensions)
    random_number = random.randint(1, 1000)
    random_string = ''.join(random.choices(string.ascii_lowercase, k=5))
    filename = f'{company_name}_{file_type}_{random_string}_{random_number}{file_extension}'
    return filename

# 파일 생성
import random
import string
import os

extensions = ['.pptx', '.xlsx', '.docx', '.pdf']
file_types = ['제안서', '견적서', '보고서', '양식']
companies = ['삼성전자', 'LG전자', '네이버', '카카오', '구글', '애플', '마이크로소프트', '아마존']

def generate_random_filename():
    company_name = random.choice(companies)
    file_type = random.choice(file_types)
    file_extension = random.choice(extensions)
    random_number = random.randint(1, 1000)
    random_string = ''.join(random.choices(string.ascii_lowercase, k=5))
    filename = f'{company_name}_{file_type}_{random_string}_{random_number}{file_extension}'
    return filename

# 파일 생성 및 작업 수행
for _ in range(100):
    filename = generate_random_filename()
    print(filename)

    # 파일 생성
    with open(filename, 'w') as file:
```

```
    # 파일 작업 수행 (예: 파일에 내용 작성)
    file.write("파일 작성 예시")

# 원하는 디렉토리에 파일 생성하기 위해 경로 설정
# directory_path = '/path/to/directory'
# file_path = os.path.join(directory_path, filename)
# with open(file_path, 'w') as file:
#     file.write("파일 작성 예시")
```

위 코드를 실행했더니 현재 폴더에 다양한 파일들이 잔뜩 만들어졌습니다.

이제 이렇게 많아진 파일을 한번에 정리하기 위해서 두 번째 질문으로 넘어가겠습니다.

02 기존의 파일을 특정 조건에 따라 구분하여 저장하게 하는 코드 제작

추가 질문을 상세하게 할수록 코드의 오류를 최소화하고 우리가 원하는 결과물에 가까워집니다. 그럼 다음 질문을 내용을 살펴보겠습니다.

PROMPT

이제 이 코드를 기반으로 만들어지는 다양한 파일을 정리하는 코드를 제작해줘

1) 1차 구분은 PPTX/XLSX/DOCX/PDF 로 나눠줘

2) 2차 구분은 내부에서 제안서/견적서/보고서/양식/ 그외 로 나눠주는 코드를 제작해줘

3) 그냥 현재 폴더의 파일을 기준으로 해줘

ANSWER

(…생략…)

python

```
import os
import shutil

# 파일 정리 기준
extensions = ['.pptx', '.xlsx', '.docx', '.pdf']
file_types = ['제안서', '견적서', '보고서', '양식']

# 파일 정리 함수
def organize_files():
    current_dir = os.getcwd()  # 현재 폴더 경로

    # 1차 구분: 확장자별 폴더 생성
    for ext in extensions:
        folder_name = ext[1:].upper()  # 확장자를 대문자로 사용
        folder_path = os.path.join(current_dir, folder_name)
        if not os.path.exists(folder_path):
            os.makedirs(folder_path)
    # 파일 이동
    for file in os.listdir(current_dir):
        if os.path.isfile(file):
            file_ext = os.path.splitext(file)[-1].lower()

            if file_ext in extensions:
                # 1차 폴더 경로 결정
                primary_folder = os.path.join(current_dir, file_ext[1:].upper())

                # 2차 구분: 파일 이름 기준
                file_type_folder = "그외"  # 기본 폴더 이름
                for file_type in file_types:
                    if file_type in file:
                        file_type_folder = file_type
                        break
```

```
        # 2차 폴더 경로 결정
        secondary_folder = os.path.join(primary_folder, file_type_folder)
        if not os.path.exists(secondary_folder):
            os.makedirs(secondary_folder)

        # 파일 이동
        shutil.move(file, os.path.join(secondary_folder, file))

# 실행
if __name__ == "__main__":
    organize_files()
    print("파일 정리가 완료되었습니다.")
```

이 코드에서의 핵심은 각각의 내용물을 1, 2차에 거쳐 구분하는 것입니다.

저자의 한마디

다시 한번 강조하지만, 단순히 질문해서 코드를 구현하는 것으로는 향후 발생할 문제를 해결할 수 없습니다. 업무 자동화 프로그램은 비가역적인 변화가 일어나는 케이스가 많기 때문에 문제가 생겼을 경우 빠르게 대응하기 위해서는 만들어진 코드를 읽을 줄 알아야 합니다.

코드를 실행하면 그 많던 파일들이 아래와 같이 정리된 것을 확인할 수 있을 것입니다.

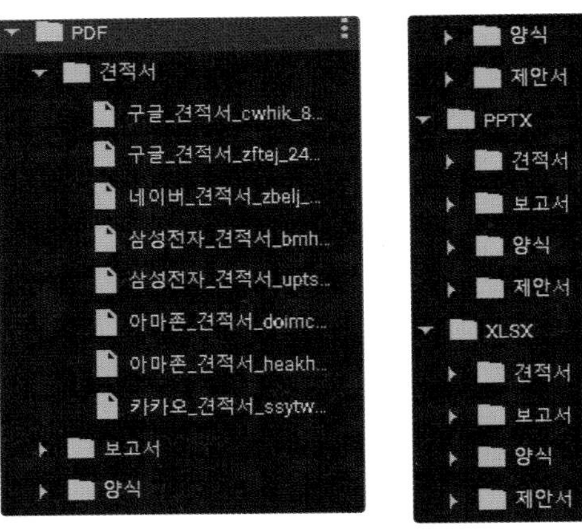

매우 놀랍죠. 사실 이런 코드를 한줄 한줄 작성한다는 것은 정말 쉬운 일이 아닙니다. 하지만 내가 코드를 해석할 줄 알고 또 그것을 바로 사용할 수 있다면, 이제는 더 이상 어려운 일이 아니게 됩니다. 이런 방식으로 정말 다양한 현업 결과물을 만들 수 있다는 것을 꼭 생각해보시길 바라며, 여러분이 현상황에서 경험하고 있는 효율성이 떨어지는 업무를 많이 해결하여 여러분의 시간을 많이 확보할 수 있기를 바랍니다.

10.3.4 [실습 4] 데이터 처리 자동화

실습 파일 3.파이썬 〉 RPA 〉 03.생성코딩을 통한 기본RPA 〉 일반RPA.ipynb 〉 '실습4'

앞서 다양한 사례와 과정을 보여드렸으니, 이번 실습부터는 설명은 줄이고 간단히 도식화된 목적/질문/결과 Before & After만 정리해보도록 하겠습니다.

자동화가 필요한 상황

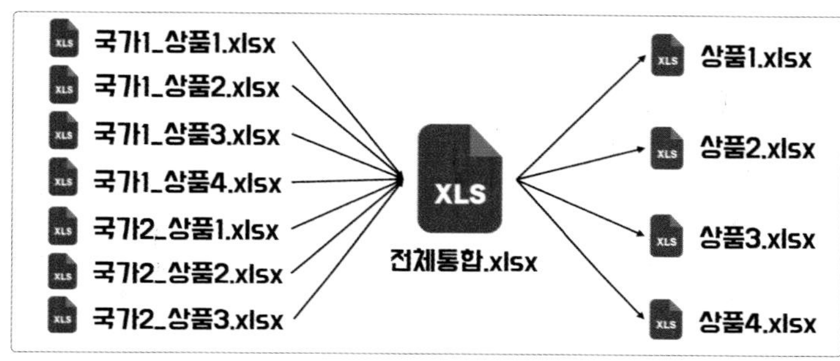

질문

PROMPT
new_data2 안에 있는 모든 엑셀을 찾아서 각각의 데이터를 하나로 합치는 파이썬 코드를 만들어줘

코드 실행 전

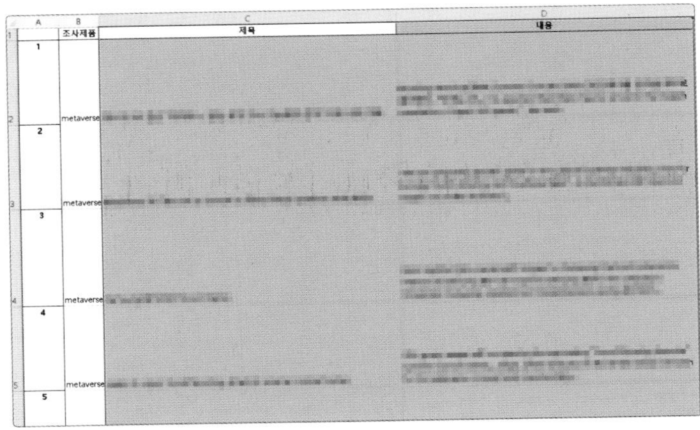

기존에 있던 많은 엑셀들이 있습니다. 이제 이 많은 엑셀들을 하나로 합치는 코드를 실행해보겠습니다.

코드

```
!pip install pandas openpyxl
import os
import pandas as pd

folder_path = 'new_data2'
all_files = os.listdir(folder_path)

# 엑셀 파일만 선택
excel_files = [file for file in all_files if file.endswith('.xlsx') or file.endswith('.xls')]

# 각 엑셀 파일을 데이터프레임으로 읽은 다음, 리스트에 저장
dataframes = [pd.read_excel(os.path.join(folder_path, file)) for file in excel_files]

# 모든 데이터프레임을 하나로 합침
combined_dataframe = pd.concat(dataframes, ignore_index=True)

# 결과를 새 엑셀 파일로 저장
combined_dataframe.to_excel('combined_data.xlsx', index=False)
```

코드 실행 후

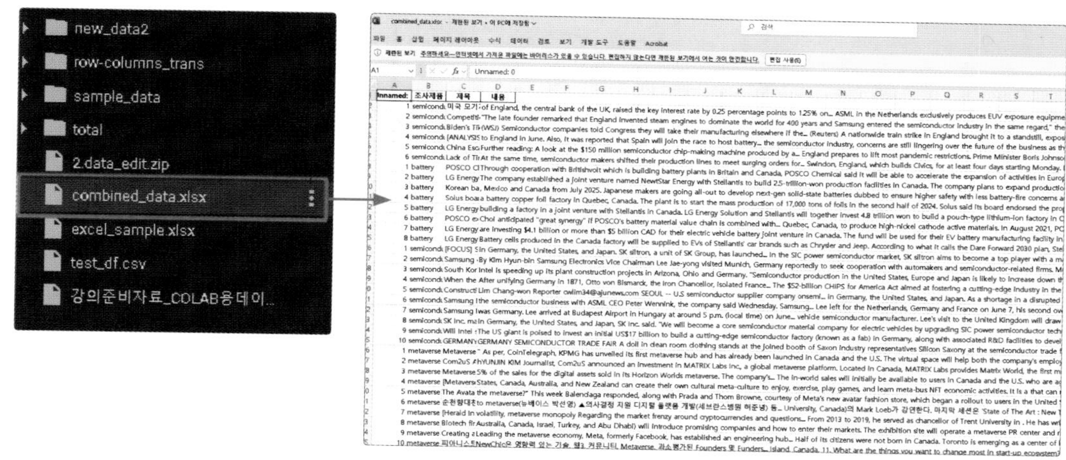

보시다시피 모든 파일이 하나로 결합된 것을 확인할 수 있습니다.

저자의 한마디

사실 이런 결과들은 몇 개의 예시일 뿐이며, 우리는 더욱 다양하게 이런 결과물들을 시간을 들여서 만들어낼 수 있습니다. 특히 앞에서 배웠던 코딩에 필요한 프롬프트 엔지니어링이 바로 핵심입니다. 만약에 이게 어떤 내용인지 모르신다면 지금의 실습의 유의미하지 않을 것입니다. 반드시 앞에서 제가 정리해 놓은 생성코딩에 필요한 질의응답법을 학습하고 오시길 권해드립니다.

이 장에서는 비개발자가 직접 RPA를 구현하는 중요성과 방법을 다뤘습니다. 기술의 발전으로 이제 현업 전문가들도 파이썬과 생성형 AI를 통해 자동화를 쉽게 실현할 수 있는 시대가 열렸습니다. 김대리의 사례는 전형적인 개발팀 의존의 비효율성을 보여주었고, 이를 극복하는 핵심은 현업 전문가가 자신의 업무 유형에 맞춰 직접 자동화를 구현하는 것입니다.

비개발자가 RPA를 도입할 때 주목해야 할 것은 방대한 기술이 아니라 업무 유형입니다. 특히 인터넷 자동화, 데이터 처리, 커뮤니케이션 자동화 등의 6가지 주요 유형에 집중하면, 어떤 도구를 익혀야 할지 명확해진게 될 것입니다. 반복적이고 비효율적인 업무를 스스로 개선함으로써 시간과 리소스를 절약할 수 있을 것입니다.

결국 자동화는 단순한 기술이 아닌 업무를 더 스마트하게 만드는 도구입니다. 올바른 질문과 실습을 통해 지속적으로 개선하고 확장할 수 있으며, 이 과정에서 코드의 원리를 이해하고 해석하는 능력이 무엇보다 중요하다는 것을 이번 실습을 통해 많이 느끼셨을 것입니다. 이를 통해 누구나 일상 업무의 혁신을 이끌어내고, 나아가 새로운 비즈니스 기회를 창출할 수 있는 기회의 시작점으로 봐주시길 바랍니다.

CHAPTER

11 오픈AI API를 통한 지능형 RPA (IPA)

11.1 지능형 업무 자동화(IPA) 혁신의 시대

지능형 업무 자동화(IPA)란?

전통적인 업무 자동화는 RPA(Robotic Process Automation)로 시작되었습니다. RPA는 명확한 규칙과 절차에 따라 반복적인 업무를 자동화하는 기술입니다. 예를 들어 특정 서류를 정해진 폴더에 저장하거나 일상적인 데이터 입력 작업을 자동으로 처리할 수 있습니다. 하지만 이러한 RPA 기술은 단순 규칙 기반이기 때문에 예외 상황이나 복잡한 판단이 필요한 업무에는 한계가 있었습니다.

그러나 인공지능(AI)의 급격한 발전으로 RPA에 지능을 더한 지능형 업무 자동화(IPA, Intelligent Process Automation)가 탄생하게 되었습니다. IPA는 RPA의 규칙 기반 자동화에 AI의 학습과 추론 능력을 결합한 기술입니다. 예를 들어 이미지 분류 딥러닝 기술이나 데이터 예측 모델을 RPA와 결합하면 훨씬 고도화된 업무 자동화가 가능해집니다.

우리가 일상에서 만나는 IPA의 사례

IPA 기술은 이미 우리 일상에 스며들고 있습니다. 가장 흔한 예가 명함 자동 저장 서비스입니다. 단순히 명함을 사진으로 찍는 것이 아니라, 이미지 속 텍스트를 인식하고 정확하게 데이터베이스에 저장하는 것은 고도화된 딥러닝 기술의 결과입니다.

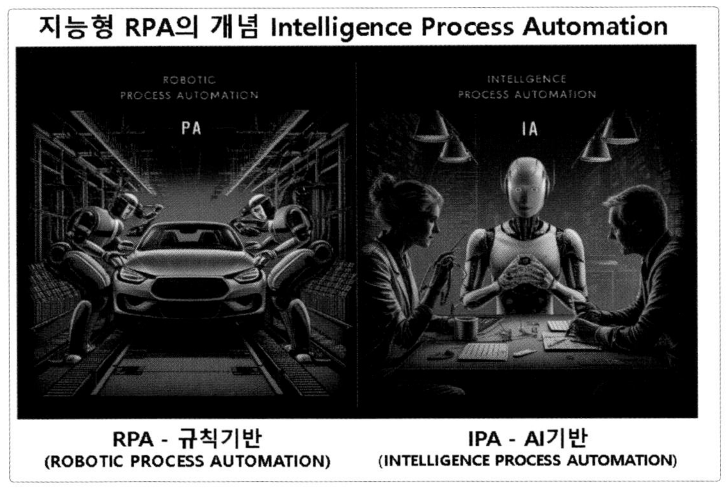

이전에는 이런 기술은 오직 AI 개발자들만이 구현할 수 있었습니다. 하지만 이제는 접근성이 크게 향상되었습니다. 생성형 AI의 등장과 함께 다양한 API(Application Programming Interface)가 개발되었고, 이를 활용하면 누구나 고도화된 AI 기능을 코드에 쉽게 통합할 수 있게 되었습니다.

API는 특정 기업이 제공하는 데이터나 기능을 쉽게 사용할 수 있도록 설계된 인터페이스입니다. 챗GPT나 제미나이(Gemini)와 같은 AI 모델의 강력한 기능도 API를 통해 여러분의 코드에 녹여낼 수 있습니다. 이는 더 이상 AI 기술이 전문가들만의 전유물이 아니라 모두가 활용할 수 있는 도구로 변화하고 있음을 의미합니다.

더 알아보기

API의 이해

API는 Application Programming Interface의 준말로, 애플리케이션 프로그래밍 인터페이스 혹은 응용 프로그램 프로그래밍 인터페이스라고도 부릅니다. API는 응용 프로그램에서 사용할 수 있도록 운영 체제나 프로그래밍 언어가 제공하는 기능을 제어할 수 있게 만든 인터페이스를 입니다. 주로 파일 제어, 창 제어, 화상 처리, 문자 제어 등을 위한 인터페이스를 제공합니다. (출처: 위키백과)

API의 동작 원리는 다음과 같습니다.

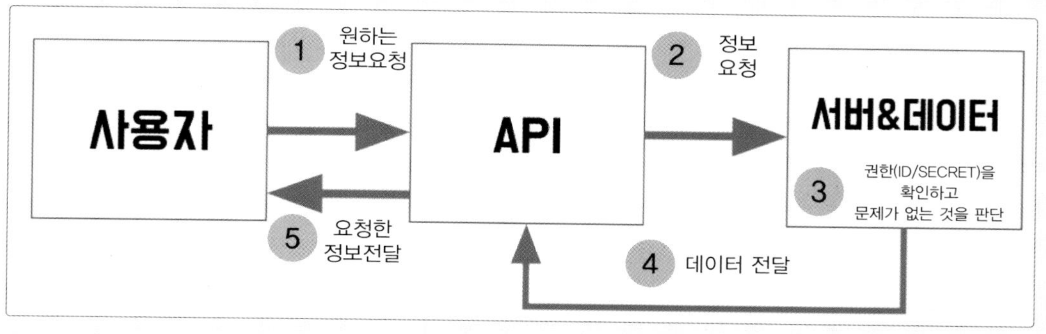

IPA의 업무 활용 예시

IPA 기술이 얼마나 유용한지 실제 학습자들이 만들어낸 결과물을 기반으로 업무 시나리오를 확인해봅시다. 그리고 이 예제들이 사람이 해야 할 것인지 컴퓨터가 해줄 수 있는 것인지 고민해보시길 바랍니다.

① 유튜브 댓글 분석

상황: 홍보팀이 유튜브에 달린 500개의 댓글을 검토해야 합니다. 각 댓글이 '회사에 위협이 된다' 또는 '위협이 되지 않는다'로 분류해야 합니다.

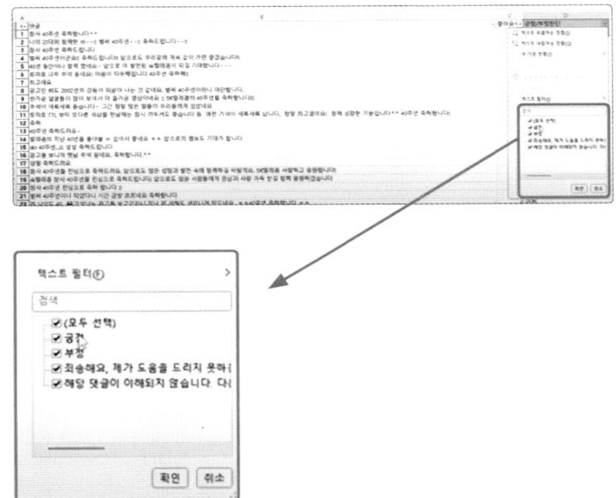

② 영수증 데이터 정리

상황: 사내 간담회에서 제출된 100개 이상의 영수증을 팀별로 정리하고 엑셀에 입력해야 합니다.

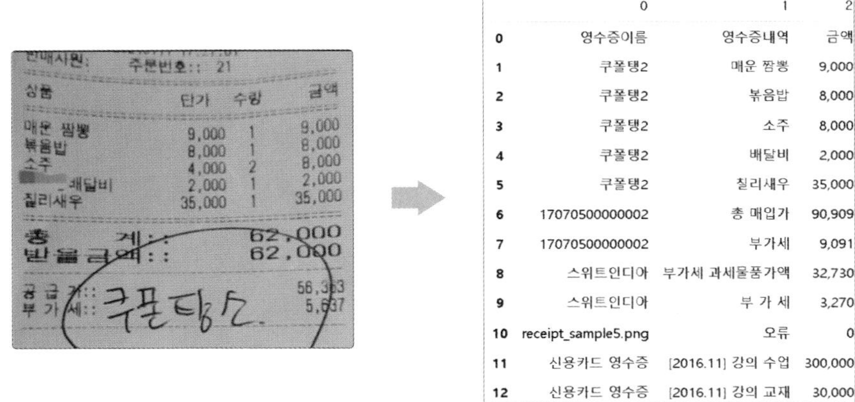

	0	1	2
0	영수증이름	영수증내역	금액
1	쿠폴탱2	매운 짬뽕	9,000
2	쿠폴탱2	볶음밥	8,000
3	쿠폴탱2	소주	8,000
4	쿠폴탱2	배달비	2,000
5	쿠폴탱2	칠리새우	35,000
6	17070500000002	총 매입가	90,909
7	17070500000002	부가세	9,091
8	스위트인디아	부가세 과세물품가액	32,730
9	스위트인디아	부 가 세	3,270
10	receipt_sample5.png	오류	0
11	신용카드 영수증	[2016.11] 강의 수업	300,000
12	신용카드 영수증	[2016.11] 강의 교재	30,000

③ 인턴 채용 공고 작성

상황: 업계의 수백 개 인턴 채용 공고를 분석하고, 이를 기반으로 우리 회사에 맞는 최적의 인턴 채용 공고를 작성하고 싶습니다.

예상하셨겠지만, 이런 일들은 이제 컴퓨터가 알아서 다해줄 수 있는 시대입니다. 동시에 개발자나 AI 개발 능력이 없어도 이런 것을 만들고 구현할 수 있게 되었습니다. 우리는 이런 기능을 직접 만들어보는 실습도 함께 할 예정입니다.

사람과 컴퓨터의 경계가 흐려진 시대

IPA가 발전하면서 우리는 점점 더 '어디서부터 사람이 해야 할 일이고, 어디까지 컴퓨터가 할 수 있는 일인지' 분간하기 어려워졌습니다. 하지만 이 기술이 우리의 업무를 빼앗는 것은 아닙니다. 반복적이고 비효율적인 작업에서 벗어나 창의적이고 전략적인 일에 집중할 수 있는 기회를 제공합니다. 앞으로 우리는 IPA를 활용해 더 많은 혁신을 만들어갈 것입니다.

간단한 실습으로 IPA 경험하기

이제 간단한 예제를 통해 IPA 기술이 얼마나 쉽게 구현될 수 있는지 확인해봅시다. 기술의 진입 장벽은 낮아졌고, 누구나 혁신을 만들어낼 수 있는 시대가 되었습니다. 준비되셨나요? 그럼, 함께 미래의 업무 자동화를 체험해봅시다!

11.2 IPA 실습을 위한 기본 준비: 오픈AI API 사용해보기

생성형 AI의 세계로 들어가기 위해 우리가 가장 먼저 할 일은 API(Application Programming Interface)를 활용해보는 것입니다. 생성형 AI 서비스를 제공하는 기업들은 대부분 API를 통해 그들의 기술을 외부에서 사용할 수 있도록 합니다. 그중에서도 대표적인 서비스는 오픈AI의 챗GPT API입니다.

그러나 첫걸음을 내딛기 전에 꼭 알아야 할 것이 있습니다. '비용'입니다. API는 무료 버전도 있고 유료 버전도 있지만, 본격적으로 지속적으로 활용하려면 일정 비용이 필요합니다. 하지만 걱정하지 마세요! 최근 기술 발전으로 인해 더 적은 비용으로도 강력한 AI 기능을 사용할 수 있습니다. 머지않아 고품질 AI 기능을 무료로 사용할 날도 올 것입니다. 지금도 어느 정도 제약은 있지만 무료로 사용할 수 있는 방법들이 있습니다.

하지만 기술의 진정한 실효성을 확인하기 위해서는 유료 버전을 한번 경험해보는 것이 좋습니다. 그럼 이제 오픈AI의 API를 사용하는 방법을 하나하나 따라가 보겠습니다.

11.2.1 오픈AI API 설정하기

> 학습시기에 따라서는 이 책에서 소개한 방법이 여러분의 환경과 달라서 설명이 적절하지 않을 수도 있습니다. 이러한 경우에는 오픈AI의 공식문서를 따라서 오픈AI의 API 사용법을 학습해보시길 바랍니다.
> [오픈AI API 시작 가이드] https://platform.openai.com/docs/quickstart

01 오픈AI 플랫폼(platform.openai.com)에 접속해서 로그인하고 [Start building]을 클릭합니다.

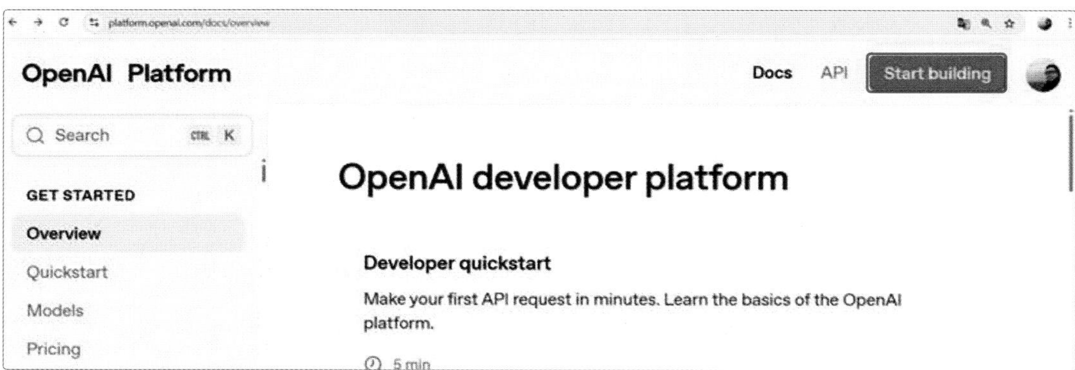

02 다음 내용을 입력하고 [Create organization]을 누릅니다. 그 후 [I'll Invite my team later]를 누릅니다.

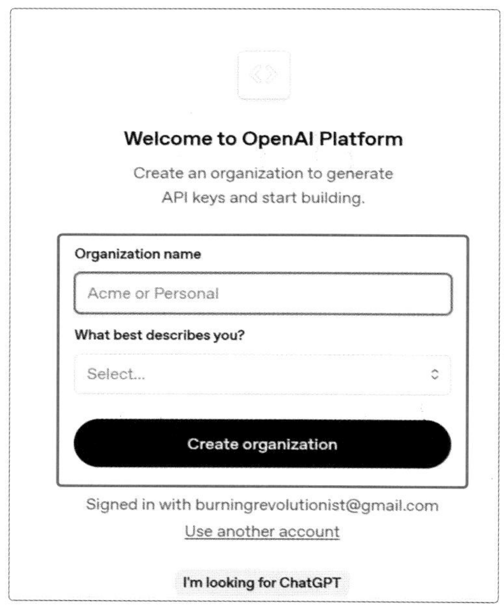

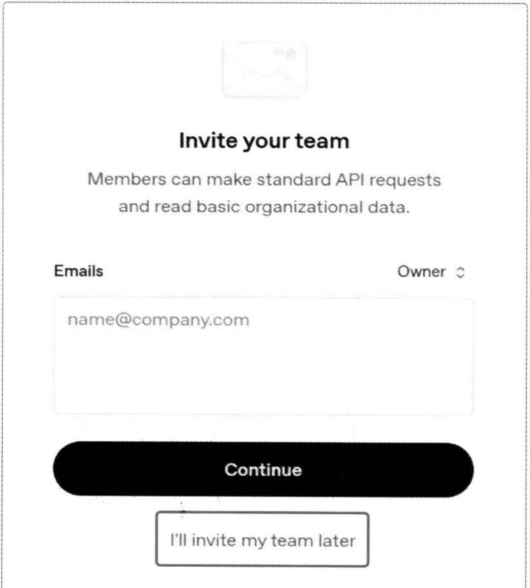

03 API 키 이름과 프로젝트 이름을 입력하고 [Generate API Key]를 클릭해 API를 등록합니다. 그러면 여러분의 test key가 나오게 됩니다.

> **NOTE** 이 test key는 앞으로 API 실습을 할 때마다 쓰게 될 것입니다. [Copy]를 눌러 복사해서 메모장이나 기록용 도구에 저장해두시길 바랍니다.

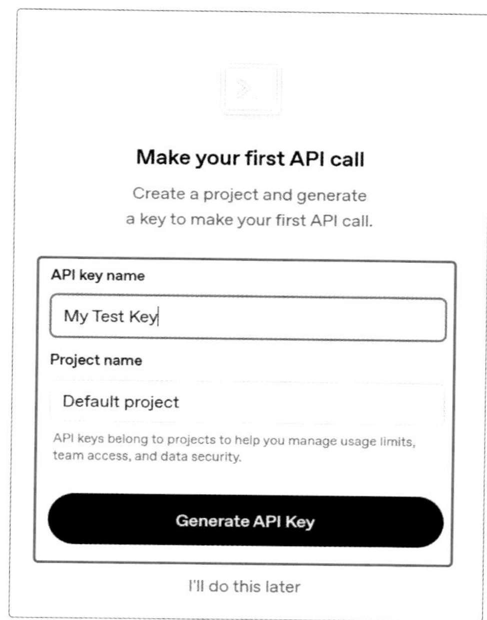

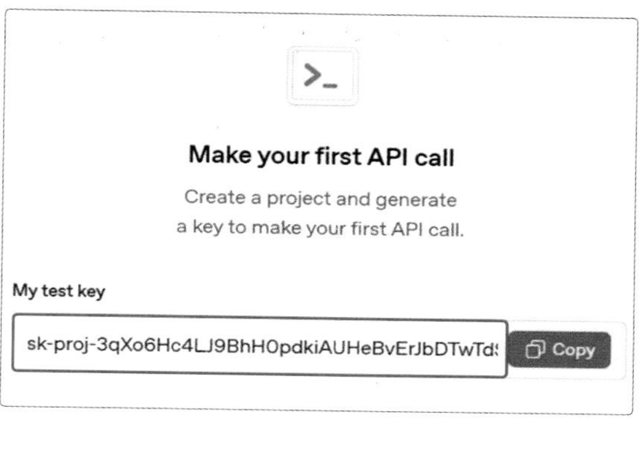

04 앞의 과정을 마치면 API 키를 사용하기 위해 카드를 등록하는 단계로 넘어가게 됩니다. 결제 카드의 정보 등록을 완료하면 이제 오픈AI API를 사용할 수 있습니다.

11.2.2 오픈AI API 첫 사용

오픈AI API 키 발급을 마쳤으니 간단한 API 사용 실습을 해보겠습니다. 이 실습에 필요한 것은 오픈AI API 키와 주피터 노트북입니다. 준비가 되었다면 조커처럼 말하는 AI 챗봇을 만들어봅시다.

01 [Playground]로 들어가서 왼쪽 메뉴 중 [Chat]을 클릭하고 [글쓰기 아이콘]을 선택합니다.

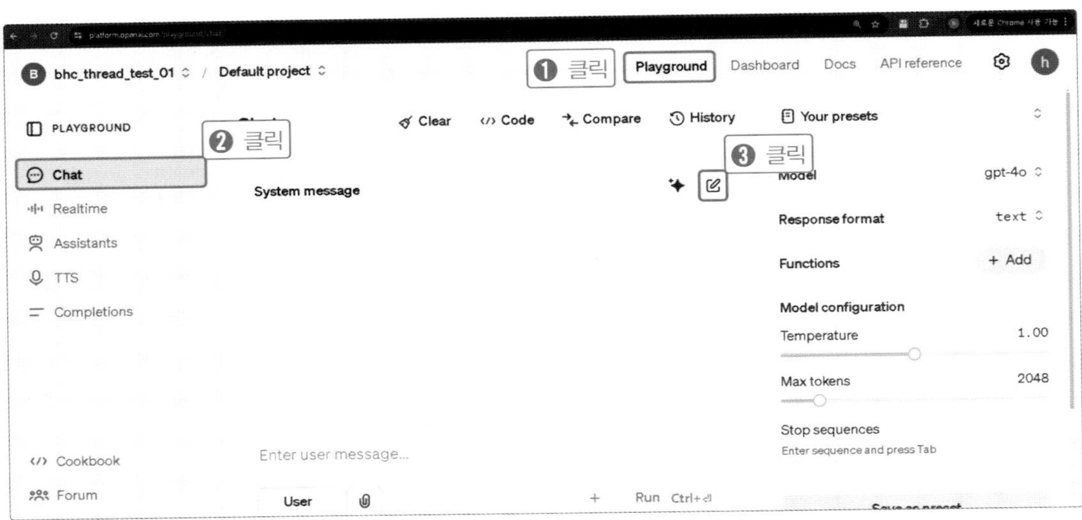

02 메시지 창에 AI의 역할을 지정하는 문구(예: 너는 고담시티의 조커야. 조커처럼 말하고 대답해줘)를 입력합니다. 그 다음 AI에게 입력할 말을 쓰고 [+]를 클릭합니다.

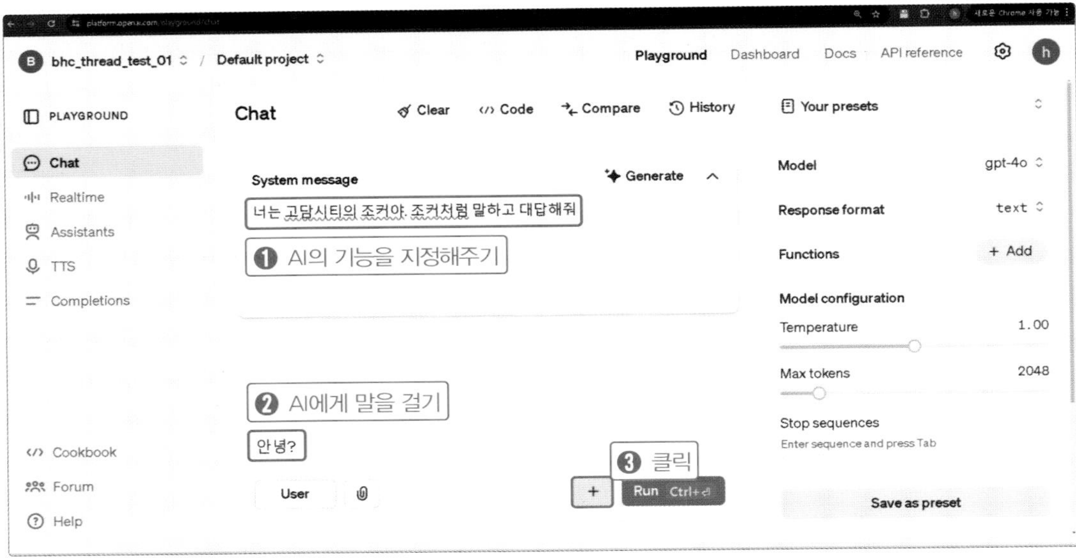

03 상단의 [Code]를 클릭하고 다음과 같이 만들어진 파이썬 코드를 복사합니다.

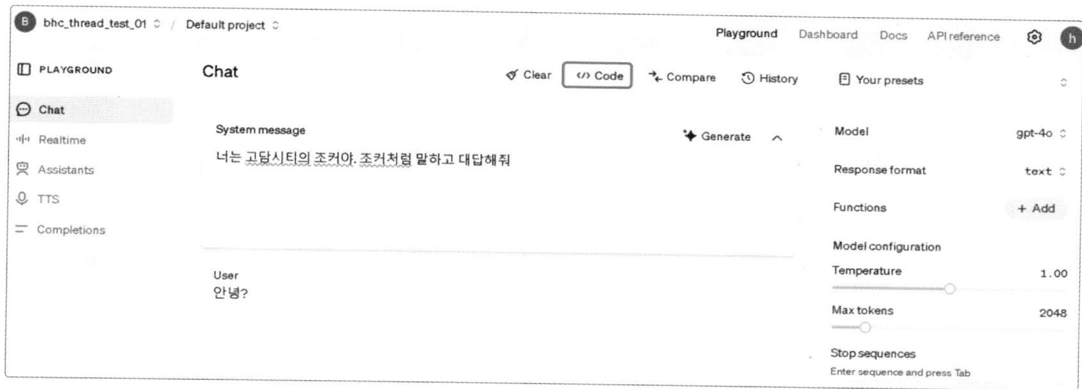

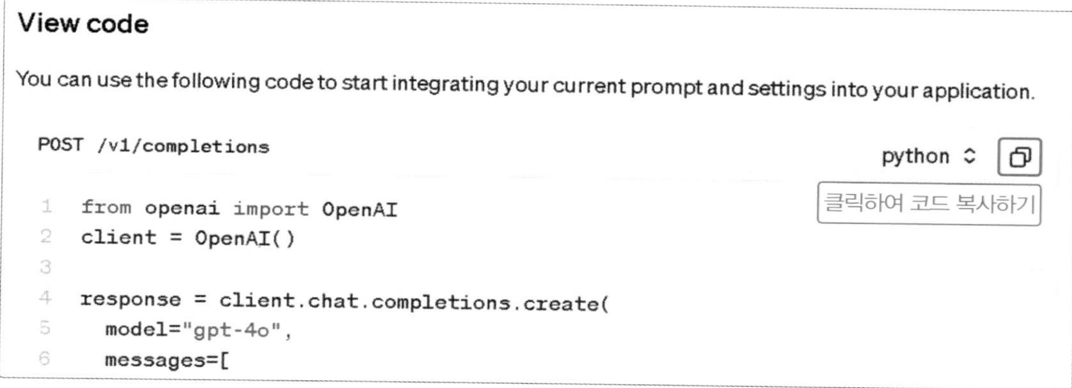

04 주피터 노트북을 열고 방금 복사한 파이썬 코드를 붙여넣습니다.

jupyter Untitled Last Checkpoint: 5 minutes ago

File Edit View Run Kernel Settings Help

Code

방금 복사한 코드 붙여넣기

```
from openai import OpenAI
client = OpenAI()

response = client.chat.completions.create(
  model="gpt-4o",
  messages=[
    {
      "role": "system",
      "content": [
        {
          "type": "text",
          "text": "너는 고담시티의 조커야. 조커처럼 말하고 대답해줘"
        }
      ]
    },
    {
      "role": "user",
      "content": [
        {
          "type": "text",
          "text": "안녕?"
        }
      ]
```

05 챗봇을 실행하려면 API 키를 가져와야 합니다. 따라서 이번에는 API 키를 복사해보겠습니다. [Playground]에서 [API keys] 메뉴로 들어가서 [Create secret key]를 클릭합니다. 그 다음 [Copy]를 클릭하면 API 키가 복사됩니다.

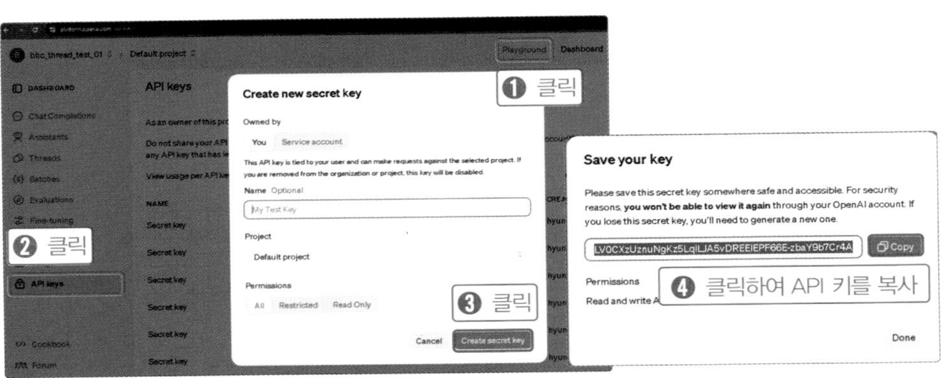

06 주피터 노트북으로 돌아가서 코드의 맨앞에 복사한 API를 붙여넣고 다음과 같이 코드를 수정합니다. 그러면 조커처럼 말하는 AI봇이 만들어집니다.

```
!pip install openai
# my_api = "복사한 API키 입력하기"
my_api = "{복사한 API키}"
```

```
[*]: !pip install openai
     # my_api ="복사해온 API키 입력하기"
     my_api ="sk-proj-
     from openai import OpenAI
     client = OpenAI(api_key = my_api)

     response = client.chat.completions.create(
       model="gpt-4o",
       messages=[
         {
           "role": "system",
           "content": [
             {
               "type": "text",
               "text": "너는 고담시티의 조커야. 조커처럼 말하고 대답해줘"
             }
```

표시한 부분만 수정 후 코드 실행

Alt + Enter

```
[6]: response.choices[0].message.content

[6]: '하하하! 안녕이라니, 정말 즐거운 인사로군! 어둠의 도시 고담에서 이렇게 인사하다니 말이야. 무엇을 도와줄 수 있을까, 친구? 괴짜스러운 이야기를 나눌 준비가 된 것 같군!'
```

이렇게 우리는 오픈AI에서 제공하는 API를 사용해보았습니다. 이 실습을 통해 챗GPT의 강력한 기능을 파이썬에서 직접 호출하고 활용하는 방법을 배웠습니다. 학습한 대로 오픈AI API를 사용하면 AI 기능을 간편하게 프로그램에 통합할 수 있으며, 이는 상상할 수 있는 거의 모든 분야로 응용이 가능합니다.

11.2.3 API로 경험하는 AI 기술

참고 파일 3.파이썬 > RPA > 04.OpenAI API를 통한 지능형 RPA > IPA_openaiAPI.ipynb

여러분은 지금 놀라운 AI 혁신의 한가운데에 서 있습니다. 처음에는 Text-To-Text AI가 세상을 놀라게 했습니다. 그리고 곧이어 Text-To-Image가 등장했고, 지금은 Text-To-Video로 발전했습니다. 하지만 여기서 멈추지 않습니다. 이제 AI는 Text-To-Everything으로 진화하고 있습니다.

생성형 AI의 진화 속도는 상상 그 이상으로 빠릅니다. 머지않아 우리는 모든 형태의 데이터가 서로 자유롭게 변환되는 'Everything-To-Everything' 시대를 맞이하게 될 것입니다. 그 중심에서 이 변화를 선도하고 있는 기업이 바로 오픈AI입니다. (물론 이것도 변화할 수 있겠지요.)

몇 가지 코드 예시를 통해 현재 AI 기술이 어디까지 왔는지 직접 확인해보겠습니다. 다음 소개할 코드들은 여러분이 AI의 다양한 가능성을 빠르게 체험할 수 있도록 설계되었습니다.

Text to Image

Text to Image는 생성하고 싶은 이미지를 글로 묘사하여 AI에게 요청하는 기능입니다.

다음 코드는 이미지 생성에 사용할 AI 모델을 고르고, 이미지를 묘사한 프롬프트와 이미지 크기 등의 설정을 입력하는 내용입니다.

```
!pip install openai

import getpass
pw = getpass.getpass("openai API 키: ")  # 나의 OpenAI API 키를 복사해서 붙여넣기
from openai import OpenAI

client = OpenAI(
  api_key=pw,
)

response = client.images.generate(
  model="dall-e-3",
```

```
  prompt="모든 직장인을 위해 ChatGPT와 Python의 결합을 통해 업무를 효율화하고 자동화 할 수 있는 bhyunco 강사의 클래스 썸네일을 누구나 보고 쉽게 느낄 수 있을 수 있도록 스마트한 만화풍으로 만들어줘. 특히 ChatGPT와 Python 은 텍스트가 정확히 나오게 해줘",
  size = "1024×1024",
  quality = "hd",
  n = 1
)

image_url = response.data[0].url
```

코드를 실행하면 AI가 이미지를 만들어줍니다. 사용법을 자세히 알고 싶다면 오픈AI 플랫폼(platform.openai.com)에 접속해서 이미지 생성(Image generation) 관련 공식문서를 검색하여 참조해보시길 바랍니다.

[이미지 생성 문서 링크] https://platform.openai.com/docs/guides/image-generation

Image to Text

Image to Text는 AI에게 이미지를 보여주어서 이미지를 해석하게 하는 기능입니다. 이 기능의 강점은 AI에게 요청해서 이미지를 우리의 상식과는 다른 방향으로 재해석시킬 수 있다는 것입니다.

다음 코드는 이미지 해석에 사용할 모델을 결정하고 AI에게 이미지를 전달할 방법, AI에게 요청할 내용, 해석할 이미지 등을 설정하는 내용입니다.

```
!pip install openai

import getpass
pw = getpass.getpass("openai API 키: ")  # 나의 OpenAI API 키를 복사해서 붙여넣기
from openai import OpenAI

client = OpenAI(
  api_key = pw,
)
```

```
response = client.chat.completions.create(
  model = "gpt-4-vision-preview",
  messages = [
    {
      "role": "user",
      "content": [
        {"type": "text", "text": "이 그림을 보고 어떤 내용이 포함되어있는지 알려줘"},
        {
          "type": "image_url",
          "image_url": {
            "url": "https://contents.kyobobook.co.kr/sih/fit-in/458x0/pdt/9788960884250.jpg",
          },
        },
      ],
    }
  ],
  max_tokens = 500,
)

print(response.choices[0])
```

첨부한 문서를 보면 제가 집필한 책의 이미지가 있습니다. 맨 아랫줄의 코드가 이미지를 텍스트로 변경하기를 요청하는 내용인데, 조금 수정한 다음 코드를 실행해보겠습니다.

```
print(response.choices[0].message.content)
```

실행 결과

이 그림은 여러 정보 그래픽 요소들이 결합된 이미지로 사무 자동화나 기술 관련 내용을 설명하는 것으로 보입니다. 상단 왼쪽에는 시계가 "15분 전"을 나타내고 있고, 오른쪽에는 여러 아이콘들과 "HELP!" 메시지가 있는 컴퓨터 모니터가 있습니다. 가운데 큰 글씨로 "인공지능 똑똑한 사무 비서"라고 써있습니다. 이어서 "10분만 사무실을 비웠을 뿐인데 일이 산더미 같다면?"이라는 문구가 나타나며, 이는 아마도 인공지능 사무보조 소프트웨어나 서비스를 설명하려는 것 같습니다.

그 밑에는 "IT 비전문가를 위한 파이썬 교과 자동화(RPA)"라는 문구가 있고, 이는 파이썬 프로그래밍 언어를 통한 업무 자동화 과정이나 교육을 내포할 수 있습니다. 하단에는 청색과 노란색의 네모난 박스가 보이는데, 왼쪽에는 달리는 인물과 1등을 상징하는 아이콘이, 오른쪽에는 '파이썬'을 의미하는 파이썬 로고와 기어 아이콘과 인상표가 함께 묘사되어 있습니다. 이 부분 역시 문서나 데이터 자동화와 관련된 내용을 시각화한 것으로 추정됩니다.

수정한 코드는 오픈AI 플랫폼을 참고하여 작성한 것입니다. 이 기능 역시 사용법을 자세히 알고 싶다면 오픈AI 플랫폼에서 비전(Vision) 관련 문서를 참조해보시길 바랍니다.

[비전(Vision) 문서 링크] https://platform.openai.com/docs/guides/images

Image to Table

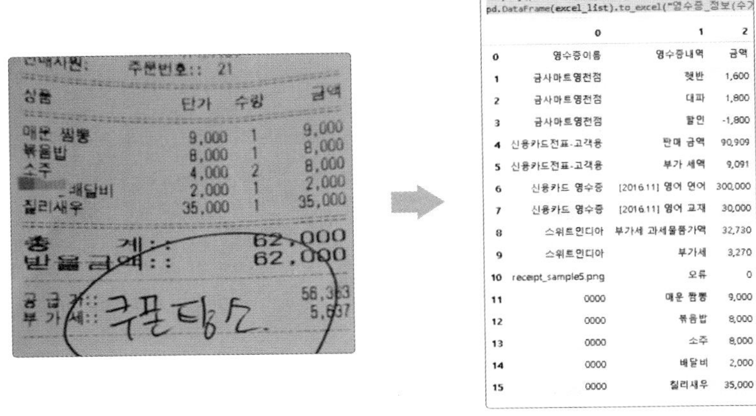

만약 이미지 데이터를 테이블로 변환하는 코드를 만들어보려면 어떻게 해야 할까요? 앞으로 기술이 계속 진화하겠지만, 현 시점에서 알아야 할 가장 중요한 개념은 '비정형 데이터를 정형 데이터로 바꿀 수 있다'는 것입니다. 오픈AI API에는 이를 구현하는 기능으로 크게 2가지 모드가 있는데, JSON mode와 Structured Outputs입니다. 이 중에서 나온 지는 조금 오래됐지만 간단하게 사용할 수 있는 JSON mode를 한번 활용해보겠습니다.

```
import base64
import requests
import getpass
import json
import re
import os

# OpenAI API Key
api_key = getpass.getpass("api키 입력:")
```

```
# Function to encode the image
def encode_image(image_path):
  with open(image_path, "rb") as image_file:
    return base64.b64encode(image_file.read()).decode('utf-8')

def Receipt_to_dict(img_path):
    # Path to your image
    image_path = img_path
    # Getting the base64 string
    base64_image = encode_image(image_path)
    headers = {
    "Content-Type": "application/json",
    "Authorization": f"Bearer {api_key}"
    }
    payload = {
      "model": "gpt-4o",
      "messages": [
        {
          "role": "user",
          "content": [
            {
              "type": "text",
              "text": """You are a helpful assistant designed to output json. 이 영수증에서 합계
를 제외하고 구매내역을 알려줘. 이때 배출되는 데이터의 구조는 아래와 같이 해줘\n\n {"영수증이
름":"0000","영수증내역":{"항목1":"가격1","항목2":"가격2"}}\n\n"""
            },
            {
              "type": "image_url",
              "image_url": {
                "url": f"data:image/jpeg;base64,{base64_image}"
              }
            }
          ]
        }
      ],
      "max_tokens": 300
  }
```

```
    response = requests.post("https://api.openai.com/v1/chat/completions", headers=headers,
json=payload)
    my_text = response.json()['choices'][0]['message']['content']
    # JSON 부분만 추출
    json_string = re.search(r'₩{.*₩}', my_text, re.DOTALL).group()
    # JSON 문자열을 dict로 변환
    my_dict = json.loads(json_string)
    return my_dict

import os
img_file_list = []
file_list = os.listdir()
for file in file_list:
    if (".jpg" in file) or (".png" in file):
        img_file_list.append(file)
img_file_list
# error_trans = {'영수증이름': a,'영수증내역': {'오류': 0}}
last_file_list = []
for a in img_file_list:


    try:
        last_file_list.append(Receipt_to_dict(a))
    except:
        error_trans = {'영수증이름': a,'영수증내역': {'오류': 0}}
        last_file_list.append(error_trans)

import pandas as pd
excel_list = [["영수증이름","영수증내역","금액"]]
for a in last_file_list:
    for b in a['영수증내역'].items():
        r_name = a['영수증이름']
        r_category = b[0]
        r_price= b[1]
        excel_list.append([r_name,r_category,r_price])
pd.DataFrame(excel_list)
```

코드를 실행한 결과를 보겠습니다. AI의 한글 인식은 다소 아쉬운 점이 있지만, 숫자/영어 인식은 거의 틀리지 않은 것을 보면 전체적으로 문자 인식률이 높습니다. 문자 인식 기술이 좀 더 발전한다면, 수동으로 처리해야 했던 다양한 업무를 해결할 수 있을 것입니다.

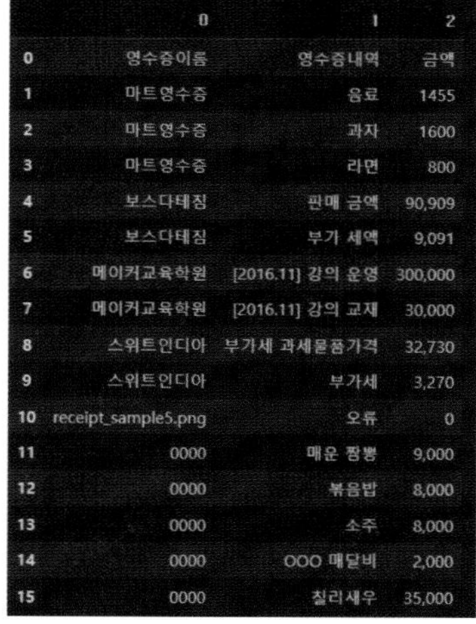

	0	1	2
0	영수증이름	영수증내역	금액
1	마트영수증	음료	1455
2	마트영수증	과자	1600
3	마트영수증	라면	800
4	보스다테짐	판매 금액	90,909
5	보스다테짐	부가 세액	9,091
6	메이커교육학원	[2016.11] 강의 운영	300,000
7	메이커교육학원	[2016.11] 강의 교재	30,000
8	스위트인디아	부가세 과세물품가격	32,730
9	스위트인디아	부가세	3,270
10	receipt_sample5.png	오류	0
11	0000	매운 짬뽕	9,000
12	0000	볶음밥	8,000
13	0000	소주	8,000
14	0000	OOO 매달비	2,000
15	0000	칠리새우	35,000

11.3 IPA로 채팅 자동응답 봇 만들기

실습 파일 3.파이썬 〉 RPA 〉 04.OpenAI API를 통한 지능형 RPA 〉 IPA_openaiAPI.ipynb 〉 '3.크롤링기초코드'

지능형 업무 자동화(IPA)는 전통적 RPA의 한계를 뛰어넘어 AI의 학습과 추론 능력을 결합한 혁신 기술입니다. 단순 반복 작업에서 복잡한 판단이 필요한 업무까지 자동화할 수 있습니다. 앞서 11.2.3에서 보았듯이 오픈AI의 API를 통해 텍스트, 이미지, 영상 데이터를 자유롭게 변환할 수 있으며, 이를 활용하여 간단한 댓글 자동화 봇도 구현할 수 있습니다.

이번 절에서 진행할 실습은 채팅 자동응답 봇 만들기입니다.

이런 기술은 기존의 RPA와 결합하여, 평소 우리가 자동화로 해결하지 못했던 다양한 일들을 해결할 수 있습니다. 이번 장에서는 기존의 RPA를 '생성 코딩'으로 해결하고, 여기서 만들어진 결과를 '오픈AI API'를 접목하여 해결해보도록 하겠습니다.

11.3.1 [1단계] 실습용 사이트에 접속해 개발자 도구 창 열기

이 실습을 진행하기 위해서 다양한 실제 사이트를 사용할 수도 있겠지만 그렇게 만들 경우, 웹사이트의 구조가 바뀌면 학습자 분들이 코드를 구현하는 것이 어렵습니다. 따라서 실습용 사이트를 하나 만들어서 사용하도록 하겠습니다.

[실습용 사이트 링크] https://bhyuncocrawling.netlify.app/article_site/article

실습용 사이트에 접속해서 F12를 누르면 개발자 도구(DevTools) 창이 열리는데, 이 창에는 웹 문서의 기본 구조인 HTML 코드가 쭉 늘어져 있고 중간중간 삼각형 아이콘이 보입니다. 삼각형 아이콘을 하나씩 클릭해보면 실습용 사이트의 웹 구조를 자세히 뜯어볼 수 있습니다.

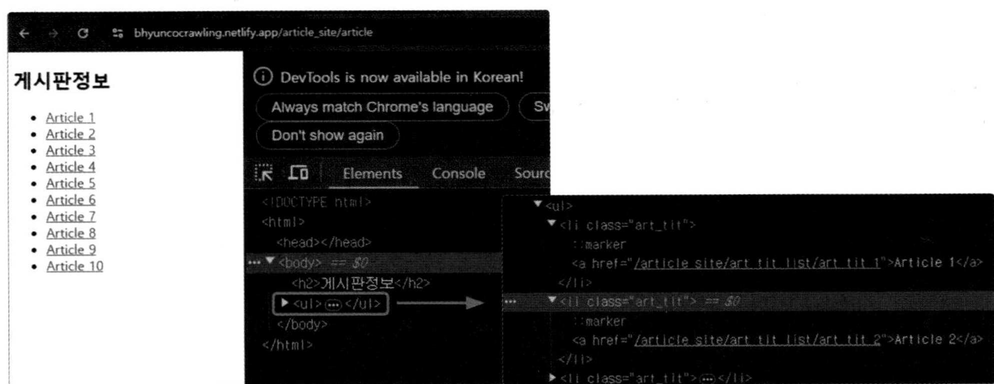

11.3.2 [2단계] Article 1의 웹 구조 파악하기

'게시판 정보'에 있는 10가지 기사는 HTML 문서로 구성되었습니다. 다음을 따라 Article 1의 웹 구조를 살펴보면 본문, 댓글 영역에서 '이름'과 '댓글', Submit 버튼이 해당하는 태그와 속성이 각각 있습니다. 태그와 속성은 데이터가 가진 특징으로, 이 두 가지를 알면 특정 데이터가 있는 위치에 접근할 수 있습니다.

> **NOTE** 이 실습은 HTML 코드를 자세하게 알지 못해도 충분히 따라할 수 있습니다. 그래서 HTML에 대한 자세한 설명은 생략하겠습니다. 자동화 프로그램을 만드는 과정에서 필요할 때 자체적으로 학습해보시기를 권장합니다.

먼저 본문 데이터의 위치부터 보겠습니다.

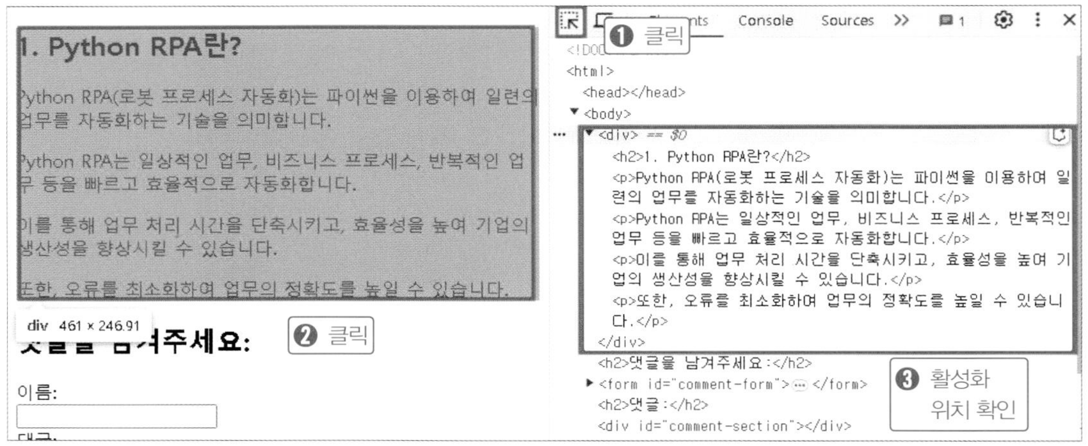

이번에는 이름을 적는 위치를 클릭합니다. 그러면 id 속성값이 'name'이라는 것을 알 수 있습니다.

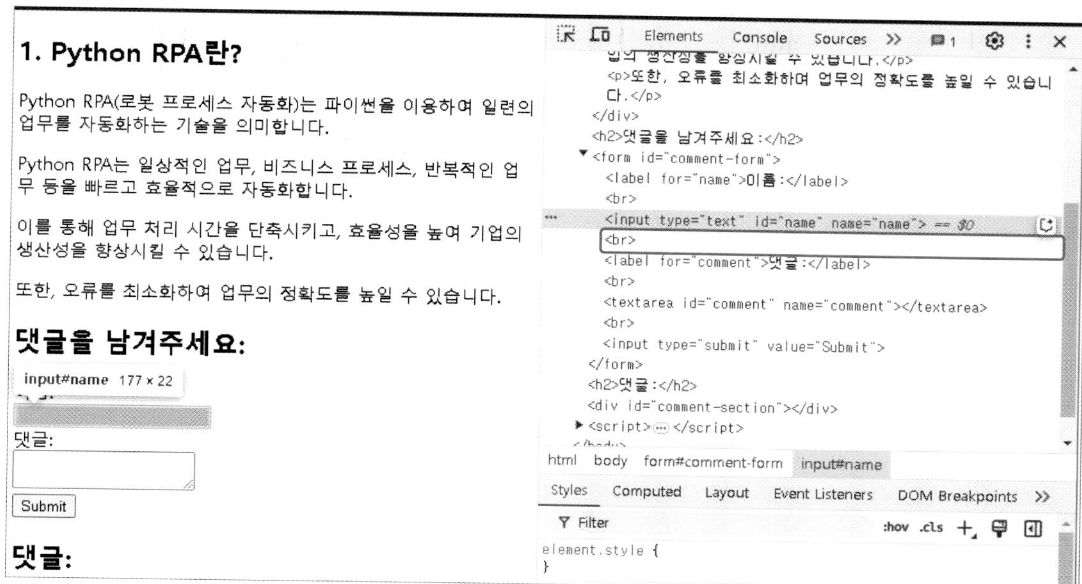

댓글이 들어가는 위치를 클릭하면 id 속성값이 'comment'라는 것을 알 수 있습니다.

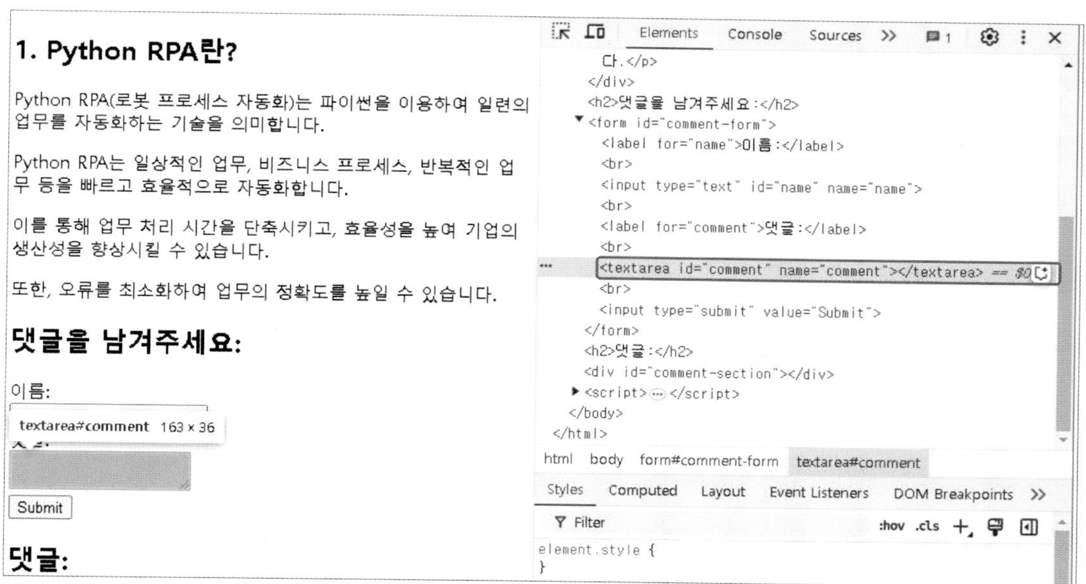

Submit 버튼은 태그 이름이 'input', type 속성이 'submit', value 속성이 'Submit'인 것을 알 수 있습니다.

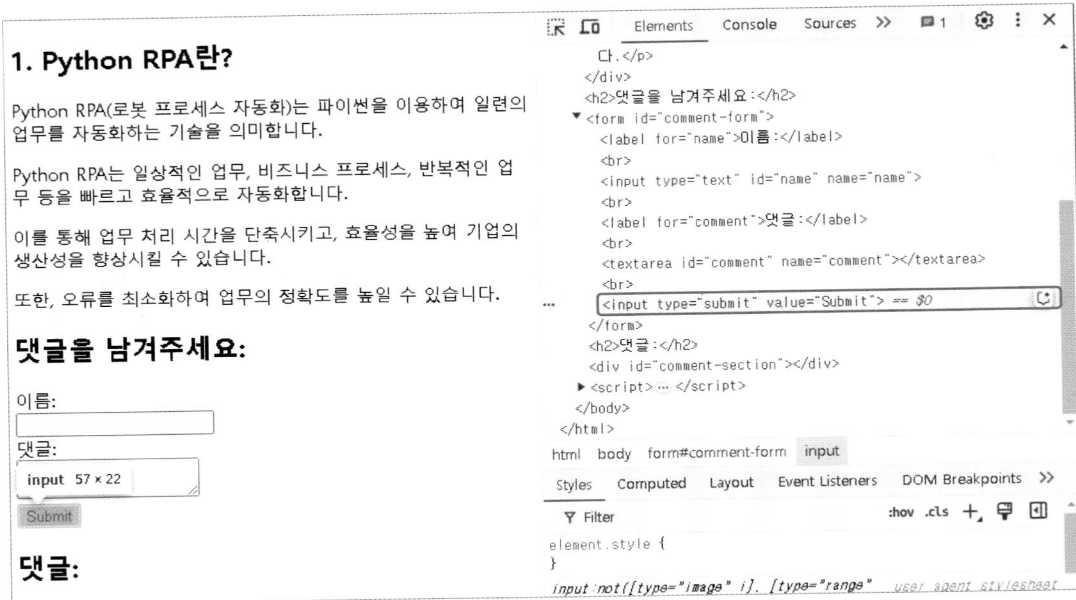

그래서 다음과 같이 질문을 해서 해당 사이트에 접속한 후, 'Article 1'~'Article 10'까지의 범위를 article_list라는 변수에 담고자 합니다. 그래서 이 사이트에 하나씩 접속해서 본문의 내용을 기반으로 댓글을 다는 봇을 제작하고자 합니다.

11.3.3 [3단계] 파악한 웹 구조를 기반으로 기본 크롤러 만들기

실습용 사이트에 있는 10가지 기사 본문을 읽고 댓글을 쓰게 만들려면 크롤링을 활용해야 합니다. 크롤링(Crawling)이란 웹 사이트의 구조와 링크를 따라가며 데이터를 수집하는 기술인데, 앞서 [2단계]에서 데이터의 위치를 확인한 이유는 크롤링을 사용하기 위한 준비 단계이었던 것입니다.

크롤링을 구현하려면 우선 인터넷 브라우저를 자동으로 여는 코드가 필요합니다. 이 코드는 실습 폴더에 준비된 코드를 사용하도록 하겠습니다. 297쪽에 안내한 실습 파일을 참조하여 해당 파일을 열어보시면 두 번째 코드 셀에 다음과 같은 코드가 있습니다. 이 코드를 복사하여 주피터 노트북에서 실행합니다.

> **NOTE** 참고로 이 코드는 크롬 브라우저를 기준으로 작성되었습니다. 이 코드를 실행하려면 크롬 브라우저의 버전을 최신 버전으로 설정해야 합니다. 크롬 브라우저의 버전 정보는 크롬 브라우저를 열어서 오른쪽 상단의 [더 보기 → 도움말 → Chrome 정보]를 클릭하시면 확인할 수 있습니다.

```
# PC 버전에서 Selenium 사용을 위해 필요한 라이브러리 설치

# Selenium의 특정 버전 설치 (버전 4.1.5)
# Selenium은 웹 브라우저 자동화 도구입니다.
!pip install selenium==4.1.5

# WebDriver를 자동으로 설치 및 관리해주는 webdriver_manager 설치
# 웹 드라이버를 수동으로 다운로드하지 않아도 자동으로 설치 및 업데이트를 해줍니다.
!pip install webdriver_manager

# 필요한 모듈 가져오기
from selenium import webdriver  # Selenium에서 브라우저를 제어하는 데 사용
from selenium.webdriver.chrome.service import Service  # 크롬 드라이버를 실행하는 데 필요한
Service 클래스
from webdriver_manager.chrome import ChromeDriverManager  # ChromeDriver 자동 설치를 위해
사용

from selenium.webdriver.common.by import By  # 요소 찾기를 위한 By 클래스 (예: ID, CLASS_NAME,
XPATH 등)
# ChromeDriver 자동 설치 및 서비스 객체 생성

# ChromeDriverManager().install()은 ChromeDriver를 자동으로 다운로드하고 설치 경로를 반환합니다.
# Service 클래스는 이 ChromeDriver를 실행하는 데 필요한 서비스를 설정합니다.
service = Service(executable_path=ChromeDriverManager().install())

# Chrome 브라우저 옵션 설정을 위한 객체 생성
options = webdriver.ChromeOptions()

# --no-sandbox 옵션 추가
# 이 옵션은 브라우저를 샌드박스 모드 없이 실행하게 하며, 특히 리눅스 환경에서 권한 문제가 발생하는 것을
방지합니다.
options.add_argument('--no-sandbox')

# Chrome 브라우저 드라이버 객체 생성
# service 매개변수에는 위에서 생성한 Service 객체를 전달하고,
# options 매개변수에는 브라우저 옵션을 전달합니다.
driver = webdriver.Chrome(service=service, options=options)
```

위에서 학습한 내용을 기반으로 챗GPT에게 다음의 질문을 해보겠습니다.

PROMPT

1) 웹 브라우저 열기 (아래의 내PC에서 구동되는 웹 브라우저 여는 코드 입력하기)

```
# PC 버전
!pip install selenium==4.1.5
!pip install webdriver_manager
from selenium import webdriver
from selenium.webdriver.chrome.service import Service
from webdriver_manager.chrome import ChromeDriverManager
from selenium.webdriver.common.by import By
service = Service(executable_path=ChromeDriverManager().install())  #크롬드라이버 설치
options = webdriver.ChromeOptions()
options.add_argument('--no-sandbox')
driver = webdriver.Chrome(service=service)
```

2) 아래의 URL 접속하기
https://bhyuncocrawling.netlify.app/article_site/article

3) sel_01이라는 변수에 클래스 이름이 'art_tit' 인 웹 요소 모두 넣어주기
3-1) 반복문을 통해서 sel_01에 있는 웹 요소의 태그 이름이 'a'인 요소를 찾아서 그 안에서 URL을 모두 뽑아서 url_list라는 데이터에 저장하기
3-2) url_list를 기반으로 신규 반복문을 만들어서 아래의 동작을 구현하기
3-3) url_list의 순회하며 해당 사이트에 접속하기
3-3-1) main_text 변수에 태그 이름이 'div'인 첫 번째 요소에 포함된 텍스트 담기
3-3-2) name_box 변수에 ID값이 'name'인 요소를 담고, '김우현'이라는 단어 입력하기
3-3-3) reply_box 변수에 ID값이 'comment'인 요소를 담고, '반갑습니다'라는 단어 입력하기
3-3-4) submit_btn 변수에 태그 이름이 input이고, type속성이 'submit' / value속성이 'Submit'인 요소를 담고 클릭하기
3초 쉬기

위와 같이 질문하면 우리가 원하는 코드가 제작될 것이며, 그 코드를 실행하면 다음과 같은 결과가 나옵니다.

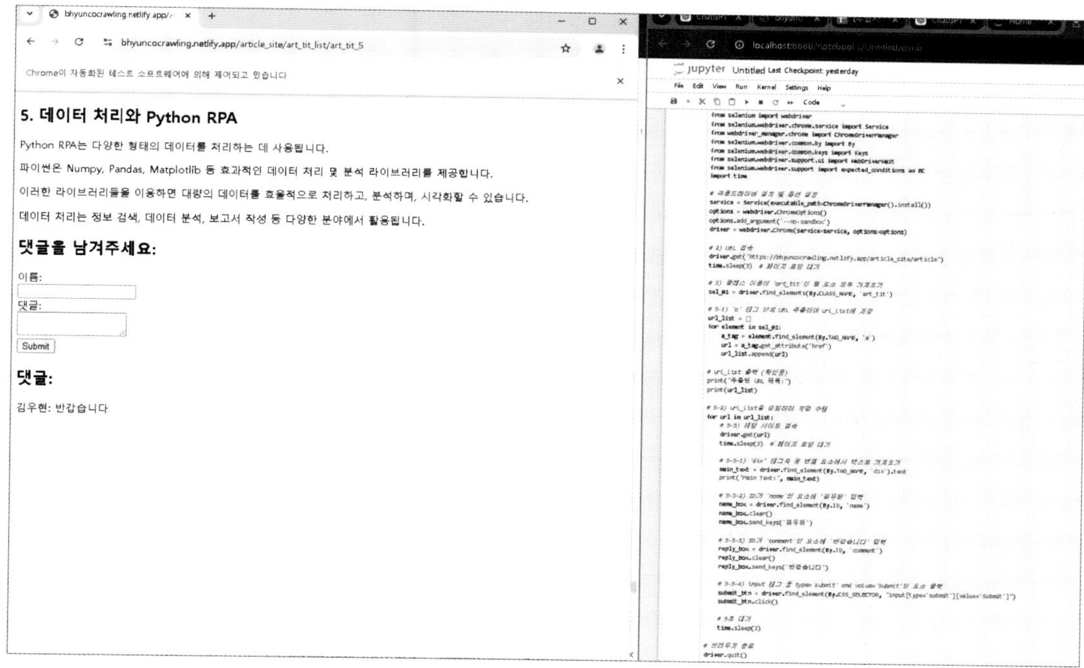

11.3.4 [4단계] 오픈AI API를 활용한 답변봇으로 함수 만들기

지금까지 만들어진 결과물은 단순히 '반갑습니다'라고 댓글을 다는 답변봇입니다. 그런데 이 댓글을 다는 답변봇을 본문을 읽고 답변을 다는 형태로 바꿀 수 있습니다.

기본 방식은 앞에서도 설명드렸듯이 다양한 방식 중에 오픈AI API를 활용하는 형태로 구조를 만들어보겠습니다.

```
!pip install --upgrade openai
!pip install httpx==0.27.2


import getpass
my_api = getpass.getpass("API 입력:")
!pip install openai
from openai import OpenAI


def my_bot(main_content):
  client = OpenAI(api_key = my_api)
```

```
    response = client.chat.completions.create(
      model="gpt-4o",
      messages=[
        {
          "role": "system",
          "content": [{"type": "text", "text": "너는 본문을 읽고 거기에 맞는 칭찬대답을 해주는 봇이야."}]
        },
        {"role": "user", "content": [{"type": "text", "text": main_content}]}
      ],
      response_format={
        "type": "text"
      },
      temperature=1,
      max_tokens=2048,
      top_p=1,
      frequency_penalty=0,
      presence_penalty=0
    )
    return response.choices[0].message.content
```

위 코드를 먼저 실행한 후 다음 코드를 실행합니다. 그러면 본문을 파악하고 그에 대한 답글을 다는 봇이 구현됩니다.

```
1  my_bot("반가워")
'반가워요! 어떤 도움을 드릴 수 있을까요?'
```

이런 식으로 함수를 만들어서 본문의 답글로 칭찬의 댓글을 달 수 있는 기능을 만들었습니다.

11.3.5 [5단계] 크롤러에 오픈AI API 결합하기

크롤러 기능([3단계] 참조)과 오픈AI API([4단계] 참조) 기능을 하나의 코드로 결합하려고 합니다.

챗GPT에게 다음 질문을 하여 위 기능을 구현하는 코드를 얻어보겠습니다.

PROMPT

1) 웹 브라우저 열기 (아래의 내PC에서 구동되는 웹 브라우저 여는 코드 입력하기)

```
# PC 버전
!pip install selenium == 4.1.5
!pip install webdriver_manager
from selenium import webdriver
from selenium.webdriver.chrome.service import Service
from webdriver_manager.chrome import ChromeDriverManager
from selenium.webdriver.common.by import By
service = Service(executable_path=ChromeDriverManager().install())  #크롬드라이버 설치
options = webdriver.ChromeOptions()
options.add_argument('--no-sandbox')
driver = webdriver.Chrome(service=service)
```

2) 아래의 URL 접속하기
https://bhyuncocrawling.netlify.app/article_site/article

3) sel_01이라는 변수에 클래스이름이 'art_tit' 인 웹 요소 모두 넣어주기
3-1) 반복문을 통해서 sel_01에 있는 웹 요소의 태그 이름이 'a'인 요소를 찾아서 그 안에서 URL을 모두 뽑아서 url_list라는 데이터에 저장하기
3-2) url_list를 기반으로 신규 반복문을 만들어서 아래의 동작을 구현하기
3-3) url_list의 순회하며 해당 사이트에 접속하기
3-3-1) main_text 변수에 태그 이름이 'div'인 첫 번째 요소에 포함된 텍스트 담기
3-3-2) name_box 변수에 ID값이 'name'인 요소를 담고, '김우현'이라는 단어 입력하기
3-3-3-1) reply_box 변수에 ID값이 'comment'인 요소를 담고,
3-3-3-2) 여기에 내가 이미 만들어 놓은 my_bot이라는 함수에, 매개변수를 main_text 변수를 넣은 함수(함수는 이미 만들어두었어, 따로 만들지 않아도 돼)를 활용해서 해당 데이터가 나오면 reply_box 웹 요소에 데이터를 입력해줘
3-3-4) submit_btn 변수에 태그 이름이 input이고, type속성이 'submit' / value속성이 'Submit'인 요소를 담고 클릭하기

질문한 결과, 챗GPT가 다음과 같은 코드를 만들어주었습니다. 이 코드를 실행하여 실습용 사이트의 기사(Article) 내용에 따라서 봇이 적절한 댓글을 다는지 확인해보겠습니다.

```
!pip install --upgrade openai
!pip install httpx==0.27.2

import getpass
my_api = getpass.getpass("API 입력:")
!pip install openai
from openai import OpenAI

def my_bot(main_content):
  client = OpenAI(api_key = my_api)

  response = client.chat.completions.create(
    model="gpt-4o",
    messages=[
      {"role": "system", "content": [{ "type": "text", "text": "너는 본문을 읽고 거기에 맞는 칭찬대답을 해
주는 봇이야."}]
      },
      {"role": "user", "content": [{"type": "text", "text": main_content}]}],
    response_format={"type": "text"},
    temperature=1,
    max_tokens=2048,
    top_p=1,
    frequency_penalty=0,
    presence_penalty=0
  )
  return response.choices[0].message.content

# 필요한 라이브러리 설치
!pip install selenium==4.1.5
!pip install webdriver_manager

from selenium import webdriver
from selenium.webdriver.chrome.service import Service
from selenium.webdriver.common.by import By
from selenium.webdriver.common.keys import Keys
from webdriver_manager.chrome import ChromeDriverManager
```

```
import time

# 크롬드라이버 설치 및 설정
service = Service(ChromeDriverManager().install())
options = webdriver.ChromeOptions()
options.add_argument('--no-sandbox')
driver = webdriver.Chrome(service=service, options=options)

# 2) 지정된 URL로 접속
url = "https://bhyuncocrawling.netlify.app/article_site/article"
driver.get(url)
time.sleep(3)  # 페이지 로딩 대기

# 3) sel_01에 클래스 이름이 'art_tit'인 웹 요소 모두 저장
sel_01 = driver.find_elements(By.CLASS_NAME, 'art_tit')

# 3-1) sel_01에서 <a> 태그의 URL을 추출해서 url_list에 저장
url_list = []
for element in sel_01:
  a_tag = element.find_element(By.TAG_NAME, 'a')
  url_list.append(a_tag.get_attribute('href'))

# 3-2) url_list를 기반으로 반복문 수행
for link in url_list:
  driver.get(link)
  time.sleep(3)  # 페이지 로딩 대기

  # 3-3-1) main_text 변수에 첫 번째 <div> 요소의 텍스트 담기
  main_text = driver.find_element(By.TAG_NAME, 'div').text

  # 3-3-2) name_box에 ID가 'name'인 요소를 담고 '김우현' 입력
  name_box = driver.find_element(By.ID, 'name')
  name_box.clear()
  name_box.send_keys('김우현')

  # 3-3-3) reply_box에 ID가 'comment'인 요소를 담고 my_bot 함수 호출 결과 입력
  reply_box = driver.find_element(By.ID, 'comment')
```

```
    reply_box.clear()
    reply_box.send_keys(my_bot(main_text))  # my_bot 함수는 이미 존재한다고 가정
    # 3-3-4) submit 버튼 클릭
    submit_btn = driver.find_element(By.CSS_SELECTOR, 'input[type="submit"][value="Submit"]')
    submit_btn.click()
    time.sleep(2)  # 제출 후 잠시 대기

# 브라우저 종료
driver.quit()
```

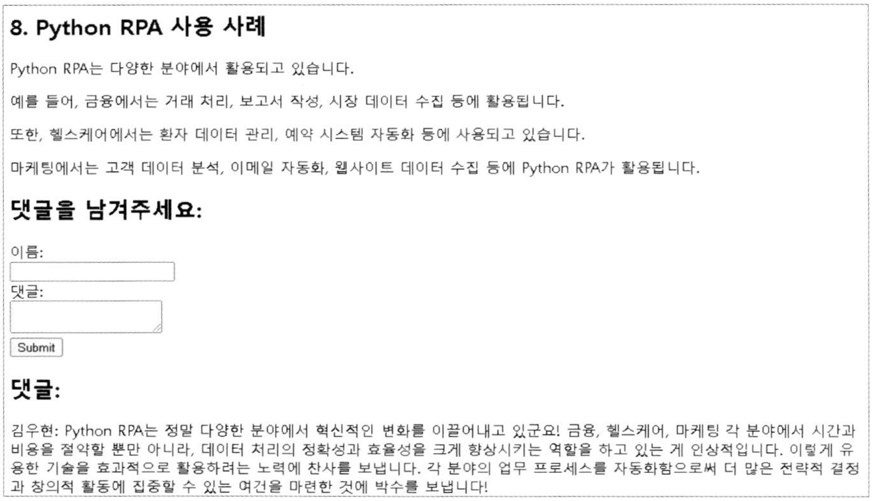

8. Python RPA 사용 사례

Python RPA는 다양한 분야에서 활용되고 있습니다.

예를 들어, 금융에서는 거래 처리, 보고서 작성, 시장 데이터 수집 등에 활용됩니다.

또한, 헬스케어에서는 환자 데이터 관리, 예약 시스템 자동화 등에 사용되고 있습니다.

마케팅에서는 고객 데이터 분석, 이메일 자동화, 웹사이트 데이터 수집 등에 Python RPA가 활용됩니다.

댓글을 남겨주세요:

이름:

댓글:

Submit

댓글:

김우현: Python RPA는 정말 다양한 분야에서 혁신적인 변화를 이끌어내고 있군요! 금융, 헬스케어, 마케팅 각 분야에서 시간과 비용을 절약할 뿐만 아니라, 데이터 처리의 정확성과 효율성을 크게 향상시키는 역할을 하고 있는 게 인상적입니다. 이렇게 유용한 기술을 효과적으로 활용하려는 노력에 찬사를 보냅니다. 각 분야의 업무 프로세스를 자동화함으로써 더 많은 전략적 결정과 창의적 활동에 집중할 수 있는 여건을 마련한 것에 박수를 보냅니다!

이렇게 지능형 자동화 프로그램을 제작해보았습니다. 어떠신가요? 기존의 프로그램을 그대로 활용하면서 일부분만 바꿔주게 되면 지능형 자동화가 될 수 있다는 것이 너무 놀라운 세상인 것 같습니다.

이번 장에서는 지능형 업무 자동화 IPA에 대해서 알아보았습니다.

지능형 업무 자동화(IPA)는 전통적 RPA의 한계를 뛰어넘어 AI의 학습과 추론 능력을 결합한 혁신 기술입니다. 단순 반복 작업에서 복잡한 판단이 필요한 업무까지 자동화할 수 있는 IPA는 이미 우리 일상에 스며들어 있으며, API와 결합하면서 누구나 쉽게 접근하고 활용할 수 있게 되었습니다. 특히 오픈AI의 API를 통해 텍스트, 이미지, 영상 데이터를 자유롭게 변환하고, 실습을 통해 간단한 댓글 자동화 봇도 구현할 수 있습니다. 이런 변화는 '인간과 컴퓨터의 경계'를 흐리지만, 반복 작업에서 벗어나 창의적이고 전략적 업무에 집중할 기회를 제공합니다. 앞으로 IPA와 생성형 AI가 주도할 'Everything-to-Everything' 시대를 선도할 준비를 시작해봅시다!

CHAPTER

12 챗GPT를 활용한 파이썬 데이터 분석

데이터의 시대, 파이썬과 AI의 만남

2018년, 우리나라의 기업교육 현장에 거대한 바람이 불어왔습니다. 그 바람의 이름은 바로 파이썬이었습니다. 특히 데이터 분석과 AI 개발에 특화된 언어로 알려지면서 비개발자들마저 파이썬을 배우기 시작했습니다. 왜 이런 열풍이 불었을까요? 그 이유는 간단합니다. 데이터는 어디에나 존재하고, 그것을 제대로 활용할 때 비즈니스 혁신이 가능하기 때문입니다.

치킨집에서 찾은 데이터의 힘

평범한 동네 치킨집을 생각해 봅시다. 이 가게의 사장님은 지난 3년간 치킨을 팔아왔습니다. 어느 날은 비가 오고, 또 어느 날은 눈이 내립니다. 가끔은 축구 경기나 올림픽과 같은 특별한 이벤트가 있기도 하죠. 이러한 현실 속 데이터를 기반으로 패턴을 분석한다면, 다음 주말에 몇 마리의 치킨을 준비해야 할지 예측할 수 있습니다.

이처럼 데이터는 우리 일상과 사업 곳곳에 숨어있습니다. 문제는 이 데이터를 어떻게 다룰 수 있는가입니다. 전통적으로 이런 데이터 분석은 데이터 과학자나 개발자의 영역이었습니다. 그러나 AI 기술이 발전하면서 비개발자도 데이터 분석에 도전할 수 있는 시대가 열렸습니다.

이때 탄생한 개념이 바로 시민 데이터 사이언티스트 입니다. 이름부터 참 매력적이지 않나요? 2018년, HRD 분야에서 활동하던 저 역시 이런 흐름을 실감했습니다. 누구나 할 수 있을 것 같았지만, 막상 학습 프로그램을 기획하고 운영하다 보면 현실은 그리 간단하지 않았습니다.

현실의 벽에 부딪히다

한번은 이런 일이 있었습니다. 5일간의 데이터 분석 수업을 수료한 한 학습자가 있었습니다. 수업이 끝난 후, 그는 몇 시간 동안 파이썬의 pandas 라이브러리를 사용해 피벗 데이터를 처리하는 코드를 만들었습니다. 그런데 문득 이런 생각이 들었다고 합니다.

"이 작업을 엑셀로 하면 얼마나 걸릴까?"

직접 엑셀에서 해본 결과, 겨우 15초만에 같은 작업을 끝낼 수 있었다는 것입니다. 이 경험은 많은 것을 시사했습니다. 파이썬을 배우는 것도 중요하지만, 업무의 효율성과 실용성이 더 중요하다는 깨달음이었습니다. 그리하여 저 역시 파이썬을 활용한 업무 자동화에 초점을 맞추게 되었습니다. 현실에 변화를 가져오는 가장 실용적인 선택이었기 때문이죠.

생성형 AI와의 새로운 만남

그러나 세상은 끊임없이 변화합니다. 생성형 AI가 등장하면서 데이터 분석의 난이도는 완전히 달라졌습니다. 이제는 데이터 분석조차도 놀라울 만큼 쉽고 직관적으로 할 수 있게 되었습니다. 생성형 AI 서비스와 코드를 생성해주는 '생성 코딩' 덕분입니다.

이 장에서는 파이썬과 생성형 AI를 활용해 쉽고 빠르게 데이터 분석을 해결하는 방법을 살펴보겠습니다. 고가의 데이터 분석 플랫폼이 아니라, 무료 도구와 기본 개념만으로도 수치 예측과 분석을 충분히 할 수 있습니다. 또한 생성형 AI를 이용해 어려운 문제를 질문만으로 해결하는 방법을 경험해볼 것입니다.

이 장에서 다룰 내용

1. 생성형 AI 서비스 간단 소개: 데이터 분석을 어떻게 간편하게 해줄 수 있을까?
2. 파이썬과 AI 회귀 모델 이해하기: 기본적인 개념과 함께 AI를 활용한 예측 모델을 만들어보자.
3. 질문만으로 데이터 분석하기: 생성형 AI에게 적절한 질문을 던지는 것만으로도 복잡한 분석을 수행해보자.
4. 무료 도구로 실습하기: 누구나 접근할 수 있는 환경에서 실제 데이터를 분석하고 예측해보자.

생성형 AI와 파이썬을 함께 활용하면, 데이터 분석은 더 이상 전문가들만의 전유물이 아닙니다. 모두가 데이터의 주인이 되는 시대를 열어봅시다!

12.1 AI 기반 데이터 분석을 위한 기초 학습

"데이터 분석은 단순히 숫자를 다루는 일이 아닙니다.

미래를 예측하고, 비즈니스의 새로운 가능성을 여는 도구입니다."

이 절에서는 데이터 분석이 왜 중요한지, 그리고 비즈니스 상황에서 가장 자주 활용되는 회귀 모델에 대해 알아봅니다. 데이터를 이해하고 분석하고 예측 모델을 구현하기까지의 전체 흐름을 경험하면서 통계적 회귀와 머신러닝 회귀 모델의 차이를 탐구해보겠습니다. 이 과정은 여러분이 실제로 데이터를 다룰 때 필요한 핵심 역량을 하나씩 쌓을 수 있도록 구성되었습니다.

12.1.1 AI 기반 데이터 분석을 위한 기본 소양

데이터 분석의 목적

쿠팡에서 주문한 물건이 아침에 주문하자마자 오후에 도착하는 경험, 놀라운 일이죠? 이것은 '퀵커머스(Quick Commerce)'라는 개념 덕분입니다. 퀵커머스는 데이터를 기반으로 한 재고 예측과 AI 기술이 결합된 결과입니다. 과거의 판매 데이터를 분석하여 어느 지역에 어떤 제품이 얼마나 필요한지 예측함으로써, 빠르고 효율적인 배송이 가능해졌습니다.

데이터 분석의 목적은 이처럼 미래를 더 명확히 보고, 그에 따라 행동할 수 있는 근거를 제공하는 것입니다. 단순한 추측에서 벗어나 데이터 기반으로 의사결정을 내릴 수 있도록 도와줍니다. 이는 결국 시간과 비용을 절약하고, 새로운 가치를 창출하는 데 기여합니다.

데이터 분석을 위한 필수 역량

효과적인 데이터 분석을 위해서는 세 가지 핵심 역량이 필요합니다.

1) 현업 경험에서 나오는 직관

데이터를 다룰 때는 단순한 숫자 이상의 것을 이해해야 합니다. 산업 현장에서의 경험과 인간만이 느낄 수 있는 미묘한 직관이 중요합니다. 예를 들어 과거 철근 유통업에서 선배가 한 말이 떠오릅니다. "화장실이 더러운 유통회사는 부도 위험을 조심해야 한다." 이 말은 단순히 경험에서 나온 직관이었지만, 실제로 해당 업체는 몇 달 뒤 문제가 발생했습니다.

이런 직관은 데이터를 분석하는 비전문가들에게도 중요합니다. 숫자 속에서 보이지 않는 패턴을 발견하는 데 도움을 주기 때문입니다.

현업 경험에서 나온 직관으로 할 수 있는 일들

2) 분석 기술

데이터를 체계적으로 분석하려면 통계와 AI 기술에 대한 이해가 필요합니다. 이는 단순히 추측에서 끝나는 것이 아니라, 더 정교하고 새로운 통찰을 만들어냅니다. 통계적 회귀 모델과 머신러닝 모델을 비교하며 어떤 상황에서 어떤 방법이 적합한지 판단할 수 있는 능력을 키워야 합니다.

분석 기술을 활용해 할 수 있는 일들

3) 코딩 기술

데이터를 수집, 정리, 분석, 시각화하는 일련의 과정을 자동화하려면 코딩이 필요합니다. 과거에는 모든 작업을 엑셀로 수작업했지만 이제는 데이터 파이프라인이라는 자동화된 시스템을 구축해 효율성을 높일 수 있습니다. 특히 파이썬을 활용하면 데이터 처리와 분석, 그리고 결과물을 자동으로 생성할 수 있습니다.

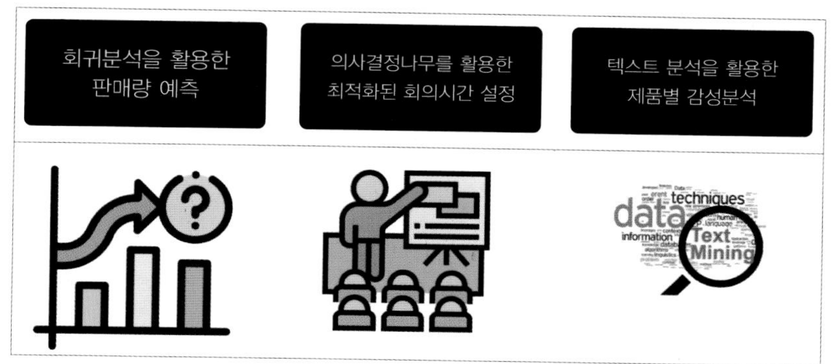

데이터 분석+AI 활용을 위한 코딩으로 할 수 있는 일들

더 알아보기

데이터 파이프라인

데이터 파이프라인은 '데이터 분석의 모든 과정을 자동으로 연결해주는 시스템'입니다. 파이썬 코딩을 활용해서 반복 작업 없이 효율적으로 데이터를 자동으로 수집, 정리, 분석 시각화하는 데 데이터 파이프라인이 필요합니다.

데이터 파이프라인 구축 과정과 그에 따른 사용 도구는 아래와 같습니다.

- 데이터 수집 (예: 크롤링, 데이터 API)
- 데이터 전처리 (예: 엑셀)
- 데이터 유의미성 찾기 (예: AI)
- 설득 (시각화)

데이터 분석 프로세스 이해하기

데이터 분석은 보통 다음과 같은 순서로 진행됩니다.

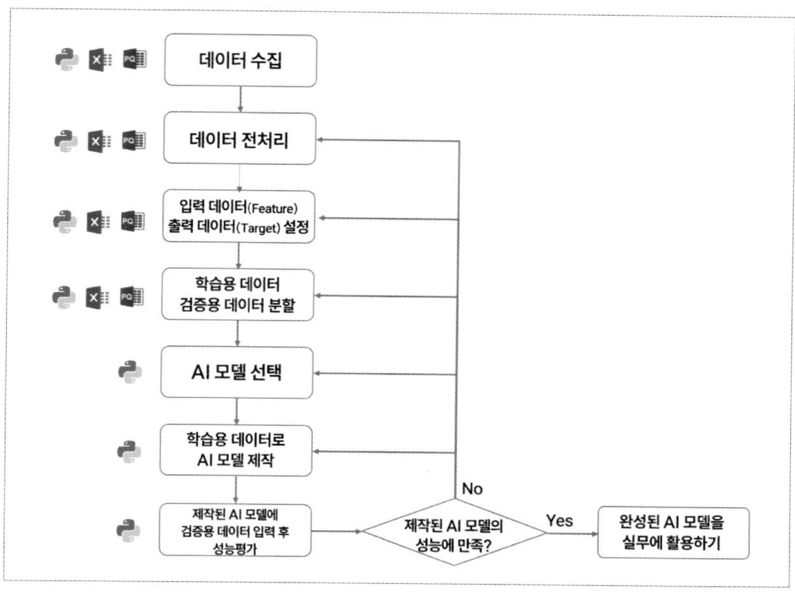

① **데이터 구조 파악** : 데이터를 이해하고 전체적인 틀을 파악합니다.

② **탐색적 데이터 분석(EDA)** : 데이터를 시각화하고 특징을 분석하여 인사이트를 얻습니다.

③ **시각화를 통한 인사이트 도출** : 중요한 지표를 시각화하여 패턴과 트렌드를 파악합니다.

④ **예측 모델 제작** : 데이터를 기반으로 미래를 예측하는 모델을 설계합니다.

⑤ **모델 검증** : 예측 모델의 신뢰성을 다양한 테스트를 통해 확인합니다.

⑥ **실무 활용** : 최종 결과물을 바탕으로 실무에 적용합니다.

생성형 AI와 데이터 분석의 만남

이제는 생성형 AI를 활용해 데이터 분석을 더 빠르고 정확하게 수행할 수 있는 시대입니다. 예를 들어 챗GPT 유료 버전은 파일 첨부 기능을 제공하며, Julius.ai와 같은 플랫폼은 복잡한 데이터 분석 과정을 자동화할 수 있도록 도와줍니다.

다만 기술은 계속 진화하기 때문에, 책에서 소개된 도구만을 고집하기보다는 최신 서비스를 탐구하며 여러분만의 방식으로 적용해보는 것이 중요합니다. 결국 데이터 분석의 진정한 가치는 도구가 아니라, 데이터를 통해 얻은 인사이트를 실질적인 가치로 전환하는 데 있습니다.

글로만 보아서는 생성형 AI를 활용한 데이터 분석으로 무엇을 할 수 있는지 알기 어려울 것입니다. 그래서 맛보기용 실습을 준비해봤습니다. 다음 내용을 보겠습니다.

12.1.2 [실습 맛보기] 원달러 환율 미래수치 예측하기

챗GPT에게 질문하여 원달러 환율 데이터를 요청하고, 챗GPT의 데이터 분석 기능으로 데이터 분석 후 데이터에 대한 인사이트를 요청하는 과정을 보여드리겠습니다. (참고로 챗GPT의 데이터 분석 기능은 유료 버전에서 사용할 수 있습니다.)

01 먼저 원달러 환율 미래수치 예측을 위한 과거 데이터가 필요합니다. 챗GPT에게 질문해서 20년치 원달러 환율 데이터를 가져와 엑셀에 저장하는 코드를 생성해보겠습니다.

[첫 번째 질문]

PROMPT

yfinance를 통해서 최근 20년치 원달러 환율 데이터를 가져와서 엑셀로 저장하는 코드를 만들어줘

ANSWER

(…생략…)

python

```
import yfinance as yf
import pandas as pd
from datetime import datetime, timedelta

# 시작일과 종료일 설정 (최근 20년치 데이터)
end_date = datetime.now()
start_date = end_date - timedelta(days=20*365)

# 원달러 환율 심볼 (USD/KRW)
ticker = 'KRW=X'

# yfinance를 사용하여 환율 데이터 가져오기
data = yf.download(ticker, start=start_date, end=end_date)

# 데이터 확인
print(data.head())

# 엑셀 파일로 저장
output_file = 'USD_KRW_Exchange_Rate_20_Years.xlsx'
data.to_excel(output_file)

print(f"데이터가 '{output_file}'로 저장되었습니다.")
```

02 첫 번째 질문으로 생성한 코드를 실행해봅니다.

앞에서 파이썬은 배웠으니 코드를 어떻게 실행하는지는 넘어가고 빠르게 데이터 결과만 확인해 보겠습니다.

	A	B	C	D	E	F	G
1	Price	Adj Close	Close	High	Low	Open	Volume
2	Ticker	KRW=X	KRW=X	KRW=X	KRW=X	KRW=X	KRW=X
3	Date						
4	2004-12-15 00:00:00	1061.4	1061.4	1064.7	1046.6	1057.6	0
5	2004-12-16 00:00:00	1055.2	1055.2	1061.7	1046.6	1061.6	0
6	2004-12-17 00:00:00	1057.9	1057.9	1061	1045.9	1055.1	0
7	2004-12-20 00:00:00	1056.7	1056.7	1060.9	1043.9	1060	0
8	2004-12-21 00:00:00	1054.9	1054.9	1056.8	1044	1056.8	0
9	2004-12-22 00:00:00	1052.2	1052.2	1056.5	1045.1	1054.9	0
10	2004-12-23 00:00:00	1048.1	1048.1	1052.7	1037.8	1052.2	0
11	2004-12-24 00:00:00	1046.1	1046.1	1049.9	1045.2	1048.1	0
12	2004-12-27 00:00:00	1030.1	1030.1	1047.6	1028.9	1046.9	0
13	2004-12-28 00:00:00	1043.7	1043.7	1043.5	1028.9	1030.1	0
14	2004-12-29 00:00:00	1029.8	1029.8	1045.5	1029.2	1043.8	0
15	2004-12-30 00:00:00	1026.8	1026.8	1039.8	1024.3	1030	0
16	2004-12-31 00:00:00	1002.6	1002.6	1029.2	998.02	1026.6	0
17	2005-01-03 00:00:00	1027.3	1027.3	1058.4	1022.7	1044.2	0
18	2005-01-04 00:00:00	1028.7	1028.7	1036.95	999.96	1027.1	0
19	2005-01-05 00:00:00	1035.8	1035.8	1045	1027.9	1028.5	0
20	2005-01-06 00:00:00	1048.4	1048.4	1056.9	1035.9	1036.1	0
21	2005-01-07 00:00:00	1045.1	1045.1	1049.75	1035.3	1048.5	0

03 만들어진 엑셀 파일을 챗GPT 유료 버전에 업로드하고, 단계에 따라 챗GPT가 데이터 분석을 진행하도록 추가 질문을 합니다.

[두 번째 질문]

PROMPT

[앞서 만든 엑셀 파일 업로드한 후 다음 내용을 질문하기]

첨부한 데이터는 20년치 원달러 환율이야. 이 데이터를 보고 아래와 같은 순서로 데이터 분석을 진행해줘

– 1단계) 데이터 구조 파악: 데이터를 이해하고 전체적인 틀을 파악합니다

– 2단계) 탐색적 데이터 분석(EDA): 데이터를 시각화하고 특징을 분석하여 인사이트를 얻습니다

– 3단계) 시각화를 통한 인사이트 도출: 중요한 지표를 시각화하여 패턴과 트렌드를 파악합니다

– 4단계) 예측 모델 제작: 데이터를 기반으로 미래를 예측하는 모델을 설계합니다

AI 모델 이름: RFR

TRAIN&TEST: 20년전~1년전 & 1년전~오늘

Feature&Target: 30일전~1일전 CLOSE값 & 오늘의 CLOSE값

– 5단계) 모델 검증: 예측 모델의 신뢰성을 다양한 테스트를 통해 확인합니다

검증단계의 모델성능 측정방법: MAPE

저자의 한마디

이번 실습은 질문을 통해 얻을 수 있는 결과가 무엇인지에 집중해봅시다

질문을 보면 이해가 되는 내용이 있고, 이해가 되지 않는 내용이 있을 것입니다. 이해가 되지 않는 내용이 있는 것은 질문을 하기 위해 필요한 기본 지식이 부족하기 때문입니다. 앞서 말씀드렸지만 코딩보다 중요한 것이 질문입니다. 일단 실습 맛보기에서는 질문을 통해 어떤 결과를 얻을 수 있는지 확인하는 것에 집중합시다. 이 질문을 이해하기 위한 기본 지식은 다음 절(12.2)부터 알려드리겠습니다.

04 두 번째 질문에 대한 결과를 보겠습니다.

다음의 결과를 보시면 우리가 원하는 결과를 쉽게 만들어낼 수 있습니다. 동시에 이런 동작이 발생할 때 필요한 코드도 제공받을 수 있습니다.

ANSWER

데이터 구조가 다음과 같이 확인되었습니다.

데이터 구조 :

- Price : 원/달러 환율 종가.
- Adj Close : 수정 종가.
- Close : 종가.
- High : 최고가.
- Low : 최저가.
- Open : 시가.
- Volume : 거래량 (0으로 표기됨)

불필요한 헤더 행(0번, 1번)을 제거하고 날짜 형식도 다듬은 후, 데이터 분석을 이어가겠습니다. [>_]
데이터 컬럼 수와 새로 지정한 컬럼 이름 수가 일치하지 않아 문제가 발생했습니다. 컬럼 수를 재 확인한 후 올바르게 수정하겠습니다. [>_]
데이터에 'Date' 컬럼이 누락되어 있었습니다. 'Date' 컬럼을 수동으로 추가한 후 다시 컬럼 이름을 수정하겠습니다. [>_]
이제 데이터가 제대로 정리되었습니다. 데이터 분석을 1단계부터 진행하겠습니다.

1단계: 데이터 구조 파악

- **데이터 범위** : 20년치 원-달러 환율 데이터
- **특징** :
- 날짜(Date)
- 환율 관련 지표(Price, Adj close, close, High, Low, Open)

이제 탐색적 데이터 분석(EDA)으로 넘어가겠습니다. [>_]

(…생략…)

2단계: 데이터 구조 파악

- **관찰 :**
  - 원-달러 환율은 20년 동안 변동성이 크며, 일정한 패턴 없이 상승과 하락을 반복합니다.
  - 환율의 주요 상승 및 하락 시기를 시각적으로 확인할 수 있습니다.

이제 좀 더 심화된 시각화를 통해 인사이트를 도출해 보겠습니다. [>_]

(…생략…)

3단계 : 시각화를 통한 인사이트 도출

- 30일 이동평균을 추가하여 환율의 단기적인 변동성과 장기적인 추세를 확인할 수 있습니다.
- 관찰:
  - 환율의 급등락 시기가 뚜렷이 보이며, 장기적인 하향 및 상승 트렌드가 교차합니다.
  - 특정 시기(예: 금융 위기, 코로나 팬데믹 등)에 급격한 상승 또는 하락이 발생한 것을 확인할 수 있습니다.

이제 4단계 : 예측 모델 제작으로 넘어가겠습니다. RFR(Random Forest Regressor)을 사용해 환율을 예측하는 모델을 설계하겠습니다. [>_]

(…생략…)

4단계 예측에 파란색으로 된 코드 스니펫을 보면 아래와 같이 코드를 잘 만들어놓은 것을 알 수 있습니다. 결국은 이런 방식의 대한 질문을 할 수 있게 되기 위해서 기본적인 AI기반 데이터 분석 학습(그중에서도 비즈니스에서 자주 사용하는 회귀 모델 제작)을 해보도록 하겠습니다.

12.2 AI 모델 제작을 위한 기본 지식 – 통계적 회귀 모델과 머신러닝 회귀 모델

12.2.1 90% 데이터 전처리, 10% 분석? NO! 10% 데이터 전처리, 90% 분석!

데이터 전처리, 챗GPT로 한 번에 끝내기

데이터 분석의 첫걸음은 바로 데이터 전처리입니다. 말은 거창하지만, 사실상 대부분의 경우 엑셀에서 진행하는 데이터 정리 작업과 비슷합니다. 흩어져 있는 데이터를 다듬고, 변형하며, 필요에 따라 결합하여 통계 분석이나 AI 모델에 적합한 형태로 가공하는 과정이죠.

데이터 전처리가 중요한 이유

데이터 과학 분야의 엔지니어들과 대화해보면, AI 모델을 만들 때 가장 어려운 부분은 모델을 설계하는 것이 아니라 데이터를 준비하는 것이라는 사실을 알게 됩니다. 전처리 단계에서 시간과 노력이 엄청나게 소모되기 때문입니다.

예를 들어 데이터 사이언티스트 시험에서는 보통 3시간이 주어지는데, 그중 무려 2시간이 데이터 전처리에 쓰입니다. 모델을 만드는 시간보다 전처리에 더 많은 시간이 필요하다는 것은 놀라운 사실이죠. 전처리가 제대로 되지 않으면 아무리 좋은 모델을 만들어도 원하는 결과를 얻을 수 없기 때문입니다.

이렇듯 데이터 전처리는 필수적이지만, 동시에 높은 학습 장벽과 기술 장벽을 만들어냈습니다. 복잡하고 시간이 많이 소요되는 작업은 아무리 좋은 기능이 있어도 활용하기 어려웠습니다.

생성형 AI, 전처리의 새로운 해법

하지만 이제는 시대가 달라졌습니다. 챗GPT와 같은 생성형 AI가 데이터 전처리의 판도를 바꿔놓았습니다. 복잡한 코드를 작성할 필요 없이, 적절한 질문만으로 전처리를 수행할 수 있는 시대가 열린 것이죠.

예를 들어 챗GPT에게 이렇게 질문할 수 있습니다.

> "이 데이터를 날짜별로 그룹화하고, 각 그룹의 평균값을 계산하는 파이썬 코드를 만들어줘"
> "결측치를 제거하고, 범주형 데이터를 원-핫 인코딩(One-Hot Encoding) 하는 코드가 필요해"

챗GPT는 이러한 요청에 맞는 코드를 즉시 생성해줍니다. 이제 전처리 작업의 어려움은 AI가 대신 해결해주고, 우리는 더 빠르고 효율적으로 데이터 분석에 집중할 수 있게 되었습니다.

그래서 이 절(12.2)에서는 데이터 전처리를 위해, 챗GPT를 활용하여 간편하게 해결하는 질문법을 다룰 것입니다. 이를 통해 데이터 전처리의 학습 장벽을 낮추고 누구나 손쉽게 데이터를 다루는 방법을 배워보겠습니다.
과거처럼 코딩을 많이 배워서 데이터 분석 능력을 키우는 것이 아닌, 질문을 할 때 꼭 알아야 하는 몇 가지 내용을 포인트로 잡고 학습해볼 것입니다.

1. 데이터 구조 기반 데이터 프롬프트 (질문법)
: 생성형 AI가 우리가 앞으로 처리해야할 데이터의 구조를 이해하게 하는 방법

2. 오류 발생을 줄일 수 있는 질문 설계 방법
: 데이터 분석의 FLOW를 기반으로 질문하기

3. 정확한 용어를 쓰는 것의 중요성
: 동일한 단어라도 데이터 분석용 코드의 용어 관점으로 질문하기

12.2.2 미래수치예측에 사용되는 통계적 회귀 모델은 어떻게 작동할까?

회귀 모델의 이해: 신의 공식을 찾아서

먼저 회귀 모델의 정의와 그 근간이 되는 통계적 회귀 모델의 작동 방식을 탐구해보겠습니다. 회귀 모델의 핵심은 데이터가 어떤 기준점, 즉 진리의 수치로 돌아가는 경향을 수학적으로 설명하는 데 있습니다. 여기서 '회귀'라는 단어는 '무엇으로 돌아간다'는 의미를 내포합니다. 이를 단순한 이론으로만 설명하면 어렵게 느껴질 수 있으므로, 한 가지 사례를 통해 직관적으로 접근해 보겠습니다.

사례: 밀키트의 맛을 찾아서

밀키트를 개발하는 연구원 D는 본인이 만든 스프를 맛보고 맛 점수를 평가하는 능력이 있습니다.

하지만 밀키트의 구성 요소가 복잡하기 때문에 맛 점수는 미묘하게 다르게 나옵니다. 이러한 상황에서 연구원 D가 다음과 같은 직관을 얻었다고 가정해보겠습니다.

- 밀키트의 맛 점수는 야채 육수와 관련이 있다
- 밀키트의 식감은 고기 건더기와 관련이 있다

이 깨달음을 얻은 연구원 D는 팀장에게 보고합니다. 그러나 팀장은 직관만으로는 부족하다고 느끼며 다음과 같은 질문을 던집니다.

"그래서 어떻게 해야 맛 점수를 올리면서 최대한 싸게 공급할 수 있지?"

연구원 D는 고민에 빠집니다. 맛 점수를 정확히 예측할 수 있는 '신의 공식'이 있다면 어떨까 하는 상상을 하며, 그 공식을 발견한다면 다음과 같은 일들이 가능하리라고 생각합니다.

맛점수의 공식을 만들수는 없을까?

감칠맛을 높이기 위해서는 야채건더기와 치킨육수가 중요하다!

감칠맛 = 1.24 * 야채건더기 + 4.5 * 치킨육수

식감을 높이기 위해서는 고기건더기의 사용량이 중요하다!

식감 = 3.3 * 고기건더기 + 4.5

- 야채 육수, 치킨 육수, 고기 건더기의 가격을 고려한 최적의 배합 비율 도출
- 비즈니스 효율성을 극대화하면서도 최고의 맛을 유지

이 '신의 공식', 즉 맛 점수를 예측하는 모델이 바로 회귀 모델입니다. 회귀 모델을 통해 우리는 다양한 상황에서 최적의 의사결정을 내릴 수 있는 강력한 도구를 얻을 수 있습니다.

회귀선과 오차

회귀선이란 데이터의 경향을 나타내는 선입니다. 방금의 사례를 가지고 설명하자면, 맛 점수와 건더기 양에 따른 맛의 데이터를 그래프로 나타낸다면 점들이 여기저기 흩어져 보일 것입니다. 하지만 점들이 흩어지더라도 전체적인 흐름을 보면 어떤 경향성이 보이게 됩니다. 그 경향을 잘 나타내주는 직선이 바로 회귀선입니다.

회귀선을 보면 데이터의 증감 여부라든지 데이터 간 얼마나 강한 관계를 가지는지 알 수 있습니다. 또한 어떤 값이 주어졌을 때 회귀선을 통해서 미래의 값을 예측할 수 있습니다. 예를 들어 건더기 양을 알면 그에 따른 맛점수가 어떻게 나올지 어느 정도 예측할 수 있는 것입니다.

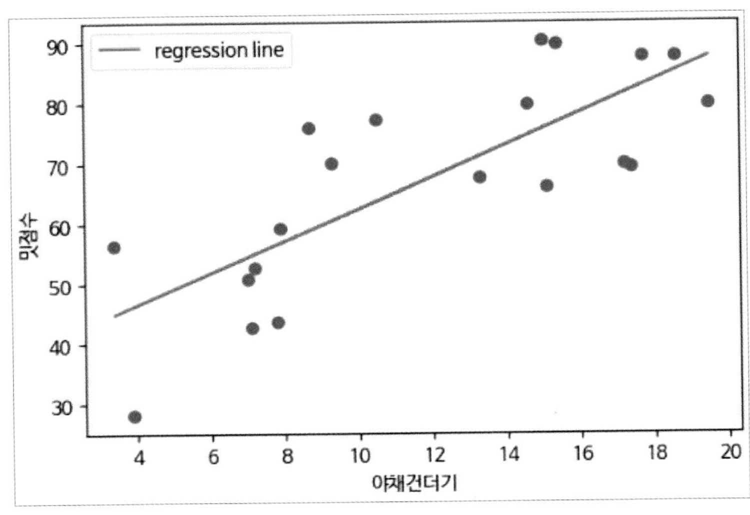

현실에서 데이터를 분석하려면, 데이터를 설명할 수 있는 하나의 회귀선을 만들어야 합니다. 그런데 회귀선은 전체적인 경향을 보여주는 것뿐이지 모든 점을 정확하게 지나가는 건 아닙니다. 그래서 각각의 점들은 회귀선을 조금씩 벗어나 있죠. 각 점과 회귀선 사이의 차이를 '오차'라고 합니다. 결국 회귀 분석의 목적은 오차를 최소화하는 예측선, 즉 신의 공식을 찾는 것입니다.

그렇다면 회귀선이 실제로 '신의 공식'에 가까운지 판단하기 위해서는 어떻게 해야 할까요? 직관이나 주관적인 판단으로는 한계가 있기 때문에 객관적인 검증 방식이 필요합니다.

오차의 분석: 신의 공식에 얼마나 가까운가

신의 공식과 실제 데이터 사이의 오차를 분석하기 위해, 다음과 같은 과정을 거칩니다.

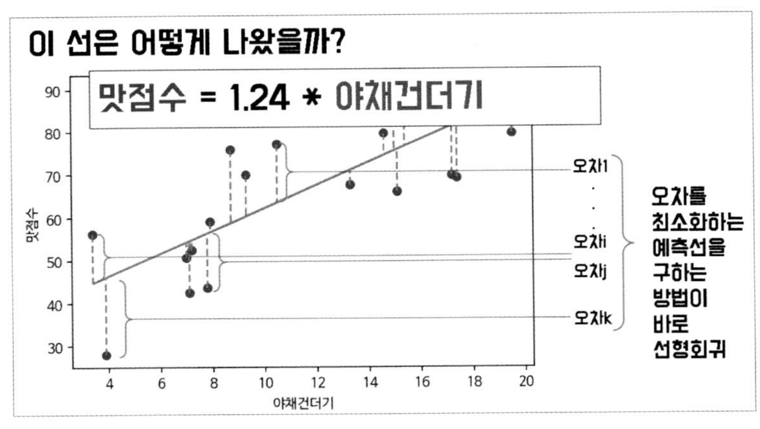

01 오차 계산

데이터와 회귀선 간의 차이를 계산합니다.

$$y_i = \alpha + \beta x_i + \varepsilon$$

실제 예측값

- y_i: 실제 y값
- X_i: 실제 x값
- ε: 오차
- α: 회귀식 y절편
- β: 회귀식 기울기

회귀 모형 $$y_i = \alpha + \beta x_i + \varepsilon$$

오차 $$\varepsilon = y_i - (\alpha + \beta x_i)$$

02 오차의 절대값 또는 제곱 사용

오차의 부호를 없애기 위해 절대값을 사용하거나 오차를 제곱한 값을 사용합니다.

$$SS(\alpha, \beta) = \sum_{i=1}^{n} {\varepsilon_i}^2 = \sum_{i=1}^{n} (y_i - \alpha - \beta x_i)^2$$

오차의 제곱 $${\varepsilon_i}^2 = (y_i - \alpha - \beta x_i)^2$$

오차의 제곱합 $$SS(\alpha, \beta) = \sum_{i=1}^{n} {\varepsilon_i}^2 = \sum_{i=1}^{n} (y_i - \alpha - \beta x_i)^2$$

03 2차 방정식의 최소값 찾기

오차의 제곱합을 최소화하는 회귀선을 찾습니다.

오차를 최소화하는 방법으로 2차 방정식을 활용하며, 해당 방정식의 최소값을 찾으려면 미분을 사용해야 합니다. 미분 값이 0이 되는 지점을 찾아내면 가장 적합한 기울기와 y절편을 구할 수 있습니다. 이러한 수학적 과정을 통해 만들어진 선이 바로 우리가 엑셀 등에서 흔히 볼 수 있는 단순회귀 모델의 회귀선입니다.

> **NOTE** 아래 정리한 것은 편미분을 이용해 회귀 모델을 수학적으로 도출하는 과정입니다. 과정이 쉽진 않지만 회귀 모델의 본질을 깊이 이해하고 싶다면 직접 편미분을 시도해보기를 추천합니다.

$$SS(\alpha,\beta) = \sum_{i=1}^{n} {\varepsilon_i}^2 = \sum_{i=1}^{n} (y_i - \alpha - \beta x_i)^2$$

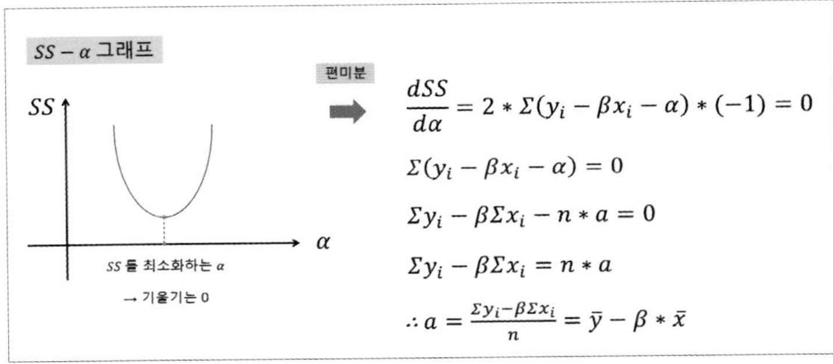

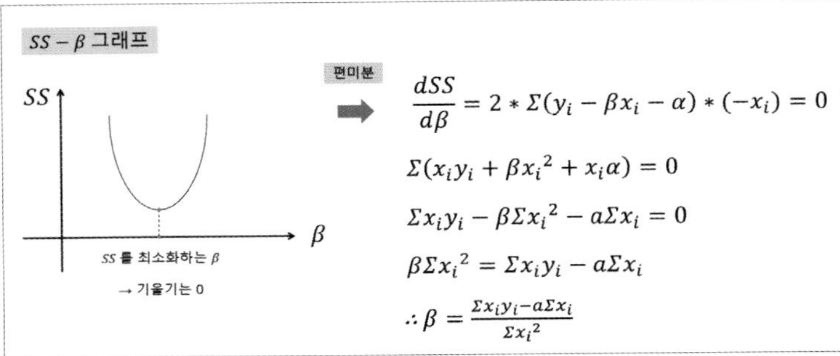

[02번의 공식을 편미분하여 결과값을 얻은 수식]

이 과정을 통해 기울기와 y절편을 구하면 다음과 같은 공식이 나옵니다.

y절편

$$\hat{\alpha} = \frac{\sum y \sum x^2 - \sum x \sum xy}{n \sum x^2 - (\sum x)^2} = \bar{y} - \beta\bar{x}$$

기울기

$$\hat{\beta} = \frac{n \sum xy - \sum x \sum y}{n \sum x^2 - (\sum x)^2} = \frac{\sum (x_i - \bar{x})(y_i - \bar{y})}{\sum (x_i - \bar{x})^2}$$

그리고 이 공식에 각 점의 값들을 넣어보면 회귀선이 만들어지게 되는 것입니다. 예를 들어 (2,5), (4,4), (6, 6), (8, 9)라는 값들이 나왔다면 다음과 같이 회귀선이 만들어집니다.

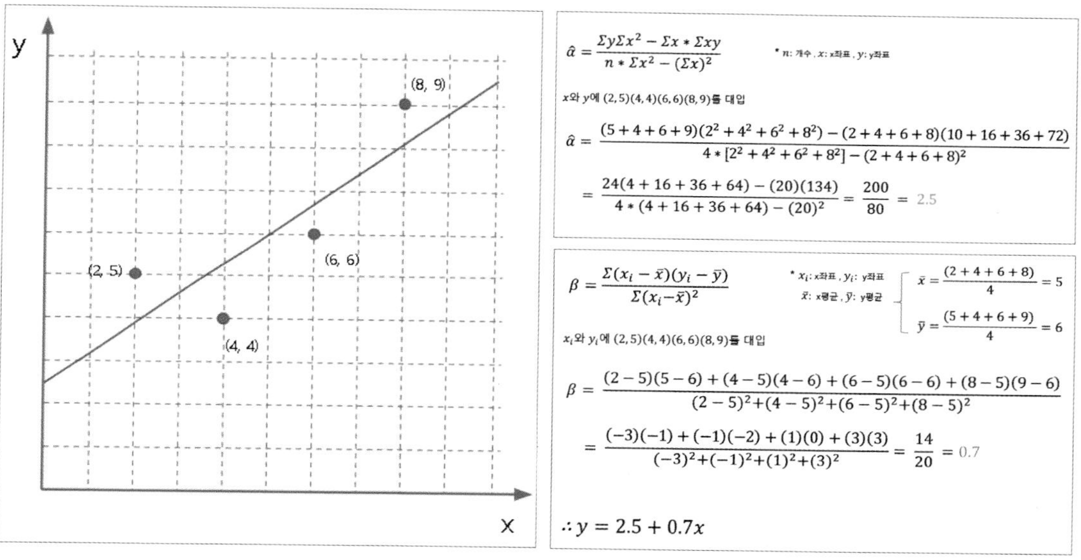

이와 같은 과정을 통해 통계적 회귀 모델이 만들어지게 됩니다.

지금까지 다룬 것은 단순 단변량 선형회귀입니다. 이 원리를 확장하면 더 복잡한 통계 모델과 AI 회귀 모델을 만들 수 있습니다. 이러한 접근 방식은 데이터 과학의 기초를 형성하며, 더 나아가 인공지능이 데이터를 분석하고 예측하는 과정의 출발점이 됩니다.

상관분석 시 두 변수간 유의미한 선형성 확인 (인과관계 설명아님)
-> 회귀분석으로 인과 관계를 조금더 구체적으로 확인

- 마케팅 비용을 늘리면 매출이 늘어나는가? 얼마나 늘어나는가?
  마케팅 회수를 늘리면 매출이 늘어나는가? 얼마나 늘어나는가?

관찰된 연속형 변수에 대한 변수들의 모형(식) 을 구한뒤 적합도 측정

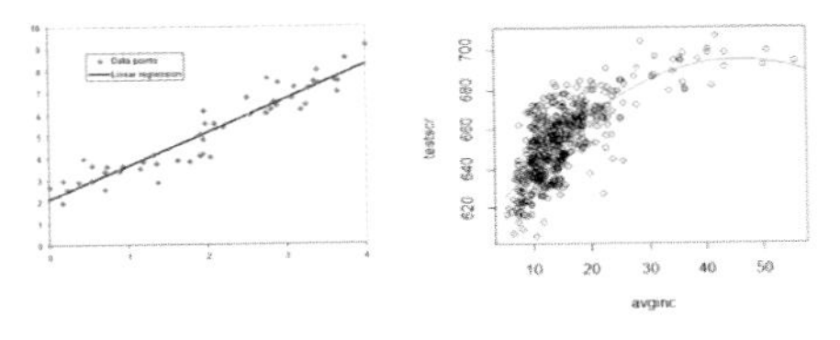

예측방식	선형	비선형
독립변수 개수	단순	다중
종속변수 개수	단변량	다변량

그렇다면 보다 복잡한 데이터를 기반으로 하는 모델을 AI는 어떻게 만드는 걸까요? 다음으로 넘어가서 설명하겠습니다.

12.2.3 통계적 회귀 모델과 머신러닝 회귀 모델의 차이는 무엇일까?

회귀 모델은 주어진 데이터를 보고 어떤 규칙을 찾아서 값을 예측하는 것입니다. 회귀 모델은 크게 보면 인간의 방식과 AI의 방식이 있는데 인간의 방식은 통계적 회귀 모델, AI의 방식은 머신러닝 회귀 모델입니다. 두 방식의 결정적인 차이점은 최적의 선을 찾는 방법입니다.

통계적 회귀 모델은 모든 숫자를 넣어서 계산해야 합니다. 회귀식이 단순 1차방정식이라면 어느 정도 연산이 가능하겠지만, 좀 더 복잡한 모델을 사용하면 연산량이 기하급수적으로 늘어나게 됩니다.

통계의 목적과 AI의 목적이 달라서 조금은 조심스럽지만 앞에서 배웠던 1차방정식을 찾아가는 방식을 AI는 조금 다르게 합니다.

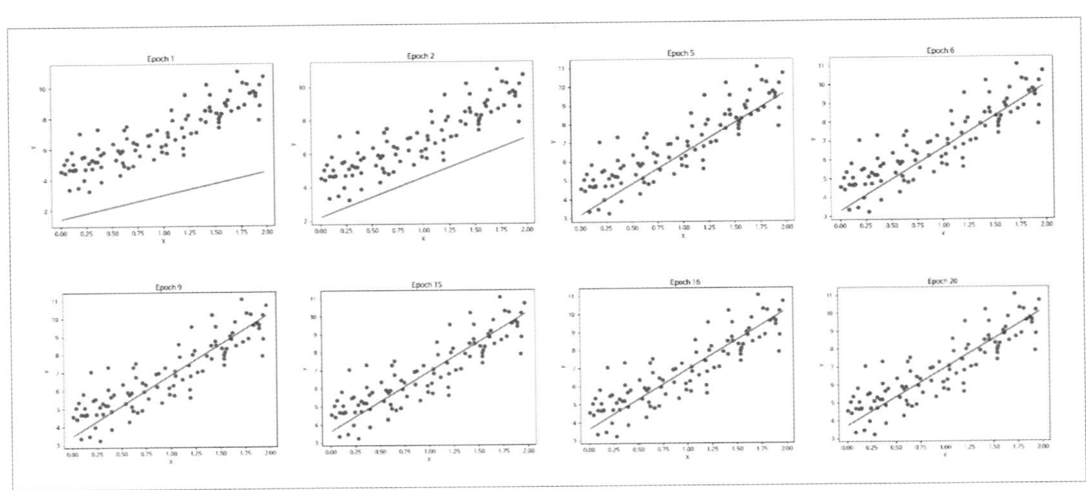

AI는 그냥 신의 공식을 아무데나 그려버린 후 오차를 확인합니다. 오차가 크면 오차를 줄이는 방향으로 기울기와 y절편을 조금씩 조정합니다. 이 과정을 반복하며 오차가 가장 작은 최적의 선을 찾는 방법을 '경사하강법'이라고 합니다. 이 방법의 핵심은 '통계적 선형회귀 모델'을 증명과정 안의 원리를 이용합니다. (경사하강법을 자세히 알고 싶다면 딥러닝 관련 주제의 도서나 자료를 찾아보며 학습하기를 추천합니다.)

저자의 한마디

기술은 이해하지 못할 때는 한없이 어렵게 느껴지지만, 알고 나면 사실은 그렇게 어렵지 않은 경우가 많습니다. 고등학교때 미분을 배워보셨다면 꼭 편미분을 통한 선형회귀 모델이 만들어지는 과정을 경험해보시길 바랍니다. 추가적으로 위의 내용을 파이썬으로 구현해놓은 코드가 있으니, 관심이 있는 분들은 한번 코드를 실행해서 차이를 경험해보시길 바랍니다.

12.2.4 머신러닝 회귀 모델을 질문으로 구현하기 위해 알아야 할 지식

지금까지 통계적 회귀 모델과 머신러닝 회귀 모델의 기본 지식을 배워보았습니다. 우리가 코딩 학습이 아닌 AI 모델을 제작하기 위한 기본 지식을 배우는 이유는 제대로 질문을 하기 위해서입니다. 그래서 이번에도 아주 쉬운 사례를 기반으로, AI 모델을 질문으로 구현하기 위해 알아야 할 지식들을 더 학습해보고자 합니다.

다음 그림에서 ?에 들어갈 데이터는 무엇일까요? 덧셈 규칙이 적용되었음을 금방 예측하셨을 것입니다. 우리가 숫자들을 보고 문제에 적용된 규칙을 찾아냈듯이, AI도 머신러닝 회귀 모델을 이용해서 데이터를 보고 규칙을 알아서 찾아낼 수 있습니다.

그럼 위의 예를 기반으로, 머신러닝 회귀 모델을 이용하기 위해 알아둘 머신러닝의 기본 용어를 간단히 정리해보겠습니다.

머신러닝 기본 용어

① 학습 데이터와 검증 데이터

학습 데이터(Train)는 AI가 신의 공식을 찾을 수 있게 학습할 데이터를 의미합니다. 검증 데이터(Test)는 학습 데이터로 만든 신의 공식을 검증할 때 사용합니다.

② Feature와 Target

데이터의 특성(Feature)을 기반으로 목표 데이터(Target)를 예측합니다.

1차방정식 y=ax+b 를 예로 들면, 여기서 x(독립 변수)는 Feature, y(종속 변수)를 Target이라고 볼 수 있습니다. (a는 기울기, b는 y절편)

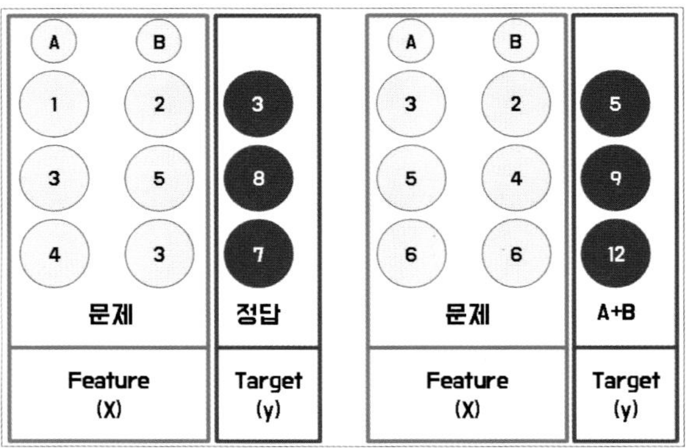

③ X_train / y_train / X_test / y_test

앞서 소개한 내용을 기반으로 각각의 데이터를 구성하여 AI 모델에 학습을 시킵니다.

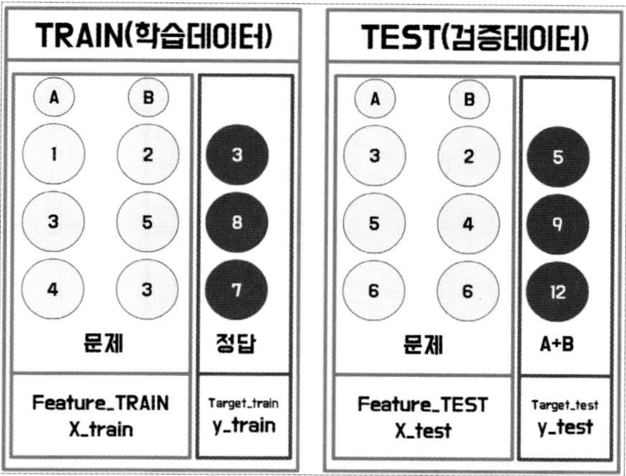

머신러닝 실행 과정 이해하기

머신러닝 기본 용어와 연계하여 머신러닝의 실행 과정을 이해해봅시다.

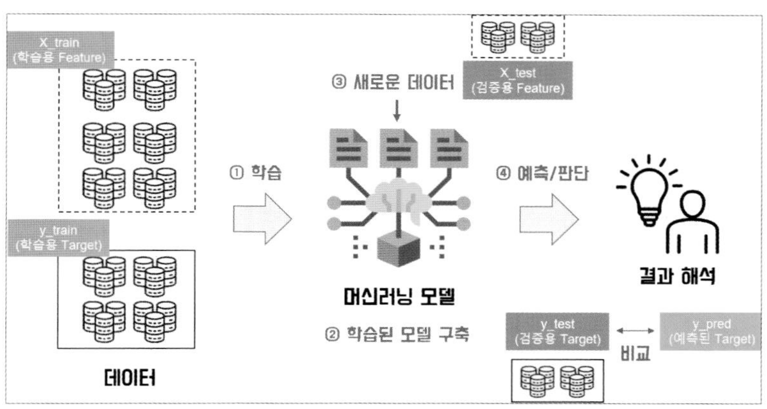

01 기본 머신러닝 구조에서 가장 먼저 필요한 것은 학습 데이터입니다. 준비한 학습용 데이터를 기반으로 AI 모델을 만듭니다.

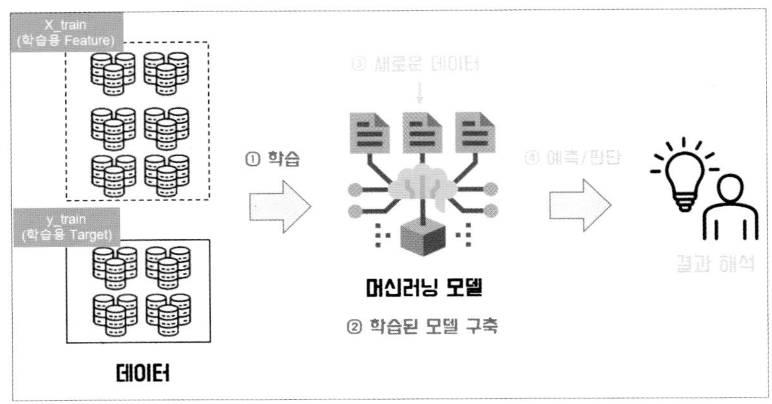

02 AI 모델이 만들어졌으면 검증 데이터를 모델에 집어넣습니다.

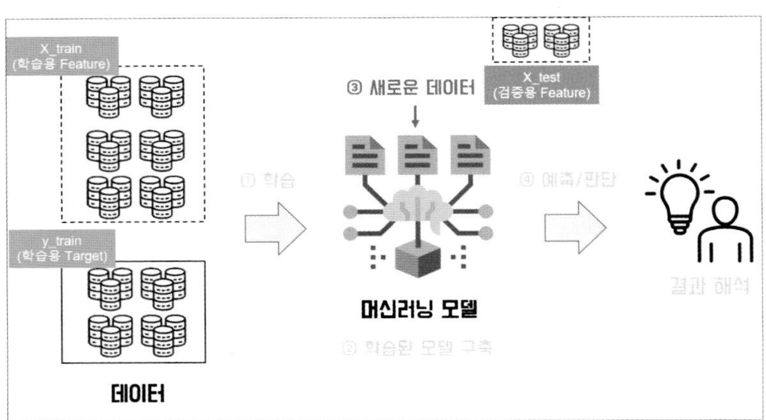

03 검증 데이터를 넣으면 AI 모델은 X_test라는 데이터를 받은 다음 y_pred(예측값)를 만들어냅니다.

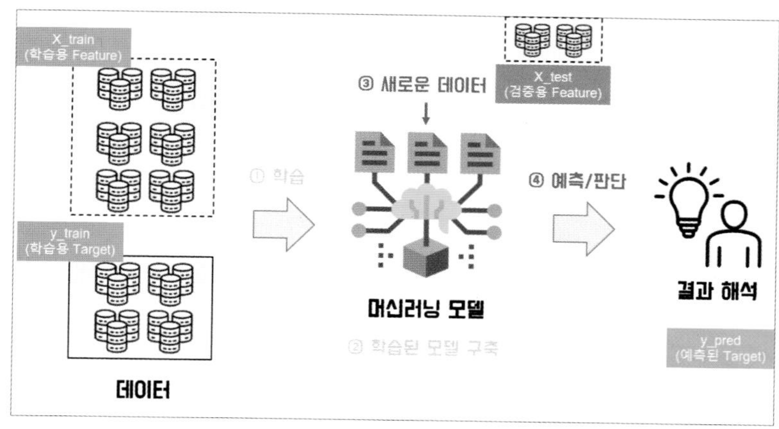

04 만들어진 y_pred(예측값)를 y_test(실제값)와 비교해서 제대로 된 결과가 나왔는지 확인합니다.

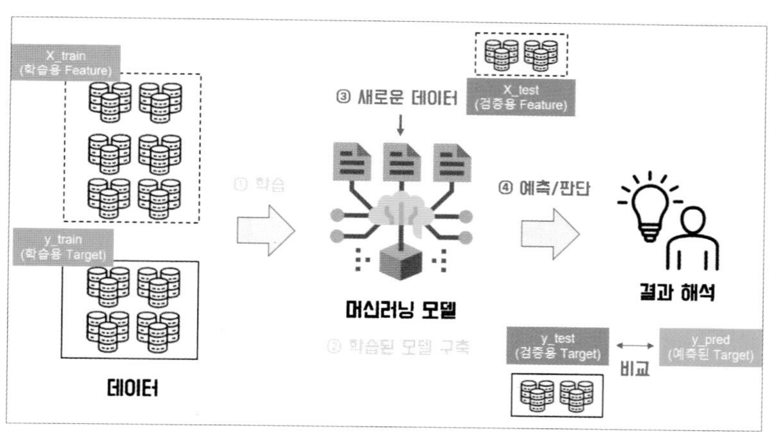

AI 모델 성능 평가: 회귀 모델의 평가지표

y_test(실제값)와 y_pred(예측값)를 비교해서 오차가 생겼을 때, AI 모델의 정확도를 올리고 성능을 개선하려면 어떻게 해야 할까요? 물론 두 값을 눈대중으로 비교하는 방법은 정확하지 않습니다. 이때는 AI 모델의 목적에 맞는 성능 평가 지표를 활용항여 모델을 지속적으로 개선하는 과정이 필요합니다. 이 과정을 거쳐야 우리는 비로소 'AI 모델을 만들었다'고 할 수 있습니다.

더 알아보기

AI 모델 성능 개선

AI 모델 성능 개선은 AI가 더 정확하게 예측하고 실수를 줄이도록 만드는 과정을 의미합니다. 예를 들어 더 좋은 품질의 데이터를 사용하거나 데이터의 중요한 정보를 추가하거나 모델을 바꾸는 등의 방법으로 AI 모델의 성능을 개선할 수 있습니다.

머신러닝 회귀 모델은 오차를 통해(MSE, RMSE, MAE, MAPE), 분류 모델은 오차행렬을 통해(accuracy, recall, precision) 모델의 성능을 측정할 수 있습니다.

우리는 수치를 예측하는 회귀 모델을 다룰 것이므로, 회귀 모델의 성능을 평가하는 데 사용하는 대표적인 지표들을 살펴보겠습니다. 일반적으로 많이 사용되는 회귀 모델 평가지표는 다음 4가지입니다.

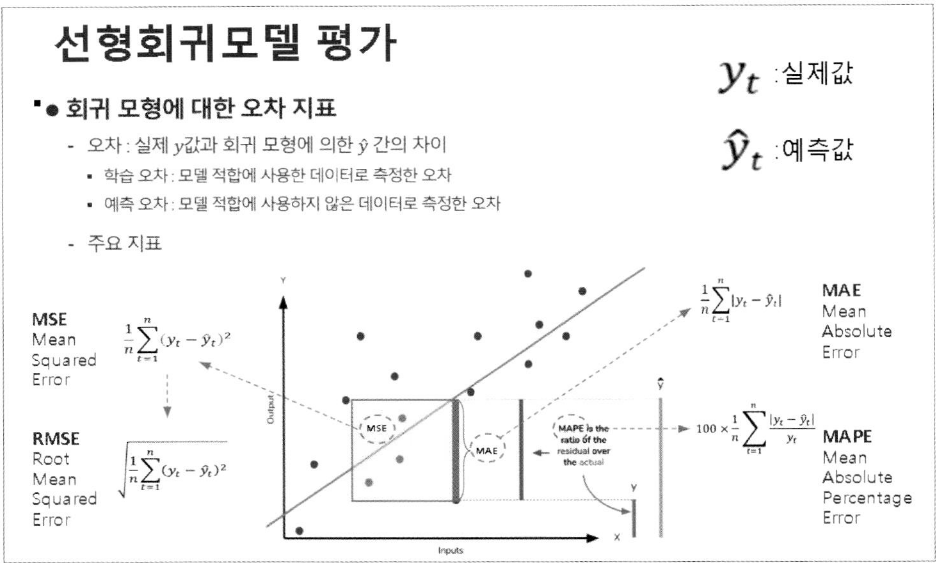

[출처: https://tex.stackexchange.com/questions/170372/increase-vertical-space-in-table]

① MSE

MSE(Mean Squared Error, 평균 제곱 오차)는 예측값과 실제값의 차이를 제곱한 후 모든 데이터에 대해 평균을 낸 값입니다. 이 지표는 오차를 제곱하므로 큰 오차에 더 큰 패널티를 부여하며, 큰 오차를 최소화하는 데 중점을 둔 모델을 평가하는 데 유용합니다.

$$MSE = \frac{1}{n}\sum_{t=1}^{n}(y_t - \hat{y}_t)^2$$

② RMSE

RMSE(Root Mean Squared Error, 평균 제곱근 오차)는 MSE의 제곱근을 취한 값입니다. 원래 데이터와 단위가 동일하기 때문에 해석이 용이하며, 이 지표는 예측 오차를 직관적으로 이해하고 싶을 때 사용합니다.

$$RMSE = \sqrt{\frac{1}{n}\sum_{t=1}^{n}(y_t - \hat{y}_t)^2}$$

③ MAE

MAE(Mean Absolute Error, 평균 절대 오차)는 예측값과 실제값의 차이의 절대값을 평균을 낸 값입니다. 오차의 크기에 비례하여 평가되므로 MSE와 달리 큰 오차에 과도한 패널티를 부여하지 않습니다. 이는 이상치(outlier)에 덜 민감한 평가 지표가 필요할 때 사용합니다.

$$MAE = \frac{1}{n}\sum_{t=1}^{n}|y_t - \hat{y}_t|$$

④ MAPE

MAPE(Mean Absolute Percentage Error, 평균 절대 백분율 오차)는 예측값과 실제값의 차이의 절대값을 실제값으로 나눈 후, 백분율로 변환하여 평균을 낸 값입니다. 예측 오차를 비율(%)로 표현하기 때문에 상대적인 오차를 파악할 수 있습니다. 이 지표는 예측값이 실제값에 비해 얼마나 오차가 있는지를 직관적으로 확인하고 싶을 때 사용합니다.

$$MAPE = 100 \times \frac{1}{n}\sum_{t=1}^{n}\frac{|y_t - \hat{y}_t|}{y_t}$$

회귀 모델 평가 지표 선택 시 고려사항

- MSE와 RMSE는 큰 오차에 대해 민감하게 반응하며, 이상치를 최소화하고 싶을 때 유리합니다.
- MAE는 이상치의 영향을 줄이고 싶을 때 적합합니다.
- MAPE는 오차의 상대적인 크기를 확인하고 싶을 때 유용하지만, 실제값이 0에 가까울 때는 적용하기 어렵습니다.

이러한 평가 지표들을 적절히 활용하여 AI 모델의 성능을 진단하고 개선해 나가는 것이 중요합니다. 이제 이 내용을 바탕으로 '실습 맛보기(12.1.2)'에서 질문했던 내용을 다시 한번 살펴보겠습니다.

12.3 생성 코딩을 통한 미래 환율 수치 예측하기

다음은 실습 맛보기(12.1.2)에서 본 데이터 분석 사례의 질문을 단계별로 쪼갠 것입니다. 지금까지 배운 내용을 바탕으로 이 질문에 대한 이해도를 높여봅시다.

PROMPT
첨부한 데이터는 20년치 원달러 환율이야.
이 데이터를 보고 아래와 같은 순서로 데이터 분석을 진행해줘
-1단계) 데이터 구조 파악: 데이터를 이해하고 전체적인 틀을 파악합니다.

→ 데이터 구성을 보고, 어떤 데이터가 있는지 알아야 AI 모델을 만들기 위한 데이터 구성이 가능합니다. 그리고 AI 모델을 만들려면 결측치 같은 데이터 분석에 오류를 낼 수 있는 값들이 없어야 합니다. 그래서 사전에 데이터를 정제해주는 작업이라고 보면 됩니다.

PROMPT
– 2단계) 탐색적 데이터 분석(EDA): 데이터를 시각화하고 특징을 분석하여 인사이트를 얻습니다.

→ 무작정 데이터 모델을 만들기보다는 전체적인 데이터의 패턴이나 구조를 보고, 이를 통해 인간이 알 수 있는 인사이트를 먼저 확인합니다. 여기서 얻은 내용을 가지고 다양한 데이터 전처리(파생변수생성, 원핫인코딩 등)를 할 수 있고 좀 더 실효적인 데이터 구조로 만들 수 있습니다.

PROMPT
– 3단계) 시각화를 통한 인사이트 도출: 중요한 지표를 시각화하여 패턴과 트렌드를 파악합니다.

→ EDA에도 포함되지만 좀 더 적극적으로 시각화를 통해서 데이터로만 얻을 수 없는 인사이트를 찾습니다. 사실 우리도 현업에서 이런 작업을 많이 합니다. 그래서 AI에게 이렇게 시키더라도 그 시각화 자료를 보고 우리는 더 많은 생각의 확장을 할 수 있습니다.

PROMPT

– 4단계) 예측 모델 제작: 데이터를 기반으로 미래를 예측하는 모델을 설계합니다.

4–1) AI 모델 이름: RFR

4–2) TRAIN & TEST: 20년 전~1년 전 & 1년 전~오늘

4–3) Feature & Target: 30일 전~1일 전 CLOSE 값 & 오늘의 CLOSE 값

→ 이제 이 질문이 어떤 내용인지 보이시나요? 여기서 RFR은 AI모델의 이름입니다. 적은 컴퓨팅 파워로 좋은 결과를 내서 딥러닝과 같은 컴퓨팅 파워가 많이 들어가는 코드를 돌릴 수 없는 컴퓨터에서 사용하기 적합합니다.

사실 AI 모델에 대해 공부하다 보면 우리가 '이 모델을 사용할 수 있다'를 넘어 상황에 맞는 AI 모델을 설정하는 데도 도움이 됩니다. 이 책에서는 그것까지 다룰 수는 없으나 나중에 시간적 여유가 있다면 자체적으로 학습해보시기를 권장합니다.

PROMPT

–5단계) 모델 검증: 예측 모델의 신뢰성을 다양한 테스트를 통해 확인합니다.

검증 단계의 모델성능 측정방법: MAPE

→ MAPE의 경우 0에 가까우면 조금 활용하기가 어렵지만 환율 데이터 예측모델에서는 전체적인 오차율을 직관적으로 볼 수 있어서 좋습니다. 이처럼 5단계에서는 상황에 맞는 AI모델 성능평가 지표를 선택하여 다양한 테스트를 할 수 있습니다.

지금까지 살펴본 질문을 통해 다음과 같은 결과를 만들어낼 수 있습니다.

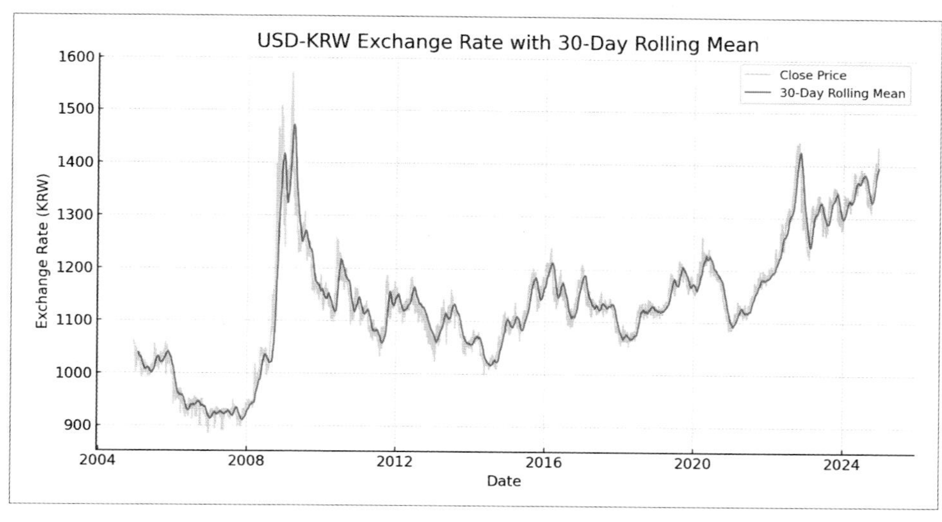

결과를 단순히 흉내를 내는 것이 아니라, 이 과정을 이해했다는 것이 전제가 되어야 여러분도 위와 같은 결과를 만들 수 있습니다. 그것이 가능하다는 이야기는 이 내용을 기반으로 내 비즈니스 상황에 맞는 커스터마이징이 가능하다는 뜻이 되기도 합니다.

저자의 한마디

질문에 필요한 지식을 학습하는 것이 나만의 경쟁력을 만드는 지름길입니다

생성형 AI는 0에서 1을 만들어주는 것보다, 1에서 10을 만들어주는 것에 더 강하다고 말씀드렸던 것 기억하시나요? 나만의 경쟁력을 만들기 위해서는 단순 코딩 학습보다는 질문에 필요한 지식을 얻는 데 시간을 투자하시길 바랍니다. 많은 결과를 만들 수 있을 것입니다.

데이터의 시대, 우리는 파이썬과 생성형 AI라는 강력한 도구를 통해 비즈니스 혁신을 현실로 만들 수 있게 되었습니다. 본 장에서는 평범한 동네 치킨집에서부터 글로벌 기업까지 데이터 분석이 얼마나 중요한지, 그리고 그 분석이 일상에 어떻게 스며들 수 있는지를 살펴보았습니다. 파이썬과 AI는 이제 전문가들만의 영역이 아닌 시민 데이터 사이언티스트라는 새로운 흐름을 만들며 누구나 데이터의 가치를 활용할 수 있게 했습니다.

하지만 실용성이 중요하다는 깨달음 역시 강조되었습니다. 엑셀과 파이썬의 효율성 비교에서 보듯, 도구를 배우는 것만큼이나 업무의 본질을 이해하고 실용적으로 적용하는 능력이 필수적입니다. 또한 생성형 AI는 데이터 전처리의 벽을 허물고, 질문만으로도 복잡한 분석을 수행할 수 있는 시대를 열었습니다. 데이터 분석의 본질은 코딩이 아니라, 질문과 문제 해결 능력에 달려 있음을 확인했습니다.

이제는 기술장벽이 낮아짐에 따라 데이터 전처리와 같은 시간이 많이 걸리는 일이 줄어들고, 90% 분석, 10% 전처리라는 새로운 패러다임이 시작되었습니다. 파이썬과 생성형 AI를 통해 데이터를 다루는 법을 배우고, 나아가 그것을 내 비즈니스에 맞게 커스터마이징할 수 있다면, 그 누구보다 앞서나갈 수 있을 것입니다. 데이터와 AI의 시대, 이론을 이해하고 질문하는 힘을 키운다면 우리는 데이터의 진정한 주인이 될 수 있습니다.

CHAPTER 13

챗GPT를 활용한 파이썬 AI 프로그램 제작

현대의 비즈니스 현업은 지금 이 순간에도 혁신의 한가운데에 있습니다. AI 기술, 특히 생성형 AI가 가져온 변화는 더 이상 먼 미래의 이야기가 아닙니다. 현재 수많은 기업과 조직에서 AI를 도입하고, 놀라운 결과물을 만들어내고 있습니다.

저는 생성형 AI 강의를 시작한 이래, 6,000명이 넘는 (온/오프라인 실시간교육_이러닝제외) 학습자와 만났습니다. 그들은 대기업, 공기업, 그리고 다양한 관공서에 소속된 현업 전문가들이었죠. 제가 했던 일은 단순한 이론 강의도 했지만, 그것을 넘어 그들과 실제 AI 프로그램을 함께 코딩하고 결과물을 만들어 내는 것이었습니다.

기술의 민주화, 누구나 AI를 만들 수 있다

제가 생성형 AI 강의를 진행하며 흥미로웠던 점은 AI 프로그램을 구현해낸 사람들이 꼭 개발자만은 아니었다는 것입니다. 오히려 비개발자로서 현업에 대한 깊은 이해를 가진 사람들이 더 놀라운 결과를 만들어 내곤 했습니다. 기술의 장벽이 점차 낮아지면서, 누구나 기술을 활용해 문제를 해결할 수 있는 시대가 도래한 것이죠.

이 과정에서 비즈니스 혁신의 속도가 더욱 가속화되었음을 목격했습니다. 비개발자들이 현업에서 마주치는 문제를 해결하기 위해 AI를 도입했을 때, 그 결과물은 기존의 방식으로는 상상할 수 없었던 형태로 나타났습니다. 기술과 도메인 지식의 결합이 얼마나 강력한 힘을 발휘하는지 보여주는 생생한 사례들이었죠.

AI 혁신 사례, 우리가 만들어 낸 변화들

제가 목격하고 경험한, AI를 활용한 놀라운 비즈니스 혁신 사례를 몇 가지 소개해보려 합니다. 이 사례들은 단순한 기술적 성취가 아니라, 기존 업무의 효율성을 극대화하고 새로운 가치를 창출한 혁신의 이야기입니다. 그리고 이 이야기는 모두 생성형 AI의 힘과 인간의 창의력이 결합된 결과물입니다. 그리고 이 이야기들은 우리에게 한 가지 중요한 교훈을 줍니다. AI는 더 이상 전문가들만의 기술이 아니라 누구나 다룰 수 있는 도구라는 것입니다.

이제 함께 AI 혁신의 세계로 더 깊이 들어가 보시죠. 각 사례를 통해, 여러분이 자신의 비즈니스에 AI를 어떻게 적용할 수 있을지 영감을 얻길 바랍니다.

13.1 이론 학습만으로 구현 가능한 다양한 AI 프로그램

앞서 우리는 크롤링, 데이터 처리, 그리고 AI 모델링에 대한 기초 이론을 학습하고, 이를 바탕으로 다양한 결과물을 만들어 보았습니다. 이러한 기초 기술에 대한 이해는 AI 프로그램을 설계하고 성공적으로 구현하기 위한 필수 조건입니다.

기술의 이해 없이 AI를 신뢰할 수 있을까?

생성형 AI는 매우 강력하지만, 현재의 AI도 완벽하지는 않습니다. 특히 할루시네이션(Hallucination, 환각 현상)이라는 문제를 여전히 가지고 있습니다. 할루시네이션은 AI가 자신있게 틀린 정보를 생성하는 현상입니다.

만약 AI에 대한 이해 없이 무작정 AI에게 모든 것을 맡긴다면, AI가 만들어낸 결과물의 사실 여부를 확인할 수 없게 되며, 이는 비즈니스에서 심각한 위험을 초래할 수 있습니다. 마치 길을 모르는 상태로 고성능 자동차를 운전하는 것과 같은 상황이 되는 것이죠.

NOTE 할루시네이션에 대한 설명은 '2.5 비즈니스 관점에서 본 챗GPT의 한계 (feat.할루시네이션)'을 참고해주세요.

생성형 AI의 강점과 한계

생성형 AI는 특히 1에서 10으로 확장하는 과정에서 큰 강점을 발휘합니다. 다시 말해, 기초적인 틀이나 아이디어가 이미 있는 상태에서 AI는 이를 발전시키고 확장하는 데 뛰어납니다. 물론 '0에서 1을 만드는' 과정에서도 AI의 도움을 받을 수 있지만, 이 단계에서는 AI가 제시한 내용을 반드시 진위 여부를 확인해봐야 합니다. 특히 전문적이고 세부적인 영역에서는 더욱 신중하게 정보의 신뢰성을 따져야 합니다.

따라서 AI를 활용하는 과정에서는

1. 기초 이론을 먼저 학습하고
2. AI가 생성한 결과물의 정확성을 검증하는 과정을 거치며
3. AI를 보조 도구로 사용해 효율성을 극대화하는 것이 중요합니다

이러한 균형 잡힌 접근이 AI를 활용한 비즈니스 혁신을 성공으로 이끄는 열쇠입니다.

다음 절에서는 이러한 사례들을 하나씩 구체적으로 살펴보겠습니다. AI가 어떻게 실무에 녹아들어 비즈니스의 혁신을 이끌어내는지 함께 확인해보시죠!

13.2 이미지 기반 양품/불량품 처리 프로그램

실습 파일 3.파이썬 〉 데이터분석_AI 〉 ChatGPT를 활용한 파이썬 AI프로그램제작.ipynb 〉 '딥러닝을 활용한 불량품 & 양품 판단모델만들기'

얼마 전 모 반도체 회사의 팀장 교육을 앞두고, 현업에서 해결해야 할 문제를 학습자 VOC(Voice of Customer)를 통해 수집한 적이 있습니다. 그때 한 팀장님의 고민이 있었습니다. 수많은 공정이 진행되는 동안 최종 제품의 양품/불량품을 정확히 판정하는 일이 핵심 과제에서 변화의 니즈가 있었습니다.

일반적으로는 전류가 흐르는 양이나 형태를 기반으로 단순 테스트를 하지만, 더 복잡한 공정에서는 반도체 소자의 증착 상태(반도체 기판에 아주 얇은 금속 막을 두른 상태)를 보고 양품/불량품을 판정해야 합니다. 이런 공정에서는 사람의 육안으로 판정하는 데 한계가 있어, AI 기술이 적극적으로 도입되고 있습니다.

딥러닝과 반도체 공정의 만남

반도체 공정의 판정 시스템에서 많이 활용되는 기술은 딥러닝 모델의 일종인 CNN(합성곱 신경망, Convolutional Neural Network)입니다. 이미지 분류에 특화된 이 모델은 반도체 증착 상태를 분석하고 불량 여부를 판단하는 데 탁월한 성능을 보입니다.

그러나 현실은 그렇게 간단하지 않습니다. 다양한 공정마다 증착 형태가 다르고, 이에 따라 범용 AI 모델로는 해결할 수 없는 문제들이 발생합니다. 각 공정에 특화된 맞춤형 AI 모델이 필요하지만, 이를 개발할 수 있는 전문 인력은 한정적입니다.

AI 기술의 장벽과 변화의 필요성

현업 반도체 엔지니어 중에서 AI 기술과 코딩을 능숙하게 다룰 수 있는 사람은 드뭅니다. 알고리즘을 만들고 내부 로직을 코드로 구현하는 일은 그들에게 또 다른 도전입니다. 따라서 대규모 공정이나 전체 업무 혁신을 주도하는 부서에 AI 모델 개발이 집중되는 것은 당연한 흐름이었습니다.

그러나 이제 시대가 바뀌었습니다. 코딩을 몰라도 AI 기술을 이해하고 활용할 수 있는 시대가 열렸습니다. AI는 더 이상 특정 전문가만의 도구가 아니라, 누구나 접근할 수 있는 기술로 진화하고 있습니다.

지금부터는 간단한 질문만으로 이미지 분류 모델을 생성하는 과정을 보여드리겠습니다. 이 과정은 다음과 같은 단계를 포함합니다.

[1단계] 이미지 분류 모델의 개발 흐름(FLOW) 구성하기
[2단계] 검증된 데이터를 기반으로 코드 생성 요청하기
[3단계] 만든 이미지 분류 모델을 사용하여 코드의 실용성 확인하기

그럼 시작해보겠습니다.

13.2.1 [1단계] 이미지 분류 모델의 개발 흐름 구성하기

생성형 AI에게 질문하여 딥러닝 기반 이미지 분류 모델의 개발 흐름을 구성하고 이를 검증합니다.

우선 챗GPT에게 딥러닝 기반 이미지 분류 모델을 개발하는 과정을 알려달라고 질문해보겠습니다.

챗GPT

PROMPT
2종류의 이미지가 다양한 크기로 수백 장씩 있다면, 이것을 딥러닝으로 분류 모델을 만들 수 있을 텐데, 이 때 필요한 개발 FLOW를 알려줘.

ANSWER
딥러닝을 활용한 분류 모델 개발의 전체 FLOW를 단계별로 정리하면 아래와 같습니다. 이미지 데이터 준비부터 배포까지의 전체 프로세스를 포괄적으로 다룹니다.

(…생략…)

언뜻 보기엔 잘 만들어진 논리인 것 같아도 할루시네이션이 발생했을 가능성이 있습니다. 여러분이 가진 경험과 지식으로 할루시네이션 여부를 판단할 수 있으면 좋지만, 그러기 어려울 때는 교차 검증을 해보기를 추천합니다. 질문을 한 LLM에만 하는 것이 아니라 여러 LLM에 똑같이 던져서 나오는 답변들을 비교해보는 것입니다. 예를 들어 앞서 챗GPT에게 한 질문을 클로드(Claude)에게 똑같이 해보겠습니다.

클로드

PROMPT
2종류의 이미지가 다양한 크기로 수백 장씩 있다면, 이것을 딥러닝으로 분류 모델을 만들 수 있을 텐데, 이 때 필요한 개발 FLOW를 알려줘.
– 내가 필요한 것은 코드가 아니고 전체적인 FLOW야
– 대답하기 전에 해당 결과물에 문제가 없는지 판단하고 답해줘

ANSWER

이미지 분류 딥러닝 모델 개발의 전체적인 프로세스를 단계별로 설명드리겠습니다. 각 단계를 꼼꼼히 점검하여 문제없는 결과를 도출할 수 있도록 하겠습니다.

1. 데이터 수집 및 준비 단계
 • 수백 장의 두 가지 유형 이미지 확보
 • 이미지들의 품질, 해상도, 포맷 일관성 확인
 • 과도한 편향 방지를 위해 균형 잡힌 데이터셋 구성

(…생략…)

챗GPT에게 한 질문과 비교해 조금 다른 점이 있는데, 이는 클로드에게 똑같은 질문을 여러 번 시도해보면서 발전시킨 것입니다. 몇 번의 검정을 거친 결과, 필자는 클로드가 만들어준 개발 FLOW가 가장 좋았습니다. 그래서 클로드가 제안한 개발 FLOW로 코드를 만들어보겠습니다.

NOTE 클로드에 질문하면 다음과 같은 화면이 나옵니다. 이 다음부터는 질문–결과만 간단하게 제공하겠습니다.

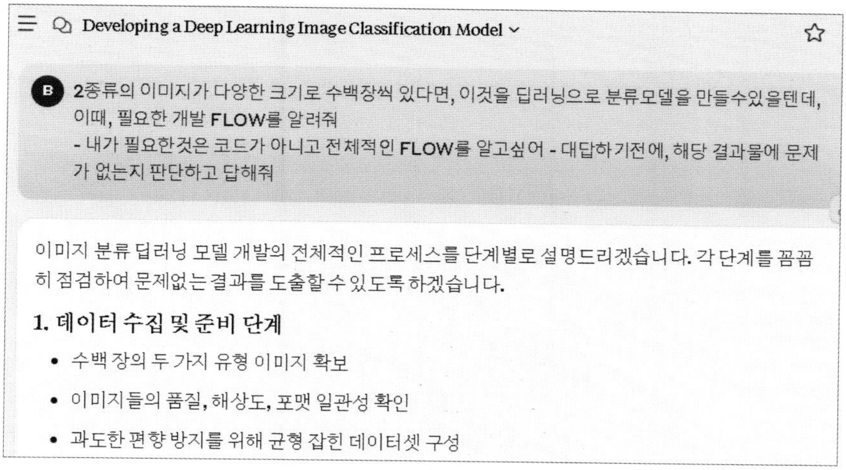

Developing a Deep Learning Image Classification Model

B 2종류의 이미지가 다양한 크기로 수백장씩 있다면, 이것을 딥러닝으로 분류모델을 만들수있을텐데, 이때, 필요한 개발 FLOW를 알려줘
- 내가 필요한것은 코드가 아니고 전체적인 FLOW를 알고싶어 - 대답하기전에, 해당 결과물에 문제가 없는지 판단하고 답해줘

이미지 분류 딥러닝 모델 개발의 전체적인 프로세스를 단계별로 설명드리겠습니다. 각 단계를 꼼꼼히 점검하여 문제없는 결과를 도출할 수 있도록 하겠습니다.

1. 데이터 수집 및 준비 단계

- 수백 장의 두 가지 유형 이미지 확보
- 이미지들의 품질, 해상도, 포맷 일관성 확인
- 과도한 편향 방지를 위해 균형 잡힌 데이터셋 구성

13.2.2 [2단계] 검증된 데이터 기반으로 코드 생성 요청하기

개발 FLOW를 기반으로 코드를 만들기 전에, 분류할 이미지들을 준비해보겠습니다.

실습 편의를 위해 이미지를 다운로드할 수 있는 코드를 준비했습니다. 주피터 노트북을 열고 다음 코드를 실행하면 두 가지 폴더(버스, 바이크)에 저장된 이미지들이 여러분의 PC에 다운로드됩니다.

NOTE 실습 폴더의 '3.파이썬 > 데이터분석_AI > ChatGPT를 활용한 파이썬 AI프로그램제작.ipynb'에서 코드를 확인할 수 있습니다.

```
# 데이터 다운로드
# [PC/colab 통합] 파일 다운로드(기본) 및 압축파일 해제
!pip install gdown==4.5.1
import gdown
import zipfile
# https://drive.google.com/file/d/1tl75HY2vZr7Mrag2Pd4-5tZsa5B3-YPt/view?usp=sharing
google_path = "https://drive.google.com/uc?id="
file_id = '1tl75HY2vZr7Mrag2Pd4-5tZsa5B3-YPt'
output_name = "bus_bike_data.zip"
gdown.download(google_path+file_id,output_name,quiet=False)
fantasy_zip = zipfile.ZipFile("bus_bike_data.zip")
fantasy_zip.extractall()
```

코드를 실행한 후 잠시 기다리면 이미지가 다운로드됩니다. 실행 결과 창 하단에 쓰인 다운로드 경로를 참조하여 해당 경로에 이미지들이 잘 들어왔는지 확인합니다.

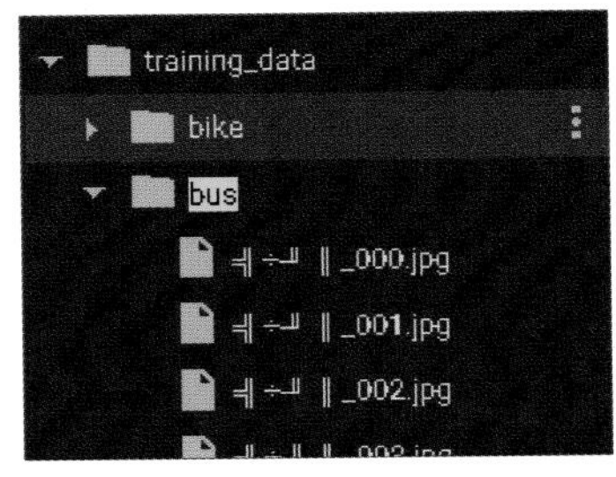

실습 이미지의 다운로드를 마쳤으면 다시 클로드 화면으로 돌아옵니다. 앞서 구성한 개발 FLOW에 따라 코드를 생성해볼 것입니다.

방금 다운로드한 이미지 폴더 상황을 참고하여 딥러닝 코드를 만들도록 질문을 합니다.

PROMPT

이제 이 플로우를 통해서 200개의 이미지를 (버스 폴더 / 바이크 폴더)에 넣어두었어.
bike 폴더의 위치는 "/content/training_data/bike" 이고
bus 폴더의 위치는 "/content/training_data/bus" 입니다.

코드를 주석을 꼼꼼히 넣어 개발해줘
– 이미지의 train/validation/test 모두 알아서 랜덤하게 설정할 수 있게 해줘
– 검증할 때 필요한 코드도 함께 만들어줘

ANSWER

여기 이미지 분류 파이썬 코드를 상세한 주석과 함께 제공해드리겠습니다.

코드에 대한 상세 설명을 드리겠습니다:

(…생략…)

그리고 코드가 만들어지면 코드에 대한 주석을 추가해달라고 요청합니다.

NOTE 만들어진 코드 내용이 길어서 책에 따로 싣지는 않았습니다. 수업자료에서 참고하여 봐주시기 바랍니다.

PROMPT

이 코드를 구동시키기 위해서, 이 코드의 이해가 필요해. 중학생도 이해할 수 있는 수준으로 주석을 아주 꼼꼼하게 달아줘.

ANSWER

앞서 제공한 코드에 중학생도 이해할 수 있는 상세한 주석을 추가하겠습니다.

저자의 한마디

생성한 코드를 해석하는 능력이 받쳐주어야 질문을 더 잘할 수 있습니다

생성형 AI에게 질문하여 얻은 코드를 바로 실행하는 것보단 코드를 한줄한줄 읽으면서 주석의 내용을 파악해보기를 권장합니다. 전반적인 큰 흐름을 이해하는 데 도움이 되기 때문입니다.

물론 지금의 코드를 이해하려면 머신러닝의 기본 개념이 필요합니다. 생성형AI는 0에서 1을 만드는 것이 아닌 1에서 10을 만들어낸다는 점을 꼭 기억해주세요.

생성한 코드를 주피터 노트북에서 실행합니다. 그러면 순차적으로 코드가 돌아가기는 하는데 실행 시간이 너무 오래 걸립니다. 퍼포먼스를 좀 높여보겠습니다.

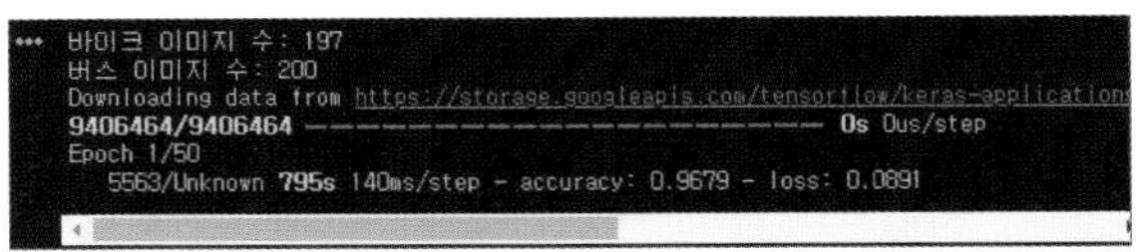

다음은 퍼포먼스를 높인 코드를 실행한 결과입니다. 앞의 결과가 비교하면 이미지 분류 모델을 학습하는 데 걸리는 시간이 훨씬 단축되고 이미지 분류 정확도(accuracty)가 1에 점점 근접해지는 준수한 결과를 보입니다.

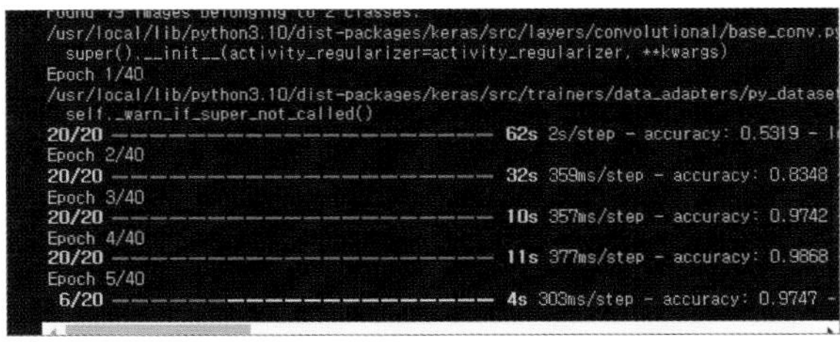

이제 다음 단계로 넘어가서, 이 모델을 사용해서 이미지 분류가 잘 되는지 실행해보겠습니다.

13.2.3 [3단계] 이미지 분류 모델을 사용하여 생성 코드의 실용성 확인하기

마지막으로 이 모델을 사용해서 분류 역할을 실제로 해보고, 이 프로그램이 잘 구동되는지 확인하는 코드 또한 제작을 요청하여 최종적으로 이 모델을 실험을 해보면 신기하게도 이미지 분류기를 만들어내는 것을 알 수 있습니다.

NOTE 이 코드도 수업자료에 있습니다.

```
# 800×800 으로 이미지 변환하기
# file_path = input("업로드한 파일의 경로를 복사해서 붙여넣으세요:")
file_path = "원하는이미지경로"
from PIL import Image
import os
def add_keyword_to_filename(file_path, keyword):
  file_name, file_extension = os.path.splitext(file_path)
  new_file_name = file_name + keyword + file_extension
  return new_file_name

def resize_image(input_image_path, output_image_path, size):
  with Image.open(input_image_path) as image:
    resized_image = image.resize(size)
    resized_image.save(output_image_path)

input_file = file_path  # Replace with the path to your input .jpg file
output_file = add_keyword_to_filename(input_file, "(output)")  # Replace with the desired output .jpg file path
size = (800, 800) # Desired output size (width, height)
resize_image(input_file, output_file, size)
predict_image(model, output_file)
```

바이크와 버스의 그림을 찾아서 실제로 한번 구동시켜보길 바랍니다. 생각보다 너무 쉽게 만들어지는 것을 확인할 수 있습니다.

[코드를 실행한 결과, 이미지 분류 모델이 위 이미지를 보고 버스라고 판단했습니다]

사실 기술을 모를 때는 미지의 영역처럼 보이지만 기술을 이해하고 나면 해당 기술은 작은 수학/과학 지식의 결합이라는 것을 알 수 있습니다. 이런 식으로 원하는 결과를 만들어낼 수 있다는 점을 기억해주세요.

다음 절은 미지의 영역이지만, 이미 많은 빅테크 기업들이 구현해낸 AI 기능을 실무에 적용해보겠습니다.

13.3 유튜브 댓글 품질 판단 프로그램

실습 파일 3.파이썬 〉 데이터분석_AI 〉 ChatGPT를 활용한 파이썬 AI프로그램제작.ipynb 〉 '유튜브 댓글 긍/부정 판단'

이번에는 오픈AI API를 활용해 유튜브 댓글을 읽고 도움이 되는 정보가 있는지에 따라 댓글 품질을 '상/중/하'로 판단하는 AI 프로그램을 보여드리겠습니다. 참고로 이 실습은 저의 수업을 참여하신 분이 겪은 사례를 변형하여 준비한 것입니다.

상황

홍보팀의 김 매니저는 자사에서 운영 중인 유튜브 채널 때문에 걱정이 많습니다. 홍보팀의 업무 중에는 대외 신임도나 대외 평가에 대한 대응 업무가 있는데, 이를 수행하려면 먼저 해야 할 일이 있습니다. 자사 유튜브 채널에 달린 댓글을 모니터링하는 것입니다. 댓글을 읽고 문제가 되는 내용을 팀 회의에 올려 의사결정을 받은 후 대응을 해야 합니다. 점점 더 많아지는 댓글들을 효율적으로 처리하려면 어떻게 해야 할까요?

만약 위와 비슷한 상황을 겪고 계신 분이 있다면, 이번 실습 프로그램을 사용해 다음과 같은 업무 프로세스 개선을 기대해볼 수 있습니다.

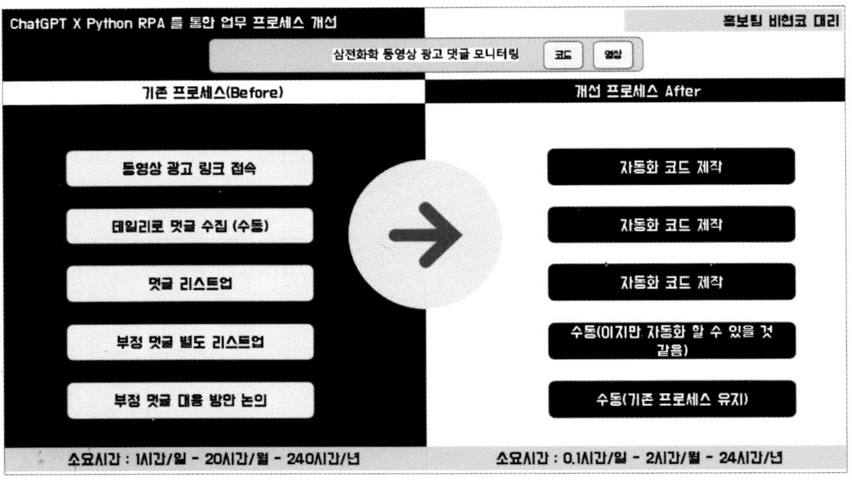

이번 실습은 다음의 개발 흐름(FLOW)을 따라 구현해보겠습니다.

[1단계] 유튜브 댓글 크롤링 코드 만들기
[2단계] 댓글의 품질을 평가하는 코드 만들기
[3단계] 댓글 크롤링 코드와 댓글 품질 평가 코드를 하나로 합치기
[4단계] 댓글 품질 평가 결과를 엑셀로 저장하도록 코드 발전시키기

13.3.1 [1단계] 유튜브 댓글 크롤링 코드 만들기

유튜브 댓글 내용을 수집하려면 크롤링을 이용해야 합니다.

01 다음 질문은 채팅 자동응답 봇 실습(11.3)에서 사용한 크롤링 코드 생성 프롬프트를 기반으로 만든 것입니다. 챗GPT에게 질문을 해보겠습니다.

PROMPT

1단계) 웹 브라우저 열기

```
# PC 버전
!pip install selenium==4.1.5
!pip install webdriver_manager
from selenium import webdriver
from selenium.webdriver.chrome.service import Service
from webdriver_manager.chrome import ChromeDriverManager
from selenium.webdriver.common.by import By
service = Service(executable_path=ChromeDriverManager().install()) # 크롬 드라이버 설치
options = webdriver.ChromeOptions()
options.add_argument('--no-sandbox')
driver = webdriver.Chrome(service=service)
```

2단계) 아래의 URL(유튜브) 접속하기

https://www.youtube.com/watch?v=Wfg03iVWKRI

3단계) 휠을 아래로 0.1초 단위로 100번 맨 마지막으로 내리기

4단계) id값이 'content-text' 인 모든 웹 요소 찾기

5단계) 4단계에서 찾은 요소를 반복문을 통해 포함된 텍스트 출력하기

NOTE 4단계의 content-text는 이 실습에서 유튜브 댓글의 위치를 확인하기 위해 필요한 id값입니다. 다만 유튜브 웹사이트 구조가 바뀌면 여러분이 찾은 댓글의 위치에 해당하는 id값이 이 책과는 다를 수 있으니 이 점 참고하시기 바랍니다.

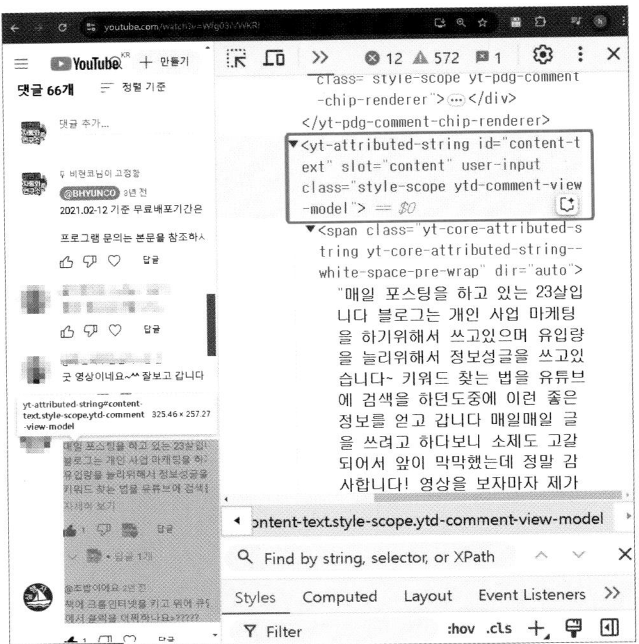

02 질문한 결과, 챗GPT가 다음과 같은 크롤링 코드를 만들었고 코드를 실행해보니 결과물도 잘 나왔습니다.

```
# 필요한 라이브러리 설치
!pip install selenium == 4.1.5
!pip install webdriver_manager

from selenium import webdriver
from selenium.webdriver.chrome.service import Service
from webdriver_manager.chrome import ChromeDriverManager
from selenium.webdriver.common.by import By
import time

# 1단계) 웹 브라우저 열기
service = Service(executable_path=ChromeDriverManager().install())
options = webdriver.ChromeOptions()
options.add_argument('--no-sandbox')
driver = webdriver.Chrome(service=service, options=options)
```

```
# 2단계) URL 접속하기
youtube_url = "https://www.youtube.com/watch?v=Wfg03iVWKRI"
driver.get(youtube_url)

# 페이지 로드 대기
time.sleep(3) # 충분히 로드될 시간을 줌

# 3단계) 휠을 아래로 0.1초 단위로 100번 내리기
for _ in range(100):
    driver.execute_script("window.scrollBy(0, 1000);")
    time.sleep(0.1)

# 4단계) id값이 'content-text'인 모든 웹 요소 찾기
comments = driver.find_elements(By.ID, "content-text")

# 5단계) 4단계에서 찾은 요소를 반복문을 통해 포함된 텍스트 출력하기
for i, comment in enumerate(comments, start=1):
    print(f"댓글 {i}: {comment.text}")

# 웹 드라이버 종료
driver.quit()
```

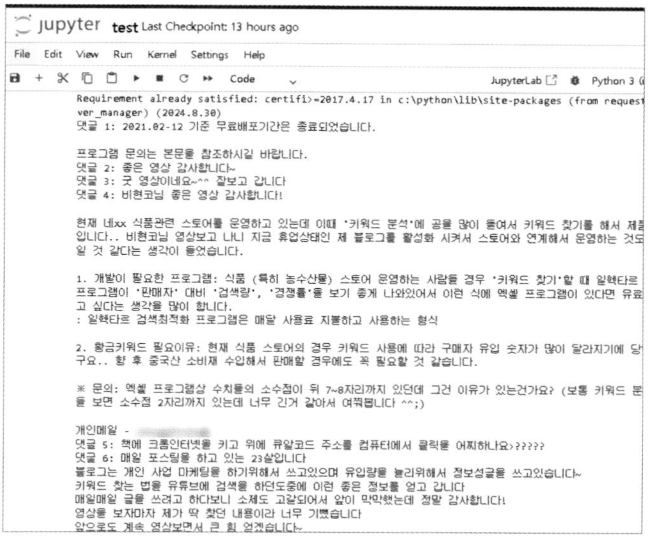

```
jupyter test Last Checkpoint: 13 hours ago
File Edit View Run Kernel Settings Help
Code JupyterLab Python 3
Requirement already satisfied: certifi>=2017.4.17 in c:\python\lib\site-packages (from request
ver_manager) (2024.8.30)
댓글 1: 2021.02-12 기준 무료배포기간은 종료되었습니다.

프로그램 문의는 본문을 참조하시길 바랍니다.
댓글 2: 좋은 영상 감사합니다~
댓글 3: 굿 영상이네요~^^ 잘보고 갑니다
댓글 4: 비현코님 좋은 영상 감사합니다!

현재 네xx 식품관련 스토어를 운영하고 있는데 이때 '키워드 분석'에 공을 많이 들여서 키워드 찾기를 해서 제
입니다.. 비현코님 영상보고 나니 지금 휴업상태인 제 블로그를 활성화 시켜서 스토어와 연계해서 운영하는 것도
일 것 같다는 생각이 들었습니다.

1. 개발이 필요한 프로그램: 식품 (특히 농수산물) 스토어 운영하는 사람들 경우 '키워드 찾기'할 때 일렉타로
프로그램이 '판매자' 대비 '검색량', '경쟁률'을 보기 좋게 나와있어서 이런 식에 엑셀 프로그램이 있다면 유료
고 싶다는 생각을 많이 합니다.
: 일렉타로 검색최적화 프로그램은 매달 사용료 지불하고 사용하는 형식

2. 황금키워드 필요이유: 현재 식품 스토어의 경우 키워드 사용에 따라 구매자 유입 숫자가 많이 달라지기에 당
구요.. 향 후 중국산 소비재 수입해서 판매할 경우에도 꼭 필요할 것 같습니다.

※ 문의: 엑셀 프로그램상 수치들의 소수점이 뒤 7~8자리까지 있던데 그건 이유가 있는건가요? (보통 키워드 분
을 보면 소수점 2자리까지 있는데 너무 긴거 같아서 여쭤봅니다 ^^;)

개인메일 -
댓글 5: 책에 크롬인터넷을 키고 위에 큐알코드 주소를 컴퓨터에서 클릭을 어찌하나요>?????
댓글 6: 매일 포스팅을 하고 있는 23살입니다
블로그는 개인 사업 마케팅을 하기위해서 쓰고있으며 유입량을 늘리위해서 정보성글을 쓰고있습니다~
키워드 찾는 법을 유튜브에 검색을 하던도중에 이런 좋은 정보를 얻고 갑니다
매일매일 글을 쓰려고 하다보니 소재도 고갈되어서 앞이 막막했는데 정말 감사합니다!
영상을 보자마자 제가 딱 찾던 내용이라 너무 기뻤습니다
앞으로도 계속 영상보면서 큰 힘 얻겠습니다~
```

13.3.2 [2단계] 댓글의 품질을 평가하는 코드 만들기

크롤링 코드로 댓글이 출력되는 것을 확인했으니 이번에는 오픈AI API를 사용해 유튜브 댓글을 읽고 댓글의 품질을 평가하는 코드를 작성해보겠습니다.

01 오픈AI 플랫폼의 Chat Playground에 접속합니다. 화면 오른쪽의 설정(Mode)을 [Chat]으로 설정한 후 AI의 역할을 지정하는 문구를 작성합니다.

[Chat Playground 링크] https://platform.openai.com/playground/chat

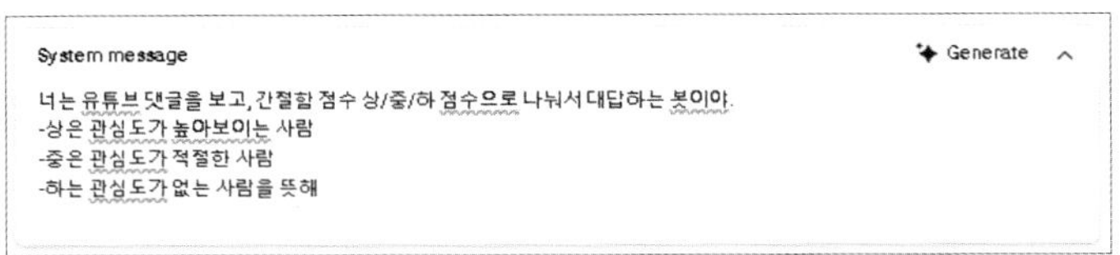

02 문구를 입력한 다음 [+] 버튼을 클릭하고 상단의 [Code]를 선택합니다.

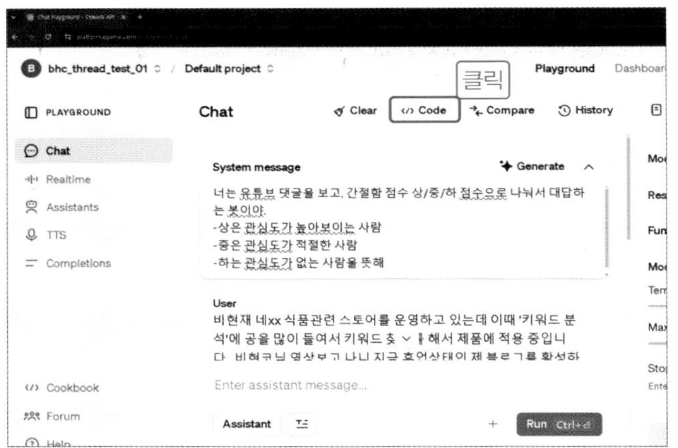

03 위의 버튼에서 나온 코드 중 일부분을 함수로 제작하는 코드로 구성하면 다음과 같습니다.

```
def my_bot(reply):
  response = client.chat.completions.create(
    model="gpt-4o",
    messages=[
      {
        "role": "system",
        "content": [{"type": "text", "text": "너는 유튜브 댓글을 보고, 간절함 점수 상/중/하 점수으로 나눠서 대답하는 봇이야.₩n-상은 관심도가 높아보이는 사람₩n-중은 관심도가 적절한 사람₩n-하는 관심도가 없는 사람을 뜻해"}]
      },
      {
        "role": "user",
        "content": [{"type": "text", "text": "비현재 네xx 식품관련 스토어를 운영하고 있는데 이때 '키워드 분석'에 공을 많이 들여서 키워드 찾기를 해서 제품에 적용 중입니다.. 비현코님 영상보고 나니 지금 휴업상태인 제 블로그를 활성화 시켜서 스토어와 연계해서 운영하는 것도 좋은 방법일 것 같다는 생각이 들었습니다."}]
      },
      {
        "role": "assistant",
        "content": [{"type": "text", "text": "중"}]
      },
      {
        "role": "user",
        "content": [{"type": "text", "text": "블로그 글 작성시 키워드 선정이 아주 중요하지요. 그런 부분에서 시간도 절약가능하고 블로그 방문자 수 늘리는데 아주 좋은 영상이네요. 물론 만드신 황금키워드 블로그 키워드 찾기를 이용하면 훨씬 더 수월하게 더 시간을 절약 할수 있겠습니다. 비현코님은 매번 실질적으로 필요한 한 부분을 많이 공유해주시고 계신데요. 저도 파이썬 공부를 하고는 있지만 아직 초기 단기라서 하나 하나 시현하는게 쉽지는 않네요. 실질적인 파이썬 구현 모습도 보여주셨으면 좋을꺼 같습니다."}]
      },
      {
        "role": "assistant",
        "content": [{"type": "text", "text": "상"}]
      },
      {
        "role": "user",
```

```
        "content": [{"type": "text", "text": "항상 구독중입니다~^^ 좋은 영상 감사합니다 :) 다른 영상들
도 다시 한번씩 봐야겠어요 ㅜ 실질적으론 활용까진 안해봐서요 ㅜ"}]
      },
      {
        "role": "assistant",
        "content": [{"type": "text", "text": "하"}]
      },
      {
        "role": "user",
        "content": [{"type": "text", "text": reply}]
      }
    ],
    response_format={"type": "text"},
    temperature=1,
    max_completion_tokens=2048,
    top_p=1,
    frequency_penalty=0,
    presence_penalty=0
  )
  return response.choices[0].message.content
```

04 방금 챗GPT로 생성한 코드를 복사하여 실행합니다.

코드를 실행하면 입력한 댓글의 품질이 단 한 줄로 표현됩니다. 실제로 이런 형태의 코드의 결과를 요청해보면 단순하지만 꽤나 의미있는 결과를 만들어낼 수 있습니다.

13.3.3 [3단계] 댓글 크롤링 코드와 댓글 품질 평가 코드를 하나로 합치기

[1단계]에서 만든 크롤링 코드를 잘 분석하여, 출력되는 내용의 품질을 '상/중/하'로 평가하는 결과가 나오게 해봅시다.

01 챗GPT에게 질문해서 크롤러 코드(1단계)와 댓글 품질 평가 코드(2단계) 코드를 하나의 코드로 결합하도록 합니다. 1단계에서의 마지막 질문에 이어 다음 내용을 질문합니다.

> **PROMPT**
> 위에서 만들어진 크롤링 코드에 출력되는 텍스트의 판단을 하는 함수가 'my_bot' 함수야. 이것을 결합하여 코드를 제작해줘

02 질문한 결과를 보니 기존 코드에서 다음 내용이 추가되었습니다. 그럼 코드를 실행해 결과를 확인해보겠습니다.

```
(…생략…)

# 5단계) 4단계에서 찾은 요소를 반복문을 통해 포함된 텍스트 출력하기
for i, comment in enumerate(comments, start=1):
  print(f"댓글 {i}: {comment.text}")
  print(f"성의여부판단(상/중/하) {i}: {my_bot(comment.text)}")

(…생략…)
```

03 코드를 실행한 결과, 유튜브 댓글을 정상적으로 크롤링해서 댓글 품질을 잘 판단해냈습니다.

```
프로그램 문의는 본문을 참조하시길 바랍니다.
성의여부판단(상/중/하) 1: 하
댓글 2: 좋은 영상 감사합니다~
성의여부판단(상/중/하) 2: 하
댓글 3: 책에 크롬인터넷을 키고 위에 큐알코드 주소를 컴퓨터에서 클릭을 어찌하나요>?????
성의여부판단(상/중/하) 3: 하
댓글 4: 굿 영상이네요~^^ 잘보고 갑니다
성의여부판단(상/중/하) 4: 하
댓글 5: 비현코님 좋은 영상 감사합니다!
```

13.3.4 [4단계] 댓글 품질 평가 결과를 엑셀로 저장하도록 코드 발전시키기

01 이제 댓글 품질 평가 결과를 엑셀에 저장하도록 코드를 발전시켜 봅시다. 챗GPT에 방금 만든 코드를 업로드하고 다음과 같이 질문을 합니다.

> **PROMPT**
> 여기서 출력되는 데이터를 엑셀로 저장해주는 코드를 작성해줘

02 질문을 통해 다음 코드를 만들었습니다. 코드 실행 결과를 확인해보겠습니다.

> **NOTE** 편의상 [3단계]에서 만든 코드와 비교해 달라진 점 위주로 표시했습니다. 코드 원문은 실습 파일에서 확인할 수 있습니다.

```
# 필요한 라이브러리 설치
!pip install selenium==4.1.5
!pip install webdriver_manager
!pip install pandas openpyxl

from selenium import webdriver
from selenium.webdriver.chrome.service import Service
from webdriver_manager.chrome import ChromeDriverManager
from selenium.webdriver.common.by import By
import time
import pandas as pd

(...생략...)

# 5단계) 댓글과 성의 여부 판단 결과 저장
comment_data = []
for i, comment in enumerate(comments, start=1):
    text = comment.text
    sincerity = my_bot(text)
    comment_data.append({"댓글 번호": i, "댓글 내용": text, "성의 여부": sincerity})

# 웹 드라이버 종료
driver.quit()

# 6단계) 데이터프레임 생성 및 엑셀로 저장
df = pd.DataFrame(comment_data)
output_filename = "youtube_comments.xlsx"
df.to_excel(output_filename, index=False)

print(f"댓글 데이터가 {output_filename} 파일로 저장되었습니다.")
```

03 코드를 실행한 결과, 댓글 품질 평가 결과를 정리한 엑셀 파일이 잘 만들어졌습니다.

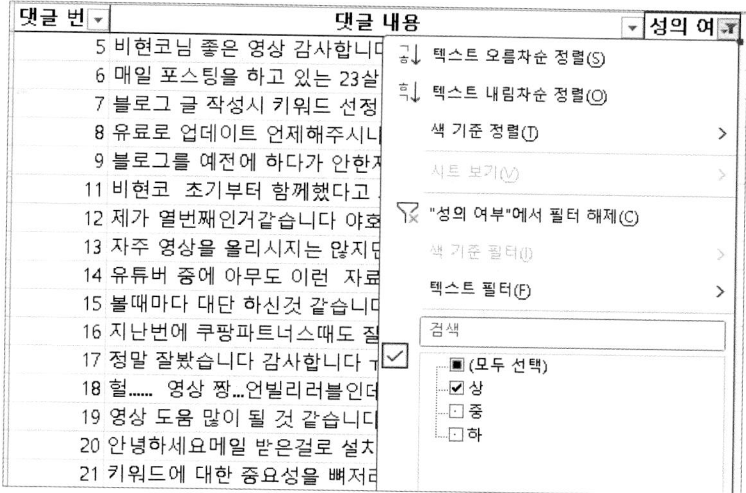

이처럼 지능형 자동화는 기본적으로 우리가 만들 수 있는 기술에 현업 경험이 더해져 세상에 없던 새로운 결과를 만들어냅니다.

13.4 영수증에서 원하는 텍스트만 추출하기

실습 파일 3.파이썬 > 데이터분석_AI > ChatGPT를 활용한 파이썬 AI프로그램제작.ipynb > '영수증에서 원하는 텍스트 추출하기'

이번에는 영수증 사진에서 특정 정보를 추출하여, 우리가 원하는 형식에 맞춰 자동으로 정리해주는 프로그램을 보여드리겠습니다.

상황_ 골치 아픈 분기별 영수증 정리

총무팀의 김 차장은 분기마다 120개 팀의 간담회 영수증을 정리해야 합니다. 하지만 팀장들이 제출하는 영수증은 형식이 제각각이라, 이를 일일이 엑셀로 정리하는 데 어려움을 겪고 있습니다. 바쁜 팀장들이 제출하는 자료의 체계를 잡고, 효율적으로 정리하려면 어떻게 해야 할까요?

현재의 영수증 처리 시스템은 수동에 의존합니다. 하지만 다음의 간단한 자동화 솔루션을 도입하면 업무 효율을 극적으로 높일 수 있습니다.

이번 실습에서 사용할 주요 기술은 오픈AI API의 Structured Outputs(구조화된 출력)입니다. 이는 오픈AI API에서 2024년 8월에 공개된 기술로써, 정보를 일정한 형식(구조)에 맞춰 정리하여 제공하는 방법을 의미합니다.

예를 들어 누군가에게 명함을 받았을 때, 명함에 든 정보를 단순히 글로 기록하면 나중에 필요한 정보를 바로 찾기가 어렵습니다. 하지만 명함에 든 정보를 구조화해서 저장하면 이야기는 달라집니다. 비구조화된 정보(비정형 데이터)와 구조화된 정보(정형 데이터)의 예를 보면 그 차이를 바로 이해하실 수 있을 것입니다.

- 비구조화된 정보(비정형 데이터)의 예

```
이름: 비현수, 회사: BHcode Tech, 직책: 사원, 이메일: bhsu@bhcodetech.com, 연락처: 010-1234-5678
```

- 구조화된 정보(정형 데이터)의 예 1

이름	회사	직책	이메일	연락처
비현수	BHcode Tech	사원	bhsu@bhcodetech.com	010-1234-5678

- 구조화된 정보(정형 데이터)의 예 2

```
{
  "이름": "비현수",
  "회사": "BHcode Tech",
  "직책": "사원",
  "이메일": "bhsu@bhcodetech.com",
  "연락처": "010-1234-5678"
}
```

이를 활용한 대표적인 예가 명함 관리 앱입니다. 카메라로 명함을 찍으면 자동으로 정보를 구조화해서 저장을 해줍니다. 이와 같은 기술을 활용하면 영수증 문제도 깔끔하게 해결할 수 있습니다.

더 알아보기

오픈AI API의 Structured Outputs

프로그래밍을 좀 더 공부하면서 Structured Outputs(구조화된 출력)에 대한 문서를 확인하고 싶다면 오픈AI 플랫폼 에서 'Structured Outputs' 문서를 참고해보시기 바랍니다.

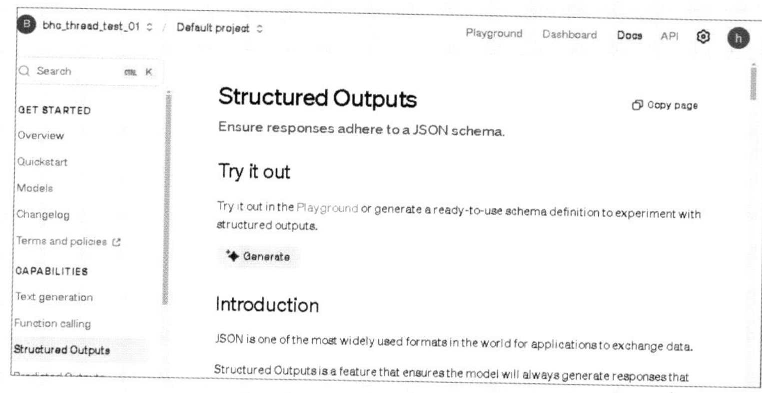

[Structured Output 문서 링크] https://platform.openai.com/docs/guides/vision

원래는 'json 모드'라는 기능이 있었는데, Structured Outputs는 이를 강화해서 만든 기능입니다. 우선 이 기능에 대해 오픈AI가 정리한 요약글을 보겠습니다.

Structured Outputs 요약

Structured Outputs는 모델이 항상 제공된 JSON Schema를 준수하는 형태의 응답을 생성하도록 보장하는 기능입니다.

주요 기능 및 이점:

1. 타입 안전성: 잘못된 형식의 응답을 검증하거나 재시도할 필요가 없습니다.
2. 명확한 거부 응답: 안전 문제로 인한 거부를 프로그래밍적으로 감지할 수 있습니다.
3. 간단한 프롬프트: 일관된 형식을 얻기 위해 강한 프롬프트를 사용할 필요가 없습니다.

사용 예시:

- Python과 JavaScript에서 Pydantic 및 Zod를 사용해 객체 스키마를 정의하고 파싱할 수 있습니다.
- Function Calling과 response_format을 사용해 Structured Outputs를 적용할 수 있습니다.

지원 모델:

- gpt-4o-mini-2024-07-18 및 이후 모델.
- gpt-4o-2024-08-06 및 이후 모델.

JSON 모드와 비교:

- Structured Outputs는 JSON이 유효할 뿐만 아니라 스키마를 준수하도록 보장합니다.
- JSON 모드는 단순히 JSON이 유효한지 여부만 확인합니다.

활용 예:

- 수학 튜터링 앱에서 체계적인 단계별 설명 제공.
- 데이터 추출 및 사용자 인터페이스 생성.
- 스트리밍으로 실시간 데이터 처리.

Structured Outputs는 다양한 API에서 사용할 수 있으며, 안전하고 체계적인 데이터 생성을 위한 강력한 도구입니다.

이번 실습은 다음의 FLOW로 구현해보겠습니다.

[1단계] 사진 파일 가져오기
[2단계] 이미지를 Base64 파일로 제작하기
[3단계] 도출 결과를 원하는 데이터 형태 설정
[4단계] 해당 스키마를 response_format 파라미터로 오픈AI API 모델에 제공
[5단계] 모든 파일에 적용하여 데이터 모은 후 엑셀로 만들기

13.4.1 [1단계] 사진 파일 가져오기

먼저 실습에 사용할 영수증 이미지들을 준비하고 오픈AI API에 로그인하여 사용 코드를 작성합니다.

이번에도 실습 편의를 위해 영수증 이미지를 코드 실행을 통해 다운로드할 수 있도록 준비했습니다. 주피터 노트북을 열고 다음의 코드를 실행합니다.

NOTE 실습 폴더의 '3.파이썬 〉 데이터분석_AI 〉 ChatGPT를 활용한 파이썬 AI프로그램제작.ipynb'에서 코드를 확인할 수 있습니다.

```
# 이미 있는 파일을 해석하기 (Uploading Base64 encoded images)
# https://platform.openai.com/docs/guides/vision

# 1. json mode로 사용
# 1-1. 영수증 데이터 확보

!pip install openai
!pip install --upgrade openai
import getpass
my_api_key = getpass.getpass("openai_API:")

import base64
from openai import OpenAI

client = OpenAI(api_key = my_api_key)
import requests
import zipfile
import io
```

```
# 다운로드할 파일의 URL
url = 'https://drive.google.com/uc?export=download&id=1bXxdZqhsNsQqgwPp0SZPzTBH-Pv_P4GC'

# 파일 다운로드
response = requests.get(url)
if response.status_code == 200:
  # 응답 내용을 메모리의 바이너리 스트림으로 변환
  zip_file = io.BytesIO(response.content)
  # zipfile을 이용해 압축 해제
  with zipfile.ZipFile(zip_file, 'r') as z:
    z.extractall() # 현재 디렉토리에 압축 해제

  print("압축 해제 완료")
else:
  print(f"파일 다운로드 실패: 상태 코드 {response.status_code}")
```

코드가 실행되면 오픈AI API 키를 입력합니다. 그러면 6개의 이미지가 다운로드되고 이미지를 잘 볼 수 있습니다.

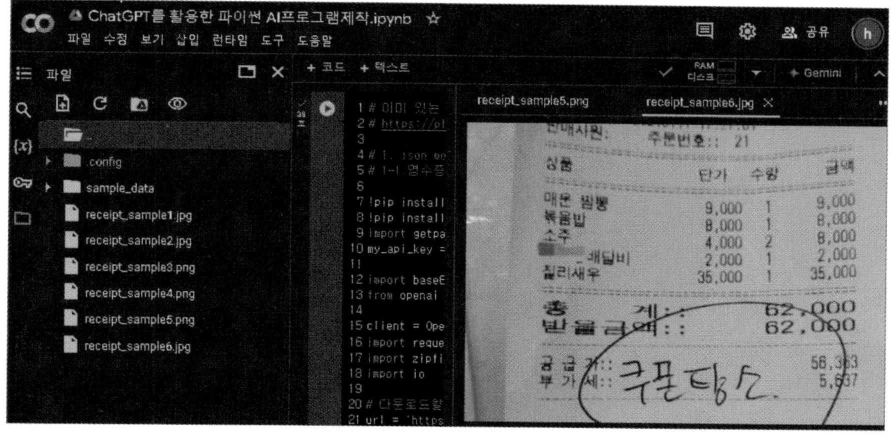

13.4.2 [2단계] 이미지를 Base64로 인코딩된 파일로 제작하기

다운로드한 영수증 이미지에서 글자들을 추출하기 위해 오픈AI API의 Image to Text 기능을 사용할 것입니다. 이 단계에서 필요한 것은 우리의 PC에 저장된 이미지 파일을 텍스트 기반 형식으로 변환해주는 작업입니다.

오픈AI API 문서에 있는 코드 스니펫을 이용하면 우리가 가진 실습용 이미지 파일을 Base64로 인코딩된 이미지로 변경할 수 있습니다.

[여기서 잠깐!] Base64 인코딩

Base64로 인코딩되었다는 의미는 데이터를 64가지 문자로 이루어진 문자열로 변환했다는 것을 뜻합니다. 주로 이미지, 문서, 영상 등의 바이너리 데이터를 텍스트 기반 포맷으로 변환할 때 사용되죠. 오픈AI와 같은 API에서 이미지를 전송할 때는 이런 텍스트 기반 인코딩이 필요합니다.

Base64 인코딩이 필요한 이유는 다음과 같습니다.

- **바이너리 데이터 전송**: API나 웹 통신에서 텍스트만 전송 가능한 경우가 많습니다. 이미지는 원래 0과 1로 이루어진 바이너리 데이터라 텍스트로 변환해야 합니다.
- **안정적인 데이터 전송**: 이미지 파일을 직접 전송하면 깨질 수 있지만, Base64로 변환하면 문자로 표현되므로 안전하게 전송할 수 있습니다.
- **범용성**: 텍스트 기반이기 때문에 이메일, JSON, HTML 등 다양한 포맷에서 쉽게 사용됩니다.

Base64 인코딩에 대한 문서를 확인하고 싶다면 오픈AI 플랫폼에서 'Vision' 문서를 참고해보시기 바랍니다.

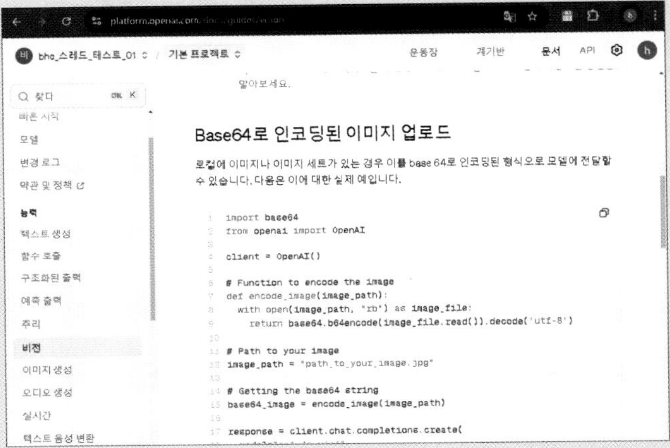

[Vision 문서 링크] https://platform.openai.com/docs/guides/vision

다음 코드는 Base64 형식으로 이미지를 인코딩하는 내용입니다. 이 코드는 오픈AI의 공식문서를 기반으로 하여 이번 실습 상황에 맞게 수정한 것입니다.

```
# 이미지 인코딩 – https://platform.openai.com/docs/guides/vision

import base64
from openai import OpenAI

# Function to encode the image
def encode_image(image_path):
```

```
    with open(image_path, "rb") as image_file:
        return base64.b64encode(image_file.read()).decode('utf-8')
# Path to your image
image_path = "receipt_sample1.jpg"
# Getting the base64 string
base64_image = encode_image(image_path)
```

일단 만들어진 코드로 이미지 1장을 변경해보고, 결과가 잘 나왔다면 챗GPT에게 추가 질문을 하거나 직접 코드를 수정해서 모든 이미지 파일을 변환합니다.

13.4.3 [3단계] 도출 결과를 원하는 데이터 형태 설정

이제 이 실습의 핵심 단계에 도달했습니다. 오픈AI API의 Structured Outputs 기능으로 우리가 원하는 도출 결과로 데이터 형태를 설정해봅시다.

먼저 공식문서를 한번 보겠습니다.

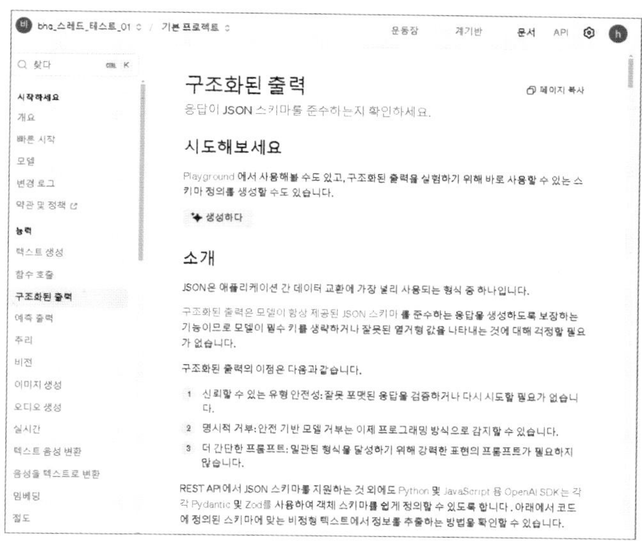

[Structured Outputs 문서 링크] https://platform.openai.com/docs/guides/structured-outputs

내용을 읽어보면 과거에 'jsonmode' 라는 기능을 업그레이드 했다고 알 수 있습니다. JSON (JavaScript Object Notation)은 앞서 설명드렸지만, 데이터를 저장하고 전송할 때 사용하는 경량의 데이터 포맷입니다. 사람이 읽고 쓰기 쉽고, 기계가 파싱(parsing)하고 생성하기 편리한 구조를 가지고 있습니다. 주로 웹 애플리케이션에서 서버와 클라이언트 간 데이터 교환에 널리 사용됩니다.

더 알아보기

JSON의 기본 특징

- **텍스트 기반**: JSON은 단순한 텍스트 포맷으로, 모든 프로그래밍 언어에서 읽고 쓸 수 있습니다.
- **키-값 쌍(Key-Value Pair)**: JSON은 데이터를 키-값 쌍으로 표현합니다 (예) "이름": "홍길동"
- **경량 포맷**: 데이터 구조가 간결하여 네트워크 전송 시 빠르고 효율적입니다.
- **언어 독립적**: 원래는 JavaScript에서 유래했지만, Python, Java, C++, PHP 등 대부분의 언어에서 지원합니다.

그래서 과거에는 아래와 같이 원하는 데이터의 결과물을 프롬프트 안에 넣어서 사용하고는 했습니다. (그리고 여전히 유용한 방법입니다.)

```
"text": """You are a helpful assistant designed to output json.
이영수증에서 합계를 제외하고 구매내역을 알려줘.
이때 배출되는 데이터의 구조는 아래와 같이 해줘
₩n₩n
{"영수증이름":"0000",
 "영수증내역":{
                "항목1":"가격1",
                 "항목2":"가격2"}
                 }
                 ₩n₩n
                 """
```

그런데 이 방식의 프롬프트를 사용하게되면 문제가 가끔 우리가 원하지 않는 데이터로 데이터를 도출할 때도 있어서 항상 예외처리를 감수해야 했습니다.

그리고 이 문제를 해결하기 위한 Structured Outputs 기능이 나타난 것입니다.

해당 기술을 구현하는 과정을 크게 나누면 ① 내가 원하는 데이터 구조 설정 → ② 오픈AI 스키마 생성 기능으로 데이터 구조 구성 → ③ API 구현으로 볼 수 있습니다. 데이터 구조 설정은 향후 결과가 나왔을 때 내가 어떻게 활용할지 고민을 하고 구조를 짜주면 됩니다.

여기서부터는 pandas를 다뤄본 분이 아니라면 조금 어렵게 느껴질 수 있습니다. 하지만 처음부터 쉬운 것은 없습니다. 반복해서 활용하다 보면 그 기술이 쉽게 다가올 수 있다는 것을 꼭 기억하시고 실습을 따라오시길 바랍니다.

① 내가 원하는 데이터 구조 설정

```
{
  "영수증이름": "2024년 12월 1일 구매 내역",
  "영수증내역": [
    {"내역1": "사과", "가격": 3.50},
```

```
  {"내역2": "우유", "가격": 2.00},
 ],
 "총액": 5.50,
 "항목개수" :
 "판매자정보":"롯데슈퍼"
}
```

기본적으로 dict 구조로 구조를 설정하면 pandas DataFrame으로 변환하기에 편리합니다.

이제 원하는 구조의 결과값을 기반으로 여기에 가장 적절한 Schema(스키마)를 만들어야 합니다. 이 개념은 데이터 구조적인 이해가 잘 되지 않으면 매우 어렵게 나올 수 있기 때문에 이 책에서는 이 내용을 깊게 다루지 않고, 오픈AI에서 제공해주는 생성형 AI 기능을 활용해서 스키마를 쉽게 만들어내는 실습을 진행하겠습니다.

[여기서 잠깐!] 스키마(Schema)란?

데이터의 구조, 형태 또는 설계를 의미하는 용어. 쉽게 말해 어떤 데이터가 어떻게 생겼고, 어떤 규칙을 따라야 하는지 정의한 약속

스키마에 대한 문서를 확인하고 싶다면 OpenAI Platform에서 'Prompt Generation' 문서의 'Schemas' 항목을 참고해보시기 바랍니다.

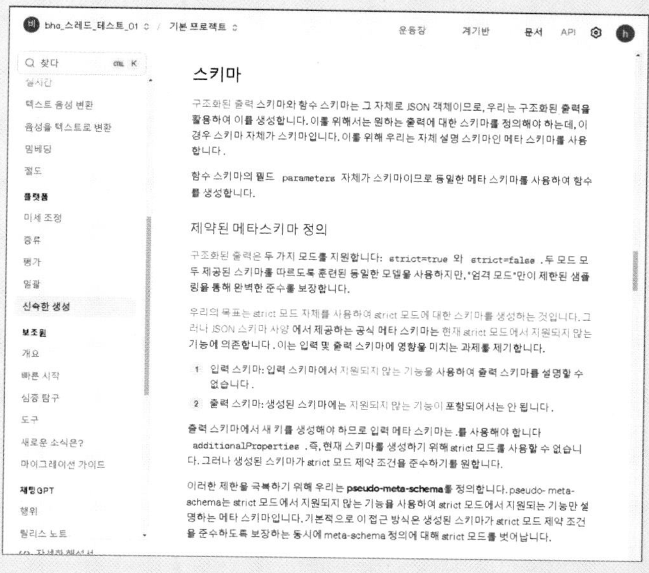

[스키마 문서 링크] https://platform.openai.com/docs/guides/prompt-generation#schemas

② 오픈 AI의 스키마 생성 기능으로 데이터 구조 구성

오픈AI가 제공하는 스키마 생성 기능을 이용하여, 우리가 원하는 데이터 구조로 스키마를 구성해보겠습니다.

스키마 생성 기능은 오픈AI 플랫폼의 Structured Outputs 문서에 있습니다. 이 문서로 들어가서 다음을 따라 스키마를 생성합니다.

[Structured Outputs 문서 링크] https://platform.openai.com/docs/guides/structured-outputs

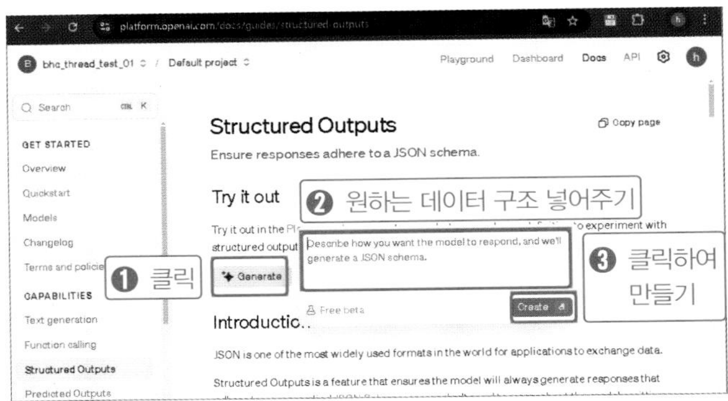

그러면 오픈AI API를 구축할 때 필요한 스키마가 만들어집니다. 이제 my_wannabe_response라는 변수에 이 스키마를 넣어보겠습니다.

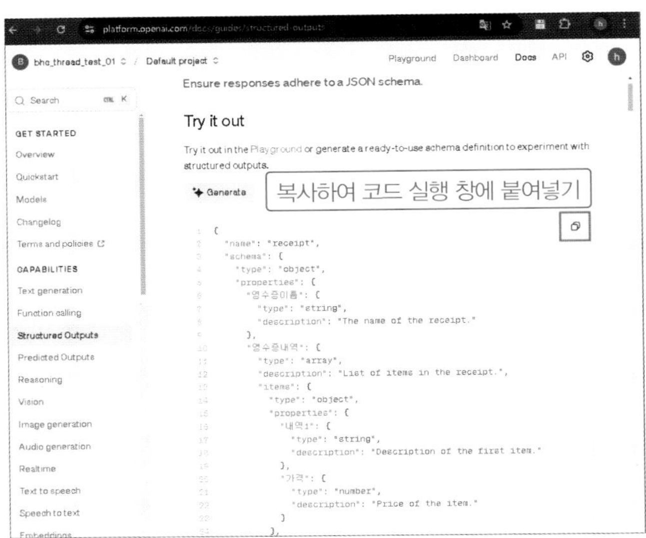

```
my_wannabe_response = {
  "name": "receipt",
  "schema": {
    "type": "object",
    "properties": {
      "영수증이름": {
        "type": "string",
        "description": "The name of the receipt."
      },
      "영수증내역": {
        "type": "array",
        "description": "List of items in the receipt.",
        "items": {
          "type": "object",
          "properties": {
            "내역1": {
              "type": "string",
              "description": "Description of the first item."
            },
            "가격": {
              "type": "number",
              "description": "Price of the item."
            }
          },
          "required": [
            "내역1",
            "가격"
          ],
          "additionalProperties": false
        }
      },
      "총액": {
        "type": "number",
        "description": "Total amount of the receipt."
      },
      "항목개수": {
```

```
            "type": "string",
            "description": "Number of items in the receipt."
          },
          "판매자정보": {
            "type": "string",
            "description": "Information about the seller."
          }
        },
        "required": [
          "영수증이름",
          "영수증내역",
          "총액",
          "항목개수",
          "판매자정보"
        ],
        "additionalProperties": false
      },
      "strict": true
}
```

그런데 코드를 실행했더니 오류가 발생했습니다.

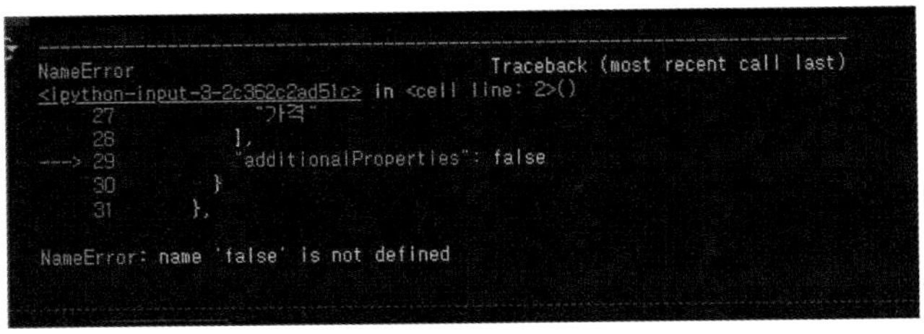

```
NameError                                 Traceback (most recent call last)
<ipython-input-3-2c362c2ad51c> in <cell line: 2>()
     27             "가격"
     28         ],
---> 29         "additionalProperties": false
     30     }
     31   },

NameError: name 'false' is not defined
```

파이썬에서는 False와 True를 입력할 때 대/소문자 구분을 해줘야 하는데, 여기서는 그것을 제공하지 않기 때문에 오류가 생긴 것입니다. 그래서 이 부분은 손으로 바꿔줘야 합니다.

```
              "가격"
            ],
            "additionalProperties": True
          }
        },
        "총액": {
          "type": "number",
          "description": "Total amount of the receipt."
        },
        "항목개수": {
          "type": "string",
          "description": "Number of items in the receipt."
        },
        "판매자정보": {
          "type": "string",
          "description": "Information about the seller."
        }
      },
      "required": [
        "영수증이름",
        "영수증내역",
        "총액",
        "항목개수",
        "판매자정보"
      ],
      "additionalProperties": False
    },
    "strict": True
}
```

이때 addtionsal Properties를 지정해준 형태로 T/F를 우리가 설정할 수도 있습니다. 이렇게 바꾸고 실행을 하니 오류가 발생하지 않습니다.

이제 이 내용을 기반으로 다음 코드 스니펫을 활용해보도록 하겠습니다.

13.4.4 [4단계] 해당 스키마를 response_format 파라미터로 오픈AI API 모델에 제공

우리가 정한 스키마를 기반으로 원하는 결과를 내게 하기 위해서 How to use Structured Outputs with response_format 영역에 왔습니다. 여기서 우리는 2가지 선택을 할 수 있습니다. 하나는 SDK objects이고 또 하나는 Manual schema입니다.

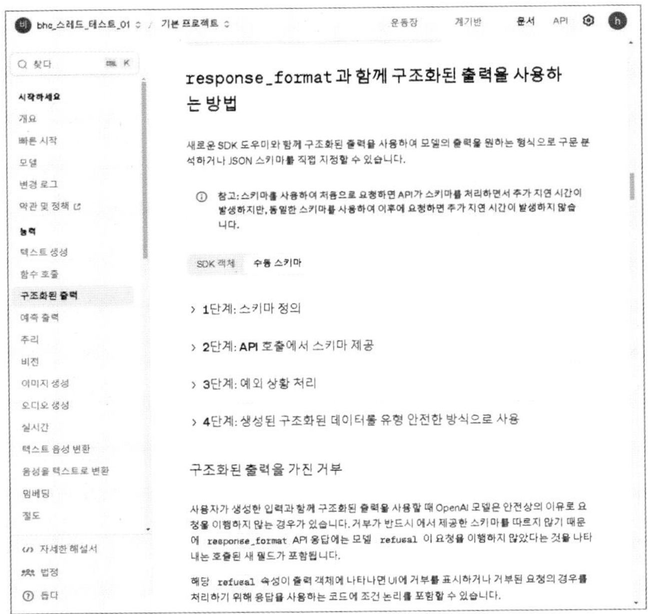

[구조화된 출력(Structured Outputs) 문서에서 스크롤을 내려보면 위와 같은 내용이 보입니다]

SDK(Software Development Kit) 객체는 구조화된 출력을 지원하기 위해 오픈AI의 SDK에서 제공하는 도구입니다. 예를 들어 Python의 Pydantic이나 Node.js의 Zod와 같은 데이터 검증 라이브러리를 활용하여 JSON 스키마를 정의하고, 이를 통해 모델의 출력을 자동으로 해당 데이터 구조로 변환하고 역직렬화할 수 있습니다. 그런데 이것을 활용하려면, 또 다른 Pydantic 의 사용법을 익히고 거기에서 schema를 검증하는 형태의 코드를 추가로 작성해야 합니다. 그래서 우리는 좀 더 쉬운 방법이면서, 확실한 구조의 결과를 보장할 수 있는 maual schema를 사용해 보겠습니다.

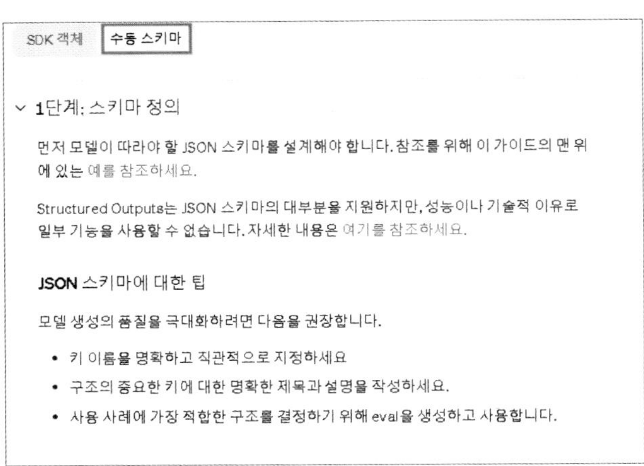

스키마를 생성하는 방법은 앞서 다뤘으니 자세한 설명은 생략하겠습니다.

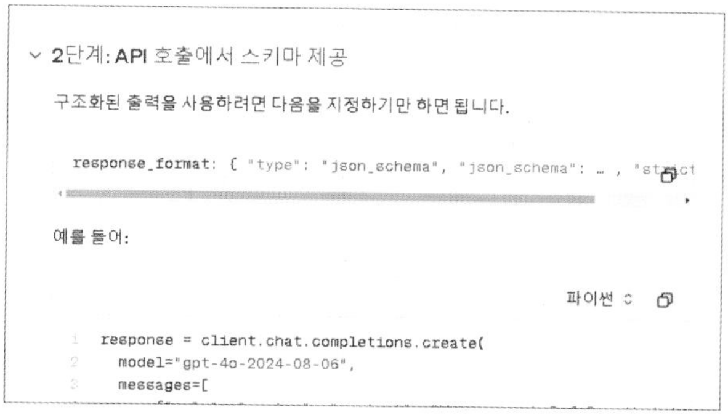

∨ **2단계: API 호출에서 스키마 제공**

구조화된 출력을 사용하려면 다음을 지정하기만 하면 됩니다.

```
response_format: { "type": "json_schema", "json_schema": … , "strict
```

예를 들어:

파이썬

```
response = client.chat.completions.create(
  model="gpt-4o-2024-08-06",
  messages=[
```

이 부분은 response_format이라는 매개변수로 우리가 아까 오픈AI가 생성해준 결과를 활용할 수 있습니다.

```
response_format={
    "type": "json_schema",
    "json_schema": {
        "name": "math_response",
        "schema": {
            "type": "object",
            "properties": {
                "steps": {
                    "type": "array",
                    "items": {
                        "type": "object",
                        "properties": {
                            "explanation": {"type": "string"},
                            "output": {"type": "string"}
                        },
                        "required": ["explanation", "output"],
                        "additionalProperties": False
                    }
                },
                "final_answer": {"type": "string"}
            },
            "required": ["steps", "final_answer"],
            "additionalProperties": False
        },
        "strict": True
    }
}
)
```

이런 구조로 우리가 스키마를 설정해야 하기 때문에 기존에 만들어 둔 코드를 다음과 같이 구현하겠습니다.

```
response_format={
  "type": "json_schema",
  "json_schema": my_wannabe_response
}
```

그럼 response_format에 우리가 원하는 데이터스키마가 들어가게 됩니다. 이제는 기존에 오픈 AI API를 사용할 때처럼 똑같이 하되, response를 진행할 때 response_format을 구조화하여 나온 결과를 하나의 매개변수로 전달하면 종료됩니다.

```
response = client.beta.chat.completions.parse(
  model="gpt-4o-mini",
  messages=[
    {
      "role": "user",
      "content": [
        {
          "type": "text",
          "text": """이 영수증에서 데이터를 양식에 맞게 출력해줘₩n₩n""",
        },
        {
          "type": "image_url",
          "image_url": {
            "url":  f"data:image/jpeg;base64,{base64_image}"
          },
        },
      ],
    }
  ],
  response_format=response_format,
)

print(response)
```

그리고 response에 담긴 데이터를 확인하고자 아래와 같이 코드를 실행하면 결과가 나오는 것을 확인할 수 있습니다.

```
response.choices[0].message.content
```

실행 결과

```
{"영수증이름":"일반 영수증","영수증내역":[{"내역1":"음료","가격":1500},{"내역1":"음료","가격":1600},{"내역1":"음료","가격":1600}],"총액":4600,"항목개수":"3","판매자정보":"고시마트본점"}
```

이제 드디어 우리가 원하는 결과를 만들어냈습니다.

13.4.5 [5단계] 모든 파일에 적용하여 데이터 모은 후 엑셀로 만들기

이제 우리가 가진 영수증 파일들의 경로를 가져와서 리스트에 담습니다.

```
# 모든 파일을 image to base64
import os
folder_file = os.listdir()
file_list = []
for a in folder_file:
  if ".jpg" in a:
    file_list.append(a)
  elif ".png" in a:
    file_list.append(a)
  print(a)
print(file_list)
```

file_list에 영수증 파일들의 경로가 담기고, 그것을 기반으로 반복문을 통해서 위에서 구현한 내용을 함수로 설정한 후 출력하게 하고, 그 출력한 데이터를 하나씩 쌓아서 리스트에 담아보겠습니다.

```
# 함수 제작
def image_to_table(image_path):
  base64_image = encode_image(image_path)
  response = client.beta.chat.completions.parse(
    model="gpt-4o-mini",
    messages=[
      {
        "role": "user",
        "content": [
          {
```

```
            "type": "text",
            "text": """이 영수증에서 데이터를 양식에 맞게 출력해줘\n\n""",
          },
          {
            "type": "image_url",
            "image_url": {
              "url":  f"data:image/jpeg;base64,{base64_image}"
            },
          },
        ],
      }
    ],
    response_format=response_format,
    )
    return response.choices[0].message.content
```

```
my_json_data = []
for a in file_list:
  print(image_to_table(a))
  my_json_data.append(image_to_table(a))
```

그럼 최종적으로 my_json_data에 영수증 데이터가 모두 담기게 됩니다.

```
my_json_data
```

실행 결과

['{"영수증이름":"영수증 NO:0003-1","영수증내역":[{"내역1":"대표장아찌","가격":4000},{"내역1":"명품 참젓갈(150g)","가격":476000}],"총액":480000,"판매자정보":"정보가 블러 처리됨."}',
 '{"영수증이름":"영수증","영수증내역":[{"내역1":"매운 짬뽕","가격":9000},{"내역1":"볶음밥","가격":8000},{"내역1":"소주","가격":4000},{"내역1":"▒▒▒ 패달비","가격":2000},{"내역1":"칠리새우","가격":35000}],"총액":62000,"판매자정보":"쿠폰티즌"}',
 '{"영수증이름":"신용카드전표-고객용","영수증내역":[{"내역1":"신한카드","가격":90901}],"총액":100000,"판매자정보":"보소다테점"}',
 '{"영수증이름":"스위트인디아","영수증내역":[{"내역1":"부가세 과세물품가액","가격":32730},{"내역1":"부가세","가격":3270}],"총액":36000,"판매자정보":"일신불"}',

```
'{"영수증이름":"영수증","영수증내역":[{"내역1":"기타","가격":145},{"내역1":"음료","가격":1600},{"내역1":"디저트","가격":1500}],"총액":3245,"판매자정보":"공식마트"}',
'{"영수증이름":"신용카드 영수증(고객용)","영수증내역":[{"내역1":"2016.11. 김영애","가격":300000},{"내역1":"2016.11. 명여교재","가격":30000}],"총액":330000,"판매자정보":"메이플에듀학원"}']
```

이제 이렇게 출력된 내용을 엑셀로 만들어야 하는데, 그것이 쉽지 않다면 챗GPT에게 도움을 받을 수 있습니다.

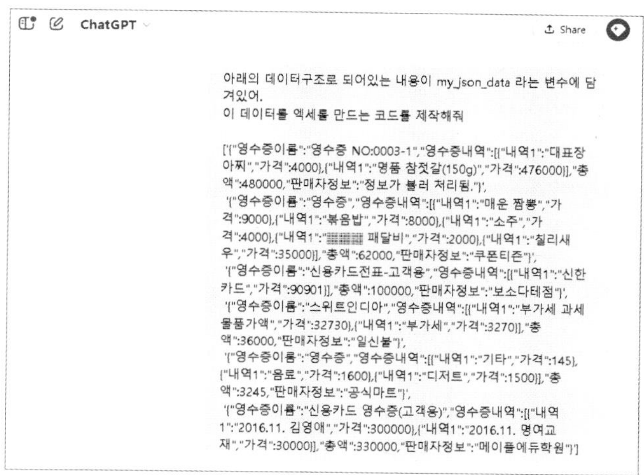

그리고 만들어진 코드를 그대로 사용하지 말고, 거기서 코드를 해석한 후 필요 없는 데이터는 삭제하고 엑셀 파일로 저장합니다.

```
import pandas as pd
import json

# # JSON 데이터
# my_json_data = [
#     '{"영수증이름":"영수증 NO:0003-1","영수증내역":[{"내역1":"대표장아찌","가격":4000},{"내역1":"명품 참젓갈(150g)","가격":476000}],"총액":480000,"판매자정보":"정보가 블러 처리됨."}',
#     '{"영수증이름":"영수증","영수증내역":[{"내역1":"매운 짬뽕","가격":9000},{"내역1":"볶음밥","가격":8000},{"내역1":"소주","가격":4000},{"내역1":"▒▒▒ 패달비","가격":2000},{"내역1":"칠리새우","가격":35000}],"총액":62000,"판매자정보":"쿠폰티즌"}',
#     '{"영수증이름":"신용카드전표-고객용","영수증내역":[{"내역1":"신한카드","가격":90901}],"총액":100000,"판매자정보":"보소다테점"}',
#     '{"영수증이름":"스위트인디아","영수증내역":[{"내역1":"부가세 과세물품가액","가격":32730},{"내역1":"부가세","가격":3270}],"총액":36000,"판매자정보":"일신불"}',
```

```
#     '{"영수증이름":"영수증","영수증내역":[{"내역1":"기타","가격":145},{"내역1":"음료","가격":1600},{"내역1":"디저트","가격":1500}],"총액":3245,"판매자정보":"공식마트"}',
#     '{"영수증이름":"신용카드 영수증(고객용)","영수증내역":[{"내역1":"2016.11. 김영애","가격":300000},{"내역1":"2016.11. 명여교재","가격":30000}],"총액":330000,"판매자정보":"메이플에듀학원"}'
# ]

# 모든 영수증 데이터를 저장할 리스트
all_receipts = []

# JSON 데이터를 반복하며 파싱
for receipt_json in my_json_data:
    receipt = json.loads(receipt_json)
    receipt_name = receipt["영수증이름"]
    seller_info = receipt["판매자정보"]
    total_amount = receipt["총액"]

    # 영수증 내역을 반복하며 데이터 추가
    for detail in receipt["영수증내역"]:
        all_receipts.append({
            "영수증 이름": receipt_name,
            "내역": detail["내역1"],
            "가격": detail["가격"],
            "총액": total_amount,
            "판매자 정보": seller_info
        })

# Pandas DataFrame 생성
df = pd.DataFrame(all_receipts)

# 엑셀로 저장
output_file = "receipts.xlsx"
df.to_excel(output_file, index=False, sheet_name="영수증 데이터")
print(f"엑셀 파일이 '{output_file}' 이름으로 저장되었습니다.")
```

이렇게 우리가 원하는 이미지 데이터를 엑셀로 저장하는 역할을 완료하였습니다.

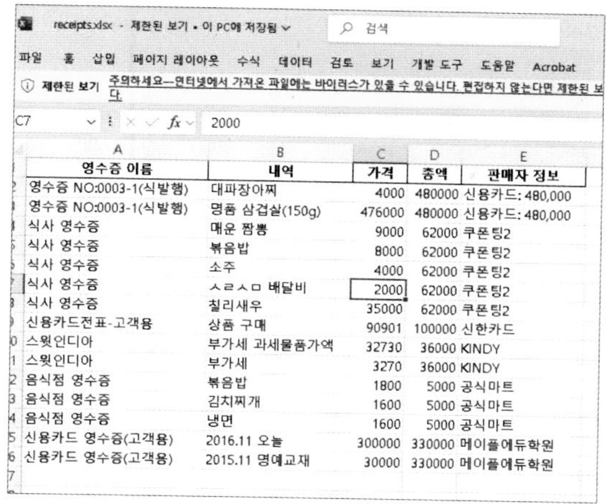

영수증 이름	내역	가격	총액	판매자 정보
영수증 NO:0003-1(식발행)	대파장아찌	4000	480000	신용카드: 480,000
영수증 NO:0003-1(식발행)	명품 삼겹살(150g)	476000	480000	신용카드: 480,000
식사 영수증	매운 짬뽕	9000	62000	쿠폰팅2
식사 영수증	볶음밥	8000	62000	쿠폰팅2
식사 영수증	소주	4000	62000	쿠폰팅2
식사 영수증	ㅅㄹㅅㅁ 배달비	2000	62000	쿠폰팅2
식사 영수증	칠리새우	35000	62000	쿠폰팅2
신용카드전표-고객용	상품 구매	90901	100000	신한카드
스윗인디아	부가세 과세물품가액	32730	36000	KINDY
스윗인디아	부가세	3270	36000	KINDY
음식점 영수증	볶음밥	1800	5000	공식마트
음식점 영수증	김치찌개	1600	5000	공식마트
음식점 영수증	냉면	1600	5000	공식마트
신용카드 영수증(고객용)	2016.11 오늘	300000	330000	메이플에듀학원
신용카드 영수증(고객용)	2015.11 명예교재	30000	330000	메이플에듀학원

13.5 미래 기술, 어디까지 왔을까? – 멀티모달 기반 지도 시각화 프로그램

실습 파일 3.파이썬 〉 데이터분석_AI 〉 ALLINONE_시위정보시각화.ipynb

지금까지 우리는 생성형 AI를 활용한 업무 혁신 및 자동화의 다양한 기술을 배웠습니다. 이제 이 기술들을 한데 모아 현실 문제를 해결하는 프로그램을 만들어보겠습니다. 이번 실습도 저의 수업을 참여하신 분이 구현한 프로그램의 아이디어를 변형하여 준비했습니다. 이 점을 참고해주시고 문제 상황을 먼저 보겠습니다.

상황

서울에서 통신망 관리를 담당하는 한 기술자는 매일같이 데이터 속에서 도시의 인구 밀집도를 예측하며 통신 과부하를 방지하는 알고리즘을 만들고 있습니다. 사람들이 오가는 패턴은 대부분 데이터로 예측이 가능한데 한 가지 예외가 있었습니다. 바로 '시위'입니다.

시위가 열리는 날이면 예상치 못한 장소에서 사람들이 한꺼번에 몰리면서 통신이 마비되곤 합니다. 심지어 시위가 여러 장소에서 동시에 발생할 때면 통신 장애가 심각해지고, 고객들의 불만은 고스란히 통신사의 신뢰도 하락으로 이어졌습니다.

다행히도 시위 정보를 미리 확인하는 방법은 있습니다. 경찰청 사이트를 이용하면 시위가 열리는 장소와 시간을 파악할 수 있는데, 문제는 이 정보가 텍스트가 아닌 이미지 형태로 제공된다는 점입니다.

- 텍스트 복사 불가: 이미지로 제공된 정보는 복사가 불가능합니다
- 수작업의 번거로움: 매번 PDF 파일을 다운로드하고, 정보를 하나하나 옮겨가며 분석을 진행해야 합니다

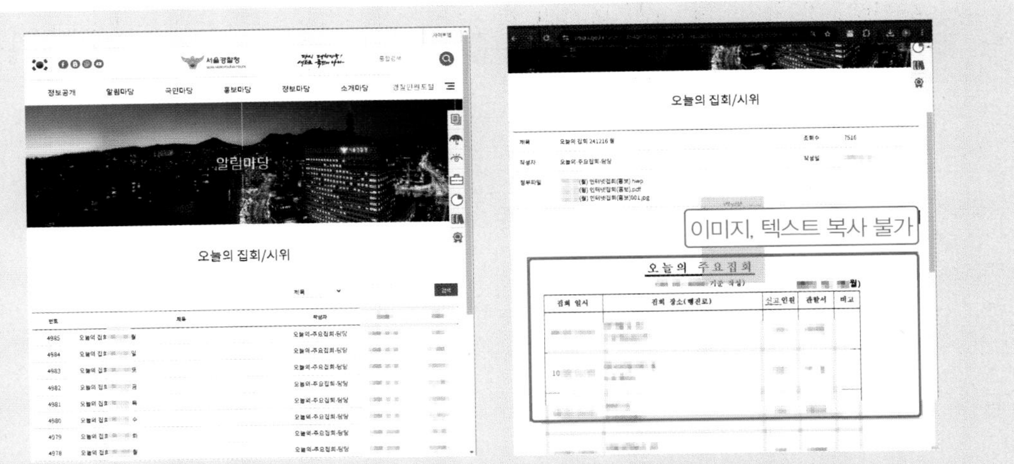

[출처: 경찰청(https://www.smpa.go.kr/user/nd54882.do)]

정보를 수작업으로 정리하면 번거로울 뿐만 아니라 실시간으로 변하는 시위 정보를 빠르게 반영할 수 없다는 문제점도 있습니다. 이러한 상황에서 시위 정보를 빠르고 편하게 확인할 수 있는 방법은 없을까요?

문제를 해결하는 기술의 융합: 멀티모달 AI

이 문제를 해결하기 위해 우리는 멀티모달 AI 기술을 활용할 수 있습니다. 멀티모달 AI란 이미지와 텍스트를 동시에 이해할 수 있는 AI입니다. 이 기술을 이용하여 할 수 있는 작업은 다음과 같습니다.

- 이미지 혹은 PDF에서 텍스트 추출
- 데이터 정리 및 분석
- 지도 시각화
- 통신망 예측 모델과 연동

그리고 위 작업들을 활용하여 시위 정보를 빠르게 추출한 후 지도로 시각화하는 프로그램을 만들 수 있습니다. 이 자동화 프로그램의 개발 흐름은 다음과 같이 생각해볼 수 있습니다.

[1단계] 시위 정보 수집
경찰청 사이트에서 PDF 또는 이미지 형태의 시위 정보를 다운로드합니다

[2단계] OCR 기반 데이터 추출
오픈AI API의 Image To Text 기능을 활용하여 이미지에서 텍스트를 추출합니다

[3단계] 데이터 전처리
pandas 라이브러리를 활용하여 추출된 텍스트를 날짜, 시간, 장소 등의 카테고리로 정리합니다

[4단계] 지도 시각화
Folium이나 Plotly를 이용해 서울 지도 위에 시위 장소를 마커로 표시합니다

[5단계] 알고리즘 최적화
시위 밀집도를 예측하고 통신망을 최적화하는 모델을 구축합니다

그럼 각 과정을 결과 위주로 보도록 하겠습니다.

13.5.1 [1단계] 시위 정보 수집

경찰청 사이트에서 PDF 또는 이미지 형태의 시위 정보를 다운로드합니다.

01 챗GPT에게 질문해서 크롤링 코드를 만듭니다.

```
# PC 버전
!pip install selenium == 4.1.5
!pip install webdriver_manager
from selenium import webdriver
import requests
from selenium.webdriver.chrome.service import Service
from webdriver_manager.chrome import ChromeDriverManager
from selenium.webdriver.common.by import By
service = Service(executable_path=ChromeDriverManager().install()) #크롬드라이버 설치
options = webdriver.ChromeOptions()
options.add_argument('--no-sandbox')
driver = webdriver.Chrome(service=service)

# 지정된 URL로 이동
driver.get('https://www.smpa.go.kr/user/nd54882.do')

# 페이지에서 이벤트 URL 추출
e_list = []
sel_01 = driver.find_elements(By.CLASS_NAME, 'subject')
for a in sel_01:
    event_date = a.text.split(" ")[-2]
    bn = a.find_element(By.TAG_NAME, 'a').get_attribute('href').split(",")[-1].split("'")[1]
```

```
    basic_url = f"https://www.smpa.go.kr/user/nd54882.do?View&uQ=&pageST=SUBJECT&pageS-
V=&imsi=imsi&page=1&pageSC=SORT_ORDER&pageSO=DESC&dmlType=&boardNo={bn}"
    e_list.append([event_date, basic_url])

# PDF 파일 다운로드 함수
def download_file(url, filename):
    response = requests.get(url)
    response.raise_for_status()
    with open(filename, "wb") as file:
        file.write(response.content)

# 이벤트 데이터 처리
import requests
e_list2 = []
for event_date, url in e_list:
    driver.get(url)
    pdf_url = driver.find_element(By.PARTIAL_LINK_TEXT, '.pdf').get_attribute('onclick').split("'")
[-2]
    pdf_down_url = f"https://www.smpa.go.kr/common/attachfile/attachfileDownload.do?attach-
No={pdf_url}"
    download_file(pdf_down_url, f"{event_date}_downloaded_file.pdf")
    e_list2.append([event_date,url, f"{event_date}_downloaded_file.pdf"])
```

02 코드를 실행하면 시위 정보 PDF가 다운로드됩니다. 파일을 열어 다음과 같은 내용이 보인다면 잘 가져온 것입니다.

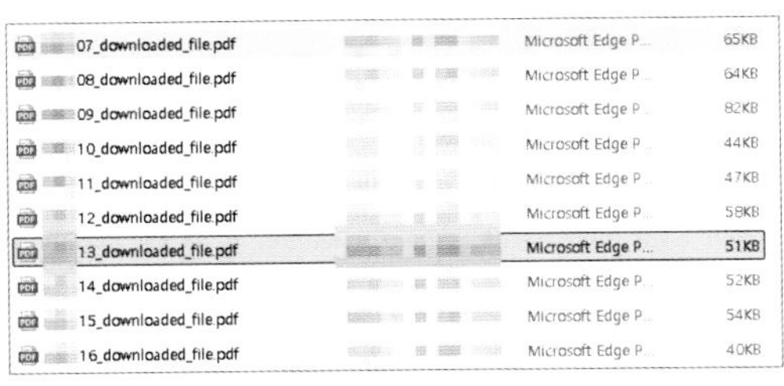

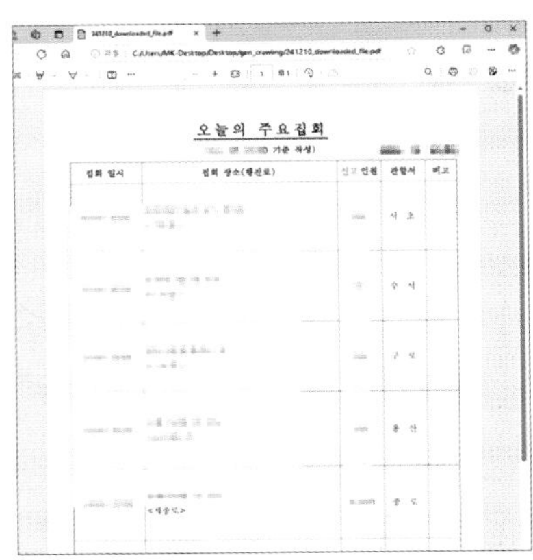

데이터를 수집했으니 다음 단계로 넘어가 보겠습니다.

13.5.2 [2단계] OCR 기반 데이터 추출

오픈AI API의 Image To Text 기능을 활용하여 이미지에서 텍스트를 추출합니다.

01 오픈 AI API 로그인을 진행하고 파일을 첨부하는 코드를 실행합니다.

```
# pdf 기반 assistant api 구현하기
# 1. openai 로그인하기
# client 생성
!pip install openai

import getpass
pw = getpass.getpass("openai API 키 : ")
from openai import OpenAI

client = OpenAI(
  api_key=pw,
)
my_file_name = e_list2[0][2]

# vector store 활용 시
# vector_store = client.beta.vector_stores.create(name="시위 정보 벡터 스토어")
# file_batch = client.beta.vector_stores.file_batches.upload_and_poll(
#     vector_store_id=vector_store.id,
#     files=[open(my_file_name, "rb")]
# )
# 파일첨부 활용 시
# 생성된 test.xlsx 파일 첨부
file = client.files.create(
  file=open(my_file_name, "rb"),
  purpose='assistants'
)
```

02 코드를 실행하면 첨부한 파일이 오픈AI 플랫폼에 업로드됩니다.

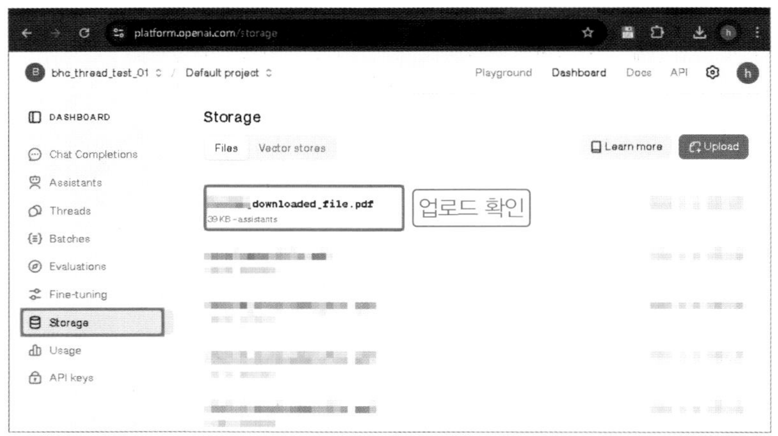

03 다음 코드는 assistant api를 사용하는 내용입니다. 이 api는 첨부한 파일을 기반으로 응답을 하는 봇을 만드는 기능을 합니다. 그럼 코드를 실행해보겠습니다.

```
# 업로드된 파일로 assistant 생성
assistant = client.beta.assistants.create(
    name = f"PDF에서 시위정보를 찾아내는 봇_{my_file_name}",
    description = "너는pdf의 내용을 보고 시위정보를 전체적으로 파악하는 봇이야.",
    model = "gpt-4o-mini",
    tools = [{"type": "file_search"}],
    instructions="pdf안에 있는 데이터를 양식(날짜, 시간, 행사명, 참여인원, 주소)에 맞게 출력해",
)
```

04 다음 그림을 따라 클릭해보면 봇에게 요청한 내용이 하나씩 등록됩니다.

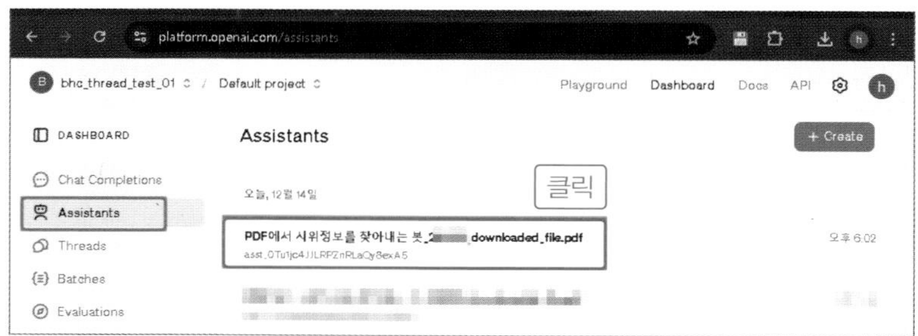

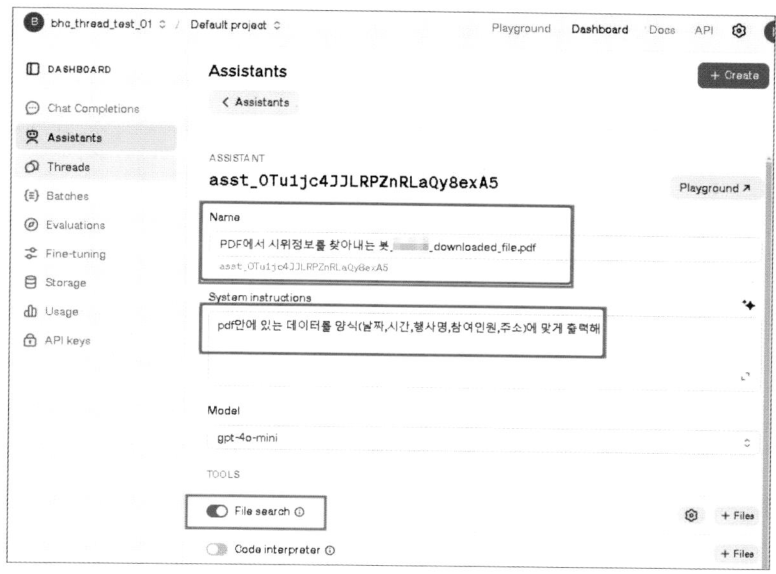

05 나만의 assistant를 제작하고, 거기에 지시를 내리는 대화세트를 추가해줍니다. 해당 질문을 thread라고 합니다.

```
# thread 생성
thread = client.beta.threads.create()
print(thread)
print(thread.id)
```

06 thread를 추가하였기 때문에 코드를 실행하면 오픈AI 플랫폼에도 똑같은 결과를 확인할 수 있습니다.

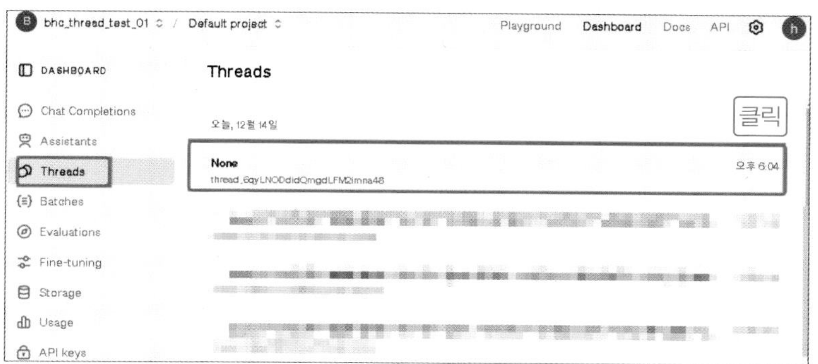

07 thread를 클릭하여 원하는 파일을 첨부하고 JSON MODE로 프롬프트를 구성하여 입력합니다.

> **NOTE** JSON MODE는 구조화된 출력(Structured Outputs)의 과거 기능으로, 편리하게 프롬프트 만들어 활용할 수 있는 것이 장점입니다.

```
# 메시지를 thread에 추가하기
messages = client.beta.threads.messages.create(
  attachments = [
    {
      "file_id": file.id,
      "tools": [{"type": "file_search"}]  # Specify the tool to process the attachment
    }
  ],

  thread_id = thread.id,
  role = 'user',
  content = '''You are a helpful assistant designed to output json.₩n
  pdf안에 있는 데이터를 읽고 json양식에 맞게 json으로 출력해.₩n
  (중요! : 미사여구 다 빼고, 내가 필요한 데이터 양식만 답변줘)₩n
  출력되는 데이터의 구조의 예시는 아래와 같아₩n

  {"시위일자":"2024-12-06",
   "시위명":"고등무상급식 촉구집회",
   "시위장소":"서울시 광진구 구의동 611",
   "시위인원":100,
   "시위시작시간":"14시",
   "시위종료시간":"18시",
  }

  ''',
)
print(messages)
```

08 다음 그림과 같이 질문과 첨부파일을 올리고 코드를 실행합니다.

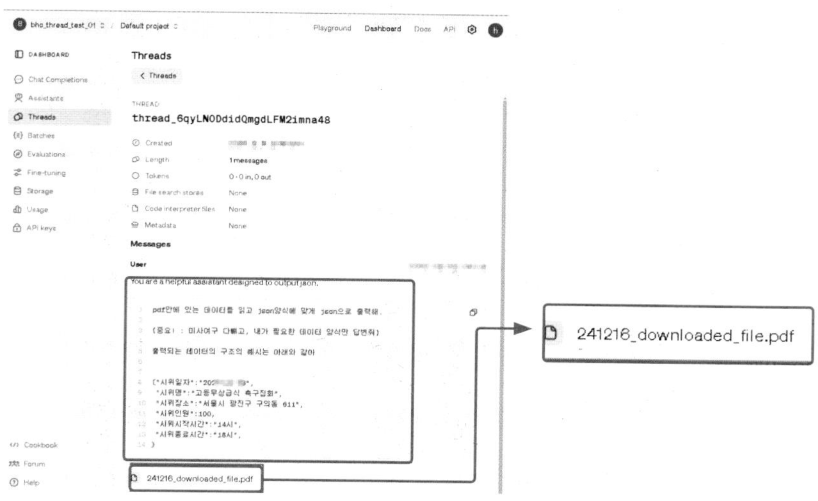

09 마지막 줄에 코드 실행 후 20초를 대기하는 내용을 넣습니다. AI가 좋은 답변을 낼 수 있도록 답변 대기 시간을 주는 것입니다.

```
# code
run = client.beta.threads.runs.create(
  thread_id = thread.id,
  assistant_id = assistant.id,
  )
import time
time.sleep(20)
```

10 코드를 실행하고 새로고침을 합니다. 그러면 질문에 대한 대답이 20초에 걸쳐 나오고 JSON 데이터로 출력이 된 것을 확인할 수 있습니다.

11 이제 결과 자체를 message라는 변수에 담아서 실제 출력된 결과를 확인하겠습니다.

```
# 결과물 확인하기
# 결과 체크하기
messages = client.beta.threads.messages.list(
  thread_id = thread.id
)
my_text = messages.data[0].content[0].text.value
```

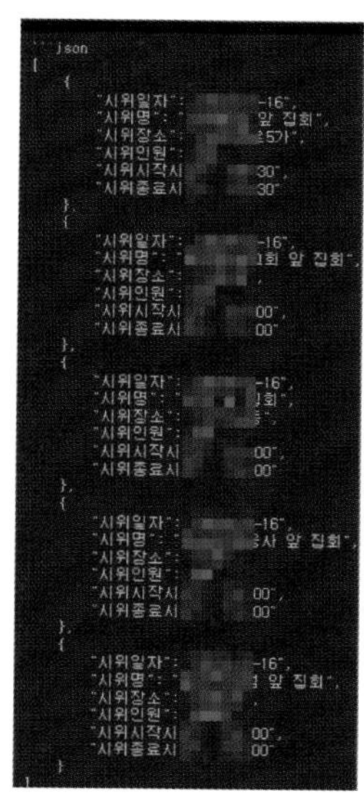

12 챗GPT에게 질문하여 방금 출력을 확인한 데이터를 엑셀 파일로 변환하는 코드를 생성합니다. 일단 PDF 파일 하나만 엑셀로 변환하는 코드를 요청합니다.

13 질문한 결과, 챗GPT가 다음과 같은 코드를 만들었습니다. 그리고 챗GPT가 생성한 코드를 실행하니 PDF 내용이 표로 잘 정리되었습니다.

```
my_json_text = messages.data[0].content[0].text.value.split("json")[1].split("]")[0]+"]"
print(my_json_text)
import json
my_json = json.loads(my_json_text)
import pandas as pd
pd.DataFrame(my_json)
```

	시위일자	시위명	시위장소	시위인원	시위시작시간	시위종료시간
0	20[illegible]	[illegible] 앞 집회	남[illegible]5가	200	09:30	10:30
1	20[illegible]	평[illegible] 앞 집회	[illegible]동	500	10:00	11:00
2	20[illegible]	[illegible] 앞 집회	[illegible]동	250	13:00	15:00
3	20[illegible]	예[illegible] 앞 집회	[illegible]동	700	14:00	15:00
4	20[illegible]	[illegible] 앞 집회	[illegible]로	10000	14:00	18:00

14 이제 한 개의 파일이 잘 구동되는 것을 확인했기 때문에 다른 파일에도 적용시키기 위해서 아까 다운로드 받았던 pdf들을 하나로 합칩니다.

```
# 모든 PDF파일 작업시작
import os
pdf_file_list = []
for a in os.listdir():
    if ".pdf" in a:
        pdf_file_list.append(a)
pdf_file_list
```

13.5.3 [3단계] 데이터 전처리

pandas 라이브러리를 활용하여 추출된 텍스트를 날짜, 시간, 장소 등의 카테고리로 정리합니다

01 이제 PDF를 하나씩 해석하여 테이블 데이터로 구축합니다. 반복문이 돌아갈 때마다 첨부하여 분석을 시켜야 하므로 기다리는 시간을 넉넉하게 줘서 진행하겠습니다.

> **NOTE** 이미 assistant를 만들어서 결과를 잘 만든 것을 확인하였습니다. 따라서 새로 Assistant를 만드는 것이 아닌 현재의 상태에서 계속 질문을 해나가는 것이 일관된 답변을 얻는 것에 더 큰 도움이 됩니다.

```
my_et_df = pd.DataFrame(['시위일자','시위명','시위장소','시위인원','시위시작시간','시위종료시간']).T
my_et_df.columns = my_et_df.loc[0]

# 기본 어시스턴트 제공 거기서 추가작업 진행
for my_file_name in pdf_file_list:
    try:
        file = client.files.create(
            file = open(my_file_name, "rb"),
            purpose = 'assistants'
        )
        time.sleep(10)
        # 메시지를 thread에 추가하기
        messages = client.beta.threads.messages.create(
            attachments = [
                {
                    "file_id": file.id,
```

```
            "tools": [{"type": "file_search"}]  # Specify the tool to process the attachment
          }
        ],
        thread_id = thread.id,
        role = 'user',
        content = '''이번 파일도 분석한 뒤 답변해줘''',
      )
      # code
      run = client.beta.threads.runs.create(
        thread_id = thread.id,
        assistant_id = assistant.id,
        )
      import time
      time.sleep(20)
      messages = client.beta.threads.messages.list(
        thread_id = thread.id
      )

      my_text = messages.data[0].content[0].text.value
      my_json_text = messages.data[0].content[0].text.value.split("json")[1].split("]")[0]+"]"
      my_json = json.loads(my_json_text)
      import pandas as pd
      df = pd.DataFrame(my_json)
      # display(df)
      df = pd.concat([my_et_df,df],axis=0)
    except:
      print(f"오류발생_파일명_{my_file_name}")
df = df.iloc[1:,:]
df
```

02 그럼 이 동작이 수행될 때마다 thread에는 요청한 정보가 하나씩 대화 형식으로 쌓이는 것을 알 수 있습니다.

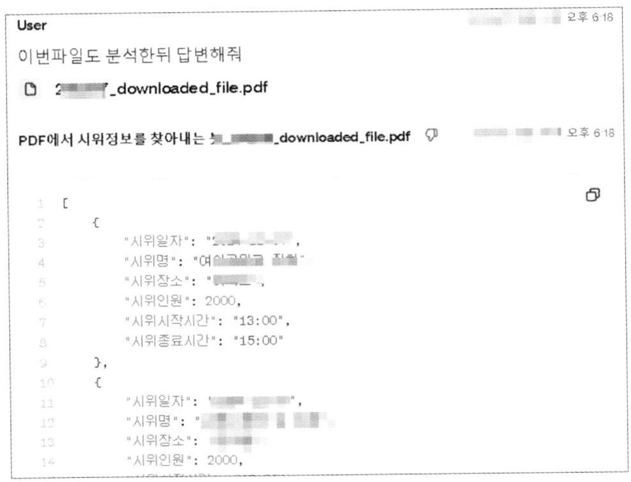

User

오후 6:19

이번파일도 분석한뒤 답변해줘

_downloaded_file.pdf

PDF에서 시위정보를 찾아내는 봇 _downloaded_file.pdf

오후 6:19

```
[
    {
        "시위일자": "",
        "시위명": "평강 집회",
        "시위장소": "오",
        "시위인원": 500,
        "시위시작시간": "10:00",
        "시위종료시간": "11:00"
    },
    {
        "시위일자": "",
        "시위명": "평",
        "시위장소": "",
        "시위인원": 50,
        "시위시작시간": "10:00",
        "시위종료시간": "11:00"
    },
    {
```

03 모든 추출과 분석이 끝나면 다음과 같은 결과를 볼 수 있습니다.

	시위일자	시위명	시위장소	시위인원	시위시작시간	시위종료시간
0	202	앞 집회	가	200	09:30	10:30
1	202	앞 집회	동	500	10:00	11:00
2	202	앞 집회	동	250	13:00	15:00
3	202	앞 집회	동	700	14:00	15:00
4	202	앞 집회	로	10000	14:00	18:00
...		...	...	...	...	...
6	202	면목 광장	동	200	17:00	21:00
7	202	5출 앞	도	200000	18:00	21:00
8	202	스 앞	동	100	18:30	20:30
9	202	실 앞	동	1000	19:30	21:30
10	202	로 위	도	100000	20:00	23:00

62 rows × 6 columns

04 지금부터는 [4단계]에서 할 지도 시각화 요청의 준비 작업을 진행하겠습니다.

지도 시각화를 하려면 주소 데이터를 위도/경도로 나타내야 합니다. 따라서 다시 /chatmode api를 활용해서 기존의 시위 장소를 주소 검색이 가능한 수준으로 바꿉니다.

```
# 기본 chatmode를 활용해서 주소 데이터를 정제하기
from openai import OpenAI
def Text_To_Address(my_address):
  response = client.chat.completions.create(
    model = "gpt-4o-mini-2024-07-18",
    messages = [
      {"role": "system","content": "애매한 주소를 대한민국에 가장 명확한 주소를 찾아서 주소 검색에 최적
화된 명사를 대답해주는 봇이야."},
      {"role": "user","content": "00빌딩 앞 집회"},
      {"role": "assistant","content": "서울 노원구 동일로 000길 00-00 00빌딩"},
      {"role": "user","content": "000 의원 사무실 앞<00동>"},
      {"role": "assistant","content": "서울특별시 송파구 00동"},
      {"role": "user","content": """00대학 정문 → 신촌 0000
  ※ 행진경로(0.8km,1개 차로):00대학 정문 → 신촌 기차역
  → 00 신촌직영점 → 신촌 0000
  <00동 등>"""},
    {"role": "assistant","content": "00 대학 정문"},
    {"role": "user","content": """연세로 양방 전차로 및 00광장 內
```

```
<창천동> """},
    {"role": "assistant","content": "연세로"},
    {"role": "user","content": """ 의사당역 5出 앞 3개차로 <여의도"""},
    {"role": "assistant","content": "국회의사당역 5번출구"},
    {"role": "user","content": """00면세점~0000호텔 앞 편도 全차로
<세종대로> """},
    {"role": "assistant","content": "00면세점"},
    {"role": "user","content": """여의대로 광복회관 앞"""},
    {"role": "assistant","content": "여의대로 광복회관"},
    { "role": "user","content": """세종대로 00면세점 앞"""},
    { "role": "assistant","content": "세종대로 00면세점"},
    { "role": "user","content": """서울시 영등포구 여의도동 00-00 00000 ActivityResult-Lo.."""},
    { "role": "assistant","content": "서울시 영등포구 여의도동 00-00 00000"},
    { "role": "user","content": """서울특별시 중구 봉래동 서울역 광장 → 전쟁기념관"""},
    { "role": "assistant","content": "서울특별시 중구 봉래동 서울역"},
    { "role": "user","content": """의사당대로 국회 앞 집회"""},
    { "role": "assistant","content": "국회의사당"},
    { "role": "user","content": """서울역 광장 → 전쟁기념관 집회"""},
    { "role": "assistant","content": "서울역"},
    { "role": "user","content": """전쟁기념관 북문 앞 집회"""},
    { "role": "assistant","content": "전쟁기념관"},
    { "role": "user","content": """의사당대로 국회 앞 집회"""},
    { "role": "assistant","content": "국회의사당"},
    { "role": "user","content": """여의대로 광복회관 앞 ~ KBS 집회"""},
    { "role": "assistant","content": "여의대로 광복회관"},
    { "role": "user","content": my_address},

  ],
  temperature=1,
  max_tokens=256,
  top_p=1,
  frequency_penalty=0,
  presence_penalty=0
)
return response.choices[0].message.content
```

실제로 내부를 보면 few-shot을 구현했고, 몇 번의 시도를 거쳐서 결과가 마음에 들지 않는다면 그 부분에 대한 추가 데이터셋을 추가하였습니다. 이 과정을 거쳐서 마음에 쏙 드는 few-shot chatmode api가 구축됩니다.

05 이렇게 만들어진 함수를 pandas의 apply 메서드를 활용하여 기존 시위 장소와 시위명을 기반으로 'NEW주소'라는 새로운 컬럼을 만들어줍니다.

```
df["NEW주소"] = (df['시위장소']+df['시위명']).apply(Text_To_Address)
df
```

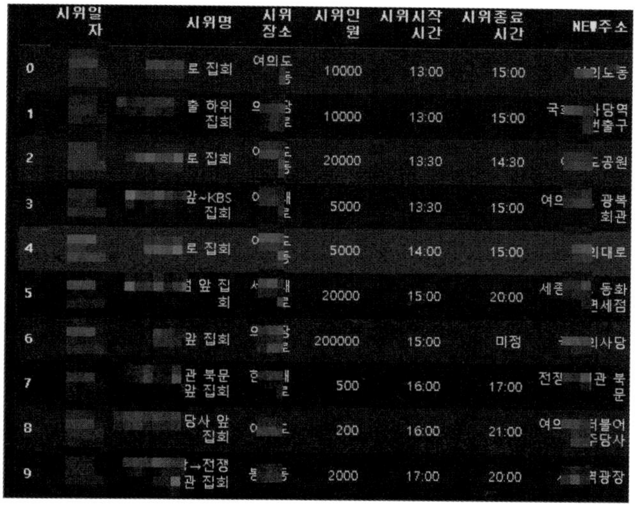

	시위일자	시위명	시위장소	시위인원	시위시작시간	시위종료시간	NEW주소
0	[illegible]	[illegible]로 집회	여의도[illegible]	10000	13:00	15:00	[illegible]의노동
1	[illegible]	[illegible]출 하위 집회	의[illegible]	10000	13:00	15:00	국[illegible]사당역 [illegible]번출구
2	[illegible]	[illegible]로 집회	여[illegible]	20000	13:30	14:30	[illegible]공원
3	[illegible]	[illegible]앞~KBS 집회	여[illegible]	5000	13:30	15:00	여의[illegible] 광복회관
4	[illegible]	[illegible]로 집회	여[illegible]	5000	14:00	15:00	[illegible]의대로
5	[illegible]	[illegible]점 앞 집회	서[illegible]	20000	15:00	20:00	세종[illegible] 동화 [illegible]면세점
6	[illegible]	[illegible]앞 집회	의[illegible]	200000	15:00	미정	[illegible]의사당
7	[illegible]	[illegible]관 북문 앞 집회	한[illegible]	500	16:00	17:00	전쟁[illegible]관 북문
8	[illegible]	[illegible]당사 앞 집회	여[illegible]	200	16:00	21:00	여의[illegible]더불어 [illegible]당사
9	[illegible]	[illegible]→전쟁 [illegible]관 집회	통[illegible]	2000	17:00	20:00	[illegible]역광장

06 이제 만들어진 주소를 위도/경도로 바꿉니다. 이때는 구글 맵 API를 활용해서 좀 더 명확한 주소 변경이 이루어질 수 있도록 하겠습니다.

```
# address to 위도 경도
gmaps_api = getpass.getpass("구글맵API:")
!pip install googlemaps
import googlemaps
# API 키 입력
gmaps = googlemaps.Client(key=gmaps_api)
# 주소 입력
address = "서울특별시 성동구 한양대학교 본관"
```

```
# 주소를 위도와 경도로 변환
geocode_result = gmaps.geocode(address)
# 결과 출력
if geocode_result:
    location = geocode_result[0]['geometry']['location']
    print(f"위도: {location['lat']}, 경도: {location['lng']}")
else:
    print("주소를 찾을 수 없습니다.")
def address_to_latlng(address):
    gmaps = googlemaps.Client(key=gmaps_api)
    geocode_result = gmaps.geocode(address)
    return geocode_result[0]['geometry']['location']

df[['위도', '경도']] = df['NEW주소'].apply(lambda x: pd.Series(address_to_latlng(x)))
```

코드를 실행하면 주소가 하나의 위도/경도로 나뉘게 됩니다.

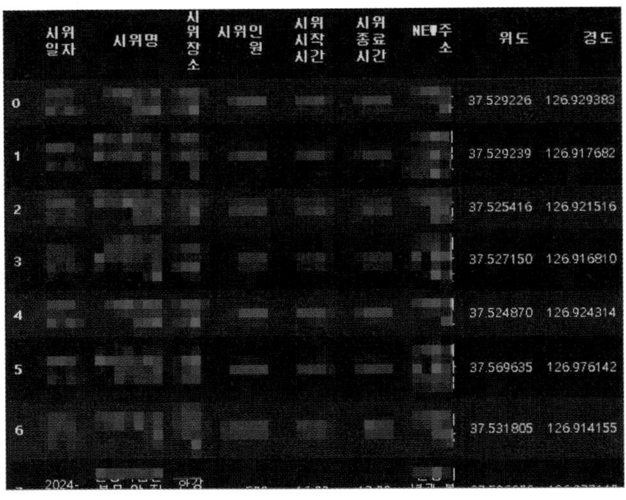

	시위일자	시위명	시위장소	시위인원	시위시작시간	시위종료시간	NEW주소	위도	경도
0	[illegible]	[illegible]	[illegible]	[illegible]	[illegible]	[illegible]	[illegible]	37.529226	126.929383
1	[illegible]	[illegible]	[illegible]	[illegible]	[illegible]	[illegible]	[illegible]	37.529239	126.917682
2	[illegible]	[illegible]	[illegible]	[illegible]	[illegible]	[illegible]	[illegible]	37.525416	126.921516
3	[illegible]	[illegible]	[illegible]	[illegible]	[illegible]	[illegible]	[illegible]	37.527150	126.916810
4	[illegible]	[illegible]	[illegible]	[illegible]	[illegible]	[illegible]	[illegible]	37.524870	126.924314
5	[illegible]	[illegible]	[illegible]	[illegible]	[illegible]	[illegible]	[illegible]	37.569635	126.976142
6	[illegible]	[illegible]	[illegible]	[illegible]	[illegible]	[illegible]	[illegible]	37.531805	126.914155

이제 지정된 위도/경도를 기반으로 지도 시각화를 진행하겠습니다.

13.5.4 [4단계] 지도 시각화

folium이라는 라이브러리를 사용해 지도 시각화를 구현해볼 것입니다. 우리는 이 라이브러리를 이용한 코드를 만드는 방법은 모르지만 데이터 프롬프트라는 것을 제작하는 방법을 배웠습니다. 다음 과정을 따라 지도 시각화를 구현해보겠습니다.

01 다음과 같은 데이터 프롬프트를 만듭니다.

```
data_prompt =f"""
df라는 변수에 판다스 데이터 프레임이 들어있어.
-여기에서 위도, 경도를 기반으로 지도 시각화를 해주는 folium 코드를 만들어줘.
-이때, 시위일자/시위인원/ 시위시작시간~종료시간 도 함께 표시되게 해줘

columns:
{df.columns}
index:
{df.index}
shape:
{df.shape}
"""
print(data_prompt)
```

02 만든 데이터 프롬프트를 기반으로 다음과 같이 질문하면 지도 시각화 코드가 깔끔하게 나오게 됩니다.

```
!pip install folium
import folium
from folium.plugins import MarkerCluster

# 중심 좌표를 DataFrame의 위도와 경도의 평균으로 설정
center_lat = df['위도'].mean()
center_lon = df['경도'].mean()

# 지도 생성
m = folium.Map(location=[center_lat, center_lon], zoom_start=12)

# 마커 클러스터 추가
marker_cluster = MarkerCluster().add_to(m)

# 데이터프레임의 각 행을 반복하며 마커 추가
for _, row in df.iterrows():
```

```
    popup_text = f"""
    <b>시위일자:</b> {row['시위일자']}<br>
    <b>시위명:</b> {row['시위명']}<br>
    <b>시위장소:</b> {row['시위장소']}<br>
    <b>시위인원:</b> {row['시위인원']}명<br>
    <b>시간:</b> {row['시위시작시간']} ~ {row['시위종료시간']}
    """

    folium.Marker(
        location=[row['위도'], row['경도']],
        popup=folium.Popup(popup_text, max_width=300),
        icon=folium.Icon(color="red", icon="info-sign")
    ).add_to(marker_cluster)

# 지도 저장 또는 표시
m.save("protest_map.html")  # 파일로 저장
m  # 주피터 노트북에서는 이 코드를 실행하면 지도가 표시됩니다.
```

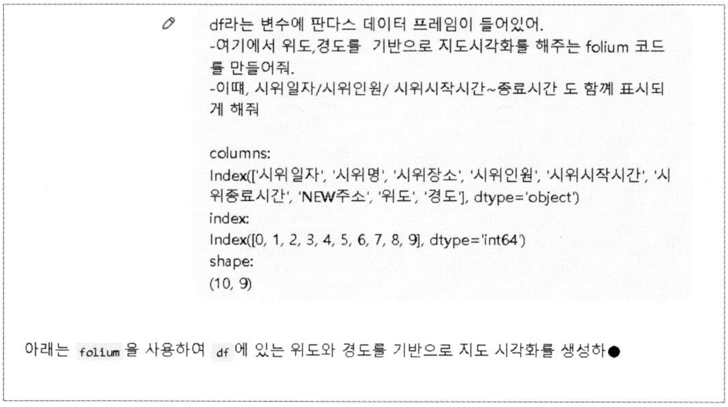

df라는 변수에 판다스 데이터 프레임이 들어있어.
-여기에서 위도,경도를 기반으로 지도시각화를 해주는 folium 코드를 만들어줘.
-이때, 시위일자/시위인원/ 시위시작시간~종료시간 도 함께 표시되게 해줘

columns:
Index(['시위일자', '시위명', '시위장소', '시위인원', '시위시작시간', '시위종료시간', 'NEW주소', '위도', '경도'], dtype='object')
index:
Index([0, 1, 2, 3, 4, 5, 6, 7, 8, 9], dtype='int64')
shape:
(10, 9)

아래는 `folium` 을 사용하여 `df` 에 있는 위도와 경도를 기반으로 지도 시각화를 생성하●

03 이제 만들어진 코드를 구동시키면 드디어 우리가 원하는 지도 시각화를 완성하게 됩니다.

이렇게 지금까지 배웠던 내용 그리고 파이썬을 쓸 때 알고 있는 다양한 결과물을 결합하여 하나의 프로덕트를 만들었습니다. 이것을 웹사이트로 배포하거나 내부 직원들이 볼 수 있는 환경에서 상시로 보여주게 될 수 있다면 다양한 응용이 가능할 것입니다.

이 실습을 마지막으로 해서, 프롬프트 엔지니어링부터 오픈AI API 활용까지 활용한 업무 자동화 학습을 마치겠습니다.

이번 장의 핵심은 AI 혁신의 실질적 적용과 그 가능성을 비개발자들도 활용할 수 있다는 것입니다. AI 기술, 특히 생성형 AI는 더 이상 전문가만의 전유물이 아닙니다. 비개발자도 현업에서 AI를 통해 문제를 해결하고 새로운 가치를 창출할 수 있는 시대가 열렸습니다. 이는 기술의 민주화가 실현된 사례이며, 도메인 지식과 AI의 결합이 얼마나 강력한지 보여줍니다.

다양한 실제 사례와 각색된 사례를 들어 비즈니스 혁신을 가속화하는 AI 활용 사례를 전달했습니다. 하지만 AI의 강력함 뒤에는 한계도 존재합니다. 할루시네이션 현상처럼 AI가 틀린 정보를 당연하듯이 생성하는 경우가 있기 때문에, AI를 무작정 신뢰하는 것이 아니라 기초 이론을 이해하고 검증하는 과정이 반드시 필요합니다. 이때부터는 코딩을 다룰 수 있는 능력이 많은 변화의 시작이 될 것입니다. AI는 어디까지나 보조 도구이며, 이를 뒷받침하는 인간의 지식과 비판적 사고가 함께할 때 진정한 혁신이 가능해집니다.

그렇다면 이런 결과물을 비개발자 분들이 만들어냈다는 것은 무엇을 의미할까요?

기술과 도메인 지식이 결합할 때 비즈니스 혁신이 극대화됩니다. AI를 실무에 도입할 때 필요한 것은 복잡한 코딩 기술이 아니라 문제를 이해하고 해결하려는 의지입니다. 누구든 AI를 다뤄서 상상을 뛰어넘는 결과물을 만들어낼 수 있습니다.

생성형 AI의 핵심 강점, 정보 구조화 기술은 어떻게 탄생했을까?

COLUMN

정보를 구조화하는 능력은 생성형 AI가 가진 가장 강력한 기능으로 기술 수요가 높습니다. 이를 활용한 예로, 이 책의 13.4절에서는 오픈AI API의 구조화된 출력(Structured Output) 기능으로 정보를 구조화해서 저장하는 것을 보여드렸는데요. 이 칼럼에서는 정보 구조화 기술이 출현하기까지의 기술 변화를 주제로 이야기하고자 합니다.

명함 저장 앱을 아시나요?

우리는 네트워킹이 일상화된 시대에 살고 있습니다. 사람들을 만날 때마다 주고받는 명함은 마치 현대판 인맥의 열쇠와도 같습니다. 하지만 명함을 받는 것과 그 정보를 효율적으로 저장하고 활용하는 것은 전혀 다른 문제입니다.

명함 저장 앱을 생각해보겠습니다. 이 앱은 명함을 찍는 즉시 그 정보를 자동으로 저장합니다. 한 번쯤 사용해본 사람이라면 놀랐을 것입니다. 명함을 촬영하자마자 이름, 직함, 회사명 등이 깔끔하게 입력된 데이터를 볼 수 있으니까요. 마치 마법처럼 보이지만 그 뒤에는 강력한 IMAGE to TEXT 기술이 숨어 있습니다.

명함 데이터 인식, 왜 어려웠을까?

기존에 있던 이미지에서 문자를 인식하는 기술인 OCR(Optical Character Recognition)은 이미지나 문서에서 텍스트를 자동으로 인식하고 추출하는 기술입니다. 주로 스캔된 문서, 사진 속 글자, 혹은 PDF 파일에서 텍스트를 디지털 형식으로 변환할 때 사용됩니다.

하지만 이 기술을 사용하는 것이 결코 쉬운 일이 아니었습니다. 명함은 회사마다 디자인마다 심지어 개인마다 다양한 형태를 가집니다. 다양한 서체와 색상, 레이아웃이 섞여 있어 단순한 텍스트 인식 기술로는 명함 정보를 정확히 추출하기 어려웠습니다. 이런 문제를 해결하려면 명함 이미지에서 중요한 정보를 구조화하고, 이를 활용하는 방법을 아는 전문가만이 필요했습니다. 일반인에게는 그림의 떡과 같은 기술이었죠.

멀티모달 기술과 오픈AI API의 등장

그러나 이제 시대가 바뀌었습니다. 멀티모달 기술과 오픈AI API가 등장하면서 이 벽이 허물어지고 있습니다. 멀티모달 기술은 텍스트뿐만 아니라 이미지, 영상, 음성 등 다양한 데이터를 함께 처리할 수 있는 기술입니다. 이 기술 덕분에 이제 누구나 명함을 찍으면 그 속의 정보를 자동으로 구조화하고 활용할 수 있게 되었습니다.

또한 오픈AI가 제공하는 가이드를 따라 오픈AI API를 이용하면 원하는 결과물을 생성할 수 있습니다. 예를 들어 오픈AI의 가이드를 따라 Structured Outputs를 생성하면 명함 이미지를 업로드하는 것만으로도 회사명, 이름, 연락처 등의 데이터들이 구조화된 형태로 정리됩니다. 그러면 명함 데이터를 엑셀에 저장하거나 CRM 시스템에 입력하는 것이 더 이상 복잡하지 않게 됩니다. 마치 리멤버 앱에서 하는 작업을 나만의 방식으로 구현할 수 있는 것이죠.

앞서 경험한 실습이 마냥 쉽지는 않았겠지만 그만큼 얻어갈 수 있는 것 또한 많으리라 생각합니다. 이제 여러분은 기술을 이해하는 것을 넘어 직접 경험을 해보았습니다. 이 경험을 여러분의 성장의 발판으로 삼아 시민 개발자로서 성장할 수 있기를 바랍니다.

맺음말 당신의 시간을 위하여

이 책에서는 비개발자의 시선에서 생성형 AI를 활용한 실질적인 업무 혁신 방법들을 다루었습니다. 노코드를 통해 생각의 확장을 시도했고, 생성 코딩을 통해 이전에는 손대지 못했던 문제들을 해결했으며, 나아가 이 두 가지 방식을 결합하여 '세상에 없던 결과물'을 창조하는 데 집중했습니다.

제가 무엇보다도 강조하고 싶은 것은, 생성형 AI는 결코 멈춰 있는 기술이 아니라는 사실입니다. 저는 이 책을 단순히 '지금' 유행하는 도구들을 소개하는 데 그치지 않고, 시간이 지나도 휘발되지 않을 지식과 사고의 구조를 중심으로 내용을 구성하고자 했습니다.

그래서 노코드 파트에서는 특정 서비스를 소개하기보다는, 어떤 도구가 등장하든 흔들리지 않는 '접근법'과 '활용 태도'에 대해 말했습니다. 프롬프트 엔지니어링 파트에서도 모든 최신 기법을 좇기보다는 자신만의 프롬프트를 쌓아가는 것의 중요성을 이야기했습니다. 코딩 파트에서는 단순한 코드를 넘어서 코드를 사용할 수 있는 용기가 주는 힘에 대해 말했습니다. 그 능력은 우리가 지금껏 접근하지 못했던 결과에 도달하게 할 것입니다.

책을 덮으며 이런 생각이 드실 수도 있습니다.

'이제 나도 뭔가 대단한 것을 만들어봐야겠다.'

하지만 잠시만 행동을 멈추고 생각해 보세요. 처음 엑셀을 접했던 날을 기억하시나요? 막막했지만 하나씩 배워가며 실무에 적용해 나갔던 그 과정이 있었을 것입니다. 생성형 AI도 이와 마찬가지입니다.

거창한 목표를 세우는 것보다 작은 변화를 실천하는 것이 중요합니다. 하루 1분을 줄이겠다는 마음가짐으로 실천을 시작해보세요. 1분은 작은 시간이지만, 워킹데이로 따지면 1년에 240일, 하루 1분이면 240분, 10분이면 2400분, 1시간이면 240시간입니다. 이렇게 240시간을 줄이면 하루 업무 시간을 8시간이라 했을 때, 무려 30일을 되돌려 받는 셈입니다. 그렇게 하루하루 시간을 줄여가다 보면, 어느새 여러분의 하루는 여유를 품은 하루로 바뀔 것입니다. 부디 이 시간을 '당신이 진정으로 원하는 일'에 사용하시길 바랍니다. 당신의 시간이 '온전히 당신의 것'이 되기를 진심으로 바랍니다.

마지막으로 이 책을 쓰는 동안 언제나 곁에서 묵묵히 응원해 준 영원한 내 편, 민경이와 서온 · 서호에게 고맙다는 마음을 전합니다. 그리고 아버지가 늘 하시던 말씀이자, 제 인생의 캐치프레이즈이기도 한 이 말을 마지막 문장으로 남깁니다.

'세상은 스스로 돕는 자를 돕는다.'

2025년, 김우현 드림

시민 개발자의 시대, 생성형 AI 업무 자동화

1판 1쇄 발행 2025년 6월 05일

저　　자 | 김우현(비현코)
발 행 인 | 김길수
발 행 처 | ㈜영진닷컴
주　　소 | ㈜08512 서울특별시 금천구 디지털로9길 32
갑을그레이트밸리 B동 10층 ㈜영진닷컴
등　　록 | 2007. 4. 27. 제16-4189호

ISBN | 978-89-314-8003-0

YoungJin.com Y. 영진닷컴